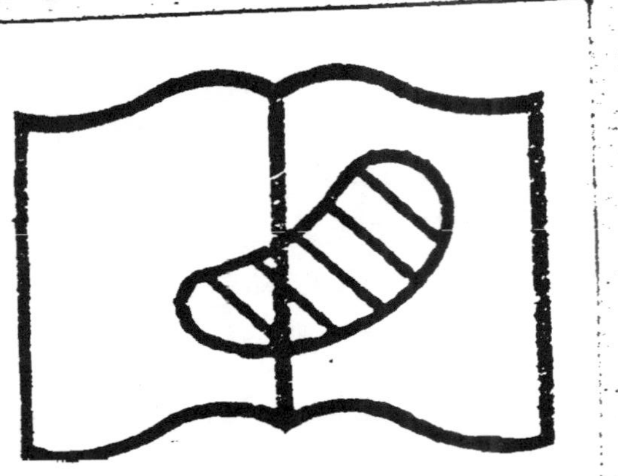

LA MAIN-FERME

(Par Gustave Aimard)

I

COUPS DE FEU

Le pays qui s'étend entre la sierra de San-Saba et le *Rio-Puerco*, littéralement la rivière Sale, est un des endroits les plus lugubres et les plus mélancoliques qui se puissent imaginer.

Cette savane maudite, où blanchissent des squelettes sans nom, que le vent et le soleil achèvent de réduire en poussière, est un immense désert, semé de roches grisâtres sous lesquelles les serpents et les fauves ont, de temps immémorial, creusé leurs repaires, et qui ne produit guère que des ronces noires et de grêles mezquites qui, de loin en loin, surgissent avec effort au milieu des sables.

Les voyageurs blancs ou indiens ne s'aventurent que rarement et à leur corps défendant à traverser cette affreuse solitude, et au risque d'allonger leur route, ils aiment mieux faire un détour et suivre la lisière sur laquelle ils sont certains de rencontrer de

l'ombre et de l'eau, ces délices des pays tropicaux et ces indispensables nécessités d'une longue course dans les prairies de l'Ouest.

Vers la seconde moitié du mois de juin, que les Indiens Navajoes nomment dans leur langue harmonieuse *Hode-i-min-quisis*, c'est-à-dire la lune des fraises, l'an de grâce 1843, un samedi, à trois heures et demie du soir environ, un cavalier émergéa tout à coup d'un épais bois de chênes, de sumacs et de mahoganys, dernier contrefort de la sierra de San-Saba, qu'il venait évidemment de franchir, pénétra au galop dans la savane, et au lieu de suivre la route habituelle des voyageurs, route fort distinctement tracée sur la lisière des sables, il se mit sans hésiter en devoir de traverser le désert en ligne droite.

Cette résolution était une grande marque de folie, ou une preuve d'audace extraordinaire de la part d'un homme seul, si brave qu'il fût ; ou bien il fallait que d'impérieuses raisons l'obligeassent à dédaigner toute prudence, afin d'atteindre plus tôt le but de son voyage.

Du reste, quels que fussent les motifs qui avaient déterminé le voyageur, il continuait rapidement sa route et s'enfonçait de plus en plus dans le désert, sans paraître autrement inquiet pour sa sûreté, et sans remarquer l'aspect de plus en plus lugubre et désolé que prenait autour de lui le paysage.

Comme ce personnage est appelé à jouer un rôle important dans cette histoire, nous ferons en quelques mots son portrait.

C'était un homme de vingt-cinq à trente ans,

appartenant à la pure race mexicaine, d'une taille moyenne, élégant de manières, et dont tous les gestes, bien que gracieux, décelaient une vigueur peu commune. Son visage, aux traits réguliers, à la peau couleur du soleil, respirait la franchise, la bravoure et la bonté ; son œil noir, fier et bien ouvert, avait un regard droit et pénétrant ; sa bouche, fine, bien dessinée, ornée de dents éblouissantes de blancheur, disparaissait à demi sous une longue moustache brune ; son menton, d'une forme un peu trop accentuée peut-être, dénotait une grande fermeté de caractère : bref, l'ensemble de sa personne éveillait l'intérêt et attirait la sympathie.

Quant à son costume, c'était le costume mexicain dans toute sa richesse pittoresque : son chapeau de poil de vigogne à larges bords, orné d'une double golilla argent et or, était légèrement posé sur l'oreille droite, et laissait échapper les boucles d'une luxuriante chevelure noire, qui tombait en désordre sur ses épaules ; il portait une veste de velours vert, magnifiquement galonnée et soutachée d'or, sous laquelle se voyait une chemise de batiste brodée. Autour de son cou, un foulard de l'Inde était attaché par une bague ornée de diamants ; ses calzoneras, également de velours vert, retenues aux hanches par une faja de soie rouge à franges d'or, étaient, comme le reste, galonnées et soutachées ; de plus, deux rangées de boutons d'or, émaillés de perles, couraient le long de l'ouverture qui s'étend depuis la hanche jusqu'au genou. Ses bottes vaqueras brodées de jolis dessins en fil rouge, étaient fixées à ses jambes par des jarretières de soie mêlée d'or d'où sortait le manche, merveilleusement ciselé, d'un long poignard. Son zarapé, de fabrique indienne aux couleurs éclatantes, était plié sur la croupe du cheval, animal plein de feu, aux jambes fines, à la tête petite, à l'œil ardent, véritable mustang des prairies, que son maître avait harnaché avec cette coquette élégance particulière aux cavaliers mexicains.

Outre le poignard dont nous avons parlé, et que le cavalier portait à la botte droite, il avait encore un long rifle américain placé en travers de sa selle, deux révolvers à six coups à sa ceinture, un machete, espèce de sabre droit, passé sans fourreau dans un anneau de fer attaché à son flanc gauche, et de plus une *reata* en cuir tressé, lovée et retenue à la selle.

Ainsi armé, l'homme que nous venons de décrire pouvait, en admettant que son apparence déterminée ne fût pas trompeuse, faire, le cas échéant, face à plusieurs adversaires à la fois, sans trop de désavantage, considération nullement à dédaigner dans une région où, à chaque pas, on risque de heurter un ennemi, homme ou fauve, et souvent les deux à la fois.

Tout en galopant, le cavalier fumait insoucíamment une cigarette de maïs, ne jetant qu'un regard distrait et dédaigneux sur les vols de faisan et de perdrix qui se levaient à son approche, et sur les bandes de daims et de renards qui s'enfuyaient effrayés par le galop du cheval.

Cependant déjà la savane commençait à prendre une teinte plus sombre; le soleil, au niveau du sol, n'apparaissait plus à l'horizon que comme un globe rouge et sans chaleur; la nuit n'allait pas tarder à couvrir la terre de ses épaisses ténèbres. Le voyageur tira la bride de son cheval afin de ralentir sa course, sans cependant l'arrêter tout à fait, et jetant un regard investigateur autour de lui, il sembla s'orienter un instant et chercher un endroit convenable pour la halte du soir.

Après quelques secondes de cette exploration circulaire, la détermination du voyageur fut prise ; il appuya légèrement sur sa gauche et se dirigea vers un ruisseau à moitié tari qui coulait à une faible distance, et sur les bords duquel quelques buissons épineux, et un groupe d'une dizaine de mesquites, formaient un abri précaire contre la curiosité des hôtes mystérieux du désert, qui rôdent en quête d'une proie pendant les ténèbres.

En approchant, le voyageur reconnut avec joie que ce lieu, parfaitement caché aux regards indiscrets par la conformation du terrain et quelques blocs de rochers épars çà et là au milieu des arbres et des buissons, lui offrait une retraite presque assurée.

La journée avait été pénible, l'homme et le cheval se sentaient harassés de fatigue. Tous deux, avant de continuer leur route, avaient impérieusement besoin d'un repos de quelques heures.

Le cavalier, en voyageur expérimenté, s'occupa d'abord de sa monture, qu'il dessella et qu'il mena boire au ruisseau ; puis, après avoir entravé l'animal, de crainte qu'il ne s'éloignât et devînt la proie des bêtes fauves, il étendit son zarapé à terre, jeta dessus plusieurs poignées de maïs, et lorsqu'il se fût assuré que, malgré sa fatigue, le cheval broyait gaiement sa provende, il songea à lui-même.

Les Mexicains portent, attachée à l'arrière de leur selle, lorsqu'ils voyagent, une double poche en toile, nommée *alforjas*, destinée à contenir les provisions de bouche qu'il est impossible de se procurer au désert, et qui, avec les deux outres remplies d'eau potable, dont ils ne se séparent jamais, forment tout leur bagage pour franchir des distances énormes, et braver des privations et des fatigues dont la seule énumération glacerait d'effroi les Européens, accoutumés à jouir de toutes les commodités que procure une civilisation avancée.

Le cavalier ouvrit les alforjas, s'assit à terre le dos appuyé à un rocher, et tout en ayant soin que ses armes fussent à portée de sa main, afin de ne pas être pris à l'improviste, il se mit philosophiquement à souper d'un morceau de tasajo, de quelques tortillas de maïs et d'un fromage de chèvre, dur comme un caillou ; le tout arrosé de l'eau pure du ruisseau.

Ce repas, plus que frugal, fut bientôt terminé. Le cavalier, après s'être nettoyé les dents avec un élégant cure-dents en or, tordit un pajillo, le fuma avec cette consciencieuse béatitude particulière aux hispanos américains, puis il s'enveloppa dans son zarapé, ferma les yeux et s'endormit.

Plusieurs heures s'écoulèrent. Peut-être le sommeil du voyageur se fût-il prolongé longtemps encore, si deux coups de feu tirés à peu de distance de lui ne l'eussent subitement sorti de sa léthargie.

Règle générale dans la prairie : lorsqu'on entend un coup de feu, il est rare qu'on n'ait pas entendu d'abord le sifflement d'une balle à son oreille ; en d'autres termes, il y a quatre-vingt-dix-neuf raisons sur cent pour qu'un homme isolé soit, à son insu, le point de mire d'un assassin.

Le voyageur, réveillé aussi désagréablement, saisit ses armes, se blottit derrière un rocher et attendit.

Puis, comme au bout d'un instant l'attaque, si c'en était une, ne se renouvela pas, il se leva doucement, et examina avec soin les environs de sa retraite.

Aucun bruit ne troublait le silence majestueux du désert.

Cette tranquillité subite après ces deux coups de feu, au lieu de rassurer le voyageur, augmenta au contraire son inquiétude, en lui révélant l'approche d'un danger certain, bien qu'il lui fût impossible d'en deviner ni la cause ni la portée.

La nuit était venue, mais claire et pour ainsi dire transparente; le ciel, d'un bleu profond, fourmillait d'une profusion d'étoiles brillantes, et la lune répandait une lumière blanche et mélancolique qui permettait de distinguer, à une grande distance, les divers accidents du paysage.

A tout hasard, il sella son cheval; puis, après l'avoir caché dans l'enfoncement d'un rocher, il s'étendit à terre, appuya son oreille contre le sol et écouta. Alors il lui sembla entendre à une longue distance un bruit d'abord presque imperceptible, mais qui se rapprocha rapidement et qu'il reconnut bientôt pour le galop effréné de plusieurs chevaux.

C'était une chasse ou une poursuite; mais qui pouvait songer à chasser ainsi au milieu de la nuit? Les Indiens ne s'y hasarderaient pas; les trappeurs blancs ou métis ne fréquentaient que rarement ces parages désolés, qu'ils abandonnaient en quelque sorte aux sauvages et aux rôdeurs de frontières, gens sans aveu, qui, repoussés des villes et des pueblos, n'ont d'autre abri que le désert.

Les cavaliers qui galopaient ainsi étaient-ils donc des pirates de prairie ?

La situation devenait inquiétante pour le voyageur; tout à coup le bruit cessa subitement et tout rentra dans le silence.

Le voyageur se releva.

Soudain des cris de femme ou d'enfant éclatèrent dans la nuit, avec une expression d'épouvante et d'angoisse impossible à rendre.

L'inconnu laissant son cheval dans l'abri qu'il lui avait choisi, s'élança du côté d'où partaient les cris, sautant de pierre en pierre, et franchissant les buissons, au risque de se blesser, avec cette fiévreuse rapidité de l'homme de cœur, qui se croit tout à coup appelé par la Providence à sauver son prochain en péril.

Cependant la prudence ne l'abandonnait pas dans sa hasardeuse entreprise, et avant de se risquer dans la plaine, il s'arrêta derrière un rideau de mesquites, afin de tâcher de se rendre compte de ce qui se passait, et d'agir en conséquence.

Voici ce qu'il vit.

Deux hommes, qu'à leur allure il reconnut aussitôt pour appartenir à la plus mauvaise espèce des coureurs de prairies, poursuivaient à outrance une jeune fille.

Mais, grâce à une agilité toute juvénile, agilité doublée sans doute encore par la profonde terreur que lui inspiraient les bandits, cette jeune fille bondissait comme une biche effarouchée à travers la plaine, sautant les ravins, franchissant tous les obstacles et gagnant à chaque instant un plus grand espace sur ses persécuteurs, empêchés par leurs bottes vaqueràs et leurs lourdes carabines.

Quelques minutes encore, et la jeune fille atteignait le rideau d'arbres derrière lequel s'était embusqué le voyageur ; celui-ci allait s'élancer à son secours, lorsque tout à coup un des bandits épaula son rifle et lâcha la détente.

La jeune fille tomba.

Le cavalier sembla alors changer d'avis ; au lieu d'avancer, il se rejeta en arrière et demeura immobile, le doigt sur la détente et prêt à tirer.

Les pirates s'approchaient rapidement en causant entre eux.

Ils parlaient anglais, ou plutôt ce mélange d'espagnol, de français et d'indien où domine l'anglais, et dont on se sert dans tout le Far-West.

— Hum ! dit l'un d'une voix rauque et essoufflée, quelle gazelle ! j'ai vu le moment où elle nous échappait.

— Oui, oui, répondit l'autre en secouant la tête et en frappant de la main droite sur le canon de son rifle, mais j'étais toujours certain de l'atteindre quand cela me plairait.

— Oui, et tu ne l'as pas manquée, caraï ! bien que la portée fût longue et que la main dut te trembler après une aussi rude poursuite.

— L'habitude, compadre, l'habitude, répondit le bandit en souriant modestement.

Tout en causant ainsi, les deux brigands étaient

arrivés à l'endroit où gisait le corps de la jeune fille. L'un d'eux s'agenouilla pour s'assurer sans doute de la mort de la victime, tandis que l'autre, celui qui avait tiré, regardait, nonchalamment appuyé sur son rifle.

Le voyageur se redressa alors, épaula son arme et fit feu. Le bandit, frappé en pleine poitrine, s'affaissa sur lui-même comme un sac et ne bougea plus ; il était mort.

Son compagnon s'était relevé, en portant la main à son machete ; mais, sans lui laisser le temps de s'en servir, le voyageur se précipita sur lui, et d'un vigoureux coup de crosse sur la tête, il l'envoya rejoindre son complice sur le sol, où il roula à demi assommé.

Prenant alors la *reata* du bandit, le voyageur lui sangla fortement les mains et les pieds ; puis, tranquille de ce coté, il s'approcha avec empressement de la jeune fille.

La pauvre enfant ne donnait pas signe de vie ; cependant, elle n'était pas morte ; sa blessure même était assez légère, la balle du pirate ne lui avait fait qu'une écorchure au bras ; la terreur seule avait causé son évanouissement.

L'inconnu banda la plaie avec soin, humecta légèrement les lèvres et les tempes de la blessée, et, au bout d'un laps de temps comparativement fort court, il eut la joie de lui voir ouvrir les yeux.

— Oh ! murmura-t-elle d'une voix douce et mélodieuse comme un chant d'oiseau, ces hommes, ces démons ! Seigneur ! seigneur ! protégez-moi !

— Rassurez-vous, señorita, répondit le voyageur, vous n'avez plus rien à redouter de ces misérables.

La jeune fille tressaillit au son de cette voix inconnue; elle fixa sur l'étranger ses yeux effrayés sans lui répondre, et fit un mouvement instinctif pour se lever. Sans doute, elle prenait l'homme qui lui avait parlé pour un de ses persécuteurs.

Celui-ci sourit avec tristesse, et, lui désignant du doigt les deux bandits étendus sur le sol :

— Voyez, señorita, lui dit-il, vous n'avez plus ici qu'un ami !

A cette vue, une expression de reconnaissance infinie éclaira le visage de la blessée, et un pâle sourire apparut sur ses lèvres. Mais presque aussitôt ses traits s'assombrirent; elle se leva tout à coup, et, se dressant sur la pointe de ses petits pieds, elle étendit le bras droit vers un point de l'horizon, en s'écriant d'une voix saccadée par l'épouvante :

— Là ! là ! voyez !

L'inconnu se tourna vers le point désigné.

Un groupe de cavaliers arrivait à toute bride, précédés, à une portée de carabine environ, par un autre cavalier mieux monté qu'eux évidemment, et à la poursuite duquel ils semblaient être lancés.

Le voyageur se rappela alors le galop furieux que, quelques instants auparavant, il avait entendu.

— Oh ! s'écria la jeune fille en joignant les mains avec prière, sauvez-le ! señor, sauvez-le !

— Je vais essayer, señorita, répondit-il doucement, tout ce qu'un homme peut faire, je vous jure que je le ferai.

— Merci, dit-elle, en lui tendant sa main mignonne avec un charmant abandon : vous êtes un noble cœur, Dieu vous aidera.

— Vous ne devez pas rester ici exposée aux insultes de ces hommes, qui sont évidemment les compagnons de ceux auxquels vous avez échappé.

— C'est vrai, dit-elle, mais que faire? où me réfugier?

— Suivez-moi derrière ces arbres, nous n'avons pas un instant à perdre.

— Allons, dit-elle résolument, mais vous le sauverez, n'est-ce pas!

— Du moins, j'essaierai. Je n'ai que ma vie à offrir à la personne à laquelle vous vous intéressez, et croyez-moi, señorita je n'hésiterai pas à en faire le sacrifice.

La jeune fille baissa la tête en rougissant, et suivit silencieusement son guide.

Bientôt ils atteignirent le fourré où l'inconnu avait établi son gîte pour la nuit.

— Quoi qu'il arrive, dit-il en rechargeant son arme, demeurez ici señorita, vous êtes en sûreté dans le creux de ce rocher, où nul ne songera à vous chercher; quant à moi, je vais au secours de votre ami.

— Allez, dit-elle en s'agenouillant sur la terre, pendant que vous combattrez, je prierai pour vous, Dieu exaucera ma prière.

— Oui, répondit l'inconnu avec mélancolie, Dieu écoute avec joie la voix de ses anges, bon espoir!

Il se mit en selle, et après avoir jeté un dernier regard à la jeune fille agenouillée et priant avec ferveur, il s'élança à fond de train à la rencontre des arrivants.

Ceux-ci étaient au nombre de sept: bandits aux visages sombres, à l'allure sinistre, aux gestes sauvages, qui accouraient en brandissant leurs armes et en poussant des clameurs horribles.

Le cavalier poursuivi, en apercevant un homme qui sortait si inopinément des taillis et se dirigeait vers lui à toute bride, le rifle à la main, crut naturellement qu'il arrivait du secours à ses ennemis, et fit brusquement un écart pour éviter celui qu'il supposait, avec quelque apparence de raison, être un adversaire de plus.

Mais les bandits ne s'y trompèrent pas eux, lorsqu'il virent l'étranger non-seulement laisser fuir leur proie, mais encore s'arrêter en face d'eux et armer son rifle.

Deux coups de feu partirent ensemble, l'un tiré par les bandits, l'autre par l'inconnu, avec cette différence, toutefois, que, tiré au hasard, celui des pirates se perdit inoffensif, tandis que celui de l'étranger, dirigé avec sang-froid et posément, frappa juste dans la masse compacte de ses ennemis.

Quelques secondes après, l'un d'eux lâcha sa bride, battit l'air de ses bras, se renversa sur la croupe de sa monture, et enfin tomba lourdement à terre, en déchirant avec ses larges éperons les flancs de son cheval, qui se cabra, lança une ruade et partit comme un trait.

Une guerre aussi franchement déclarée ne pouvait subitement finir : quatre coups de feu qui se succédèrent de part et d'autre, avec une rapidité extrême, le prouvèrent surabondamment.

Mais la situation de l'inconnu devenait critique, son rifle était déchargé, il ne lui restait plus que ses revolvers.

Le revolver, soit dit en passant, est une arme

beaucoup plus commode qu'utile dans un combat, car si l'on tient à ne pas manquer son homme, il faut le tirer presque à bout portant, autrement la balle s'égare assez volontiers; cela, du reste, explique comment, en dépit de l'usage immodéré que font de cette arme les Américains du Nord, le nombre des meurtres est chez eux proportionnellement restreint.

L'inconnu était donc assez embarrassé, il se préparait, en désespoir de cause, à attaquer ses ennemis corps à corps, lorsqu'il lui arriva un secours auquel il était loin de songer.

Le cavalier poursuivi, n'ayant pas vu tirer sur lui, et entendant cette mousqueterie, sans que le sifflement des balles l'eût averti que c'était à lui qu'on en voulait, avait compris que quelque chose d'insolite se passait, et qu'un incident étranger venait de se produire en sa faveur. Alors, il s'était retourné et avait vu tomber un de ses ennemis. Reconnaissant son erreur, son parti fut pris aussitôt : bien qu'armé seulement d'un machete, il fit volter son cheval et vint se ranger bravement aux côtés de son défenseur.

Alors les deux hommes, sans échanger une parole, se ruèrent résolûment sur les bandits. La lutte fut courte, le succès inespéré; d'ailleurs la partie était presque égale : des sept pirates, quatre seulement vivaient encore.

L'attaque fut tellement brusque, qu'ils n'eurent pas le temps de recharger leurs armes. Deux furent tués à coups de revolvers, le troisième roula, la tête fendue par le machete du cavalier, qui brûlait de prendre une éclatante revanche; le quatrième, se voyant seul, fit bondir son cheval par-dessus les cadavres de ses compagnons et s'enfuit à toute bride, sans essayer de continuer plus longtemps une lutte qui ne pouvait plus que lui être fatale.

Les deux hommes restèrent donc maîtres du champ de bataille.

II

DANS LA PRAIRIE

Lorsque le dernier bandit eut enfin disparu dans les ténèbres, le cavalier se tourna vers son généreux défenseur afin de le remercier; mais celui-ci n'était plus à ses côtés, il l'aperçut galopant au loin dans la plaine.

Le cavalier ne savait à quoi attribuer cette absence subite, car l'inconnu suivait une direction diamétralement opposée à celle dans laquelle avait fui le pirate, quand il le vit revenir vers lui, conduisant un second cheval en bride.

L'inconnu avait songé à la jeune fille qu'il avait si miraculeusement sauvée, et en voyant courir çà et là les chevaux des bandits tués pendant le combat, il avait résolu aussitôt de s'approprier le meilleur, afin de le lui offrir, pour qu'elle pût continuer commodément sa route; puis, le cheval lacé, il était revenu au petit pas vers l'homme auquel il avait rendu un si grand service.

— Señor, dit le cavalier lorsqu'ils se furent rejoints, tout n'est pas fini encore; il me reste un dernier service à vous demander.

— Parlez, caballero, répondit l'inconnu en tressaillant au son de cette voix qu'il crut reconnaître, et en fronçant imperceptiblement le sourcil, parlez, je vous écoute.

— Une femme, une malheureuse jeune fille, ma sœur, en un mot, est perdue dans cet horrible désert. Quelques-uns de ces misérables s'étaient mis à sa poursuite, je ne sais ce qui lui sera arrivé, je suis dans des angoisses mortelles; il faut que je la rejoigne à tout prix, ne laissez pas inachevée la bonne action que vous avez si bien commencée; allez-moi à retrouver les traces de ma sœur, mettez-vous avec moi à sa recherche.

— C'est inutile, répondit froidement l'inconnu.

— Comment, inutile! s'écria le cavalier avec épouvante, lui serait-il arrivé malheur? En effet, je me le rappelle maintenant; pendant que je fuyais, j'ai cru entendre plusieurs coups de feu. Mon Dieu! mon Dieu! ajouta-t-il en se tordant les mains avec désespoir, ma pauvre sœur, ma pauvre Marianità!

— Rassurez-vous, caballero, reprit l'inconnu du même accent froid et posé; votre sœur est en sûreté, provisoirement du moins, elle n'a rien à redouter, Dieu a permis que je me trouvasse sur son passage.

— Dites-vous vrai, s'écria-t-il avec joie. Oh! soyez béni, señor, pour cette heureuse nouvelle. Où est-elle que je la voie, que je la serre sur mon cœur. Hélas! comment m'acquitterai-je jamais envers vous!

— Vous ne me devez rien, répondit l'inconnu d'une voix rude, c'est le hasard ou Dieu, si vous le préférez, qui a tout fait; moi je n'ai été qu'un in-

sirement, voilà tout : Ma conduite eût été la même envers toute autre personne ; gardez donc cette reconnaissance, que je ne vous demande pas. Qui sait, ajouta-t-il avec ironie, si un jour vous ne vous repentiriez pas d'avoir contracté envers moi une obligation quelconque.

Le cavalier se sentit intérieurement froissé de la façon dont ses avances étaient accueillies par un homme qui venait, il y avait à peine quelques minutes, de lui sauver la vie ; ne sachant à quoi attribuer ce changement subit d'humeur, il feignit de ne pas remarquer ce qu'il y avait de provoquant dans ses paroles ; il lui dit avec une exquise politesse :

— Le lieu est mal choisi pour une longue conversation caballero, nous sommes encore sinon étrangers, du moins inconnus l'un à l'autre. J'espère que bientôt toute froideur et tout malentendu cesseront entre nous, pour faire place à une entière confiance.

L'autre sourit avec amertume.

— Venez, dit-il, votre sœur est près d'ici, elle doit être impatiente de vous voir.

Le cavalier le suivit sans répondre, mais en se demandant intérieurement qui était cet homme singulier, qui risquait sa vie pour le défendre et qui semblait ensuite chercher à se poser vis à vis de lui en ennemi.

Tous les bruits du combat étaient arrivés jusqu'à la jeune fille ; elle les avait écoutés agenouillée sur le sol, à demi morte de terreur, et cherchant en vain dans sa mémoire troublée une prière à adresser à Dieu.

Puis la fusillade avait cessé. Un silence funèbre s'était de nouveau étendu sur le désert, silence plus effrayant mille fois que les bruits terribles de la lutte, et elle était demeurée affaissée sur elle-même, en proie à une angoisse affreuse, seule, isolée, loin de tout secours humain, n'osant conserver un espoir, et craignant à chaque instant de voir se dresser devant elle une mort horrible.

Combien de temps demeura-t-elle ainsi brisée sous le poids de la terreur? elle n'aurait pu le dire la pauvre enfant. Il faut avoir réellement souffert pour savoir de combien de siècles se compose une minute quand on attend soit la vie, soit la mort.

Soudain elle tressaillit; ses nerfs crispés se détendirent, une rougeur fugitive empourpra ses joues; elle avait cru entendre quelques mots prononcés à voix basse non loin d'elle.

Étaient-ce des ennemis lancés à sa recherche, ou bien son sauveur revenait-il près d'elle?

Elle demeura anxieuse et immobile sans oser faire un geste ou pousser un cri pour demander secours: un geste pouvait révéler sa retraite, un cri la perdre sans retour.

Mais bientôt les buissons s'écartèrent sous une vigoureuse étreinte; deux cavaliers parurent au pied du rocher. La jeune fille tendit les bras vers eux avec une exclamation de bonheur, et, trop faible pour supporter cette dernière émotion, elle s'évanouit.

Elle avait dans ces deux hommes, qui arrivaient côte à côte, reconnu son frère et l'inconnu auquel elle devait la vie.

Lorsqu'elle reprit ses sens, elle était couchée sur

des fourrures, devant un grand feu; les deux hommes étaient assis à sa droite et à sa gauche; dans l'enfoncement du rocher, trois chevaux entravés broyaient leur provende d'alfalfa.

Un peu dans l'ombre, à quelques pas sur le sol, la jeune fille aperçut une masse dont il lui fut, au premier moment, impossible de distinguer complétement la forme mais qu'un examen plus attentif lui fit reconnaître pour un homme garrotté étendu à terre.

La jeune fille aurait voulu parler, remercier son libérateur, mais le choc qu'elle avait reçu avait été si rude, la commotion tellement forte, qu'il lui fut impossible d'articuler un mot, tant elle se sentait faible; elle ne put que diriger vers lui un regard chargé de toute la reconnaissance qu'elle éprouvait, puis elle retomba dans une espèce d'assoupissement fébrile et d'anéantissement morbide, qui lui enleva presque complétement la faculté de penser et de sentir, et qui la rendit malgré elle étrangère à ce qui se passait autour d'elle.

— Bien, dit l'inconnu en refermant avec soin un flacon de cristal à monture d'or ciselée et le cachant dans sa poitrine. Maintenant, caballero, il n'y a plus rien à craindre pour la señorita; la potion que je lui ai administrée, en lui procurant un sommeil bienfaisant et réparateur, lui rendra assez complétement ses forces, pour qu'au lever du soleil elle soit en état de continuer son voyage, si cela est nécessaire.

— Caballero, répondit l'étranger, vous jouez réellement vis à vis de ma sœur et de moi le rôle de la Providence. Je ne sais, en vérité, comment vous exprimer la vive reconnaissance que j'éprouve pour un procédé d'autant plus généreux que je vous suis complétement étranger.

— Croyez-vous? répondit-il d'un ton de sarcasme.

— Plus je vous examine, et plus je suis convaincu que je vous ai vu cette nuit pour la première fois.

— Vous n'oseriez l'affirmer.

— Si! je l'affirmerais. Vos traits sont trop remarquables pour que je n'en aie pas gardé le souvenir, si déjà je vous avais rencontré; mais je vous le répète, si vous croyez me connaître, vous vous trompez, une ressemblance fortuite avec une autre personne vous abuse.

Il y eut un instant de silence, puis l'inconnu reprit la parole avec un accent de politesse trop affectée pour qu'on ne sentît pas percer derrière une insaisissable ironie.

— Soit, caballero fit-il en s'inclinant, peut-être me suis-je trompé, en effet; veuillez donc, si cela ne vous déplaît pas, me dire qui vous êtes, et par quel concours de circonstances fortuites, je me suis trouvé si à point à même de vous rendre ce que vous voulez bien appeler un grand service.

— Et qui en est un immense, en effet, caballero, interrompit l'étranger avec chaleur.

— Je ne discuterai pas davantage avec vous sur ce sujet, caballero, j'attends votre bon plaisir.

— Señor, je n'abuserai pas longtemps de votre patience, je me nomme don Ruiz de Moguer; j'habite avec mon père une hacienda aux environs d'Aispe. Pour des raisons trop longues à vous dire, et qui ne vous intéresseraient que fort médiocrement, la présence de ma sœur, élevée depuis plusieurs années, au couvent de la Conception, dans la ville de Rosario, devint, il y a quelques mois, indispensable à l'hacienda. Sur l'ordre de mon père, je partis pour El Rosario, afin de ramener ma sœur dans notre famille. J'avais hâte de rejoindre mon père; malgré les observations qui me furent faites par des gens au courant des dangers d'un si long voyage à travers un pays désert, je m'obstinai à ne pas prendre d'escorte et à repartir, accompagné seulement de deux peones, sur la fidélité et le courage desquels je pouvais compter.

Ma sœur, séparée depuis plusieurs années de la famille, était aussi pressée que moi de quitter le couvent; nous nous mîmes en route.

Pendant les premiers jours, tout alla bien; notre voyage s'accomplissait sous les plus favorables augures; ma sœur et moi nous riions des inquiétudes et des appréhensions de nos amis, car déjà nous nous supposions à l'abri des mauvaises rencontres.

Mais hier, au coucher du soleil, au moment où nous allions établir notre camp pour la nuit, nous fûmes tout à coup attaqués à l'improviste par une troupe de bandits qui sembla, tant sa présence fut subite, sortir de terre en face de nous.

Nos pauvres peones se firent bravement tuer en nous défendant, le cheval de ma sœur, frappé d'une balle à la tête, la renversa. Mais la vaillante jeune fille, loin de se livrer aux bandits qui s'étaient élancés pour s'emparer d'elle, se mit à fuir à travers la savane.

Alors, j'essayai de donner le change à nos agresseurs et de les entraîner à ma poursuite.

Vous savez le reste, caballero : sans votre providentielle intervention, c'en était fait de nous.

Il y eut un silence, ce fut don Ruiz qui le rompit.

— Caballero, dit-il, maintenant que vous savez qui je suis, apprenez-moi le nom de mon sauveur.

— A quoi bon? répondit l'inconnu avec tristesse. Réunis un instant par le hasard, demain nous nous séparerons pour ne plus nous rencontrer. La reconnaissance est lourde à porter; ignorant qui je suis, vous m'aurez bientôt oublié. Croyez-moi, señor don Ruiz, mieux vaut qu'il en soit ainsi. Qui sait si vous ne regretterez pas un jour de me connaître!

— Voici la seconde fois que vous me dites cela, caballero. Vos paroles respirent une amertume qui me peine; vous devez avoir souffert de bien cruelles douleurs, pour que, si jeune encore, à l'âge où d'ordinaire tout apparaît si beau dans l'avenir, vos pensées soient si tristes et votre cœur si désenchanté.

L'inconnu releva la tête et fixa sur son interlocuteur un regard qui sembla vouloir pénétrer au fond de son âme; celui-ci continua avec une certaine vivacité.

— Oh! ne vous trompez pas au sens que j'attache à mes paroles, caballero, dit-il; je n'ai nullement l'intention de surprendre votre confiance et de m'immiscer dans vos secrets; la vie de chaque homme lui appartient, ses actes le regardent seul, je ne me reconnais aucun droit à une confidence que je n'attends ni désire; la seule chose que je vous demande, c'est de me dire votre nom, afin que ma sœur et moi nous le conservions dans notre cœur.

— Pourquoi tant insister sur une chose aussi frivole?

— Je vous répondrai, quelle raison avez-vous de vous opiniâtrer à demeurer inconnu ?

— Ainsi vous exigez que je vous dise ce nom ?

— Oh ! caballero, je n'ai le droit de rien exiger, je vous prie.

— Soit, dit l'inconnu ; ce nom, vous allez le savoir ; seulement, je vous en avertis, il ne vous apprendra rien.

— Pardonnez-moi, caballero, répondit don Ruiz avec un accent d'exquise délicatesse. Ce nom, répété par moi à mon père, lui dira à chaque heure du jour que c'est à l'homme qui le porte qu'il doit la vie de ses enfants, et une famille entière vous bénira.

Malgré lui, l'inconnu se sentit ému ; par un mouvement instinctif, il tendit au jeune homme sa main, que celui-ci serra d'une étreinte passionnée.

Mais comme s'il se fût aussitôt reproché de s'être abandonné à ce sentiment de sensibilité, cet homme étrange retira brusquement son bras ; et rendant à son visage l'expression de sévérité qui s'était un instant presque effacée de ses traits :

— Vous allez être satisfait, dit-il avec une certaine rudesse dans la voix qui étonna et attrista le jeune Mexicain.

Nous avons dit que doña Mariana, en regardant autour d'elle, avait cru apercevoir le corps d'un homme étendu sur le sol à quelques pas du feu.

La jeune fille ne s'était point trompée, c'était effectivement un homme qu'elle avait vu, mais garrotté et bâillonné avec soin ; c'était, en un mot, l'un des deux bandits qui l'avaient poursuivie, pendant si longtemps ; celui que l'inconnu avait presque assommé d'un coup de la crosse de son rifle.

Après avoir, d'un geste de la main droite, recommandé à don Ruiz la patience, l'inconnu s'était levé, avait marché droit au bandit, l'avait chargé sur ses épaules et l'avait porté jusqu'auprès du jeune Mexicain, aux pieds duquel il l'avait posé, peut-être un peu rudement, car le pirate, malgré le stoïcisme tout indien qu'il affectait, ne put retenir un cri étouffé de douleur.

— Quel est cet homme et que prétendez-vous lui faire? demanda don Ruiz avec une certaine inquiétude.

— Cet homme, répondit sèchement l'inconnu, faisait partie des misérables qui vous ont attaqués; nous allons le juger.

— Le juger, se récria le jeune homme, nous?

— Pardieu! reprit l'inconnu en enlevant le bâillon du bandit, et en desserrant les cordes qui attachaient ses membres; croyez-vous, par hasard, que nous allons nous embarrasser de ce drôle jusqu'à ce que nous trouvions une prison où le mettre; sans compter que si nous étions assez simples pour agir ainsi, il y a cinquante-neuf à parier contre soixante, qu'il nous échapperait pendant le trajet, et nous glisserait dans les doigts comme un opossum pour nous assaillir quelques heures plus tard, à la tête d'une nouvelle troupe de bandits de son espèce. Non, non, ce serait folie! Morte la bête, mort le venin; mieux vaut le juger.

— Mais de quel droit, quelle qualité avons-nous pour nous ériger en juges de cet homme?

— Comment de quel droit? quelle qualité nous avons? s'écria l'inconnu avec étonnement. Du droit des frontières, qui dit œil pour œil, dent pour dent: la loi de Lynch nous autorise à juger ce bandit, et, la sentence prononcée, à l'exécuter nous-mêmes.

Don Ruiz réfléchit un instant; l'inconnu l'examinait à la dérobée avec la plus sérieuse attention.

— C'est possible, répondit enfin le jeune homme. Peut-être avez-vous raison de parler ainsi. Cet homme est coupable; c'est évidemment un misérable assassin couvert de sang et qui, si ma sœur et moi nous étions tombés entre ses mains, n'aurait pas hésité à nous plonger son poignard dans la poitrine ou à nous brûler la cervelle.

— Eh bien? fit l'inconnu.

— Eh bien, reprit le jeune homme avec une généreuse animation dans la voix, cette certitude même ne nous autorise pas à nous faire justice nous-mêmes : d'ailleurs, ma sœur est sauvée.

— Ainsi votre avis est.....

— Que, puisque nous ne pouvons livrer cet homme aux mains des agents chargés de la police des routes, nous devons, tout en le mettant, autant que cela dépend de nous dans l'impossibilité de nuire, lui rendre la liberté.

— Vous avez, sans doute, bien réfléchi aux conséquences de l'acte que vous me conseillez?

— Ma conscience m'ordonne d'agir ainsi que je le fais.

— Que votre volonté soit faite; et s'adressant au bandit, qui, pendant toute cette conversation était demeuré morne et silencieux, bien que ses regards errassent constamment de l'un à l'autre des deux interlocuteurs; relève-toi, lui dit-il.

Le pirate se leva.

— Regarde-moi, continua l'inconnu, me reconnais-tu?

— Non, dit le bandit.

L'inconnu saisit un tison enflammé, et l'approchant de son visage :

— Regarde-moi mieux, Kidd, lui dit-il d'une voix brève et accentuée.

Le misérable qui s'était penché en avant, se rejeta vivement en arrière avec un geste de terreur.

— *La main-Ferme!* s'écria-t-il d'une voix étranglée par l'épouvante.

— Ah! fit le cavalier avec un sourire sardonique, je vois que tu me reconnais maintenant.

— Oui, murmura le bandit; qu'ordonnez-vous de moi?

— Rien; tu as entendu ce que nous venons de dire, n'est-ce pas?

— Tout.

— Qu'en penses-tu?

Le pirate ne répondit pas.

— Parle et sois franc, je le veux.

— Hum! fit-il avec un regard oblique.

— Parleras-tu? je l'exige, te dis-je.

— Eh bien, répondit-il d'une voix mal assurée, mais cependant avec une nuance d'ironie, facile à saisir; je pense que lorsqu'on tient son ennemi, il faut le tuer.

— C'est bien ton opinion?

— Oui.

— Que répondrez-vous à cela, dit l'inconnu en se tournant vers don Ruiz.

— Je répondrai, dit simplement celui-ci, que cet homme n'étant pas mon ennemi, je ne puis et ne dois tirer de lui aucune vengeance.

— Ainsi?

— Ainsi, la justice seule a le droit de lui demander compte de sa conduite. Quant à moi, je me récuse.

— Ceci est bien réellement l'expression de votre pensée?

— Sur mon honneur! caballero. Pendant la lutte, je ne me serais pas fait le moindre scrupule de le tuer : alors, je défendais ma vie qu'il attaquait; maintenant qu'il est prisonnier et désarmé, ce n'est plus à moi qu'il doit avoir affaire.

Malgré le masque d'impassibilité qu'il avait appliqué sur ses traits, l'inconnu ne put cependant dissimuler complétement la joie que lui faisait éprouver ces nobles sentiments, si simplement exprimés.

Il y eut un instant de silence, pendant lequel les trois hommes semblèrent s'interroger. Enfin, la Main-Ferme reprit la parole, et, s'adressant au bandit, toujours immobile et indifférent en apparence à ce qui se passait :

— Va, tu es libre, fit-il, en coupant les derniers liens qui retenaient ses membres captifs. Pars; seulement, souviens-toi, Kidd, que s'il a plu à ce caballero d'oublier tes offenses, je ne te les ai pas pardonnées moi. Tu me connais, garde-toi de te retrouver sur ma route, car alors tu n'échapperais pas aussi facilement qu'aujourd'hui au juste châtiment que tu as mérité! Va!

— Bon, la Main-Ferme, je me souviendrai, dit le bandit avec un accent voilé de menace.

Et, se glissant aussitôt au milieu des buissons, il disparut sans prendre autrement congé de ceux qui lui avaient donné la vie.

II

LE BIVAC

Pendant quelques instants on entendit dans les buissons le bruit de la course rapide du bandit, puis tout retomba dans le silence.

— Vous l'avez voulu, dit alors la Main-Ferme en jetant un regard en dessous à don Ruiz; maintenant soyez certain que vous comptez au moins un ennemi implacable dans la prairie, car vous n'êtes pas assez simple, n'est-ce pas, pour croire à la reconnaissance d'un pareil homme?

— Je le plains s'il me hait pour le bien que je lui ai fait en retour du mal qu'il m'a voulu faire, mais l'honneur m'ordonnait de le laisser fuir.

— Votre vie sera courte, señor, si vous vous obstinez à mettre en pratique ces préceptes philantropiques dans nos malheureuses contrées.

— Mes ancêtres avaient une devise à laquelle ils n'ont jamais failli.

— Ah! ah! et quelle est cette devise, s'il vous plait, caballero?

— Tout pour l'honneur, quoi qu'il advienne! dit simplement le jeune homme.

— Oui, répondit la Main-Ferme avec un sourd ricanement, la maxime est belle, Dieu veuille qu'elle vous profite! et jetant un regard autour de lui: Les ténèbres commencent à devenir moins épaisses, continua-t-il, la nuit est sur son déclin, avant une heure le soleil se lèvera, vous savez mon nom, ce qui, ainsi que je vous l'avais annoncé, ne vous a pas avancé à grand'chose.

— Vous vous trompez, caballero, interrompit vivement don Ruiz, car le nom que vous croyez ignoré de moi, bien souvent déjà je l'avais entendu prononcer.

La Main-Ferme fixa un regard perçant sur le jeune homme :

— Ah! fit-il avec un léger tremblement dans la voix, et, sans doute, chaque fois que vous avez entendu prononcer ce nom, il a été accompagné d'épithètes peu flatteuses, qui ne vous ont donné qu'une médiocre opinion de celui qui le porte.

— Cette fois encore, señor, vous êtes dans l'erreur, toujours il a été prononcé devant moi comme étant celui d'un homme brave, au cœur fort, à l'intelligence vaste, que des chagrins inconnus, des douleurs secrètes, ont poussé à mener une vie étrange, à fuir la société de ses semblables, à errer constamment dans les déserts; mais qui a su, en toutes circonstances, et malgré les exemples qu'il avait journellement sous les yeux, conserver son honneur intact, une réputation sans tache, que sont contraints d'admirer les bandits eux-mêmes avec lesquels les hasards d'une vie aventureuse le mettent trop souvent en rapport. Voilà, señor, ce que ce nom, que vous supposiez que j'ignorais, rappelle à mon souvenir, et de quelle façon j'ai toujours entendu parler de l'homme qui le porte.

La Main-Ferme sourit avec amertume.

— Le monde serait-il, en effet, moins méchant et moins injuste que je ne le supposais? murmura-t-il en se parlant à lui-même.

2.

— N'en doutez pas, répondit le jeune homme avec feu. Dieu, qui a permis que les bons et les mauvais se trouvassent côte à côte sur la terre, a cependant voulu que la somme du bien l'emportât sur celle du mal ; de sorte que tôt ou tard chacun fût récompensé selon ses œuvres et ses mérites

— Ces paroles, répondit-il avec ironie, seraient peut-être mieux placées dans la bouche d'un prêtre ou d'un missionnaire dont les cheveux ont blanchi et la taille s'est courbée sous le poids des luttes incessantes de l'apostolat, que dans celle d'un jeune homme à peine à l'aurore de la vie, que nulle tempête n'a encore assailli, et qui de l'existence ne doit avoir goûté que le miel; mais, peu importe, votre intention est bonne, et je vous remercie. Brisons-là, nous avons en ce moment à nous occuper de choses beaucoup plus sérieuses qu'à perdre notre temps à des discussions philosophiques, qui ne nous convaincraient ni l'un ni l'autre.

— J'ai eu tort, caballero, je le reconnais, répondit don Ruiz, il ne me convient pas à moi, qui suis presque un enfant encore, de vous faire des observations, pardonnez-moi donc, je vous en prie.

— Je n'ai rien à vous pardonner, señor, reprit en souriant la Main-Ferme, je vous remercie au contraire. Maintenant, occupons-nous du plus pressé, c'est-à-dire de ce que vous comptez faire pour sortir de la situation dans laquelle vous vous trouvez.

— Je vous avoue que je suis assez inquiet, répondit don Ruiz avec une légère teinte de tristesse, en jetant un regard sur la jeune fille toujours endormie; ce qui m'est arrivé, le danger terrible que j'ai couru, danger auquel je n'ai échappé que grâce à votre généreux secours...

— Plus un mot sur ce sujet, interrompit vivement la Main-Ferme ; vous me désobligeriez en insistant davantage.

Le jeune homme s'inclina.

— Si j'étais seul, dit-il, je n'hésiterais pas à continuer mon voyage ; un homme brave, et je crois l'être, parvient presque toujours à échapper aux périls qui le menacent lorsqu'il les affronte en face ; mais j'ai ma sœur avec moi, ma sœur dont la scène terrible de cette nuit a brisé l'énergie et qui, au cas d'une seconde agression de la part des pirates des prairies, deviendrait une proie facile pour ces misérables, d'autant plus que, trop faible pour la sauver, je ne pourrais que mourir avec elle.

La Main-Ferme détourna la tête en murmurant à voix basse avec compassion :

— C'est vrai, pauvre enfant ! et s'adressant à don Ruiz : cependant, il vous faut prendre un parti.

— Malheureusement, je n'ai pas le choix ; il n'y a qu'un parti à prendre : quoi qu'il arrive, au lever du soleil, je continuerai ma route si ma sœur est en état de me suivre.

— Que cela ne vous inquiète pas ; à son réveil, ses forces seront assez revenues pour qu'elle puisse se tenir à cheval sans trop de fatigue, mais d'ici Arispe le chemin est long encore.

— Je le sais, et c'est ce qui m'effraie pour ma pauvre sœur.

— Écoutez-moi. Peut-être y a-t-il pour vous un moyen de sortir d'embarras et de conjurer jusqu'à un certain point les dangers qui vous menacent ; à deux journées de marche d'ici se trouve un poste militaire, placé comme une sentinelle avancée pour surveiller la frontière et s'opposer aux incursions des *Indiens bravos* et autres bandits de toutes sortes et de toutes couleurs qui infestent ces régions. L'essentiel, pour vous, est d'atteindre ce poste; là il vous sera facile d'obtenir du commandant une escorte qui vous mettra, pour le reste de votre voyage, à l'abri de toute insulte.

— Oui; mais, comme vous me le faites observer, il me faut atteindre ce poste.

— Eh bien?

— Je ne connais pas ce pays, un des deux peones qui m'accompagnaient me servait de guide; lui mort, il m'est de toute impossibilité de me diriger: je suis dans la situation du marin perdu sans boussole sur une mer inconnue.

La Main-Ferme le regarda avec un étonnement mêlé de compassion.

— Oh! s'écria-t-il, jeunesse imprévoyante! Comment, imprudent, vous avez osé vous risquer ainsi dans le désert, confier à un peon l'existence précieuse de votre sœur? Mais, se reprenant aussitôt, excusez-moi, continua-t-il, des reproches sont déplacés en ce moment; ce qu'il faut, c'est vous sortir du péril où vous êtes.

Il laissa tomber sa tête dans ses mains et se plongea dans de sérieuses réflexions, tandis que don Ruiz l'examinait avec un mélange de crainte et d'espoir.

Le jeune homme ne se faisait pas illusion sur sa position, les reproches que la Main-Ferme lui avait épargnés, il se les était déjà adressés à lui-même, en maudissant son imprévoyante témérité, car les choses en étaient arrivées à ce point que si l'homme auquel déjà il devait la vie refusait de lui continuer sa toute-puissante protection, lui et sa sœur étaient irrémédiablement perdus.

La Main-Ferme, après quelques minutes qui semblèrent durer un siècle au jeune homme, se leva, saisit son rifle, s'approcha de son cheval, le sella, se mit en selle, et s'adressant à don Ruiz, qui suivait tous ses mouvements avec une curiosité anxieuse :

— Attendez-moi, lui dit-il; surtout, si longue que soit mon absence, ne bougez pas d'ici jusqu'à mon retour.

Puis, sans attendre la réponse du jeune homme, il rendit la bride, se pencha légèrement sur le cou de sa monture et s'éloigna au galop.

Don Ruiz suivit du regard la noire silhouette qui s'effaçait de plus en plus dans l'obscurité, il écouta le bruit des pas du cheval aussi longtemps qu'il put les entendre, puis il retourna tout pensif s'asseoir auprès du feu, et fixant sur la jeune fille endormie ses yeux voilés de larmes :

— Pauvre sœur! murmura-t-il avec une déchirante expression de douleur.

Il pencha la tête sur la poitrine et le regard atone, le visage pâle et morne, il attendit le retour de la Main-Ferme, retour, dont au fond du cœur il doutait, bien qu'avec cet acharnement des gens désespérés qui essaient de se tromper eux-mêmes en se donnant des prétextes dont ils connaissent la fausseté, il cherchât à s'en prouver la certitude.

Nous profiterons de cet instant de trêve dans notre récit pour faire en quelques mots le portrait de don Ruiz de Mogner et de sa sœur doña Mariana.

A tout seigneur tout honneur; nous commencerons par le portrait de la jeune fille.

Doña Mariana ou plutôt Marianita, ainsi que chacun la nommait au couvent de Rosario et dans sa famille, était une charmante enfant de seize ans à peine, svelte, cambrée, nonchalante et mignonne, à l'œil noir et velouté, pétrie de grâces et de séductions. Sa chevelure noire avait les reflets bleuâtres de l'aile du corbeau, sa peau les teintes chaudes et dorées du soleil de son pays; son regard brûlait, à demi voilé par ses longs cils bruns; sa bouche rieuse, bordée de lèvres d'un rouge vif, tranchant sur la blancheur éblouissante de ses dents, imprimait à sa physionomie une expression de naïve et ignorante candeur. Sa démarche, molle et paresseuse, avait cette indescriptible langueur et cette ondulation serpentine, pleine de *désinvolture* et de *salero* que seules possèdent, à un si haut degré, les Liméniennes et les Mexicaines, ces filles du soleil, dans les veines desquelles, au lieu de sang, coule en fusion la lave de leurs volcans; en un mot, Espagnole de pied en cap, mais Espagnole de l'Andalousie, c'était une nature ardente, folle, jalouse, passionnée et superstitieuse à l'excès; mais à cette belle et splendide statue, il manquait l'étincelle divine. Doña Mariana s'ignorait elle-même; chez elle le cœur n'avait pas parlé; ce n'était encore qu'une délicieuse jeune fille, un souffle brûlant d'amour devait en faire une adorable femme.

Au physique, don Ruiz était comme homme ce que sa sœur était comme femme : c'était un admirable cavalier, de cinq ans à peine plus âgé que doña Mariana. Sa taille était haute, bien prise; ses formes, élégantes et aristocratiques, dénotaient cependant une grande vigueur corporelle; ses traits réguliers, trop réguliers peut-être pour un homme, portaient un indicible cachet de distinction : son œil noir avait le regard franc et assuré; sa bouche, un peu grande, ornée de dents magnifiques et surmontée d'une fine moustache brune, coquettement relevée, conservait encore le sourire joyeux et insouciant de la jeunesse; sa physionomie respirait la loyauté, la douceur et la bravoure portées jusqu'à la témérité : en un mot, l'ensemble des traits de ce jeune homme offrait le type le plus complet du gentilhomme de bonne race.

Le frère et la sœur qui, à part certaines nuances presque insaisissables, avaient l'un avec l'autre la plus parfaite ressemblance physique, se ressemblaient aussi au moral. Tous deux avaient la même ignorance des choses de la vie : cœurs purs et innocents, ils s'aimaient du plus saint de tous les amours, l'amour fraternel, ne vivant que l'un pour l'autre et l'un par l'autre.

Aussi, doña Mariana avait-elle éprouvé une immense joie et une grande impatience de quitter le couvent lorsque don Ruiz, obéissant à l'ordre de son père, était venu la chercher à Rosário.

Cette joie et cette impatience de la jeune fille obligèrent don Ruiz à ne pas consentir à attendre une escorte pour retourner à Arispe, de crainte de chagriner sa sœur. Don Ruiz maudissait la faiblesse qui l'avait fait céder aux caprices de la jeune fille et s'accusait d'être, par cette faiblesse, le seul auteur des dangers affreux auxquels elle n'avait échappé que par miracle, et des dangers non moins terribles encore qui sans doute la menaçaient pendant les cent et quelques lieues à parcourir, avant d'atteindre l'hacienda del Toro, habité par son père, don Hernando de Moguer.

Cependant les heures continuaient à se succéder impassiblement les unes aux autres; le soleil s'était levé, et avait dissipé les ténèbres et réchauffé la terre refroidie par la rosée abondante et glacée du matin.

Doña Mariana, réveillée par le chant des milliers d'oiseaux blottis sous la feuillée, avait ouvert les yeux. Le sommeil dont elle avait joui pendant plusieurs heures lui avait rendu, non-seulement ses forces épuisées dans la lutte du soir précédent, mais encore le courage et la gaieté. Le premier regard de la jeune fille avait été pour son frère qui, anxieux et inquiet, surveillait attentivement son sommeil et attendait avec impatience l'instant de son réveil.

— Oh! Ruiz, dit-elle de sa voix mélodieuse, en tendant à la fois au jeune homme sa main et son front, quel bon sommeil! que j'ai bien dormi!

— Bien vrai, ma sœur, s'écria-t-il en l'embrassant avec joie, tu as bien dormi?

— C'est-à-dire, reprit-elle en souriant que jamais au couvent je n'ai passé une nuit aussi délicieuse et bercée de rêves aussi charmants; il est vrai que vous étiez deux à veiller sur mon sommeil, n'est-ce pas? deux cœurs bons et dévoués, sur lesquels je pouvais me confier en toute sûreté.

— Oui, ma sœur, nous étions deux en effet.

— Comment! fit-elle avec un étonnement mêlé d'inquiétude, vous étiez... Que veux-tu donc dire, Ruiz?

— Ce que je dis... pas autre chose, chère sœur.

— Mais je ne vois pas le caballero envers lequel nous avons contracté une si grande obligation. Où est-il donc?

— Je ne saurais te le dire, petite sœur. Il y a deux heures environ, il est monté à cheval et m'a quitté en me recommandant de ne pas bouger d'ici avant son retour.

— Oh! alors, me voilà tranquille; cette absence m'inquiétait, mais maintenant que je sais qu'il reviendra...

— Le crois-tu? interrompit-il.

— Pourquoi en douterais-je? reprit-elle avec une certaine animation dans la voix; n'a-t-il pas promis de revenir?

— Sans doute.

— Eh bien! un caballero ne manque pas à la parole donnée : il a dit qu'il reviendrait, il reviendra.

— Dieu le veuille! murmura don Ruiz.

Et il secoua mélancoliquement la tête en poussant un profond soupir.

La jeune fille se sentit, malgré elle, envahir par l'inquiétude; cette persistance dans le doute l'effrayait.

— Voyons, Ruiz, dit-elle toute pâlissante. Explique-toi? Que s'est-il passé entre ce caballero et toi?

— Rien que tu ne saches, ma sœur. Cependant, malgré la promesse de cet homme, je ne sais pourquoi, mais j'ai peur. C'est un être étrange, incompréhensibe, tantôt bon, tantôt méchant, changeant en une minute de caractère et presque de visage, aimant et haïssant à la fois, triste et joyeux, calme et emporté; le résumé enfin des qualités et des défauts les plus opposés; il m'effraie, me repousse, m'attire et m'intéresse. Je redoute qu'il nous abandonne, et je crains qu'il revienne.

— Je ne te comprends pas, Ruiz; que signifie ce trouble dans tes idées? pourquoi ce jugement sévère et bizarre sur un homme que tu ne connais pas, et qui ne t'a fait que du bien?

A l'instant où don Ruiz se préparait à répondre, le galop d'un cheval se fit entendre au loin.

— Le voilà! frère, s'écria-t-elle avec une émotion qu'elle ne put réprimer; le voilà!

Le jeune homme regarda sa sœur avec étonnement.

— Comment le sais-tu? lui demanda-t-il.

— Je l'ai reconnu, balbutia-t-elle en rougissant; tiens, regarde!

En effet, en ce moment les buissons s'écartèrent et la Main-Ferme parut dans l'espace laissé libre par l'entassement des rochers.

Sans mettre pied à terre, la Main-Ferme, après avoir salué courtoisement la jeune fille, dit d'une voix brève :

— A cheval, à cheval! Hâtons-nous, le temps presse.

Don Ruiz sella aussitôt la monture de sa sœur et la sienne; et quelques minutes plus tard, les deux jeunes gens étaient à cheval auprès du chasseur.

— En route, reprit celui-ci, cuerpo de Cristo! caballero, je vous avais averti que vous commettiez une imprudence en rendant la liberté au drôle que vous savez; si nous n'y prenons garde, nous l'aurons à nos trousses avant une heure.

Ces mots suffirent pour donner des ailes aux fugitifs; ils se lancèrent à toute bride à travers la plaine à la suite du hardi partisan.

Une heure s'écoula sans qu'une parole fût échangée entre les trois personnages : penchés sur le cou de leurs chevaux, ils dévoraient l'espace, jetant parfois un regard inquiet en arrière, et ne songeant qu'à échapper au péril inconnu dont ils se sentaient menacés.

Vers huit heures du matin, la Main-Ferme retint la bride à son cheval et fit signe aux deux jeunes gens de l'imiter :

— Maintenant, dit-il, nous n'avons plus rien à redouter. Quand nous aurons traversé ce bois, qui s'étend devant nous comme un rideau de verdure, nous verrons le poste de San-Miguel, dont les murailles nous offriront un abri sûr contre les attaques de tous les bandits du désert, fussent-ils dix mille.

— Cette nuit, vous m'aviez parlé d'un poste plus éloigné, il me semble, répondit don Ruiz.

— En effet, je croyais San-Miguel sinon en ruine, du moins abandonné. Avant que de vous donner un espoir qui aurait pu être déçu, j'ai voulu m'assurer par moi-même de la vérité des faits.

— Vous croyez que le commandant consentira à nous recevoir? objecta la jeune fille.

— Certes, señorita, pour mille raisons; d'abord, les postes frontières ne sont établis que dans le but de veiller à la sûreté des voyageurs; ensuite, San-Miguel est commandé, si je ne me trompe, par un de vos parents, ou, du moins, par un ami intime de votre famille.

Les deux jeunes gens se regardèrent avec étonnement.

— Et vous savez le nom de ce commandant? demanda don Ruiz.

— On me l'a dit; il se nomme don Marcos de Niza.

— Oh! s'écria doña Mariana avec joie, je le crois bien que nous le connaissons! don Marcos est un de nos cousins.

— Alors tout est pour le mieux, répondit froidement le partisan; reprenons notre course, voici derrière nous un nuage de poussière qui ne nous présage rien de bon, s'il arrive jusqu'à nous avant que nous atteignions le poste.

Les jeunes gens, sans répondre, repartirent au galop, traversèrent le bois et entrèrent dans le fortin.

— Regardez, dit la Main-Ferme à don Ruiz et à sa sœur, au moment où la porte se refermait sur eux.

Ils se retournèrent.

Une nombreuse troupe de cavaliers sortait en ce moment du bois et accourait à toute bride en poussant des hurlements féroces.

— Voilà deux fois déjà que vous nous sauvez la vie, caballero, dit doña Mariana au partisan avec une expression de reconnaissance.

— Pourquoi les compter, señorita? répondit-il avec une tristesse mêlée d'amertume, est-ce que je les compte, moi?

La jeune fille lui lança un regard d'une expression indéfinissable, détourna la tête en rougissant, et suivit silencieusement son frère.

IV

LE POSTE DE SAN-MIGUEL

Les Espagnols, quelle que soit l'opinion que les utopistes du vieux monde émettent sur leur mode de colonisation et la façon dont ils traitaient les Indiens de l'Amérique, s'entendaient fort bien à faire prospérer les pays dont les avaient dotés les hardis coups de mains de ces héroïques aventuriers qui avaient noms Cortez, Pizarro, Balboa, Alvarado, etc., etc., et dont les descendants, si par hasard il leur en reste encore, sont aujourd'hui dans la plus affreuse misère, bien que leurs ancêtres aient donné un monde tout entier et d'incalculables richesses à leur ingrate patrie.

Lorsque la domination espagnole se fut affermie en Amérique, le prémier soin des conquérants, après avoir refoulé les Indiens qui ne voulurent pas se courber sous leur joug de fer dans des déserts affreux, où ils espéraient les voir périr de misère, fut d'assurer leurs frontières et d'empêcher que ces hordes indomptées, poussées par la faim et le désespoir, n'entrassent sur le territoire nouvellement conquis, et ne missent au pillage les villes et les haciendas. Pour cela, ils établirent sur la ligne des déserts un cordon de presidios et des postes militaires, qui tous se reliaient entre eux et pouvaient, en cas de besoin, se prêter mutuellement secours, non pas peut-être à cause de leur proximité, car, au contraire, ils étaient très-éloignés les uns des autres, et disséminés sur un grand espace, mais au moyen de nombreuses patrouilles de lanceros, qui allaient constamment d'un poste à l'autre.

Maintenant, depuis la déclaration de l'indépendance des colonies, grâce à l'incurie des gouvernements qui se sont succédé dans ces malheureuses contrées, la plupart de ces présidios et de ces postes n'existent plus : les uns ont été brûlés par les Indiens, qui ont sauté par-dessus et se sont fait envahisseurs à leur tour, regagnant peu à peu le terrain que les Espagnols leur avaient enlevé; les autres ont été abandonnés, ou si mal entretenus que la plupart sont en ruines.

Cependant, de loin en loin on en rencontre encore quelques-uns que des circonstances tout exceptionnelles ont contraint les habitants à conserver et à entretenir.

Comme ces forts étaient dans toutes les colonies bâtis sur le même modèle, en décrivant le poste de San-Miguel, qui existe encore, et que nous avons visité, le lecteur se fera facilement une idée du système de défense simple, et en même temps efficace adopté par les Espagnols pour se garantir des surprises de leurs rusés et implacables ennemis.

Le poste de San-Miguel se compose de quatre pavillons carrés, reliés entre eux par des galeries dont les murs intérieurs environnent une cour plantée de limoniers, de pêchers et d'algarobes.

Dans cette cour s'ouvrent les chambres destinées à recevoir les voyageurs, les casernes, etc., etc.

Les murs extérieurs n'ont qu'une porte de sortie, et sont garnis de meurtrières auxquelles on ne peut atteindre qu'en montant sur une plate-forme élevée de huit pieds, et large de trois. Toute la maçonnerie est construite en adobes, ou larges blocs de terre battue et cuite au soleil.

Maintenant, à vingt pieds au dehors de cette muraille, il s'en trouve une autre formée avec des cactus plantés fort près les uns des autres, dont les branches sont entrelacées ; cette muraille végétale, s'il est permis d'employer cette expression, est naturellement très-épaisse et protégée par des épines redoutables, qui la rendent infranchissable pour les Indiens à demi nus, et généralement fort mal armés; elle n'a d'autre entrée qu'une lourde porte, soutenue par des poteaux solidement scellés en terre.

Les soldats placés aux meurtrières de la deuxième enceinte tirent parfaitement à l'abri, et dominent l'espace par-dessus les cactus.

A l'approche des Indiens, lorsque vient la lune du Mexique, c'est-à-dire l'époque invariable de leurs invasions, les rares habitants de la frontière se réfugient dans le poste de San-Miguel, et là, complétement en sûreté, ils attendent que leurs ennemis se lassent d'un siége sans résultat possible pour eux, ou bien qu'ils soient mis en fuite par un secours envoyé d'une ville, éloignée souvent de cinquante lieues.

Don Marcos de Niza était un homme d'une quarantaine d'années, petit et replet, mais cependant alerte et actif; son visage, aux traits assez réguliers, respirait une bonhomie empreinte d'intelligence et de décision; c'était un de ces officiers comme malheureusement l'armée mexicaine en compte trop peu dans ses rangs : instruit, honnête, et connaissant à fond son métier; aussi, comme tout à ses devoirs il n'avait jamais essayé de s'avancer par l'intrigue et les manœuvres des partis, il était resté capitaine depuis dix ans déjà sans espoir d'avancement, malgré ses capacités reconnues et appréciées de tous et une conduite irréprochable. Le poste qu'il occupait en ce moment de commandant du fortin de San-Miguel, prouvait le cas que faisait de lui le gouverneur de la province; car les postes de la frontière, continuellement exposés aux attaques des Peaux-Rouges, ne peuvent être donnés qu'à des hommes sûrs et habitués de longue main aux guerres indiennes.

Il est vrai que le dangereux honneur de commander un de ces forts n'est nullement brigué par les brillants officiers accoutumés à traîner leurs sabres sur les dalles des palais de Mexico; aussi n'est-il, en général, donné qu'à de braves soldats, pour lesquel il n'existe plus de chances d'avancement.

Instruit par un cabo ou caporal du nom des hôtes qui lui arrivaient ainsi à l'improviste, le capitaine accourut à leur rencontre, les bras ouverts et le sourire sur les lèvres :

— Oh! oh! s'écria-t-il joyeusement, voilà une charmante surprise, mes enfants; je suis bien heureux de vous voir.

— Ne nous remerciez pas, don Marcos, répondit en souriant doña Mariana; ce n'est pas une visite que nous vous faisons, mais un abri et votre protection que nous venons vous demander.

— Abri et protection vous sont acquis, Rayo de Dios! ne sommes-nous pas parents, et très-proches même?

— Sans nul doute, mon cousin, fit don Ruiz; aussi, dans nôtre malheur, est-ce pour nous une grande consolation de vous rencontrer.

— Hum! c'est donc sérieux ce que vous me dites, reprit le capitaine dont le visage s'assombrit.

— Tellement sérieux, répondit le jeune homme en saluant le partisan immobile à ses côtés, que sans le secours de ce cabellero, selon toutes probabilités, nous serions morts dans le désert.

— Oh! oh! pauvres enfants! allons mettez pied à terre et suivez-moi, vous devez avoir besoin de repos et de rafaîchissements après une telle alerte; cabo Hernandez, prenez soin des chevaux.

Le caporal s'empara des chevaux, qu'il conduisit au corral, et les jeunes gens suivirent le capitaine, après avoir, à plusieurs reprises, été embrassés et pressés dans ses bras.

Don Marcos avait serré la main du partisan, et l'avait d'un signe engagé à le suivre.

— Là, dit-il, en introduisant ses hôtes dans un salon modestement meublé de quelques butaccas, asseyez-vous, enfants! lorsque vous serez reposés, nous causerons.

Des rafraîchissements étaient préparés sur une table. Pendant que les jeunes gens se servaient, le capitaine les laissa, et passa avec le partisan dans un autre appartement.

Dès qu'ils furent seuls, les deux hommes devinrent sérieux, leurs sourcils se froncèrent, et toute la joie qui éclairait le visage du capitaine s'éteignit subitement.

— Eh bien! demanda-t-il à la Main-Ferme après

l'avoir d'un geste invité à s'asseoir, quelles nouvelles ?

— Mauvaises, répondit-il nettement.

— Je m'y attendais, murmura l'officier en hochant tristement la tête ; il nous va falloir reprendre le harnais et pousser une pointe dans la savane, afin de prouver à ces bandits que nous sommes en mesure de les châtier.

Le partisan secoua la tête à plusieurs reprises sans répondre.

Le capitaine l'examina attentivement pendant plusieurs minutes.

— Qu'avez-vous donc, mon ami ! lui demanda-t-il enfin avec un commencement d'inquiétude, jamais je ne vous ai vu aussi triste et aussi sombre.

— C'est qu'aussi répondit-il, jamais les circonstances n'ont été aussi graves.

— Expliquez-vous, je vous avoue que vous commencez réellement à m'inquiéter ; à part quelques maraudeurs sans importance, les frontières ne m'ont jamais semblé plus tranquilles.

— Calme trompeur, don Marcos, qui recèle la tempête dans son sein, et une tempête terrible, je vous le certifie.

— Cependant, nos espions sont tous d'accord pour nous assurer que les Indiens ne songent nullement à faire d'expédition.

— Cela prouve que vos espions vous trahissent, voilà tout.

— Cela est possible, mais encore faudrait-il me donner une preuve, un indice quelconque.

— Je ne demande pas mieux ; je suis en mesure de vous donner les renseignements les plus positifs.

— A la bonne heure ! voilà qui est parler : je vous écoute.

— Avant tout, votre garnison est-elle forte ?

— Je la crois suffisante.

— Peut-être ; à combien d'hommes se monte-t-elle ?

— Soixante ou soixante-dix à peu près.

— Ce n'est pas assez.

— Comment, ce n'est pas assez ! Jamais les garnisons des postes n'ont été plus nombreuses.

— En temps de paix, c'est possible ; mais dans les circonstances actuelles, je vous répète que ce n'est pas assez, et bientôt, vous en conviendrez avec moi. Vous devriez envoyer sans perdre un instant un courrier pour demander cent cinquante ou deux cents hommes de renfort ; ne vous y trompez pas, capitaine : vous serez le premier attaqué, et l'attaque sera rude, je vous en avertis.

— Je vous remercie de l'avis que vous me donnez. Cependant, mon ami, vous me permettrez de ne pas le suivre avant qu'il me soit bien prouvé qu'il y a urgence à le faire.

— A votre aise, capitaine ; vous êtes le commandant du poste, votre responsabilité doit vous inviter à la prudence ; je m'abstiendrai donc de vous faire de plus longues observations sur un sujet qui ne me regarde que fort indirectement.

— Vous vous piquez et vous avez tort, mon ami ; cette responsabilité dont vous parlez exige que je ne me laisse pas, sur de vagues rumeurs, entraîner à des démarches que j'aurais peut-être à regretter. Donnez-moi l'explication que j'attends de vous ; et probablement, lorsque je saurai quelle est l'importance du péril qui me menace, suivrai-je votre conseil.

— Je ne demande pas mieux que de vous satisfaire, écoutez-moi donc. Ce que j'ai à vous apprendre ne sera pas long.

En ce moment, la porte de la salle s'ouvrit et le caporal Hernandez parut.

Le capitaine, contrarié d'être aussi intempestivement interrompu, se tourna brusquement vers le caporal, et lui adressant la parole d'un ton de mauvaise humeur :

— Qu'est-ce encore, lui dit-il, que me voulez-vous, caporal ?

— Excusez-moi, mon capitaine, répondit le pauvre diable, tout interdit de cette rude apostrophe ; mais c'est le lieutenant qui m'envoie.

— Eh bien ! que me veut-il, le lieutenant ? Voyons, parlez, et soyez bref, si cela vous est possible.

— Mon capitaine, on a aperçu une troupe nombreuse de cavaliers se dirigeant à toute bride vers le poste ; le lieutenant m'a ordonné de vous en avertir.

— Eh ! fit le capitaine, en lançant un regard d'intelligence au partisan, auriez-vous raison, et cette troupe serait-elle l'avant-garde des ennemis que vous nous annoncez ?

— Cette troupe, répondit le chasseur avec un sourire équivoque, est depuis ce matin à la poursuite de don Ruiz de Moguer et à la mienne. Je ne crois pas que ces cavaliers soient des Indiens.

— Que pense le lieutenant sur le compte de ces drôles ? demanda le capitaine au caporal.

— Ils sont trop loin encore et trop enveloppés par la poussière qu'ils soulèvent sous leurs pas, capitaine, pour qu'il soit possible de les reconnaître, répondit en s'inclinant le sous officier.

— C'est juste; mieux vaut, je crois, aller nous en assurer nous-mêmes. Venez-vous?

— Je le crois bien, fit le partisan en se levant et en saisissant son rifle, qu'il avait déposé dans un angle du salon.

Ils sortirent.

Don Ruiz et sa sœur causaient, tout en usant largement des rafraîchissements mis à leur disposition.

A la vue du capitaine, le jeune homme se leva et s'avança vers lui.

— Mon cousin, lui dit-il en le saluant, j'apprends que vous êtes sur le point d'être attaqué; comme c'est un peu ma cause que vous allez défendre, puisque les bandits qui vous menacent en ce moment sont des alliés de ceux avec lesquels j'ai eu hier maille à partir, et que je suis probablement cause de leur apparition dans ces parages, permettez-moi, je vous prie, de faire avec vous le coup de feu.

— Vive Dios, de grand cœur, mon cousin, répondit gaiement le capitaine, bien que ces drôles n'en vaillent guère la peine, venez.

— Voilà un joli garçon murmura le caporal à l'oreille du partisan.

Celui-ci ne répondit pas; il se contenta de hausser les épaules, en détournant la tête.

— Oh! s'écria doña Mariana, Ruiz, que voulez-vous faire; restez ici près de moi, je vous en supplie, mon frère.

— Impossible, ma sœur, répondit-il en l'embrassant; que penserait de moi notre cousin, si lorsqu'on va se battre je me tenais à l'abri des balles?

— Ne craignez rien, niña, je vous réponds de votre frère, dit en souriant le capitaine.

La jeune fille se rassit toute triste sur la butacca de laquelle elle s'était levée.

Les quatre hommes quittèrent alors le salon et se dirigèrent vers le patio ou cour.

Tout était en mouvement; le lieutenant, vieux soldat expérimenté, à la moustache grise, au visage sillonné de coups de sabre, et dont toute la vie s'était passée sur les frontières, n'avait pas perdu son temps; pendant que, par son ordre, le caporal Hernandez prévenait le capitaine, il avait fait sonner l'assemblée, avait distribué les postes, placé aux meurtrières les plus adroits tireurs, tout disposé pour éviter une surprise et bien recevoir l'ennemi, qui s'avançait si audacieusement contre le fort.

En mettant le pied dans la cour, le capitaine s'arrêta, embrassa d'un coup d'œil les dispositions si sages et si intelligentes prises par son lieutenant, et un sourire de satisfaction s'épanouit sur ses lèvres.

— Maintenant, dit-il au partisan, allons voir quel est l'ennemi auquel nous allons avoir affaire.

— C'est inutile, je vais vous le dire, capitaine, répondit celui-ci; ce sont des pirates.

— Des pirates? s'écria avec étonnement don Marcos; comment! ces misérables oseraient?

— Seuls, non certes! interrompit vivement la Main-Ferme; mais avec la certitude d'être soutenûs par les Indiens, dont ils ne sont que l'avant-garde, ils n'hésiteront pas à le faire; du reste, ou je me trompe fort, ou leur attaque ne sera pas sérieuse, leur but est probablement de tâter le terrain et de s'assurer de l'état de défense dans lequel se trouve le poste. Recevez-les donc de façon à ne leur laisser aucun doute à cet égard, et à leur prouver que vous êtes parfaitement sur vos gardes, cette démonstration suffira sans doute à leur faire lâcher pied.

— Vous avez raison, dit le capitaine; vive Dios! ils trouveront à qui parler, je vous le promets.

Il se pencha alors vers le caporal auquel il donna un ordre à voix basse, celui-ci salua et s'éloigna à grands pas.

Pendant quelques minutes un silence profond régna dans le poste, les instants qui précèdent un combat portent avec eux quelque chose de solennel, qui fait que les hommes les plus braves se recueillent en eux-mêmes et semblent se préparer à la lutte, soit par la force d'une volonté ferme, soit en adressant mentalement à Dieu une dernière et fervente prière.

Tout à coup des cris horribles se firent entendre, mêlés à un galop furieux d'une troupe de cavaliers, puis les ennemis apparurent penchés sur le col de leurs montures, et brandissant leurs armes d'un air de défi.

Lorsqu'ils furent arrivés à portée de pistolet, le mot : *feu!* partit des murailles, et une décharge générale éclata comme un coup de tonnerre.

Les cavaliers tourbillonnèrent au pied des remparts, tournèrent bride et repartirent avec précipitation et dans le plus grand désordre, poursuivis par les balles mexicaines, qui, dirigées par des bras forts et des yeux sûrs, faisaient à chaque pas, dans leurs rangs rompus, de nombreuses victimes.

Cependant ils n'avaient pas fui assez vite pour ne pas être reconnus pour ce qu'ils étaient, c'est-à-dire des pirates.

A demi nus, pour la plupart, et sans selle, ils brandissaient leurs rifles et leurs longues lances, et excitaient leurs chevaux par des cris effroyables.

Deux ou trois individus, des chefs probablement, la tête couverte d'une espèce de turban rouge, se faisaient remarquer par des lambeaux d'uniformes arrachés sans doute à des soldats massacrés; leur repoussante saleté et leur apparence farouche inspiraient le dégoût le plus profond.

Le doute était impossible, ces misérables étaient bien des blancs et des métis.

Quelle différence entre ces bandits sinistres et les Apaches, les Comanches et les Arapahoës, ces magnifiques enfants de la nature, si recherchés dans le choix de leurs armes, si nobles dans leur maintien.

Après une course assez longue, ils s'arrêtèrent pour tenir conseil hors de portée des armes à feu.

Ils furent en ce moment rejoints par une seconde troupe, dont le chef commença à parler et à gesticuler avec la plus grande agitation, désignant à chaque instant le fort en pointant son rifle dans sa direction.

Les deux troupes réunies pouvaient monter à environ cent cinquante cavaliers.

Après une discussion assez longue, les pirates

s'élancèrent de nouveau et vinrent s'arrêter au pied même des murailles.

Le capitaine Niza, voulant leur infliger un châtiment sévère, avait donné l'ordre de ne pas tirer et de les laisser faire.

Cachés par l'épaisseur des cactus, les bandits étaient devenus subitement invisibles; mais les Mexicains, confiants dans la force de leur position et dans la solidité des pieux et des portes n'éprouvaient aucune crainte.

Rassurés par le silence de la garnison, une trentaine de pirates, parmi lesquels se trouvaient plusieurs de leurs chefs, escaladèrent successivement la grande porte et s'élancèrent vers la seconde.

Malheureusement pour la réussite de leur projet, le mur était trop élevé pour être franchi par les mêmes moyens.

Alors il se dispersèrent; les uns se mirent en quête de pierres et de pieux pour enfoncer cette porte, les autres cherchèrent, mais vainement, à ouvrir celle qu'ils avaient si facilement enjambée.

Les Mexicains entendaient parfaitement les pirates, déjà dans la première enceinte, expliquer à leurs compagnons les difficultés qu'ils rencontraient à pénétrer dans le fort.

Il fallait forcer la porte, afin de livrer passage à ceux qui étaient demeurés dehors.

Ceux-ci s'avisèrent alors de lancer leur reatas, qui s'attachèrent après les poteaux, se roidirent sous les efforts combinés des hommes et des chevaux, et semblèrent sur le point de faire sauter la porte de ses gonds; mais les poteaux tinrent bon et ne furent même pas ébranlés par ce suprême effort.

— Qu'attendez-vous, capitaine, murmura don Ruiz à l'oreille du commandant, qu'attendez-vous pour écraser cette canaille ?

— Ils ne sont pas encore assez nombreux dans la ratière, répondit-il en le regardant d'un air narquois, laissons-les venir !

En effet, comme si les bandits eussent voulu obéir au vieux soldat, une vingtaine d'entre eux escalada encore la porte, de sorte qu'ils se trouvaient déjà cinquante dans la première enceinte, c'est-à-dire pris entre deux murailles, une de cactus et une de pierre.

Encouragés par leur nombre, qui s'accroissait de minute en minute, ils donnèrent un assaut général.

Mais, tout à coup, chaque meurtrière s'éclaira d'une lueur sinistre, et les balles commencèrent à grêler sans interruption sur les misérables qui, par leur position même, se trouvaient dans l'impossibilité de répondre au feu plongeant des Mexicains.

Sentant la faute qu'ils avaient commise et le piége dans lequel ils avaient si stupidement donné, les pirates se démoralisèrent ; la peur les saisit, et ils ne songèrent plus qu'à la fuite.

Trois fois ils s'élancèrent contre la première porte pour l'escalader et gagner la campagne ; trois fois les balles les rejetèrent sur le sol, en proie à un désespoir d'autant plus grand, qu'ils n'avaient plus de secours à attendre de leurs amis du dehors, dont, au premier échec, ils avaient entendu la course précipitée du côté du désert, et que, par conséquent, ils se sentaient perdus.

Les Mexicains, impitoyables dans leur vengeance,

tiraient sans relâche sur les misérables, dont quelques-uns, en rampant sur les genoux et les mains, parvinrent à atteindre le bas de la muraille, au-dessous des meurtrières, position dans laquelle on ne pouvait les atteindre qu'en se démasquant et s'exposant à être tué ou blessé.

Des cinquante bandits qui avaient escaladé la porte, quatorze vivaient encore, les autres étaient morts.

Pas un n'avait réussi à s'échapper.

— Ah! ah! dit le capitaine en se frottant joyeusement les mains, je crois que la leçon profitera cette fois, elle aura été rude.

Mais, sur les prières réitérées de don Ruiz, le digne commandant, qui au fond n'était pas cruel, consentit à demander à ces malheureux s'ils voulaient se rendre, proposition que les pirates accueillirent par des hurlements de rage et de défi.

Ces quatorze hommes, bien que leurs rifles fussent déchargés, n'étaient pas cependant des ennemis à mépriser, armés comme ils l'étaient de longs et lourds machetes, et résolus à se faire tuer; les Mexicains les connaissaient, ils savaient que, dans une lutte corps à corps, ce seraient de rudes adversaires.

Cependant il fallait en finir.

Sur l'ordre du capitaine, la porte de la deuxième enceinte s'ouvrit subitement, et une vingtaine de cavaliers chargèrent à fond de train sur les bandits, qui, loin de reculer, les attendirent de pied ferme.

La mêlée fut terrible, mais courte.

Trois Mexicains furent tués, cinq autres blessés

griévement; les pirates, après une résistance acharnée, tombèrent pour ne plus se relever.

Un seul, profitant du désordre et de l'attention que les soldats restés aux meurtrières donnaient au combat, parvint, par un miracle de résolution et de légèreté, à escalader la porte et à s'enfuir.

Ce pirate, le seul qui avait échappé au massacre, était Kidd.

Arrivé dans la plaine, il s'arrêta une seconde, se retourna vers le fort avec un geste de menace et de défi, et sautant sur un cheval sans maître, il s'éloigna au milieu d'une grêle de balles, dont aucune ne l'atteignit.

V

SÉJOUR DANS LE FORT

Lorsque le combat fut terminé, l'ordre rétabli dans le poste, le capitaine ordonna à son lieutenant de faire promptement relever les cadavres restés sur le champ de bataille, et de les pendre par les pieds aux arbres de la plaine, afin qu'ils devinssent la proie des bêtes fauves, après les avoir cependant décapités.

Les têtes devaient demeurer exposées sur les murailles du fort, et servir d'épouvantail aux bandits, qui, après cet acte de justice sommaire oseraient s'aventurer aux environs du poste.

Puis tous ces ordres donnés, le commandant rentra dans son habitation, où déjà don Ruiz l'avait précédé, pour rassurer sa sœur sur les suites du combat.

Don Marcos était radieux; il avait remporté un avantage décisif, au moins à ce qu'il pensait, sur les maraudeurs des frontières: il leur avait infligé un châtiment exemplaire au prix d'une perte insignifiante, et supposait que de longtemps, nul ne se hasarderait de nouveau à attaquer le poste qui lui était confié.

Malheureusement, le partisan n'était pas de cet avis; chaque fois que le capitaine souriait et se frottait les mains au souvenir de quelque épisode du combat, la Main-Ferme hochait tristement la tête et fronçait les sourcils avec inquiétude. Ce manége se renouvela si souvent, qu'à la fin force fut au digne commandant de s'en apercevoir.

— Qu'avez-vous encore? demanda-t-il d'un air demi-fâché, demi-joyeux; sur mon âme, vous êtes l'homme le plus extraordinaire que je connaisse; rien ne vous satisfait. Toujours vous êtes de mauvaise humeur; au diable! je ne sais comment faire avec vous. N'avons-nous pas frotté ces drôles d'importance? répondez? voyons?

— J'en conviens, fit laconiquement le partisan.

— Hum! il est heureux que vous en conveniez. Et cependant, ils se sont bravement battus, j'espère?

— Oui, et c'est cela qui m'effraie.

— Je ne vous comprends pas.

— N'étais-je pas en train de vous donner des nouvelles importantes, lorsque nous avons été interrompus par le cabo Hernandez.

— C'est-à-dire que vous vous prépariez à m'en donner.

— Oui, et si vous me le permettez, ces nouvelles,

maintenant que provisoirement du moins nous ne craignons pas une interruption, si vous le désirez, je vous les apprendrai.

— Je ne demande pas mieux, bien que je suppose que la défaite éprouvée par les pirates doive leur enlever beaucoup de leur importance.

— Les pirates ne jouent qu'un rôle fort médiocre dans ce que j'ai à vous dire.

— Parlez donc! Aussi bien, je vous sais un homme trop sérieux pour vouloir vous amuser à mes dépens en m'inspirant des inquiétudes ridicules.

— Vous allez juger par vous-même de la gravité de la situation dans laquelle vous pouvez d'un moment à l'autre vous trouver, si vous n'usez pas des plus grandes précautions et de la plus excessive prudence.

Les deux hommes s'assirent sur des butaccas, et le commandant plus intéressé qu'il ne voulait le paraître par ce préambule inquiétant, fit au partisan signe de commencer ses révélations.

— Il y a deux mois environ, dit alors celui-ci, je me trouvais au presidio de San-Estevan, où m'avaient amené certaines affaires personnelles; le presidio de San-Estevan, situé à deux journées de marche d'ici, comme vous le savez, est assez important et sert en quelque sorte à relier entre eux tous les postes disséminés sur la frontière indienne.

Le capitaine fit un geste d'assentiment.

— Je suis, continua le partisan, lié assez intimement avec don Gregorio Ochoa, le colonel commandant le presidio, et pendant mon dernier séjour à San-Estevan, j'eus occasion de le voir assez souvent. Vous connaissez la sauvagerie de mon caractère et l'espèce de répulsion instinctive que m'inspire tout ce qui ressemble à une ville, c'est vous dire que mes affaires à peine terminées, je préparai tout pour mon départ, comptant, selon mon habitude, quitter le presidio de fort bon matin. Je ne voulus pas m'éloigner sans faire mes adieux au colonel et lui serrer la main avant que de partir; je me rendis donc à son habitation dans le but de prendre congé de lui. Je le trouvai en proie à une extrême agitation, marchant à grands pas dans son salon, et semblant dominé par une grande colère ou une profonde inquiétude; en m'apercevant, il poussa une exclamation de joie, et accourut vers moi en s'écriant :

— Eh! arrivez donc, la Main-Ferme, où vous cachez-vous, mon ami? Voilà deux heures que je vous cherche partout; j'ai mis dix soldats à vos trousses, sans qu'il leur ait été possible de vous rencontrer.

Je regardai le colonel avec étonnement.

— Moi, don Gregorio, lui dis-je, vous me faites chercher, j'étais cependant fort près de vous et très-facile à trouver, je vous l'assure.

— Il paraît que non; mais vous voilà, c'est le principal, peu m'importe où vous étiez et ce que vous faisiez. Puis, changeant de ton tout à coup : Croyez-vous faire encore un long séjour à San-Estevan, demanda-t-il?

— Non, colonel, répondis-je aussitôt, mes affaires sont terminées, je compte partir demain de grand matin, et je venais justement vous faire mes adieux et vous prier d'agréer mes remercîments pour la charmante hospitalité que vous m'avez offerte chez vous pendant mon séjour au presidio.

— Bon! s'écria-t-il avec joie, voilà qui est au mieux; mais, se reprenant aussitôt en me serrant amicalement la main, ne croyez pas, du moins, que ce soit le désir de vous voir vous éloigner qui me fait parler ainsi.

— Je suis convaincu du contraire dis-je en m'inclinant

Il continua.

— Vous pouvez, si vous le voulez, la Main-Ferme, me rendre un grand service.

— Moi, colonel, fis-je avec surprise.

— Oui, vous, me dit-il en me regardant fixement.

— Disposez de moi, je vous suis tout acquis.

— Voilà ce dont il s'agit, dit-il en entrant aussitôt dans le cœur de la question. Depuis quelques jours, sans qu'il soit possible de remonter à leur source, les bruits les plus inquiétants courent dans le presidio.

— Et quels sont ces bruits? demandai-je.

— Les voici : on dit, remarquez que je dis on dit, appuya-t-il, et que je n'affirme rien, ne sachant rien de positif; on dit donc qu'il se prépare une levée générale de boucliers contre nous, que les Indiens, mettant pour un moment de côté leurs haines particulières, et oubliant leurs querelles de tribu à tribu pour ne songer qu'à la haine héréditaire qu'ils nourrissent contre nous, se réunissent dans le but de tenter une attaque générale contre les postes qu'ils veulent détruire, afin de pouvoir plus librement dévaster nos frontières. Leur but serait non-seulement la destruction des postes, mais encore l'envahissement de plusieurs États, tels que

Sonora, Cinaloa, dans lesquels ils auraient l'intention de s'établir en permanence, après nous en avoir chassés.

— Hein! répondis-je, ces bruits sont graves, mais rien n'est venu jusqu'à présent vous en prouver la certitude.

— C'est vrai, mais vous le savez, au fond de toute rumeur vague, il y a toujours une vérité enfouie; c'est cette vérité que je voudrais connaître.

— Ne cite-t-on aucune nation parmi celles qui doivent prendre les armes?

— Si, on cite particulièrement les Papagos, c'est-à-dire la grande ligue des Apaches, des Axuas, des Gilenos, des Comanches, des Mayos, des Opatas, que sais-je encore? Mais ce qui est plus grave, toujours d'après les *on dit*, c'est que les maraudeurs blancs et métis des frontières se sont ligués avec eux, et doivent les aider dans leur expédition contre nous.

— En effet, ceci est sérieux, répondis-je; mais pardonnez-moi de vous interroger, colonel : que comptez-vous faire, vous, pour détourner ce danger imminent qui vous menace?

— Voilà justement où j'aurais besoin de vous, mon ami, me dit-il, et vous me rendriez un service véritable en m'aidant dans cette circonstance.

— Je suis prêt à faire tout ce qui dépendra de moi pour vous obliger.

— J'étais sûr de votre réponse, mon ami; voici ce dont il s'agit : vous comprenez bien que je ne puis rester ainsi sous le coup de rumeurs vagues, de terreurs sans causes apparentes, qui cependant portent le trouble dans les familles et la perturbation dans le commerce. Depuis quelques semaines surtout, divers événements graves ont donné à ces bruits une certaine consistance; des voyageurs ont été assassinés, et plusieurs caravanes assez importantes pillées presque aux portes du presidio; il est temps que cet état de chose cesse, et que je sache définitivement à quoi m'en tenir sur ce qu'il y a de vrai ou de faux dans ces rumeurs; pour cela, il faudrait qu'un homme intrépide, dévoué, connaissant à fond les mœurs et les coutumes indiennes, consentît à...

Je l'interrompis vivement.

— Je comprends ce que vous désirez, colonel, lui dis-je; ne cherchez pas davantage; l'homme dont vous avez besoin, ce sera moi. Demain, au lever du soleil, je partirai; et, avant deux mois, je vous jure que je vous donnerai les renseignements les plus explicites et que vous saurez ce que vous devez craindre et ce qu'il y a de vrai dans tout ce qui se dit autour de vous. Le colonel me remercia avec effusion, et, le lendemain, ainsi que je le lui avais promis, je me mis en route pour commencer l'exploration convenue entre nous.

— Eh bien! s'écria le capitaine, qui avait écouté avec un intérêt croissant ce long récit, quels sont les renseignements que vous avez recueillis?

— Ces renseignements, répondit le partisan, sont d'une nature encore beaucoup plus grave que ne l'avait dit la rumeur publique, la situation est des plus critiques, il n'y a pas un instant à perdre pour se mettre en défense. Je me rendais au presidio de San-Estevan, où le colonel don Gregorio doit attendre mon retour avec la plus vive impatience, lorsque la pensée m'est venue de m'assurer si le poste de San-Miguel, qui, depuis longtemps, était inoccupé, avait reçu une garnison. Voilà comment, mon cher capitaine, le hasard nous a fait rencontrer ici, lorsque je ne croyais vous revoir qu'au presidio.

Le capitaine secoua la tête d'un air préoccupé.

— Il y a un mois, dit-il, que le colonel don Gregorio m'a ordonné de me rendre ici, et de m'y maintenir, sans cependant m'informer des raisons qui l'obligeaient à mettre ainsi subitement San-Miguel en état de défense.

— Eh bien! ces raisons, maintenant, vous les connaissez.

— Oui, et je vous remercie de me les avoir dites; mais là, de vous à moi, est-ce aussi sérieux que vous me le faites supposer.

— Cent fois davantage, j'ai parcouru le désert dans tous les sens; je suis entré dans tous les villages, j'ai assisté aux réunions des chefs; en un mot, je connais dans ses plus intimes détails l'expédition qui se prépare.

— Vive Dios? je ne me laisserai pas surprendre, soyez tranquille; mais vous aviez raison en me conseillant d'expédier un exprès pour demander des secours; ma garnison est trop faible pour résister à une attaque bien dirigée. L'assaut de ce matin m'a fait réfléchir, je vais immédiatement...

— Ne vous donnez pas cette peine, interrompit le partisan; je vous servirai moi-même de courrier.

— Comment! allez-vous donc nous quitter tout de suite?

— Il le faut mon cher capitaine, ne dois-je pas rendre compte au colonel don Gregorio de la mission qu'il m'a confiée; songez dans quelle mortelle inquiétude il doit être en ne me voyant pas revenir.

— C'est juste; malgré le vif désir que j'aurais de vous conserver auprès de moi, je suis contraint de vous laisser aller. Quand partez-vous?

— A l'instant.

— Déjà?

— Mon cheval est reposé, il y a encore cinq ou six heures de jour, j'en veux profiter.

Il fit un mouvememt pour quitter l'appartement.

— Vous ne faites pas vos adieux à don Ruiz et à sa sœur, lui demanda le capitaine.

Le partisan s'arrêta, ses sourcils se contractèrent, il sembla réfléchir.

— Non, dit-il au bout d'un instant, cela me ferait perdre un temps précieux; vous m'excuserez auprès d'eux, capitaine; d'ailleurs, ajouta-t-il avec un sourire amer, notre connaissance ne date pas d'assez loin pour que don Ruiz et sa sœur ajoutent, je le suppose, une grande importance à mes procédés envers eux. Allons, pour la dernière fois, adieu.

— Je n'insiste pas, répondit le capitaine; comme il vous plaira. Cependant, peut-être eût-il été plus convenable de prendre congé.

— Bah! fit-il avec ironie, ne suis-je pas un sauvage, moi? A quoi bon userais-je de ces raffinements de politesse, en usage seulement parmi les gens civilisés!

Le capitaine se contenta de hausser les épaules sans répondre et ils sortirent.

Cinq minutes plus tard, le partisan était à cheval.

— Ne manquez pas de rendre compte au colonel,

lui dit don Marcos, de ce qui s'est passé ici aujourd'hui; et surtout, demandez-lui des secours.

— Soyez tranquille, capitaine, et vous, ne vous endormez pas, répondit le partisan.

— Caraï! je n'aurais garde, allons, adieu et bonne chance!

— Adieu et merci.

Ils échangèrent une dernière poignée de mains; le partisan s'élança à toute bride dans la plaine, et le capitaine rentra dans son habitation en murmurant à part soi:

— Quel homme étrange! Est-il bon, est-il méchant? qui le sait?

Lorqu'arriva l'heure du souper, les deux jeunes gens, d'abord étonnés de l'absence du partisan, s'informèrent de lui au capitaine. Lorsque celui-ci leur apprit son départ, ils éprouvèrent une vive contrariété, ils se sentirent intérieurement blessés du sans façon avec lequel il les avait quittés sans prendre congé d'eux; doña Mariana surtout était froissée de ce procédé inqualifiable de la part d'un caballero, et dont, dans son désir de l'excuser, elle cherchait vainement la cause. Cependant les deux jeunes gens ne laissèrent rien paraître de ce qu'ils éprouvaient, et la soirée se passa assez gaiement.

Au moment de se retirer pour la nuit, don Ruiz plus que jamais pressé de rejoindre son père, rappela au capitaine les offres de service qu'il lui avait faites, et lui demanda une escorte afin de continuer le lendemain même son voyage, mais don Marcos répondit par un refus péremptoire. Non-seulement il ne voulait pas fournir d'escorte, mais il exigeait que provisoirement ses parents demeurassent sous sa garde.

Naturellement don Ruiz demanda une explication à son cousin.

Cette explication, celui-ci ne tarda pas à la donner, en rendant compte de ce qui s'était dit entre lui et le partisan.

Don Ruiz et sa sœur avaient vu la mort de trop près pour s'exposer de nouveau aux hasards d'un long voyage dans le désert seuls et incapables d'opposer une défense efficace à ceux à qui il plairait de les attaquer; cependant le jeune homme, contrarié de ce nouveau retard, s'informa auprès du capitaine de l'époque où il pensait pouvoir leur rendre la liberté.

— Oh! votre réclusion ne sera pas longue, répondit en souriant celui-ci; dès que j'aurai reçu de San-Estevan les renforts que j'attends, c'est-à-dire dans sept ou huit jours au plus, je vous choisirai une escorte, et vous partirez.

Don Ruiz, contraint de se contenter de cette promesse, le remercia avec effusion, et les jeunes gens prirent leurs dispositions pour passer ces huit jours le moins ennuyeusement possible.

Mais la vie est bien triste dans un poste frontière, bien maussade, surtout lorsqu'on est sous le coup d'une attaque probable des Indiens, et que, par conséquent, les portes du fort sont continuellement closes; que les sentinelles sont placées partout, et qu'on est obligé, pour toute récréation, de regarder la plaine du haut des murailles à travers des meurtrières.

Le capitaine, justement effrayé par les nouvelles que lui avait données le partisan, s'était, autant que le lui permettaient les moyens restreints dont il disposait, mis en mesure de résister à une attaque des Indiens, s'ils apparaissaient avant que le secours qu'il attendait de San-Estevan ne fût arrivé.

Par son ordre, tous les rancheros et les petits propriétaires, établis dans un réseau de quinze lieues, avaient été prévenus d'une invasion prochaine, et avaient reçu l'invitation de se réfugier au poste.

La plupart, reconnaissant la gravité de cette communication, se hâtèrent d'emballer leurs meubles et leurs objets les plus précieux, et chassant devant eux leurs chevaux et leurs bestiaux, de tous les côtés à la fois, ils affluèrent au poste avec une précipitation qui témoignait de la terreur profonde que leur inspiraient les Indiens. De sorte que l'intérieur de San-Miguel se trouva bientôt encombré de vieillards, de jeunes gens, de femmes, d'enfants et de bestiaux, dont la plupart, faute de trouver à se loger dans les habitations, étaient contraints de bivouaquer dans les cours ; ce qui du reste n'était pour eux que de peu d'importance et qu'un léger inconvénient, dans un pays où il ne pleut presque jamais, et où les nuits ne sont jamais assez froides pour qu'il soit bien pénible de coucher en plein air.

Le capitaine organisa tant bien que mal cette colonie hétérogène : les femmes, les enfants et les vieillards furent abrités du mieux possible sous des tentes ou des jacales en feuillage, pour les garantir de la rosée abondante du matin ; les hommes en état de porter les armes, soumis à la discipline militaire, durent, en cas d'attaque, concourir à la défense commune.

Mais ce surcroît de population dans le poste exigeait une augmentation considérable de vivres; le capitaine expédia de nombreuses patrouilles au dehors, afin de se procurer le blé et les bestiaux nécessaires.

Don Ruiz profitait de la sortie de ces patrouilles pour faire des excursions aux environs, tandis que sa sœur cherchait, dans la compagnie des jeunes filles de son âge, dont plusieurs étaient arrivées au fort à la suite de leur famille à oublier ou plutôt à tromper les ennuis de sa réclusion.

L'aspect du poste était complétement changé, et, grâce à l'intelligence du capitaine, dix jours après le départ du partisan, San-Miguel était devenue une forteresse réellement redoutable; de larges fossés avaient été creusés, des barricades établies; malheureusement, la garnison, assez nombreuse pour résister à un coup de main, était trop faible pour soutenir un long siége.

Un matin, au lever du soleil les sentinelles signalèrent un épais nuage de poussière qui s'avançait vers le poste avec la vertigineuse rapidité d'un tourbillon; immédiatement l'alarme fut donnée, les murailles garnies de soldats, et on se prépara à combattre cette troupe invisible encore, mais que l'on croyait ennemie.

Soudain, arrivés à portée de fusil du fort, les cavaliers firent halte, la poussière se dissipa, et la garnison reconnut avec des transports de joie indicible, que tous ces hommes portaient l'uniforme mexicain.

Un quart d'heure plus tard, quatre-vingts lanceros, portant chacun un fantassin en croupe, entraient dans le fort aux bruits des acclamations joyeuses de la garnison et des fermiers qui s'étaient réfugiés derrière ses murailles.

C'était le secours demandé par le capitaine, et expédié de San-Estevan par le colonel don Gregorio.

VI

COUP D'ŒIL EN ARRIÈRE

Dans l'Amérique espagnole, et surtout au Pérou et au Mexique, tous les créoles de pure race blanche prétendent descendre en droite ligne des premiers conquérants.

Nous n'avons pas besoin de discuter ici cette prétention, dont la fausseté se réfute d'elle-même, pour tout homme un peu au courant de l'histoire sanglante des innombrables guerres civiles, espèces de massacres organisés qui suivirent l'établissement des Espagnols dans ces riches contrées.

Cependant, il y a encore en Amérique quelques familles, en fort petit nombre, il est vrai, qui peuvent à juste titre, se vanter de cette glorieuse origine.

Ces familles, pour la plupart, habitent les terres qui furent jadis concédées à leurs ancêtres. Elles ne s'allient qu'entre elles, n'interviennent qu'à leur corps défendant dans les événements de la politique actuelle. Les yeux tournés vers le passé, pour elles si rempli de grands souvenirs, elles ont conservé ces vieilles traditions de chevaleresque loyauté du temps de Charles-Quint, mises partout ailleurs en oubli, gardant intact, sauf de toute souillure, l'honneur national et ces vertus patriarcales des anciens jours, que seules elles pratiquent encore aujourd'hui avec une fière et naïve majesté.

Les créoles, les métis et les Indiens, malgré la haine qu'ils affectent pour leurs anciens maîtres et les principes d'égalité soi-disant républicaine qu'ils professent avec tant de sotte emphase devant les étrangers, portent à ces familles un respect qui va jusqu'à la vénération, semblant comprendre intérieurement la supériorité de ces natures fortes, que nul cataclysme n'a pu abattre ni même courber, sur leurs natures viciées, rachitiques et vieilles sans jamais avoir été jeunes.

A quelques lieues d'Arispe, ancienne capitale de l'intendance de Sonora, maintenant bien déchue de sa splendeur, et qui n'est plus qu'une ville de second ordre, s'élève, perchée comme l'aire d'un aigle au sommet d'un rocher abrupte, une magnifique maison forte, dont les solides et orgueilleuses murailles sont couronnées de ces hautaines *almenas* qui, au temps de la domination espagnole, n'étaient permises qu'aux familles de vieille et pure noblesse, qui seules avaient le droit de créneler leurs demeures.

Ce palais-forteresse, qui date des premiers jours de la conquête, et dont l'ancienneté est écrite sur ses murailles, qui ont vu s'aplatir tant de balles et s'émousser tant de flèches contre elles ; mais que le temps, ce grand destructeur des choses les plus solides, émiette peu à peu par son effort continu, sous la triple influence de l'air, du soleil et de la pluie, n'a jamais changé de maîtres depuis le jour de sa construction, et les chefs de la même famille l'ont toujours en mourant légué à leurs descendants.

Cette famille est une de celles dont nous avons parlé plus haut, dont l'origine remonte aux premiers conquérants, et dont le nom est Tobar de Moguer. (Moguer fut ajouté plus tard, sans doute pour rappeler la ville d'Espagne d'où était venu le chef de la race).

En 1541, don Antonio de Mendoça, vice-roi de la Nouvelle-Espagne, organisa l'expédition de Cibola, contrée mystérieuse, visitée quelques années auparavant par Alvar Nuñez, Cabeça de Vaca, et sur laquelle on rapportait les choses les plus extraordinaires et les plus merveilleuses, par conséquent les plus propres à enflammer l'avarice et la soif inextinguible de l'or dont étaient dévorés les aventuriers espagnols.

L'expédition, forte de trois cents espagnols et de huit cents Indiens auxiliaires, partit de Compostelle, capitale de la Nouvelle Galice, le 17 avril 1541, sous les ordres de don Francisco Vasquez de Coronado.

Les officiers, nommés par le vice-roi, étaient tous des gentilshommes de marque; parmi eux se trouvait, en qualité de porte-étendard, don Pedro de Tobar, dont le père, don Fernando de Tobar, avait été mayordomo mayor de la reine Jeanne la Folle, mère de l'empereur Charles-Quint.

Nous ne dirons que quelques mots de cette expédition, dont les préparatifs furent immenses, et qui, sans doute, aurait fourni de meilleurs résultats, et aurait tourné à l'avantage de tous, si son chef avait moins pensé à la fortune qu'il laissait à la Nouvelle-

Espagne, et davantage à l'immense responsabilité qui pesait sur lui.

Après des fatigues sans nombre, l'expédition parvint à Cibola, qui, au lieu de la riche et magnifique ville que l'on s'attendait à voir, ne se trouvait être qu'une misérable bourgade sans importance, construite sur un rocher, et dont les Espagnols s'emparèrent après un heure de combat.

Cependant les Indiens s'étaient vaillamment défendus; plusieurs Espagnols avaient été blessés. Le général lui-même, renversé d'un coup de pierre, aurait été tué infailliblement sans le dévouement de don Pedro de Tobar et d'un autre officier, qui se jetèrent devant lui et donnèrent à leur chef le temps de se relever et de se retirer de la mêlée.

Les Espagnols, à demi découragés par les fatigues inouïes qu'il leur fallait supporter et les déceptions continuelles qui les attendaient à chaque pas, mais cependant poussés par cet esprit d'aventure qui ne les abandonnait jamais, résolurent cependant, après la prise de Cibola, de pousser plus loin et de tenter encore la fortune.

Ils atteignirent ainsi, avec des difficultés extrêmes, la dernière contrée visitée par le général Cabeça de Vaca, et à laquelle celui-ci avait donné le nom de *Pays des Cœurs* (tierra de los Corazones), non pas, comme on pourrait le supposer, parce que les habitants lui avaient paru doux et aimables, mais seulement parce qu'à l'époque de son passage, la seule nourriture qu'ils lui avaient offerte se composait de cœurs de cerfs.

Arrivés en cet endroit, les Espagnols s'arrêtèrent. Don Tristan d'Arellano, qui avait pris le commandement de l'armée à la place de don Francisco Vasquez Coronado, resté malade de sa blessure à Cibola, résolut, voyant l'apparence riche et fertile de ce pays, de fonder une ville qu'il nomma San-Hieronimo de los Corazones, presque aussitôt abandonnée par les Espagnols, qui en transportèrent plus loin les principaux éléments et firent une nouvelle ville, à laquelle ils donnèrent le nom de la Señora, dont, par corruption, on a fait Sonora, nom qui a prévalu et plus tard est devenu celui de toute la province.

Pendant cette longue expédition, organisée par le vice-roi, don Pedro de Tobar se distingua en maintes occasions, et joua à plusieurs reprises un rôle important.

A la tête de dix-sept cavaliers, de quatre fantassins et d'un moine franciscain nommé fray Juan de Padilla, qui, dans sa jeunesse, avait été soldat, don Pedro de Tobar découvrit la province de Tutaliaco, qui contenait sept villes, dont les maisons avaient plusieurs étages. Toutes ces villes, ou plutôt ces villages, furent emportés d'assaut par don Pedro, et la province soumise en quelques jours.

Lorsque vingt ans plus tard le vice-roi, pour récompenser les services de don Pedro, lui offrit des terres pour s'établir, celui-ci, qui avait conservé un bon souvenir de la Sonora, demanda que ces terres lui fussent données dans cette province, qui lui rappelait de glorieux souvenirs de jeunesse, et à laquelle il était attaché par les fatigues mêmes qu'il y avait endurées et les dangers qu'il y avait courus.

Don Pedro avait, dans l'intervalle des vingt ans écoulés depuis l'expédition de Coronado, épousé la fille de don Rodrigo Maldonado, beau-frère du duc de l'Infantado, et l'un de ses anciens compagnons d'armes.

Don Rodrigo s'était fixé à Sonora.

Don Pedro, afin de se rapprocher de son beau-père, établit sa résidence sur l'emplacement de Cibola, détruite et abandonnée depuis longtemps, et construisit à la cime du rocher la magnifique hacienda del Toro, qui, ainsi que nous l'avons dit, devait, pendant des siècles, demeurer dans sa famille avec l'immense étendue de terre qui en dépendait.

De même que toutes les haciendas de première classe au Mexique, el Toro était plutôt une ville qu'une simple habitation, suivant l'idée qu'on se fait en Europe des propriétés particulières.

Son enceinte renfermait tout l'ancien territoire de Cibola.

De tous côtés, ses hautes murailles, construites à l'extrémité du rocher, surplombaient sur l'abîme; elle renfermait des appartements princiers pour les maîtres, une chapelle, des ateliers de toutes sortes, des magasins, des casernes, des logements pour les peones, des corales pour les chevaux et les bestiaux; une huerta immense, plantée des plus beaux arbres et des fleurs les plus odoriférantes; enfin, c'était, et c'est probablement encore une de ces gigantesques demeures qui semblent faites pour des Titans, et dont les plus beaux châteaux féodaux du vieux monde ne peuvent donner qu'une idée fort imparfaite.

C'est qu'à l'époque où les conquérants se construisaient ces vastes habitations, comme du reste cela est encore aujourd'hui, l'homme était rare dans ces contrées; que les propriétaires avaient leurs coudées franches, pouvaient prendre de la terre ce qu'ils en voulaient; aussi chacun d'eux arrivait à être, sans que cela parût extraordinaire à personne, possesseur d'un terrain équivalent en superficie à l'un de nos départements de France.

On était en 1811, vingt-neuf ans avant l'époque où commence notre histoire, à l'aurore de cette glorieuse révolution mexicaine, dont le premier cri avait été poussé, dans la nuit du 16 septembre 1810, par Hidalgo, alors simple curé de la misérable bourgade de Dolores, et dont la désastreuse bataille de Calderon, où des bandes innombrables d'Indiens fanatisés vinrent se briser contre la discipline des vieilles troupes espagnoles, devait, seize mois plus tard, compromettre si sérieusement le succès, que les hommes les plus sensés ne la considérèrent que comme une échauffourée sans importance; erreur fatale qui causa la ruine de la domination espagnole.

Mais, le 25 novembre 1811, jour où nous entamons notre récit, les insurgés n'avaient pas encore été vaincus à Calderon; au contraire, leurs premiers pas avaient été marqués par des succès: de tous les côtés, les Indiens venaient se ranger sous leurs drapeaux, et leur armée, mal disciplinée, il est vrai, mais pleine d'enthousiasme, se montait à environ quatre-vingt mille hommes. Déjà maître de plusieurs villes importantes, Hidalgo réunissait toutes ses forces dans le but évident de frapper un grand coup et de généraliser l'insurrection, encore circonscrite dans deux provinces.

Vers deux heures de l'après-midi, au moment où dans ces climats la chaleur est la plus accablante, un voyageur, monté sur un magnifique mustang des prairies, suivait au galop les rives d'une petite rivière à demi tarie par les chaleurs torrides de l'été austral, et sur les bords de laquelle s'étiolaient au soleil quelques maigres cotonniers.

La poussière, réduite en atomes impalpables, formait un nuage épais autour du cavalier, qui, plongé dans de sombres et tristes pensées, le front pâle et les sourcils contractés à se joindre, continuait sa route sans remarquer l'aspect désolé du pays qu'il traversait et le calme morbide qui régnait autour de lui.

En effet, un silence complet planait sur ce désert; les oiseaux s'étaient blottis haletants sous la feuillée, et on n'entendait d'autre bruit que le cri saccadé et strident des cigales qui, par myriades innombrables, fourmillaient dans les herbes calcinées qui bordaient la route, ou plutôt le sentier suivi par le voyageur.

Ce cavalier paraissait avoir vingt-cinq ans, ses traits étaient beaux, son regard fier, l'expression de sa physionomie hautaine, et cependant empreinte de bonté et de bienveillance; il avait la taille haute et bien prise; ses gestes engageants, sans roideur, indiquaient un homme qui, par sa position dans le monde, était habitué à une certaine déférence, et même au respect de ceux qui l'entouraient.

Son costume n'avait rien de remarquable; c'était celui porté habituellement par les riches Espagnols en voyage; seulement, une épée courte à fourreau d'argent et à la poignée curieusement fouillée et ciselée, la seule arme apparente qu'il portât, le faisait reconnaître pour gentilhomme; du reste, son teint, plus clair que celui des créoles, ne laissait aucun doute sur son origine espagnole.

Parti le matin, au lever du soleil, d'Arispe, ce cavalier avait voyagé sans s'arrêter jusqu'au moment où nous le rencontrons, sans paraître, tant il était absorbé par ses pensées, s'apercevoir de la chaleur étouffante qui cependant faisait ruisseler la sueur sur son visage.

Arrivé à un endroit où le sentier qu'il suivait depuis plusieurs heures tournait brusquement sur la gauche, son cheval ralentit subitement sa course, et, sans transition, passa du galop à une immobilité complète.

Le cavalier, tiré ainsi soudainement de sa rêverie, releva la tête, et fixa devant lui un regard de douleur, presque de désespoir.

Il se trouvait au pied du rocher au sommet duquel s'élève, sombre et majestueuse, l'hacienda d'el Toro.

Pendant quelques minutes, il considéra, avec une expression de regret et de tristesse, ces bâtiments sévères qui, sans doute, lui rappelaient de chers souvenirs. Il secoua la tête à plusieurs reprises; un soupir s'échappa de sa poitrine oppressée, et, semblant prendre une résolution suprême:

— Allons! murmura-t-il d'une voix étouffée.

Et, faisant sentir l'éperon à son cheval, il commença à gravir lentement l'étroite rampe qui devait le conduire au sommet du rocher et à la porte de l'hacienda.

Un violent combat paraissait se livrer dans son

cœur; sa physionomie mobile changeait à chaque instant, et reflétait les divers sentiments qui l'agitaient : plusieurs fois, malgré lui, sa main crispée pesa sur la bride, comme s'il eût voulu retenir son cheval et retourner en arrière.

Mais, chaque fois, sa volonté fut la plus forte; toujours il vainquit la répugnance instinctive qui semblait le dominer, et il continua son ascension, les yeux ardemment fixés devant lui, comme s'il se fût attendu à voir apparaître, à l'angle du sentier, une personne dont il redoutait la vue.

Dans toute sa longueur, le sentier était solitaire.

Il en parcourut, les uns après les autres, tous les détours sans faire aucune rencontre, et atteignit enfin l'entrée de l'hacienda.

La porte était ouverte, le pont-levis baissé; mais, bien qu'il fût évident qu'on l'attendait, personne n'était là pour lui souhaiter la bienvenue.

— Il devait en être ainsi, murmura-t-il avec tristesse; ce n'est pas en maître, ce n'est pas en étranger que je reviens au toit paternel : c'est en fugitif, en maudit peut-être.

Il franchit le pont-levis, dont les planches résonnèrent lourdement sous les sabots de son cheval, et il entra dans une première cour.

Là, personne non plus ne se trouvait pour le recevoir.

Il mit pied à terre; mais au lieu de jeter la bride sur le cou de son cheval, il la garda à la main et l'attacha à un anneau scellé dans le mur, en disant d'une voix basse et concentrée :

— Attends-moi, mon pauvre Bravo; toi aussi, tu

est considéré comme un maudit; sois patient, bientôt nous repartirons sans doute.

Le noble animal, comme s'il eût compris les paroles de son maître et se fût associé à sa douleur, tourna vers lui sa tête fine et intelligente, et poussa un hennissement doux et plaintif.

Le jeune homme, après avoir jeté un dernier regard à sa monture, se retourna, franchit d'un pas ferme et rapide cette première cour, qu'il traversa dans toute sa longueur et entra dans une seconde.

Au fond de cette seconde cour, plus vaste que la première, deux hommes se tenaient immobiles sur la première marche d'un magnifique escalier de marbre, conduisant, selon toute apparence, aux appartements du maître de l'hacienda.

A la vue de ces deux hommes, le cavalier se redressa; son visage prit une expression sombre et ironique, et il avança rapidement vers eux.

Ceux-ci demeuraient toujours immobiles et roides, l'œil fixé sur lui. Lorsqu'il ne fut plus qu'à quelques pas, ils se découvrirent par un mouvement automatique, et s'inclinant cérémonieusement :

— Monsieur le marquis attend monsieur le comte, dit l'un d'eux.

— C'est bien, répondit l'étrange visiteur, qu'un de vous annonce mon arrivée à monseigneur mon père, l'autre me guidera jusqu'à l'appartement où je dois me rendre.

Les deux hommes s'inclinèrent une seconde fois, et, la tête toujours découverte, ils précédèrent le jeune homme, qui monta après eux d'un pas ferme et mesuré.

Arrivés au haut de l'escalier, un des serviteurs

prit les devants, tandis que le second, ralentissant un peu sa marche, continua à guider le cavalier.

Lorsque le bruit des pas du premier domestique se fut perdu dans les immenses corridors, la figure du second perdit subitement son expression d'indifférence, et, se retournant brusquement, les larmes aux yeux :

— Oh ! mon jeune maître, s'écria-t-il d'une voix brisée par l'émotion, quel malheur ! mon Dieu ! quel malheur !

— Eh ! quoi, demanda le jeune homme avec inquiétude, serait-il arrivé quelque chose à monseigneur ? madame ma mère serait-elle malade ?

Le vieux domestique hocha tristement la tête.

— Non, répondit-il, Dieu soit béni ! Tous deux sont en bonne santé ; mais pourquoi avez-vous quitté la maison paternelle, monsieur le comte ? Hélas ! mon Dieu ! maintenant le mal est sans remède.

Un nuage de mécontentement assombrit le front du jeune homme.

— Que s'est-il donc passé de si terrible pendant mon absence, Perote ?

— Vous ne le savez pas, monsieur le comte ? dit le domestique avec étonnement.

— Comment le saurais-je, mon ami, répondit-il doucement, as-tu donc oublié que depuis deux ans j'ai quitté l'hacienda ?

— C'est vrai, monsieur le comte, pardonnez-moi, je l'avais oublié, hélas ! Depuis que le malheur a fondu sur vous, ma pauvre tête est si malade !

— Remets-toi, mon ami, dit le jeune homme avec intérêt, je sais combien tu m'aimes ; tu n'as pas oublié, toi, ajouta-t-il avec une amère tristesse, que ta femme, cette pauvre Juana, m'a nourri de son lait. Je ne sais rien, j'ignore même pourquoi mon père m'a si subitement ordonné de me rendre ici. Le domestique qui m'a remis sa lettre n'aurait sans doute pu me rien dire; d'ailleurs, je ne l'aurais pas voulu interroger.

— Hélas! monseigneur, reprit le vieux serviteur, j'ignore moi-même pourquoi vous êtes mandé à l'hacienda; mais, fit-il, don Hernando doit le savoir lui.

— Ah! fit le jeune homme avec un tressaillement nerveux, mon frère est-il donc ici?

— Vous ne le saviez pas?

— Ne t'ai-je pas dit déjà que j'étais dans l'ignorance la plus complète de tout ce qui se rapporte à cette maison.

— Oui, oui, monsieur le comte; don Hernando est ici, et depuis longtemps déjà, Dieu me garde de rien dire contre le fils de mon maître, mais peut-être mieux eût-il valu qu'il demeurât à Guadalajara. Car tout a bien changé depuis son arrivée. Prenez garde, monsieur le comte, don Hernando ne vous aime pas.

— Que m'importe la haine de mon frère! répondit le jeune homme avec hauteur, ne suis-je pas l'aîné de la famille?

— Oui, oui, répéta tristement le vieux serviteur, vous êtes l'aîné de la famille, monsieur le comte, et pourtant votre frère commande en maître ici; depuis son arrivée, il semblerait que tout lui appartient déjà.

Le jeune homme laissa tomber sa tête sur sa poitrine, et demeura quelques instants comme accablé ; mais bientôt, il se redressa, l'œil brillant, et posant doucement la main sur l'épaule de son vieux serviteur :

— Perole, lui dit-il d'une voix affectueuse, quelle est la devise de ma famille ?

— Comment ! que voulez-vous dire, monsieur le comte ? demande le domestique, effaré de la singulière question que lui adressait son maître.

— Tu ne te la rappelles pas, reprit en souriant le jeune homme, en lui montrant un écusson sculpté au-dessus d'une porte : eh bien, regarde, que lis-tu là ?

— Quoi ! vous exigez, monsieur le comte...

— Lis, lis, te dis-je !

— Cette devise, mieux que moi vous la connaissez, monsieur le comte, puisqu'elle a été donnée à un de vos ancêtres par le roi don Fernand de Castille lui-même.

— Oui, je la connais, Pérole, reprit-il d'une voix ferme, et puisque tu ne veux pas la lire, je te la dirai, moi, cette devise, la voilà : *tout pour l'honneur, quoiqu'il advienne !* Cette devise me dicte la conduite que je dois tenir, et sache-le, Perole, je ne faillirai pas à ce qu'elle m'ordonne.

— Oh ! monsieur le comte, encore une fois, prenez garde, je ne suis qu'un pauvre serviteur de votre famille, mais je vous ai vu naître, monseigneur, et je tremble de ce qui peut arriver dans l'entrevue qui se prépare.

— Sois sans inquiétude, mon vieil ami, répondit-il avec une expression de fierté hautaine remplie de noblesse ; quoi qu'il arrive, je me souviendrai non-seulement de ce que je dois à la mémoire de mes ancêtres, mais encore de ce que je me dois à moi-même, et je saurai sans sortir des bornes de l'obéissance et du respect auxquels ont droit ceux dont j'ai reçu le jour, me défendre contre les accusations que sans doute on portera contre moi.

— Dieu veuille, monsieur le comte, que vous parveniez à dissiper les injustes soupçons accumulés depuis longtemps dans l'esprit de vos nobles parents, et entretenu avec soin par celui qui, vous vivant, ose porter un œil de convoitise sur votre riche héritage.

— Que m'importe cet héritage! s'écria le jeune homme avec une douloureuse exaltation; de grand cœur, je l'abandonnerai tout entier à mon frère, s'il renonce à me frustrer d'un bien plus précieux, que j'estime cent fois plus: l'amour de mon père et de ma mère.

Le vieux Perote ne répondit que par un soupir

— Mais, continua le jeune homme, ne nous arrêtons pas plus longtemps; monseigneur doit être prévenu de mon arrivée, et le peu d'empressement que je semble mettre à me rendre auprès de lui et à me conformer à ses ordres sera probablement interprété à mon préjudice par celui qui, depuis tant d'années, conspire ma ruine.

— Oui, vous avez raison, monsieur le comte, nous n'avons que trop tardé déjà: venez, suivez-moi.

— Où me conduis-tu donc? mon vieil ami, observa le jeune homme, en regardant autour de lui; les appartements de mon père ne sont pas situés dans cette partie de l'hacienda.

— Aussi n'est-ce point aux appartements de monseigneur le marquis que j'ai l'honneur de conduire Votre Excellence, répondit-il avec tristesse.

— Où donc alors? demanda-t-il en s'arrêtant avec étonnement.

— A la chambre rouge, dit d'une voix basse et contenue le vieux serviteur.

— Oh! murmura le jeune homme, dans la chambre rouge, c'est donc ma condamnation que l'on va prononcer?

Perote ne répondit que par un soupir.

Son jeune maître, après une seconde d'hésitation, lui fit signe de reprendre sa marche, et il le suivit silencieusement d'un pas lent, et qui avait quelque chose de solennel.

VII

LE TRIBUNAL DE FAMILLE

L'hacienda del Toro, comme beaucoup de demeures féodales, renfermait une chambre qui demeurait constamment fermée pour ne s'ouvrir que dans les circonstances solennelles.

Le chef de la famille s'y faisait transporter pour mourir et y restait exposé sous un dais jusqu'au jour de ses funérailles. L'épouse y venait faire ses couches. Là encore se signaient les contrats de mariage; bref, tous les grands actes de la vie s'accomplissaient dans cette chambre, qui inspirait aux habitants de l'hacienda un respect ressemblant beaucoup à de la terreur, car dans les rares occasions où les marquis de Tobar s'étaient vus contraints de sévir contre un membre quelconque de leur famille, elle avait servi de tribunal pour juger les coupables et prononcer la sentence.

Cette chambre située à l'extrémité de l'aile orientale de l'hacienda, était une vaste salle de forme oblongue, pavée en larges dalles alternativement blanches et noires, et éclairées par quatre hautes fenêtres à vitrage de plomb, qui ne laissaient pénétrer dans l'intérieur qu'une lueur sombre et douteuse.

Une tapisserie de haute lisse, datant du quatorzième siècle, et représentant avec toute la naïveté de l'époque les différents épisodes de la funeste bataille de Xérès, qui livra l'Espagne aux Maures, et dans laquelle fut tué don Rodrigue, le dernier roi goth, couvrait les murailles et imprimait un indicible caractère de sépulcrale majesté à cette salle froide et lugubre.

On la nommait la *chambre rouge*, sans doute à cause de la tapisserie dans laquelle dominait la couleur rouge.

Depuis le jour de sa naissance, jamais le jeune comte de Tobar n'était entré dans cette pièce. Si haut que remontassent ses souvenirs d'enfance, il ne se souvenait pas de l'avoir vue ouverte. Aussi, malgré tout son courage, et la fermeté dont il avait jugé à propos de s'armer pour cette entrevue décisive avec son père, il ne put retenir un léger tressaillement de crainte, en apprenant que c'était là que ses parents se préparaient à le recevoir.

La porte était ouverte à deux battants ; en arrivant sur le seuil, d'un seul coup d'œil, le jeune homme embrassa tout l'intérieur de la chambre,

A l'extrémité de la pièce, sur une estrade recouverte d'un *petate*, le marquis et la marquise de Tobar étaient assis, mornes et silencieux, sous un vaste dais de velours noir à crépines d'or; des bougies allumées dans de hauts candelabres à plusieurs branches, afin de combattre l'obscurité habituelle de la chambre, reflétaient leurs lueurs tremblotantes sur les deux vieillards, et donnaient à leurs physionomies une expression de sévérité et de dureté que peut-être elles n'avaient pas.

Au bas de l'estrade, presqu'à la toucher, se tenait, debout et immobile, un beau jeune homme de vingt-trois à vingt-quatre ans, aux traits fins et distingués, dont la mise élégante contrastait avec les habits simples des deux vieillards; ce jeune homme était don Hernando de Tobar, le fils cadet du marquis.

Un domestique, celui-là même qui avait précédé le comte afin d'annoncer son arrivée au marquis, fit un pas en avant en apercevant le jeune homme.

— Le seigneur comte don Rodolfo de Tobar y Moguer, dit-il d'une voix haute et accentuée.

— Faites entrer le comte don Rodolfo de Tobar y Moguer, répondit la voix un peu cassée, mais encore vibrante du marquis.

Le domestique s'effaça, le comte se découvrit, et après avoir fait un salut respectueux à son père et à sa mère, il pénétra dans la chambre.

Le domestique se retira discrètement, et la porte se referma derrière lui.

Le comte continua à s'avancer jusqu'au pied de l'estrade; arrivé là, il salua une seconde fois, puis il se redressa et attendit respectueusement qu'il plût à son père de lui adresser la parole.

Un silence si profond régna pendant quelques minutes dans cette salle, qu'on eût pu entendre battre dans leur poitrine le cœur des quatre personnages.

Don Hernando jetait à la dérobée des regards sournoisement railleurs sur son frère, que, de leur côté, les deux vieillards examinaient avec un mélange de tristesse et de sévérité.

Le jeune comte, ainsi que nous l'avons dit, se tenait immobile devant l'estrade ; sa pose était pleine de noblesse, sans rien avoir de provoquant ; le corps un peu cambré, la jambe droite en avant, la main sur la garde de son épée, l'autre pendante, laissant traîner la plume de son feutre, la tête légèrement rejetée en arrière et un peu inclinée de côté, son œil fier et loyal regardait franchement en avant, sans forfanterie, comme sans dédain.

Il attendait, le front un peu pâle, sans doute, à cause de l'émotion intérieure qu'il éprouvait. Mais l'expression de ses traits, loin d'être celle d'un coupable, était au contraire celle d'un homme convaincu de son innocence, et qui s'attend plutôt à voir sa conduite approuvée que blâmée.

— Vous voici donc arrivé, monsieur le comte ? dit enfin le marquis d'une voix brève.

Le jeune homme s'inclina sans répondre.

— Vous n'avez pas mis beaucoup d'empressement à vous rendre à mon invitation.

— Monseigneur, je n'ai reçu qu'hier, fort avant dans la nuit, la lettre que vous m'avez fait l'honneur de m'adresser, répondit doucement le comte ; ce matin, avant le lever du soleil, je suis monté à cheval, j'ai fait vingt lieues à franc étrier, sans m'arrêter, tant j'avais hâte de vous obéir.

— Oui, fit le marquis avec ironie, je sais qu'en paroles, sinon autrement, vous êtes un fils fort obéissant.

— Excusez-moi, monseigneur, répondit-il respectueusement; mais je ne comprends pas à quoi vous daignez faire allusion en ce moment?

Le vieillard se mordit les lèvres avec dépit.

— C'est que probablement nous ne parlons malheureusement plus la même langue, monsieur le comte, dit-il sèchement; mais je tâcherai de me faire mieux comprendre.

Il y eut un silence, pendant lequel le marquis sembla se recueillir.

— Monsieur, reprit-il au bout d'un instant, vous êtes l'aîné de la famille, comme tel responsable de son honneur, que vos ancêtres vous ont légué intact; vous le savez, n'est-ce pas?

— Je le sais, monseigneur.

— Depuis votre naissance, votre sainte mère et moi nous nous sommes appliqués à ne mettre sous vos yeux que des exemples de loyauté : pendant votre enfance, nous nous sommes plu à vous former à toutes les vertus chevaleresques qui, pendant une longue suite de siècles, ont été le plus cher apanage de la race de preux dont vous descendez. Continuellement, nous avons tenu sous vos yeux la belle devise de notre famille, devise dont elle est fière à si juste titre; comment se fait-il donc, monsieur, que mettant tout à coup en oubli ce que vous devez à votre race et les leçons que vous avez reçues de nous, vous ayez, sans l'autorisation de votre mère ou la mienne, abandonné tout à coup, sans motif plausible, le toit paternel, et que, sourd aux remontrances et aux prières mêlées de larmes de votre mère, rebelle enfin à mes ordres, vous ayez si complétement séparé votre vie de la nôtre, que, à part notre nom que vous continuez à porter, vous nous soyez devenu complétement étranger?

— Monseigneur, balbutia le jeune homme...

— Ce n'est pas une accusation que je porte contre vous, don Rodolfo, reprit vivement le marquis, c'est une explication franche et loyale de votre conduite que j'attends. Mais, prenez-y garde, cette explication doit être claire et sans réticences.

— Monseigneur, répondit le comte en relevant fièrement la tête, mon cœur ne me reproche rien; ma conduite a toujours été digne du nom que j'ai l'honneur de porter. Mon but, en me rendant avec tant d'empressement à vos ordres, n'a pas été de me justifier, puisque je ne suis coupable d'aucune faute, mais de vous assurer de mon respect et de mon obéissance.

Un soupir d'incrédulité plissa les lèvres de don Hernando.

Le marquis reprit du même ton de sévérité froide.

— J'attendais de vous une autre réponse, monsieur; j'espérais vous voir saisir avec empressement l'occasion que vous offrait ma bonté de vous justifier à mes yeux.

— Monseigneur, répondit respectueusement, mais avec fermeté le jeune homme, pour que la justification que vous me demandez fut possible, il faudrait que je connusse les griefs qu'on m'impute.

— Je n'insisterai pas quant à présent sur ce sujet, monsieur; mais puisque, dites-vous, vous professez pour mes ordres un si grand respect, je veux vous fournir immédiatement l'occasion de me prouver votre obéissance.

— Oh ! parlez, monseigneur, s'écria le comte avec feu, quoi que vous exigiez de moi...

— Ne vous hâtez pas de vous engager, monsieur, interrompit froidement le marquis, avant de savoir ce que j'ai à vous demander.

— Je serais si heureux, monseigneur, de vous prouver combien les intentions qu'on me suppose sont loin de mon cœur.

— Soit, monsieur, je vous sais gré de ces bons sentiments, aussi ne tarderai-je pas plus longtemps à vous instruire de ce qu'il vous faut faire pour rentrer dans mes bonnes grâces.

— Parlez, parlez, monseigneur.

Le vieillard, froid, immobile, regardait toujours son fils avec la même sévérité ; la marquise, contenue par la présence de son mari, fixait sur le jeune homme ses yeux pleins de larmes, sans oser, la pauvre mère, intervenir en sa faveur.

Don Hernando souriait sournoisement à la dérobée ; quant à don Rodolfo, les dernières paroles de son père l'avaient rempli de crainte, et malgré la joie qu'il affectait, il tremblait intérieurement, car instinctivement il soupçonnait un piége sous cette feinte bienveillance.

— Mon fils, reprit le marquis avec une légère nuance de tristesse dans la voix, votre mère et moi, nous nous faisons vieux. Les années comptent double à notre âge ; chaque pas nous rapproche de la tombe, qui ne tardera pas à s'ouvrir pour nous.

— Oh ! mon père !... s'écria don Rodolfo.

— Ne m'interrompez pas, mon fils, continua le marquis avec un geste de commandement, vous, vous êtes notre premier-né, l'espoir de notre nom et de notre race ; vous avez vingt-cinq ans, vous êtes à cet âge heureux où toutes les aspirations nobles affluent au cœur, où l'on n'est plus déjà depuis longtemps un enfant, sans être encore complétement un homme, car on n'a encore ni aimé, ni souffert ; on n'a connu ni les désillusions du monde, ni les joies saintes de la famille. Beau de visage, bien fait de corps, instruit par nous dans tous les devoirs d'un gentilhomme, vous êtes enfin un cavalier accompli dont nous sommes fiers à juste titre.

Le marquis fit une pose de quelques secondes.

Don Rodolfo se sentait pâlir de plus en plus. Ses yeux se fixaient avec égarement sur sa mère, qui courbait douloureusement la tête, afin que son regard anxieux ne rencontrât pas le sien ; il commençait à comprendre quel sacrifice son père allait exiger de son obéissance filiale, et il frémissait de terreur et de désespoir.

Le vieillard reprit d'un ton plus ferme et plus accentué :

— Nous pouvons, votre mère et moi, mon fils, être appelés peut-être bientôt à comparaître devant le Seigneur, mais nous ne voudrions pas nous coucher dans le sépulcre sans avoir la consolation de savoir que notre nom ne mourra pas avec nous, et qu'il se continue dans nos petits enfants. Ce désir, que plusieurs fois déjà je vous ai laissé entrevoir, mon fils, le moment est venu de le réaliser et d'assurer, en vous mariant, la tranquillité des quelques jours qui nous restent encore à passer sur cette terre.

— Mon père...

— Oh ! rassurez-vous, comte, reprit le vieillard en feignant de se méprendre sur l'expression de son fils, je n'ai nullement l'intention de vous imposer un de ces mariages de convenance, où les époux, unis malgré eux, arrivent malheureusement trop vite à se haïr à cause des répulsions instinctives qu'ils éprouvent l'un pour l'autre. Non ; l'épouse que je vous réserve a été avec le plus grand soin choisie par votre mère et par moi ; elle est jeune, belle, riche d'une noblesse presque égale à la nôtre ; en un mot, elle réunit toutes les qualités nécessaires, non-seulement pour vous rendre heureux, mais encore pour raviver l'éclat de notre maison, et lui donner un nouveau lustre.

— Mon père ! balbutia don Rodolfo.

— Mon fils ! reprit le marquis avec une orgueilleuse intonation dans la voix, comme si le nom qu'il allait prononcer devait lever tous les scrupules ; mon fils, réjouissez-vous, vous épousez doña Aurelia de Torre Azul, cousine au cinquième degré du marquis del Valle (1), notre parente par alliance.

— Oh ! mon fils, dit la marquise en joignant les mains avec prière ; cette alliance, que votre père appelle de tous ses vœux, adoucira mes derniers jours.

Le jeune homme était d'une pâleur livide, des

(1) Le titre de marquis del Valle fut donné à Fernand Cortez, pour le récompenser de la conquête du Mexique, et par héritage il passa à ses descendants, dont plusieurs existent encore au Nouveau-Monde. G. A.

tressaillements nerveux agitaient tout son corps ; il chancelait, ses yeux erraient sans regard autour de lui, et sa main, fortement appuyée sur son cœur, semblait vouloir en comprimer les battements.

— Vous connaissez ma volonté, monsieur, continua le marquis, sans paraître s'apercevoir de l'état de son malheureux fils, j'espère que vous voudrez bien vous y conformer ; et maintenant, comme vous devez être fatigué d'une longue course faite à cheval, pendant la grande chaleur du jour, retirez-vous dans votre appartement. Demain, lorsque vous serez reposé, nous aviserons aux moyens de vous présenter le plus tôt possible à votre fiancée.

Après avoir prononcé ces paroles du même ton froid et péremptoire dont il s'était servi pendant tout l'entretien, le marquis fit un mouvement pour se lever.

Par un puissant effort sur lui-même, le jeune comte parvint à renfermer l'orage qui grondait dans son cœur ; affectant une tranquillité qu'il était loin d'éprouver, il fit un pas en avant, et, s'inclinant respectueusement devant le marquis :

— Pardonnez-moi, monseigneur, dit-il, d'une voix que, malgré lui, l'émotion rendait tremblante, ne pourrai-je vous dire quelques mots encore.

Le vieillard fronça le sourcil.

— Ne vous ai-je pas dit demain, monsieur ? répondit-il sèchement.

— Oui, monseigneur, murmura tristement le jeune homme, mais, hélas ! si vous ne consentez pas à m'écouter aujourd'hui, demain il sera trop tard peut-être.

— Ah! fit le marquis en se mordant les lèvres avec une colère qui commençait à déborder, et pour quelle raison, monsieur?

— Parce que, mon père, répondit avec fermeté le jeune homme, demain, j'aurai quitté cette demeure pour n'y plus rentrer.

Le marquis lui jeta un regard foudroyant sous ses prunelles grises.

— Ah! ah! s'écria-t-il, on ne m'avait donc pas trompé, c'était donc bien vrai ce qu'on m'avait rapporté?

— Que vous a-t-on rapporté monseigneur?

— Vous voulez le savoir? s'écria le vieillard avec fureur: après tout, vous avez raison, à quoi bon de plus longs ménagements, il est temps que cette pitoyable comédie finisse.

— Monsieur! monsieur! fit la marquise avec douleur, songez que c'est votre fils, votre premier né.

— Taisez-vous, madame, répondit durement le vieillard; assez longtemps ce fils rebelle s'est joué de nous, l'heure du châtiment a sonné, et vive Dieu! il sera terrible et exemplaire.

— Au nom du ciel! monsieur, reprit la marquise, ne soyez pas impitoyable pour votre enfant, laissez-moi lui parler, vous êtes peut-être trop dur pour lui, bien que vous l'aimiez; moi, je suis sa mère, je le convaincrai, je l'amènerai à faire votre volonté: une mère sait trouver dans son cœur des paroles pour attendrir son fils et lui faire comprendre qu'il ne doit pas résister aux ordres de son père.

Le vieillard sembla hésiter un instant, mais se remettant aussitôt.

— Pourquoi consentirais-je à ce que vous voulez, madame? répondit-il avec une brusquerie mêlée de pitié; ne savez-vous pas que la seule qualité ou plutôt le seul vice que ce fils rebelle ait conservé de sa race est l'entêtement, et que vous n'obtiendrez rien de lui.

— Oh! permettez-moi d'essayer, monsieur, reprit la vieille dame d'une voix suppliante, il est mon fils aussi bien que le vôtre, au nom de cet amour et de cette inaltérable obéissance que toujours vous avez trouvés en moi, je vous en supplie, laissez-moi faire une dernière tentative pour briser sa résistance et l'amener repentant à vos pieds.

— Et puis, monseigneur, observa d'une voix railleuse don Hernando qui, jusque-là, avait semblé étranger à ce qui se passait, peut-être nous trompons-nous, ne jugez pas mon frère sans l'entendre, il est trop bon gentilhomme et de trop vieille race pour avoir commis les fautes dont on l'accuse.

— Bien, Hernando; bien, mon enfant, je suis heureuse de vous entendre ainsi prendre la défense de votre frère, dit la vieille dame en souriant à travers ses larmes, et trompée par ces paroles

— Certes, ma mère, j'aime trop mon frère, reprit avec ironie le jeune homme, pour le laisser ainsi accuser sans preuve; que Rodolfo ait séduit la fille du principal cacique des Opatas, et qu'il en ait fait sa maîtresse, cela est évident et connu de tout le monde, il est vrai, et ne tire en aucune façon à conséquence; mais ce que je ne croirai jamais, à moins qu'on ne me le prouve, c'est qu'il ait épousé cette créature, pas plus que je n'ajouterai foi aux calomnies qui le représentent, non-seulement comme un des amis intimes du curé Hidalgo, mais encore comme un de ses affidés les plus actifs et les plus influents dans cette province. Non, mille fois non! un gentilhomme du sang et du nom de Tobar sait trop bien ce que l'honneur exige pour commettre de telles infamies. Agir ainsi serait une apostasie complète et un oubli total de tout ce qu'un noble Castillan se doit à lui-même et à ceux dont il descend et de l'honneur desquels il n'est que le dépositaire... Allons, Rodolfo, allons, mon frère, relevez la tête; confondez les calomniateurs, donnez un démenti solennel à ceux qui ont osé entacher votre réputation; un mot de vous, un seul qui prouve hautement votre innocence, l'orage soulevé à tort contre vous se dissipera aussitôt, mon père vous ouvrira ses bras, et tout sera oublié.

Pendant ce plaidoyer, dont le comte reconnaissait la profonde perfidie, il était en proie à une émotion extrême: aux premières paroles prononcées par son frère, il s'était redressé comme s'il avait senti la morsure d'un serpent. Mais, peu à peu, sa colère avait fait place au mépris dans son cœur, et ce fut avec un sourire d'écrasant dédain qu'il écouta la péroraison emphatique et railleuse du jeune homme.

— Eh bien! mon fils, dit le marquis, vous le voyez, tout le monde vous défend ici, lorsque moi seul vous accuse; que répondrez-vous pour me prouver votre innocence?

— Rien, mon père, dit le jeune comte d'une voix brève.

— Rien? s'écria le vieillard avec colère.

— Non, mon père, reprit-il, parce que si j'essayais de me justifier, vous ne voudriez pas m'entendre, et qu'en supposant que vous consentiez à m'écouter vous ne me comprendriez pas... Oh! ne vous méprenez pas au sens que j'attache à mes paroles, dit-il sur un mouvement qu'il vit faire au marquis : vous ne me comprendriez pas, mon père, non par défaut d'intelligence, mais par orgueil. Fier de votre nom et des priviléges qu'il vous donne, habitué à juger des choses et des hommes à un point de vue particulier, comprenant l'honneur à votre manière...

— Y a-t-il donc deux honneurs! s'écria malgré lui le marquis.

— Non, mon père, répondit posément don Rodolfo, il n'y en a qu'un; mais il y a deux façons de le comprendre, et mon frère qui, il y a un instant, vous a dit sans attirer votre improbation qu'un gentilhomme avait le droit d'abuser de l'amour d'une jeune fille pour la séduire et en faire sa maîtresse, mais que l'honneur de son nom lui défendrait de l'épouser, me paraît avoir approfondi cette question et être mieux que moi à même de la discuter. Vous l'avez dit vous-même, mon père : il faut en finir. Eh bien! soit, finissons-en. Je n'essaierai pas d'entamer contre vous une lutte impossible; lorsque j'ai reçu l'ordre de me rendre auprès de vous, je me savais condamné d'avance, et pourtant je me suis rendu avec obéissance à votre appel; c'est que ma résolution était irrévocablement prise. Que me reproche-t-on? D'avoir épousé la fille d'un cacique indien? C'est vrai, je l'avoue hautement, je l'ai fait; sa noblesse vaut la mienne peut-être; à coup sûr, son cœur est plus grand. Que m'impute-t-on de plus? d'être l'ami du curé Hidalgo et l'un de ses plus fermes adhérents? cela est vrai encore, je suis heureux et fier de cette amitié; je me fais gloire de ces aspirations vers la liberté que vous me reprochez comme des crimes. Descendants des premiers conquérants du Mexique, cette terre découverte et conquise par nos pères est devenue notre patrie; nous ne sommes plus Espagnols depuis trois siècles, nous sommes Mexicains. L'heure est enfin venue pour nous de secouer le joug de cette soi-disant patrie, qui depuis si longtemps s'engraisse de notre sang, de nos larmes, et s'enrichit de notre or; en vous parlant ainsi que je le fais, mon père vénéré, mon cœur se brise, car Dieu m'est témoin que j'ai pour vous un respect et un amour profonds; je sais que j'appelle sur ma tête tout le poids de votre colère, et que cette colère sera terrible; mais, dans ma douleur, il me reste une sublime espérance : fidèle à la devise de nos ancêtres, j'ai tout fait pour l'honneur; ma conscience est calme, et un jour, prochain peut-être, vous me pardonnerez, car vous reconnaîtrez que je n'ai pas failli.

— Jamais! s'écria le marquis d'une voix d'autant plus terrible que la contrainte qu'il avait été obligé de s'imposer pour écouter jusqu'au bout les paroles du jeune homme avait été plus grande; sortez, je ne vous connais plus, vous n'êtes plus mon fils; sortez, misérable, je vous...

— Oh! s'écria la marquise en se jetant dans ses bras, ne le maudissez pas, monsieur, n'ajoutez pas ce châtiment à celui que vous lui infligez! Le malheureux est assez puni déjà; nul n'a le droit de maudire, un père moins que tout autre, car alors, c'est Dieu qui le venge!

Le marquis demeura un instant silencieux et morne, puis, étendant les bras vers son fils en hochant douloureusement la tête :

— Sortez, dit-il d'une voix sourde, que Dieu veille sur vous ; désormais, vous n'avez plus de famille ! Adieu !

Le jeune homme, pâle et tremblant, s'agenouilla humblement sous le poids de cette sentence, puis il se releva et sortit en chancelant de la salle, sans prononcer une parole.

— Mon fils ! mon fils ! s'écria la marquise d'une voix déchirante.

L'implacable vieillard l'arrêta brusquement par le bras, au moment où, à demi-folle de douleur, elle s'élançait de l'estrade et lui montrant don Hernando, hypocritement incliné devant elle :

— Vous n'avez qu'un fils, madame, lui dit-il d'une voix stridente, et ce fils : le voilà !

La marquise poussa un cri de désespoir, et, brisée par la douleur, elle tomba inanimée aux pieds de son mari, qui, vaincu lui aussi dans cette lutte affreuse, soutenue par l'orgueil de race contre l'amour paternel, se laissa aller dans son fauteuil en cachant sa tête dans ses mains, tandis qu'un sanglot déchirant s'échappait de sa poitrine.

Don Hernando s'était élancé à la suite de son frère, non pour le ramener ou le consoler, mais seulement dans le but de ne pas laisser voir la joie qui, malgré lui, éclatait sur son visage, à ce dénoûment funeste, dont il avait depuis si longtemps préparé, avec une patience féline, toutes les terribles péripéties.

VIII

LES DEUX FRÈRES

Après avoir quitté la chambre rouge, don Rodolfo, sous le coup de la condamnation prononcée contre lui, le cœur brisé, la tête en feu, s'était élancé droit devant lui, fuyant la colère paternelle, et résolu à s'éloigner au plus vite de l'hacienda pour ne jamais y revenir.

Son cheval était toujours dans la première cour, à l'endroit où il l'avait attaché. Le jeune homme s'approcha de lui, saisit la bride et mit le pied à l'étrier, au même instant, une main s'appesantit sur son épaule.

Don Rodolfo se retourna comme s'il avait été brûlé par un fer rouge.

Son frère était devant lui.

Une rougeur fébrile envahit son visage, ses mains se crispèrent, et un fulgurant éclair jaillit de ses yeux; mais, éteignant aussitôt le feu de son regard et se contraignant à affecter un calme glacé :

— Que me voulez-vous, mon frère? dit-il d'une voix ferme.

— Vous serrer la main avant votre départ, Rodolfo, répondit le jeune homme d'un ton larmoyant.

Le comte l'examina un instant avec une expression de profond dédain; puis, dégrafant l'épée pendue à son côté, il la tendit à son frère :

— Tenez, Hernando, lui dit-il avec ironie, il est

juste que puisque seul maintenant vous porterez le nom et le titre de notre famille, cette épée vous revienne, vous avez voulu mon héritage, le succès a couronné votre attente...

— Mon frère.., balbutia le jeune homme.

— Je ne vous adresse pas de reproche, continua don Rodolfo avec hauteur; jouissez en paix de ces biens que vous m'avez ravis, Dieu veuille que plus tard le poids ne vous en semble pas trop lourd, et que le souvenir de l'action que vous avez commise n'empoisonne pas vos derniers jours. Désormais, nous ne nous rencontrerons plus sur cette terre : adieu.

Et laissant tomber sur le sol l'épée qu'il avait présentée à son frère, et que celui-ci n'avait pas prise, il se mit en selle et s'éloigna à fond de train, sans même jeter un dernier regard sur ces murs qui l'avaient vu naître, et dont maintenant il était à jamais banni.

Don Hernando demeura un instant la tête basse et le front pâle, accablé par la honte et la conscience de la mauvaise action qu'il n'avait pas craint de commettre. Déjà le remords commençait pour lui.

Enfin, lorsque le galop du cheval se fut perdu dans l'éloignement, il leva les yeux, essuya la sueur qui inondait son visage, et, ramassant l'épée jetée à ses pieds :

— Pauvre Rodolfo, murmura-t-il en étouffant un soupir, je suis bien coupable.

Et il rentra à pas lents dans l'hacienda.

Le comte don Rodolfo de Moguer tint la parole qu'il avait donnée à son frère; il ne reparut plus. Jamais il ne donna de ses nouvelles. Ses amis les plus intimes ne le revirent plus après son voyage à l'hacienda et ne surent ce qu'il était devenu.

L'année suivante, quelques Indiens, échappés au massacre du pont de Calderon, où Hidalgo avait été battu par le général espagnol Calleja, répandirent le bruit que don Rodolfo, qui, pendant toute la bataille, s'était tenu aux côtés d'Hidalgo, avait été tué dans une charge désespérée qu'il avait poussée jusqu'au milieu des lignes espagnoles, dans l'espoir de rétablir le combat; mais ce bruit ne se confirma pas. Malgré toutes les recherches tentées par le marquis, le corps du jeune homme ne fut pas retrouvé parmi les morts, et son sort demeura un mystère pour sa famille.

Cependant don Hernando, par l'ordre de son père, avait succédé au titre de son frère, et s'était immédiatement marié avec doña Aurelia de Torre Azul, primitivement destinée à don Rodolfo.

Le marquis et la marquise vécurent encore quelques années; ils s'éteignirent à quelques jours de distance l'un de l'autre, emportant comme un trait empoisonné le remords d'avoir banni de leur présence leur fils premier-né.

Mais, inflexible jusqu'à sa dernière heure, jamais le marquis n'avait laissé échapper une plainte; il mourut sans que le nom de son fils montât de son cœur à ses lèvres.

Du reste, l'espoir du marquis se réalisa avant de se coucher dans la tombe; il eut la consolation suprême de se voir renaître dans ses petits-enfants.

Aux obsèques des deux vieillards, perdu dans la foule des invités, on remarqua un homme enveloppé dans les plis épais d'un grand manteau, et dont les traits étaient cachés sous les larges ailes d'un chapeau rabattu sur les yeux.

Quel était cet homme ? Nul ne le put découvrir ; seul un vieux serviteur affirma avoir reconnu don Rodolfo.

Etait-ce, en effet, le fils banni qui venait une dernière fois rendre hommage à son père et pleurer sur sa tombe.

L'arrivée de l'inconnu fut si imprévue, sa disparition si subite, qu'il fut impossible de s'assurer de la vérité de cette assertion.

Puis le temps se passa, d'importants événements se succédèrent, et don Rodolfo, dont on n'avait plus entendu parler, fut considéré comme mort par sa famille et ses amis, puis et définitivemen toublié.

Don Hernando hérita donc sans conteste des titres et des biens de sa famille.

Le marquis de Moguer, malgré le jour sous lequel nous l'avons montré à nos lecteurs, n'était nullement un méchant homme, ainsi qu'on pourrait le supposer ; seulement, cadet de famille sans autre espoir que la tonsure, dévoré d'ambition, aspirant la vie par tous le pores, il s'était révolté intérieurement contre cette loi dure et injuste qui l'exilait des joies du monde et le condamnait à la solitude du cloître.

Certes, si son frère avait accepté franchement sa position d'aîné de la famille et avait consenti à en subir les exigences, jamais il ne serait venu à la pensée de don Hernando de le frustrer de ses droits. Mais lorsqu'il avait vu don Rodolfo mépriser les vieilles traditions de sa race, oublier ce qu'il devait à son honneur de gentilhomme jusqu'à s'allier à une Indienne, et faire cause commune avec les partisans de la révolution, il avait saisi avec empressement l'occasion que lui offrait si providentiellement le hasard, pour gagner le terrain perdu par son frère, et se mettre tout doucement à sa place. Il crut, en agissant ainsi, ne pas commettre une mauvaise action, mais presque revendiquer un droit, en se substituant à celui qui paraissait fort peu se soucier de ces titres et de cette fortune.

Don Hernando, tout en s'innocentant ainsi, ne faisait qu'obéir à cette loi du juste et de l'injuste que Dieu a mise au cœur de l'homme, et qui le pousse, lorsqu'il commet un acte peu honorable, à chercher des prétextes afin de se prouver à soi-même qu'il devait agir ainsi qu'il l'a fait.

Seulement, le marquis n'osait s'avouer que ce hasard dont il profitait, il l'avait aidé de tout son pouvoir, envenimant par ses discours et ses continuelles insinuations les actions de son frère, le ruinant peu à peu dans l'esprit de son père, et préparant de longue main la condamnation prononcée enfin dans la chambre rouge contre le malheureux Rodolfo.

Et cependant, étrange contradiction du cœur humain, don Hernando aimait beaucoup son frère ; il le plaignait, il aurait voulu le retenir sur la pente du précipice dans lequel il le poussait pour ainsi dire. Une fois maître des biens et chef de la famille, il aurait voulu retrouver son frère, afin de partager avec lui cette fortune mal acquise et se faire pardonner son usurpation.

Malheureusement, ces réflexions venaient trop tard ; don Rodolfo avait disparu sans laisser de traces, le marquis se vit donc contraint de se borner à de stériles remords, tout en jouissant de ce titre, but de tous ses vœux, si longtemps ambitionné par lui sans espoir de l'atteindre jamais.

Parfois, tourmenté malgré lui par le souvenir toujours présent à sa mémoire de la dernière scène de l'hacienda, il se demandait s'il n'aurait pas mieux valu avoir avec son frère une explication loyale, à la suite de laquelle don Rodolfo, dont les goûts simples s'accordaient mal avec les exigences d'un grand nom, aurait en sa faveur renoncé à l'amiable aux droits que lui donnaient sa qualité d'aîné.

Bref, le marquis, bien qu'il fût riche, aimé d'une femme charmante et père de deux enfants, n'était pas heureux ; il portait partout avec lui, dans les réunions les plus joyeuses, une blessure secrète au cœur, blessure que le temps au lieu de la guérir ne faisait au contraire qu'envenimer.

Cependant les événements dont le Mexique était alors le théâtre se précipitaient avec une rapidité qui, de jour en jour, rendait plus inquiétante et plus critique la situation des hommes demeurés fidèles au gouvernement espagnol.

Il n'entre pas dans le plan que nous nous sommes tracé en composant cet ouvrage, de nous appesantir sur les faits qui ont occasionné le soulèvement des Mexicains contre la métropole, et sur les diverses opérations militaires à la suite desquelles le Mexique proclama son indépendance, et la couronne de Castille perdit sans espoir de retour ces magnifiques colonies de la Nouvelle-Espagne, qui pendant trois siècles avaient été pour elle une source inépuisable de richesse.

Reprenons notre récit trop longtemps interrompu.

Au commencement de 1822, dans un jour de folie que devaient expier des années de désastres, la séparation définitive avait eu lieu entre le Mexique et l'Espagne; l'ère des *pronunciamientos* avait commencé. Après le règne éphémère de l'empereur Iturbide (1), le Mexique était revenu à la République, ou, pour mieux dire, au gouvernement militaire. Sous la pression de cette armée de vingt mille soldats, qui compte *vingt-quatre mille officiers*, les présidents se succédaient les uns aux autres avec une rapidité vertigineuse, enfonçant de plus en plus la nation dans le bourbier, au fond duquel elle se débat vainement aujourd'hui, et qui finira par l'engloutir.

De pronunciamientos en pronunciamientos, le Mexique avait atteint l'époque où commence cette histoire; mais sa richesse avait sombré dans la tourmente, son commerce était anéanti, ses villes tombaient en ruines, et, de son antique splendeur, la Nouvelle-Espagne n'avait conservé que de fugitifs souvenirs et des monceaux de décombres.

Les Espagnols avaient eu beaucoup à souffrir pendant la guerre de l'indépendance, ainsi que leurs partisans, dont les propriétés avaient été incendiées et mises à sac par les révolutionnaires.

Le fatal décret de 1827, prononçant l'expulsion des Espagnols, avait porté le dernier et le plus terrible coup à leur fortune.

Le marquis de Moguer fut un des plus atteints

(1) Sous le nom d'Augustin Ier.

par cette mesure, bien que pendant toute la guerre de l'indépendance et les divers gouvernements qui s'étaient ensuite succédé, il eût pris le plus grand soin à ne se mêler en rien à la politique et à demeurer neutre entre tous les partis. Cette position, difficile et impossible à conserver longtemps avec avantage, l'avait obligé malgré lui à faire des concessions pénibles pour son orgueil; malheureusement, toute sa fortune consistait en terres et en mines; s'il quittait le Mexique, il était ruiné.

Ses amis lui conseillèrent de se rallier franchement au gouvernement mexicain et de renoncer à la nationalité espagnole. Le marquis, contraint par les circonstances, suivit ce conseil, et, grâce au crédit dont jouissaient certaines personnes auprès du président actuel de la république, don Hernando, non-seulement ne fut pas inquiété, mais encore fut autorisé à résider dans le pays, et définitivement naturalisé Mexicain.

Mais les choses avaient bien changé pour le marquis.

Son immense fortune s'était évanouie avec le gouvernement espagnol. Pendant les dix ans de la guerre de l'indépendance, ses terres étaient demeurées en friche, et ses mines, abandonnées par les ouvriers par lesquels il les faisait travailler, s'étaient peu à peu remplies d'eau. A moins de travaux énormes fort coûteux, ces mines ne pouvaient être de nouveau mises en état d'exploitation.

La situation était critique, surtout pour un homme élevé en grand seigneur, et habitué à jeter l'argent par les fenêtres. Maintenant il lui fallait compter, et compter avec le plus grand soin, s'il ne voulait voir tout à coup se dresser, implacable devant lui, le spectre hideux de la misère.

L'orgueil du marquis se brisa dans cette lutte contre la pauvreté; l'amour de ses enfants lui rendit le courage qui l'abandonnait; il résolut de faire bravement face à l'orage.

Et comme ces gentilshommes ruinés qui labouraient leurs terres l'épée au côté, afin de constater leur noblesse, il se fit franchement haciendero et mineur, c'est-à-dire qu'il entreprit une grande exploitation agricole sur ses domaines, et se livra à l'élevage des bestiaux et des chevaux, en même temps qu'il essaya de vider l'eau qui avait envahi ses mines.

Malheureusement, deux choses importantes lui manquaient pour mettre ses projets à exécution : la science nécessaire pour diriger les diverses opérations qu'il méditait, et surtout l'argent, sans lequel rien n'est possible.

Le marquis fut obligé de prendre un mayordomo et d'emprunter sur hypothèque.

Pendant les premières années tout alla bien, ou, au moins, parut aller bien. Le mayordomo, don José Paredes, dont nous aurons occasion de parler amplement plus tard, était un de ces hommes, précieux dans les haciendas, dont la vie se passe à cheval, auxquels rien n'échappe, qui entendent parfaitement la culture des terres et savent, à une arroba près, ce quelles peuvent rapporter.

Mais si les terres du marquis recommençaient, sous la direction habile du mayordome, à reprendre une valeur assez importante, il n'en était pas de même de ses mines.

Sous le poids des convulsions au milieu desquelles se débattait le Mexique, les Indiens indépendants, n'étant plus maintenus par la crainte de la forte organisation militaire des Espagnols, avaient sauté par-dessus les frontières et reconquis une certaine partie du territoire qu'on leur avait enlevé; ils s'étaient établis à demeure sur ce territoire, où ils ne laissaient plus pénétrer les blancs.

La plupart des mines du marquis, situées dans la contrée même occupée maintenant par les Indiens, étaient donc perdues pour lui.

Les autres presque complétement inondées malgré les travaux incessants auxquels on se livrait, ne laissaient pas encore entrevoir le jour où elles redeviendraient productives.

Ce que don Hernando gagnait d'un côté, il le perdait de l'autre, et sa position, malgré ses efforts, au lieu de s'améliorer s'aggravait, au contraire, de plus en plus et le gouffre de la dette allait s'agrandissant. Le marquis entrevoyait avec terreur le moment où il lui deviendrait impossible de continuer la lutte.

Triste et vieilli par le chagrin plutôt que par les années, le marquis n'osait plus envisager sans terreur l'avenir, qui pour lui se faisait de plus en plus sombre. Il assistait morne et résigné à la chute de sa maison, à la décadence de sa race, cherchant vainement, comme le malheureux perdu sans boussole sur l'immense océan, de quel point de l'horizon lui viendrait le secours qui le préserverait du naufrage.

Mais, hélas! le jour succédait au jour sans amener aucun changement dans la position du marquis, qu'une gêne plus grande et une ruine plus imminente.

Au fur et à mesure que le malheur était venu, le marquis avait vu ses amis et ses parents s'éloigner de lui, l'abandonner avec cette indifférence égoïste qui semble une loi fondamentale de toute société organisée, ou le précepte : « chacun pour soi » est mis en pratique avec toute la force brutale du *væ victis*.

Don Hernando était donc demeuré seul à l'hacienda del Toro avec son fils; car il avait perdu sa femme depuis plusieurs années déjà, et sa fille était élevée dans un couvent de la ville de Rosario.

Avec cette noble fierté qui sied si bien aux âmes fortement trempées, le marquis avait accepté sans se plaindre l'injuste ostracisme dont il avait été frappé. Loin de se laisser aller à d'inutiles récriminations contre des hommes, qui, la plupart, dans d'autres temps, lui avaient eu des obligations qu'ils reconnaissaient maintenant par la plus noire ingratitude, il avait associé son fils à ses travaux, et, aidé par lui, avait redoublé d'efforts et de courage.

Quelques mois avant l'époque où commence notre récit, la mauvaise fortune avait semblé, non pas se lasser de persécuter le marquis, mais vouloir lui accorder une trêve. Voici comment elle s'y prit pour laisser glisser un rayon de soleil au milieu du ciel brumeux de l'haciendero.

Un matin, un inconnu paraissant venir de fort loin était arrivé à l'hacienda, monté sur une mule, et en conduisant en bride une seconde chargée de deux ballots.

Cet homme, en entrant dans la première cour,

avait jeté aux mains d'un peon la bride de la mule chargée en disant simplement :

— Pour le señor don Hernando de Moguer.

Et, sans attendre de réponse, il était reparti, avait redescendu le rocher au galop, et s'était perdu dans les méandres du chemin avant que les peones fussent revenus de la surprise causée par cette étrange visite.

Le marquis, prévenu aussitôt, avait fait décharger la mule et monter les ballots dans son cabinet. Ils contenaient chacun vingt-cinq mille piastres en or, c'est-à-dire deux cent soixante-dix mille francs environ de notre monnaie; sur un papier plié en quatre était écrit ce seul mot : Restitution.

Ce fut en vain que le marquis ordonna les recherches les plus minutieuses : l'étrange messager fut introuvable.

Force fut donc à don Hernando de garder cette somme énorme, arrivée d'une si singulière façon, mais fort à propos pour le sortir d'une position délicate, ayant à faire le lendemain un paiement considérable. Cependant ce ne fut que sur les assurances réitérées de don Ruiz et du mayordomo que cet or était bien à lui, que le marquis consentit à s'en servir.

Heureux de ce retour de la fortune, don Hernando consentit enfin à ce que don Ruiz allât chercher sa sœur au Rosario pour la ramener à l'hacienda, où depuis longtemps déjà la présence de la jeune fille était désirée, sans qu'il eût été jusqu'alors possible de la faire venir, à cause des difficultés d'un tel voyage.

Nous reprendrons maintenant notre récit, en

priant le lecteur de nous pardonner cette longue digression, indispensable pour l'intelligence des faits qui vont suivre, et nous introduirons le lecteur dans l'hacienda del Toro, quelques heures avant l'arrivée de don Ruiz et de sa sœur, c'est-à-dire trois semaines environ après le jour où nous les avons laissés au poste de San-Miguel.

IX

UN NOUVEAU PERSONNAGE

Bien que par sa situation sur les rives du Pacifique, la Sonora jouisse du bienfait des brises de mer, dont l'humidité alcaline vient par intervalle rafraîchir son atmosphère embrasée, cependant, depuis trois heures de l'après-dînée, la terre, incessamment chauffée par les rayons incandescents du soleil, renvoie des effluves si mortellement torrides, que la chaleur devient accablante. Alors la campagne prend un aspect réellement désolé sous un ciel sans nuages, qui semble une immense plaque de tôle rougie ; les oiseaux cessent subitement leurs chants et se blotissent languissamment sous le feuillage épais des arbres, qui penchent tristement leur faîte orgueilleux vers le sol. Les hommes et les animaux domestiques vont chercher un abri dans les maisons, soulevant sous leurs pas pressés une poussière blanche impalpable et calcinée, qui leur entre dans la bouche et les narines. Et pendant plusieurs heures, la Sonora est changée en un vaste désert, dont a disparu subitement toute apparence de vie et de mouvement.

Tout le monde dort ou du moins gît étendu dans les chambres les plus reculées des habitations, les yeux fermés, le corps abandonné dans cet état de somnolence qui n'est ni la veille ni le sommeil, et qui, par cela même, rempli de si douces et si voluptueuses rêveries, aspirant à longs traits la fraîcheur factice produite par les courants d'air adroitement ménagés, faisant en un mot ce que, dans ces climats torrides, on est convenu de nommer la siesta.

Heures de repos pleines de jouissances, dont nous autres Français, peuple essentiellement actif et remuant, nous ignorons la douce et bienfaisante influence sur le corps et sur l'esprit; mais que les peuples placés plus que nous près du soleil, ont garde d'oublier, que les Italiens nomment le *dolce farniente*, et les Turcs, ces natures essentiellement sensuelles, le *kief*.

De même que cette ville des contes arabes dont un méchant enchanteur avait d'un coup de baguette changé tous les habitants en statues, la vie semblait s'être subitement arrêtée dans l'hacienda del Toro, tant il y régnait un profond silence : peones, vaqueros, criados, chacun faisait la siesta. Il était environ trois heures de l'après-midi; cependant on commençait à entendre ce bourdonnement encore indistinct, mais déjà significatif qui signale le réveil de la ruche et précède la reprise des travaux; seules deux personnes, deux hommes, ne s'étaient pas laissés aller au sommeil, malgré l'accablante chaleur du milieu du jour; et renfermés dans un cuarto élégamment et confortablement meublé, avaient employé à causer entre eux les heures ordinairement consacrées au sommeil.

Il fallait que les causes qui les avaient fait ainsi déroger à l'habitude si invétérée de la siesta et les avait tenus éveillés fussent bien importantes, et surtout bien sérieuses, car l'Hispano-Américain, le Mexicain surtout, ne sacrifie pas pour une raison frivole ces heures du repos pendant lesquelles, dit un proverbe espagnol assez trivial et surtout peu obligeant pour notre nation, on ne rencontre courant au soleil que des chiens et des Français.

De ces deux personnages, l'un, don Hernando de Moguer, nous est déjà connu; les années en courbant sa haute taille avaient creusé quelques rides sur son front et mêlé de nombreux fils argentés sa noire chevelure, mais l'expression de sa physionomie, à part une teinte de mélancolie répandue sur ses traits par de longs malheurs, était demeurée à peu près la même, c'est-à-dire douce, timide, bien que fine, légèrement railleuse, et surtout dissimulée.

Quant à la personne avec laquelle causait en ce moment don Hernando, elle mérite, au physique du moins, car le lecteur ne tardera pas à l'apprécier au moral, une description détaillée.

C'était un petit homme replet, à la face rubiconde et au teint apoplectique, bien qu'il eût quarante ans à peine; cependant ses cheveux, déjà presque entièrement blancs, son front sillonné de rides profondes et ses yeux gris, aux paupières éraillées, enfoncés sous des sourcils en broussailles, lui donnaient une apparence sénile peu en rapport avec les gestes brusques et les manières étourdies qu'il affectait. Son nez long, mince et violet retombait en bec d'oiseau sur une large bouche garnie de dents d'une blancheur éblouissante, ses pommettes saillantes, étoilées de veines bleuâtres et déliées, lui complétaient une physionomie étrange et bizarre, dont l'expression avait une ressemblance frappante avec celle de la chouette.

Cette espèce de casse-noisette, au ventre proéminent, aux membres courts et mal attachés, dont l'aspect était des plus disgracieux, avait dans les traits une mobilité telle qu'il était impossible de lire sa pensée sur son visage, au cas où ce gros homme renfermât une pensée dans son lourd individu, d'autant plus que son regard glauque et sans chaleur se fixait toujours brutalement sur son interlocuteur, sans refléter jamais la moindre émotion; bref, cet homme inspirait au premier abord cette invincible antipathie qu'on ressent à l'appoche des reptiles, et qui, lorsqu'on le connaissait mieux, se changeait en dégoût et en mépris.

Cependant cet homme, d'une apparence si bestialement inoffensive, aurait inspiré un tout autre sentiment à un observateur auquel il aurait été donné de sonder la profondeur machiavélique de son intelligence retorte et méchante et l'entêtement qu'il cachait sous son affabilité de commande.

Il se nommait don Rufino Contreras, était un des plus riches propriétaires de la Sonora, et, un an auparavant, avait été élu sénateur au Congrès de Mexico pour le territoire de Colima.

Voilà quel était physiquement l'homme avec lequel depuis près de trois heures causait don Hernando; nous ne tarderons pas à savoir quel motif si sérieux avait amené l'entretien à la fin duquel nous ferons assister le lecteur.

Au moment où nous entrons dans le cuarto, don Hernando, les bras croisés derrière le dos, les sourcils froncés, marche à grands pas de long en large, tandis que don Rufino, assis sur une butacca, le corps renversé en arrière, suit ses mouvements avec un sourire narquois sur les lèvres, en même temps que, dans la main droite, il s'obstine à gratter sur son genou, avec l'ongle, une tache absente.

Pendant quelques minutes, l'haciendero continua sa promenade saccadée, puis, s'arrêtant tout à coup devant don Rufino, qui lui jeta un regard railleusement interrogateur.

— Ainsi, lui dit-il d'une voix dont il essaya vainement de dissimuler l'expression anxieuse, il faut absolument la somme tout entière sous huit jours?

— Sous huit jours, oui, répondit le gros homme, toujours souriant.

— Pourquoi, puisqu'il en est ainsi, ne pas m'avoir averti à l'avance?

— Hélas! cher seigneur, c'est par délicatesse.

— Comment, par délicatesse! s'écria Hernando avec un bond de surprise.

— Vous allez en juger.

— Je ne demande pas mieux.

— Vous me rendrez, n'est-ce pas la justice de reconnaître que je suis votre ami.

— Vous me l'avez dit, du moins.

— Je crois vous l'avoir prouvé.

— Peut-être; mais passons.

— Passons, je ne demande pas mieux; sachant

votre position gênée en ce moment, j'ai essayé de me procurer cette somme par tous les moyens, ne voulant qu'à la dernière extrémité avoir recours à vous, afin de ne pas augmenter, par une demande aussi forte, les embarras dans lesquels vous vous trouvez. Vous voyez, cher don Hernando, combien mon calcul était délicat et véritablement amical; malheureusement, nous nous trouvons à une époque où les rentrées de fonds sont devenues d'une difficulté extrême, à cause du marasme dans lequel le commerce est plongé, par suite du nouveau conflit qui menace de s'élever entre le président de la république et les États du Sud. Il m'a donc été littéralement impossible de recouvrer la plus petite somme. Dans une position aussi perplexe, que devais-je faire, je vous en laisse juge vous-même? Cet argent m'est indispensable, vous me le devez depuis longtemps déjà, soit dit sans reproche, je me suis adressé à vous; quel autre parti pouvais-je prendre?

— Je ne sais; cependant, il me semble qu'il vous eût été possible, avant votre départ pour la Sonora, de m'envoyer par un peon un mot qui m'avertît de votre arrivée.

— Mais, non, cher seigneur, voilà justement ce que je n'ai pas voulu faire; je ne suis pas venu directement, toujours par suite de la ligne de conduite que je m'étais tracée; j'espérais toucher en route la somme qui m'est nécessaire, et ne pas pousser jusqu'à votre hacienda.

Don Hernando ne répondit pas; il reprit sa promenade après avoir jeté sur son interlocuteur un regard qui lui aurait fort donné à réfléchir s'il l'avait aperçu ; mais celui-ci s'était remis à frotter de plus belle avec acharnement la tache absente dont nous avons parlé plus haut.

Cependant, les rayons du soleil étaient devenus de plus en plus obliques ; l'hacienda, réveillée, avait repris sa vie accoutumée ; on entendait au dehors les cris des vaqueros piquant les bœufs ou excitant les chevaux se mêlant aux beuglements et aux hennissements des bêtes de somme ; don Hernando s'approcha de la fenêtre, dont il souleva la jalousie, un courant d'air plus frais pénétra dans le cuarto. Don Rufino poussa un soupir de soulagement et se redressa sur sa butacca.

— Ouf ! dit-il avec une expression de bien-être, j'étais réellement fatigué, non pas tant par la longue course que j'ai été contraint de faire ce matin que par la chaleur qui m'a accablé.

Don Hernando tressaillit à cette insinuation, comme s'il avait été piqué par un serpent ; il avait manqué à toutes les lois de l'hospitalité américaine, tant la visite de don Rufino l'avait désagréablement surpris, et lui avait fait tout oublier devant l'obligation subite de satisfaire aux demandes d'un créancier impitoyable. Mais, aux paroles dites par don Rufino, il comprit ce que sa conduite devait avoir d'insolite aux yeux d'un voyageur fatigué, il appuya le doigt sur un timbre, un peon parut.

— Des rafraîchissements, dit-il.

Le peon s'inclina et sortit.

— Vous m'excuserez, caballero, reprit franchement l'haciendero, votre visite m'a tellement surpris que je n'ai pas, dans le premier moment, songé à vous offrir ces rafraîchissements indispensables après une longue route. Votre appartement est préparé; reposez-vous, ce soir ou demain, nous reprendrons cet entretien, et j'espère que nous arriverons à une solution avantageuse pour nous deux.

— Je le souhaite, mon cher seigneur, Dieu m'est témoin que c'est mon plus grand désir, répondit don Rufino en portant à ses lèvres un verre d'orangeade apporté par le peon; malheureusement, je crains que malgré toute ma bonne volonté nous ne puissions arriver à un arrangement, à moins...

— A moins? interrompit brusquement don Hernando.

Don Rufino but doucement et à petites gorgées son orangeade, reposa le verre sur la table, et, se renversant sur le dossier de la butacca d'un air satisfait :

— Dam, fit-il en tordant avec soin une cigarette, à moins que vous me payez intégralement ce que vous me devez, ce qui, je vous l'avoue, d'après ce que vous m'avez dit, me paraît difficile.

— Ah! reprit don Hernando d'un air contraint, et qui vous fait supposer cela?

— Permettez, cher seigneur, permettez, je ne suppose rien, je constate, voilà tout; vous-même m'avez dit, il n'y a qu'un instant, que vous étiez horriblement gêné.

— En effet, que concluez-vous de cela? dit l'haciendero avec impatience.

— Mais je conclus une chose fort simple, c'est que soixante-dix mille piastres forment une somme assez ronde; que, si riche qu'on soit, on ne l'a pas toujours à sa disposition, à plus forte raison lorsqu'on est gêné?

— Je puis faire des sacrifices.

— J'en serais désolé, croyez-le bien.

— Mais ne pourriez-vous pas attendre quelques jours ?

— Impossible, je vous le répète; établissons bien notre position respective afin d'éviter des malentendus toujours regrettables en affaire, entre gens honorables et d'un certain monde. J'ai eu le plaisir de vous prêter cette somme en ne stipulant à mon profit qu'un intérêt médiocre, n'est-ce pas ?

— Je le reconnais, señor, et je vous en remercie.

— Mon Dieu, cela n'en vaut réellement pas la peine ; je tenais à vous obliger ; je l'ai fait, n'en parlons plus : seulement, souvenez-vous que je vous ai posé une condition, condition que vous avez acceptée.

— Oui, dit don Hernando avec un geste d'impatience, et j'ai eu tort.

— Peut-être ; mais là n'est pas la question. Cette condition, acceptée par vous, porte que vous devrez, à ma première réquisition, me rendre la somme que je vous ai avancée.

— Ai-je dit le contraire ?

— Loin de là ; seulement, maintenant que cet argent m'est devenu nécessaire, je vous le demande, cela est naturel ; je ne sors en aucune façon de la légalité, vous deviez vous attendre à ce qui arrive aujourd'hui, et prendre vos précautions en conséquence.

— Ainsi, si je vous demandais un mois pour réunir la somme que vous exigez ?

— Je serais désolé, mais je refuserais : ce n'est pas dans un mois, c'est dans huit qu'il me faut cet argent. Mon Dieu, je comprends ce que cela a de désagréable, je me mets parfaitement à votre place ; malheureusement cela est ainsi.

Ce qui froissait surtout don Hernando, ce n'était pas cette demande d'argent, toute pénible qu'elle fût pour lui, mais c'était la façon dont cette demande lui était adressée, le ton de fausse bonhomie employé par son créancier, et la pitié insultante dont il faisait parade à son égard. Emporté malgré lui par la colère qui grondait dans son cœur, il allait probablement faire à don Rufino une réponse qui aurait rompu à tout jamais toute relation amicale entre eux, lorsqu'un grand bruit se fit entendre dans l'hacienda, mêlé à des cris de joie et à des piétinements de chevaux.

Don Hernando se pencha vivement à la fenêtre et regarda au dehors ; puis, au bout d'un instant, se tournant vers don Rufino, qui fumait béatement sa cigarette :

— Voici mes enfants, caballero, lui dit-il, pas un mot devant eux de cette affaire, je vous prie.

— Je sais trop ce que je vous dois, cher seigneur, répondit-il en faisant un geste pour se lever ; du reste, si vous m'y autorisez, je me retirerai, afin de laisser liberté entière à vos épanchements de famille.

— Non, non, reprit don Hernando, mieux vaut que je vous présente tout de suite à mon fils et à ma fille.

— Comme il vous plaira, mon cher seigneur ; je serais d'ailleurs flatté de connaître vos charmants enfants.

La porte s'ouvrit, don José Paredes, le mayordomo parut.

José Paredes était un métis de quarante ans environ, à la taille haute, aux traits et aux membres trapus, aux jambes arquées, et dont les épaules un peu voûtées dénotaient l'habitude du cheval; en effet, la vie du digne homme se passait presque entièrement en selle, à galopper dans la campagne. Il jeta un regard oblique sur don Rufino, salua son maître en ôtant son chapeau, et adoucissant le timbre un peu rude de sa voix :

— Señor amô, (maître) dit-il à l'haciendero, le niño et la niña sont arrivés en bonne santé, grâce à notre señora del Carmen.

— Merci, don José, répondit don Hernando, qu'ils viennent, je serai heureux de les voir.

Le mayordomo s'effaça en faisant signe au dehors; les deux jeunes gens entrèrent, ou plutôt se précipitèrent dans la chambre.

D'un bond ils se trouvèrent dans les bras de leur père qui, pendant un instant, les tint pressés sur sa poitrine; mais tout à coup, il les éloigna du geste, et leur fit remarquer qu'un étranger était présent.

Les deux jeunes gens saluèrent respectueusement.

— Seigneur don Rufino, dit le marquis, je vous présente mon fils don Ruiz de Moguer, et ma fille doña Marianna; mes enfants, le seigneur don Rufino Contreras, un de mes meilleurs amis.

— Titre dont je suis fier, répondit don Rufino en s'inclinant, tout en jetant à la jeune fille un regard froid et glauque, qui lui fit malgré elle baisser les yeux en rougissant.

— Les appartements sont-ils prêts, don José? reprit don Hernando.

— Oui, seigneurie, fit le mayordomo, qui contemplait les jeunes gens d'un air radieux.

— Si le seigneur don Rufino le permet, vous pouvez vous aller reposer, mes enfants, dit l'haciendero, car vous devez être fatigués.

— Vous m'autorisez, n'est-ce pas, don Hernando, à me reposer moi aussi? dit alors le sénateur.

L'haciendero s'inclina.

— Nous reprendrons notre entretien dans un moment plus opportun, continua-t-il en lançant à la dérobée un regard sur doña Marianna qui, en ce moment, quittait la chambre à la suite de son frère. Du reste, cher seigneur, ne soyez pas trop inquiet de ma visite, je crois avoir trouvé un moyen d'arranger notre affaire sans trop vous chagriner.

Et saluant à son tour le marquis, ébahi de cette ouverture à laquelle il était loin de s'attendre, don Rufino sortit en souriant d'un air protecteur.

X

DON JOSE PAREDES

Plusieurs jours s'étaient écoulés depuis le retour de don Ruiz et de sa sœur à l'hacienda, don Rufino Contreras n'avait pas reparlé à don Hernando de l'argent qui avait motivé son voyage. L'haciendero, tout en employant tous les moyens en son pouvoir pour se procurer la somme nécessaire à l'acquittement de sa dette, s'était gardé de faire allusion, auprès de son débiteur, à la conversation que le premier jour il avait eue avec lui, d'autant plus que don Rufino paraissait avoir totalement oublié le besoin pressant d'argent qu'il avait d'abord objecté, pour n'accorder aucun délai.

A l'hacienda, tout avait repris son train accoutumé; don Ruiz partait à cheval le matin en compagnie de José Paredes pour surveiller les peones et les vaqueros, laissant à son père et à sa sœur le soin de faire à don Rufino les honneurs de l'habitation.

Le deux ou trois premiers jours, doña Marianna avait été assez gênée par les sourires obséquieux et les regards passionnés de don Rufino. Mais bientôt elle en avait pris son parti, et n'avait plus fait que rire des mines effarouchées et des poses ridicules du gros homme. Celui-ci, tout en s'apercevant de l'effet qu'il produisait sur la jeune fille, semblait n'y attacher aucune importance, et continuait consciencieusement son manége, avec cette tenacité qui formait le fond de son caractère.

Probablement, en agissant ainsi, et en courtisant ostensiblement doña Marianna aux yeux de son père et de son frère, don Rufino exécutait un plan qu'il s'était tracé d'avance, afin d'atteindre un but facile à deviner.

Il était évident pour tout le monde que don Rufino cherchait à obtenir la main de doña Marianna. Don Hernando, malgré le chagrin secret que lui causait cette recherche, car cet homme était le dernier qu'il eût désiré pour gendre, n'osait cependant pas laisser voir son dépit à cause de la position délicate, dans laquelle il se trouvait vis à vis de lui et de l'épée de Damoclès que don Rufino tenait suspendue au-dessus de sa tête. Il se contentait de le surveiller attentivement, tout en le laissant agir, espérant tout du temps, et essayant de réunir toutes ses ressources afin de le désintéresser le plus tôt possible, et, une fois sa liberté reconquise, de lui signifier son congé.

Malheureusement, les rentrées ne s'opéraient que difficilement. La plupart des débiteurs de don Hernando manquaient à leurs engagements envers lui; et c'était à peine s'il était parvenu, au bout de quinze jours, à encaisser le quart de la somme qu'il devait à don Rufino, et encore, cette somme ne pouvait-elle être distraite pour le paiement de la dette, car elle était indispensable à la continuation des travaux de l'hacienda.

Depuis son arrivée à l'hacienda, don Rufino avait, à plusieurs reprises, expédié des courriers dans diverses directions et reçu plusieurs lettres. Un matin, il entra d'un air dégagé dans la chambre qui servait de cabinet à don Hernando, et où celui-ci passait les journées presque entières, enfoncé dans les calculs les plus abstraits.

L'haciendero leva la tête avec étonnement à la vue du sénateur; c'était la première fois que celui-ci le venait chercher jusque dans cette salle. Il éprouva un certain serrement de cœur; mais cependant il parvint à dissimuler son émotion; et d'un ton de bonne humeur il invita son visiteur à prendre un siége.

— Cher seigneur, répondit don Rufino en s'étendant commodément dans une butacca, excusez-moi de vous relancer ainsi jusque dans vos derniers retranchements, mais j'avais à causer sérieusement avec vous, et, ma foi, je suis venu tout franchement frapper à cette porte.

— Vous avez bien fait, répondit don Hernando avec une angoisse mal dissimulée, vous savez que je suis tout à votre disposition. A quoi puis-je vous être bon?

— Je ne vous importunerai pas longtemps, soyez tranquille; je n'aime pas les longues conversations, je viens tout simplement terminer l'affaire que nous n'avons fait qu'ébaucher le jour de mon arrivée.

L'haciendero sentit une sueur froide perler à ses tempes à cette entrée en matière si brutalement franche.

— Je ne vous ai pas oublié, répondit-il; en ce moment même je m'occupais du réglement de cette dette, que j'espère acquitter sous peu de jours.

— Ce n'est pas de cela qu'il s'agit, dit don Rufino d'un air dégagé; je n'ai pas besoin de cet argent, que je désire au contraire que vous me gardiez le plus longtemps possible.

Don Hernando le regarda avec surprise.

— Cela vous étonne, continua le sénateur, la chose est pourtant bien simple; j'ai tenu à vous prouver que vous aviez en moi non pas un créancier exigeant, mais un ami véritablement dévoué. Lorsqu'il m'a été prouvé que cela vous gênerait fort de me rembourser cette misère, comme vous êtes un galant homme auquel j'ai à cœur d'être agréable, je me suis retourné d'un autre côté.

— Cependant, objecta don Hernando, qui redoutait un piége, vous m'aviez dit...

— Je le croyais, interrompit don Rufino; heureusement, il n'en était rien, comme j'en ai acquis plus tard la certitude ; la preuve, c'est que non-seulement j'ai pu faire face à mes échéances, mais qu'il m'est encore resté entre les mains une somme assez forte dont je ne sais que faire, et dont je vous aurais la plus grande obligation de me débarrasser, ne connaissant pas un plus honnête homme que vous et ne voulant pas conserver cet argent qui m'est en ce moment complétement inutile.

Don Hernando, étourdi par cette ouverture à laquelle il était loin de s'attendre de la part d'un homme qu'il avait d'abord vu si dur envers lui, demeurait silencieux, ne trouvant rien à répondre et ne sachant à quoi attribuer un changement si subit et si extraordinaire.

— Mon Dieu ! continua en souriant don Rufino, depuis les quelques jours que je suis auprès de vous, cher seigneur, j'ai été à même d'apprécier la façon intelligente dont vous dirigez votre immense exploitation, et il est évident pour moi que vous devez, dans un avenir prochain, réaliser d'énormes bénéfices. Malheureusement pour vous, vous vous trouvez dans la position de tous les hommes qui entreprennent de grandes choses avec des moyens restreints ; les capitaux vous manquent juste au moment où ils vous deviennent le plus nécessaires ; ceci est une loi commune, vous ne pouvez vous en plaindre. Vous avez fait des sacrifices, il vous en reste encore à faire avant que d'obtenir des résultats réels. Cet argent qui vous manque, moi je l'ai, et je vous l'offre ; vous ne me ferez pas, je l'espère, l'injure de douter de mon amitié et de mon désir de vous être agréable.

— Certes, caballero ; cependant, balbutia don Hernando, je suis déjà votre débiteur pour une grosse somme.

— Eh bien ! qu'importe cela ? Vous serez mon débiteur pour une somme plus forte, voilà tout.

— Je comprends tout ce que votre procédé à mon égard a de délicat et de bienveillant, mais je crains...

— Quoi ? que je vous demande un remboursement dans un moment inopportun ?

— Je ne vous cacherai pas...

— Vous avez tort, don Hernando, je veux traiter avec vous en ami et vous rendre un service sérieux : vous me devez soixante-dix mille piastres n'est-ce pas ?

— Hélas ! oui.

— Pourquoi cet hélas, fit en riant le sénateur, soixante-dix mille piastres et cinquante mille autres que je vais vous remettre à l'instant, en six traites payables à vue sur Wilson et Son, banquiers, à Hermosillo, formeront une somme ronde, pour laquelle vous me signerez un billet payable... voyons, quelle échéance vous convient le mieux ?

Don Hernando hésita : évidemment, en lui faisant une proposition si étrange, don Rufino avait un but ; mais ce but, il ne l'entrevoyait pas. L'amour du sénateur pour sa fille ne pouvait le pousser à faire un tel acte de générosité ; cette feinte obligeance cachait sans doute un piége, mais ce piége quel était-il ?

Don Rufino suivait attentivement sur le visage de don Hernando les divers sentiments qui venaient tour à tour s'y refléter.

— Vous hésitez, lui dit-il, vous avez tort, jouons cartes sur table, vous ne pouvez espérer réaliser de bénéfices avant huit ou neuf mois, il vous serait donc impossible de me rembourser une aussi forte somme avant cette époque. Ouvrant alors son portefeuille, et en tirant des traites qu'il plaça sur la table : voilà vos cinquante mille piastres, continua-t-il, faites-moi un billet de cent vingt mille payables à un an de date ; vous voyez que je vous donne toute la latitude nécessaire pour vous libérer. Eh mon Dieu ! en supposant, ce qui n'est pas probable, qu'à l'échéance vous ne soyez pas en mesure, eh bien, nous en serons quittes pour renouveler votre billet, voilà tout : cuerpo de Cristo ! je ne suis pas un créancier bien exigeant. Voyons est-ce une affaire faite, ou bien me faut-il reprendre ces traites ?

L'argent, sous quelque forme qu'il se présente, a un attrait irrésistible aux yeux du spéculateur et de l'homme gêné ; don Hernando malgré tous ses efforts, malgré les sacrifices nombreux qu'il avait faits, se sentait glisser rapidement sur cette pente de la ruine sur laquelle il est impossible de se retenir ; le temps pouvait le sauver.

Don Rufino, quel que fût le motif qui le poussât, lui rendait un immense service en lui fournissant non-seulement du temps, mais encore l'argent dont il avait besoin, et qu'il désespérait de se procurer d'un autre côté. Une plus longue hésitation eût donc été de sa part un acte inqualifiable ; il prit les traites et signa le billet.

— Voilà qui est fait, dit don Rufino en pliant le papier et le serrant soigneusement dans son portefeuille. Ouf ! cher seigneur, vous êtes un homme singulier. On a plus de difficulté à vous faire accepter de l'argent qu'on en aurait à se faire payer d'un autre.

— Je ne sais réellement comment vous remercier, don Rufino, du service que vous me rendez, et qui, je vous l'avoue à présent, arrive pour moi on ne peut plus à propos.

— L'argent arrive toujours à propos, répondit en riant le sénateur ; mais ne parlons plus de cela. Si vous avez à votre disposition un homme sûr, envoyez-le le plus tôt possible toucher le montant de ces traites à Hermosillo ; l'argent est trop rare pour qu'on le laisse dormir.

— Aujourd'hui même mon mayordomo José Paredes partira pour la *ciudad* (1).

— Fort bien ; maintenant, j'ai une prière à vous adresser.

— A moi.

— Mon Dieu, oui.

— Parlez ! parlez ! je serai heureux de vous témoigner combien je vous suis reconnaissant.

— Voilà ce dont il s'agit ; maintenant que, provisoirement du moins, je ne suis plus votre créancier, je n'ai plus de prétexte pour demeurer à l'hacienda.

— Eh bien ! qu'importe cela ?

— Cela m'importe beaucoup ; je désirerais rester encore quelques jours ici, afin de jouir plus longtemps de votre agréable société.

— Plaisantez-vous don Rufino ? plus vous demeu-

(1) On donne ce nom en Amérique aux villes qui ont rang de capitales.

rerez à l'hacienda, plus vous nous honorerez ; nous serons heureux de vous conserver non pas quelques jours, mais tout le temps qu'il vous plaira de nous accorder.

— A la bonne heure, voilà ce que je désirais. Maintenant, je me retire et je vous laisse à vos affaires.

Lorsque vers onze heures du matin, le mayordomo rentra à l'hacienda, don Hernando le fit appeler.

Sans même prendre le temps d'ôter ses bottes vaqueras et de déboucler ses larges éperons, José Paredes se hâta d'accourir.

— Avez-vous un bon cheval ? demanda l'haciendero, dès que le mayordomo entra dans le cabinet.

— J'en ai plusieurs, seigneurie, répondit-il.

— J'entends par bon cheval un animal capable de faire une longue traite.

— Certes, mi amò, j'ai un mustang avec lequel je suis capable d'aller à Hermosillo et de revenir sans lui donner d'autre repos que celui des heures de campement.

— C'est justement à Hermosillo que je désire vous envoyer.

— Bien, seigneurie, quand faut-il partir ?

— Mais le plus tôt possible, lorsque vous serez reposé.

— Reposé de quoi ? Seigneurie.

— Mais de la course que ce matin vous avez faite.

Le mayordomo haussa les épaules en souriant.

— Je ne suis jamais fatigué, seigneurie ; le cheval délasse, je puis partir dans une demi-heure, le temps de *lacer* mon mustang, de le seller et de me mettre en selle, à moins que vous désiriez que je diffère mon voyage.

— Mais voici bientôt l'heure de la siesta, la chaleur ne va pas tarder à être intolérable.

— Vous savez bien, seigneurie, que nous autres Demi-Indiens, nous sommes enfants du feu ; la chaleur glisse sur nous sans nous atteindre.

— Vous avez réponse à tout, don José.

— Pour votre seigneurie, je me sens capable de faire les choses les plus impossibles.

— Je sais que vous êtes dévoué à ma maison.

— N'est-ce pas juste, seigneurie, depuis deux siècles ma famille a mangé le pain de la vôtre ; si j'agissais autrement que je le fais, je serais indigne de ceux dont je descends.

— Je vous remercie, mon ami, vous savez l'estime que j'ai pour vous et l'affection que je vous porte, je veux vous confier une mission importante.

— Soyez convaincu que je la remplirai, seigneurie.

— Fort bien, vous allez immédiatement partir pour Hermosillo, où vous toucherez chez les señores Wilson et Son, banquiers anglais, ces traites qui s'élèvent à la somme de cinquante mille piastres.

— Cinquante mille piastres, fit avec étonnement le mayordomo.

— Cela vous surprend, n'est-ce pas, mon ami, vous à qui seul je confie mes affaires les plus secrètes, que j'ai à toucher une aussi forte somme ? Vous vous demandez sans doute de quelle façon je suis parvenu à me la procurer.

— Je ne demande rien, seigneurie, cela ne me

regarde pas, je suis ici pour exécuter vos ordres, sans me permettre des observations déplacées.

— Cet argent m'a été prêté par un ami dont l'obligeance est inépuisable.

— Dieu veuille que vous ne vous trompiez pas, seigneurie, et que l'homme de qui vous tenez cet argent soit réellement votre ami.

— Que voulez-vous dire, don José? A quoi faites-vous allusion?

— Je ne fais pas d'allusion, mi amò; seulement je pense que les amis qui prêtent cinquante mille piastres de la main à la main, pardonnez ma franchise, seigneurie, à un homme dont les affaires se trouvent dans l'état où sont les vôtres, sont rares par le temps qui court, et qu'avant de porter sur eux un jugement définitif, il est bon d'attendre afin de connaître la cause d'une si singulière générosité.

Don Hernando soupira. Il partageait, bien qu'il ne voulût pas en convenir, les opinions de son mayordomo. Suivant la tactique de tous les hommes qui n'ont pas de bonnes raisons à donner, il changea brusquement le cours de la conversation.

— Vous pourrez prendre avec vous trois ou quatre peones, lui dit-il.

— Pourquoi faire, seigneurie?

— Mais pour vous servir d'escorte au besoin à votre retour.

Le mayordomo se mit à rire.

— Allons donc! seigneurie, dit-il, à quoi bon une escorte? Vous avez besoin de vos peones ici. J'achèterai une mule à Hermosillo; je la chargerai de l'argent; bien fin sera celui qui me l'enlèvera, je vous jure.

— Cependant, il vaudrait peut-être mieux prendre une escorte.

— Permettez-moi de vous faire observer, seigneurie, que ce serait le meilleur moyen d'attirer les voleurs sur mes traces.

— Vive Dios ! je serais curieux de savoir où vous voulez en venir.

— Vous allez me comprendre, mi Amò, un homme seul est certain de passer inaperçu sur une route, surtout lorsque comme en ce moment les chemins sont infectés de bandits de toutes sortes et de toutes couleurs.

— Hum ! ce que vous dites n'est guère rassurant, savez-vous, don José ? répondit en souriant don Hernando, que le raisonnement de son mayordomo amusait.

— Au contraire, seigneurie, les bandits dont je vous parle sont fins, trop fins même, c'est ce qui les perd ; jamais il n'iront se figurer qu'un pauvre diable de métis, conduisant une mule chétive, porte avec lui cinquante mille piastres : trompés par ma mine, il me laisseront passer ; sans même avoir l'air de me voir, au lieu que si j'emmène avec moi des peones, cela leur donnera des soupçons, ils voudront savoir pour quelle raison j'ai un si grand train, et je serai dévalisé.

— En effet, vous pouvez avoir raison, don José.

— J'ai raison certainement, seigneurie.

— Soit, je ne chicanerai pas plus longtemps avec vous à ce sujet ; faites à votre guise.

— Soyez tranquille, seigneurie, je vous remettrai l'argent sans qu'il y manque un réal, je vous le promets.

— Dieu le veuille ! voici les traites, maintenant, bon voyage, vous vous mettrez en route lorsque bon vous semblera.

— Dans une heure je serai parti, seigneurie, répondit le mayordomo.

Il prit les traites, les plia, les serra dans sa poitrine, et, après avoir salué son maître, il sortit du cabinet.

José Paredes se dirigea immédiatement vers le corral, où, en quelques minutes, il eut lacé un mustang aux jambes fines, à la tête petite et à l'œil étincelant, et qu'il commença à seller, aussitôt après l'avoir bouchonné avec soin.

Puis il visita ses armes, fit sa provision de poudre et de balles, plaça quelques vivres dans ses alforjas et se mit en selle. Mais, au lieu de quitter l'hacienda, il se dirigea vers un corps-de-logis, séparé des bâtiments principaux, et frappa deux coups légers à une fenêtre devant laquelle il s'arrêta.

La fenêtre s'ouvrit et don Ruiz parut.

— Ah ! c'est vous Paredes ? dit-il ; vous retournez déjà aux plantations, attendez moi, j'irai avec vous.

Le mayordomo hocha négativement la tête.

— Ne vous dérangez pas, Niño, dit-il, je ne vais pas aux plantations je pars en voyage.

— En voyage, fit avec étonnement le jeune homme ?

— Oui, mais pour quelques jours seulement le señor Marquez m'envoie, je serai bientôt de retour.

— Pouvez-vous me dire pour quelle raison vous partez, et où vous allez ?

— Le maître vous le dira lui-même, Niño.

— Bien ; mais vous aviez un autre motif que

celui de me dire adieu en venant frapper à ma fenêtre ?

— Oui, Niño, je voulais vous faire une recommandation avant de quitter l'hacienda.

— Une recommandation ?

— Oui, et une sérieuse. Niño, pendant mon absence, surveillez avec soin l'homme qui est ici.

— De qui voulez-vous parler Paredes.

— Du sénateur don Rufino Contreras,

— Lui, et pour quelle raison ?

— Surveillez-le, Niño, surveillez-le ; et maintenant, adieu, Niño, à bientôt.

Et sans attendre la question que le jeune homme se préparait à lui adresser, le mayordomo enfonça les éperons dans les flancs de son cheval et sortit au galop de l'hacienda.

XI

PENDANT LA ROUTE

Le Mexique, vu son étendue, est un des pays les moins habités du globe ; du reste, à part de rares exceptions, depuis qu'elles ont proclamé leur indépendance les anciennes colonies espagnoles, devenues républiques libres, sans cesse occupées à guerroyer entre elles ou à renverser dans des guerres civiles interminables les gouvernements qu'elles mêmes ont choisis, ont vu se briser les uns après les autres les liens qui attachaient la famille au sol.

Les étrangers, ne trouvant plus pour leurs spéculations la sûreté nécessaire dans des contrées sans cesse bouleversées par les révolutions se sont éloignés, l'industrie a été anéantie, le commerce est tombé dans le marasme, et la population est allée s'amoindrissant dans des proportions effrayantes et avec une rapidité telle, que les hommes sensés cherchant à porter remède à ce mal incurable, ont appelé l'émigration au secours de ces États, que rien ne parvient à galvaniser, et qui n'ont plus pour ainsi dire qu'une existence factice.

Malheureusement la race hispano-américaine est essentiellement orgueilleuse et jalouse. Les pauvres diables qui se laissèrent séduire par les brillantes promesses qu'on leur avait faites, et qui consentirent à traverser la mer pour s'établir dans ce pays ne rencontrèrent à leur arrivée, au Mexique surtout, qu'une haine et un mépris, qui se trahissaient dans toutes les classes de la société par un mauvais vouloir et une répulsion non déguisés. Aussi, bientôt, dégoûtés de l'accueil qu'ils recevaient et reconnaissant le peu de fondement qu'ils devaient faire sur les promesses des hommes qui les avaient appelés, ils se hâtèrent d'abandonner une contrée où ils n'avaient trouvé que d'injustes préventions contre eux et une mauvaise foi déplorable, et allèrent dans les États-Unis du Nord demander cette protection que leur refusaient ceux qui les avaient engagés à venir avec tant d'instance.

Le Mexique, malgré un certain vernis de civilisation, dernier souvenir de l'occupation espagnole, qu'on rencontre encore dans ses grandes villes et dans leur banlieue, est donc en réalité plongé aujourd'hui dans une barbarie relativement plus grande qu'il y a cinquante ans. Les États du Pacifique surtout, moins fréquemment visités par les étrangers et livrés pour ainsi dire à eux-mêmes, ont conservé une physionomie à part, dont la pittoresque sauvagerie et l'âpre rudesse de mœurs feraient battre de joie le cœur d'un touriste, si jamais touriste osait se hasarder dans ces contrées, mais qui inspire une crainte involontaire, et que tout ne tarde pas à justifier aux yeux du voyageur contraint de les parcourir pour ses affaires.

En Europe et dans tous les pays civilisés, les moyens de transports sont nombreux et des plus commodes, au Mexique on n'en connaît qu'un, le cheval. Dans les États du centre et dans ceux qui bordent le littoral de l'Atlantique, quelques villes ont des diligences qui relaient dans des *tambos*, espèces d'auberges ou de *mesons*, où les voyageurs s'arrêtent pour prendre leurs repas et passer la nuit. Mais ces mesons et ces tambos, qui rappellent agréablement les hôtelleries siciliennes et les ventas espagnoles, ne fournissent absolument rien aux hôtes qu'elles abritent, excepté le couvert, réduit à sa plus simple expression. C'est-à-dire qu'en sus de vivres le voyageur est obligé d'apporter avec lui son lit, s'il ne veut coucher sur la terre battue qui forme le sol de l'auberge, enveloppé tant bien que mal dans son manteau.

Malgré les désagréments sans nombre qu'entraînent cette façon peu confortable de se transporter d'un lieu à un autre, le voyageur en retire cependant un avantage, celui de ne pas être exposé, dans un climat aussi changeant que celui du Mexique, où, après des journées torrides, les nuits sont glacíales, celui, disons-nous, de ne pas être exposé à l'intempérie du ciel et de dormir à l'abri.

Dans les États du Pacifique, il n'en est plus ainsi : le voyageur qui se rend d'une ville à une autre est contraint de faire le trajet à cheval, sans avoir l'espoir, dans un parcours de soixante ou quatre-vingts lieues, de rencontrer la moindre auberge ou seulement le plus misérable rancho où, la nuit venue, il puisse se mettre à l'abri du vent ou de la pluie. Au coucher du soleil, il campe où il se trouve, dort à la belle étoile, et le lendemain reprend son voyage.

Seulement, comme la Providence a, dans sa sagesse, pris soin de compenser la somme du mal par une somme égale de bien, les voleurs, les salteadores et les brigands de toutes sortes qui infestent toutes les routes de l'intérieur sur lesquelles ils règnent en maîtres, détroussant les voyageurs en plein jour et les assassinant avec la plus entière impunité, n'apparaissent que rarement en Sonora. Dans cette contrée, le chemins jouissent à cet égard d'une sécurité relativement presque complète, excepté lorsque les Indiens sont soulevés, ou qu'un nouveau pronunciamiento a déchaîné dans les campagnes des bandes de soldats révoltés. Ces sortes de gens ne se font aucun scrupule d'imiter les voleurs de profession, et, à leur exemple, de tuer et de piller les gens que leur mauvaise étoile fait tomber entre leurs mains.

José Paredes, bien qu'il n'eût en réalité qu'une cinquantaine de lieues à faire, espace qui, aujourd'hui, dans la plupart des contrées de l'Europe où la vapeur pénètre, se parcourt en quelques heures dans de confortables wagons, devait, à cause du mauvais état des chemins et des précautions indispensables qu'il lui fallait prendre, rester au moins quatre jours en route avant que d'atteindre Hermosillo. Ce voyage, qui, pour un homme habitué aux aises et aux recherches de la vie, aurait été fort pénible, n'était en réalité qu'une partie de plaisir pour le digne mayordomo, véritable centaure dont la vie se passait à cheval, qui dormait plus souvent en plein air que sous un toit, et dont la forte organisation le rendait insensible aux désagréments inséparables d'un trajet fait dans de telles conditions.

Les Mexicains ont deux expressions qui peignent admirablement la classe d'hommes à laquelle appartenait le mayordomo: ils les nomment *Ginetes* et *Hombres de caballo*. Malheureusement, ces expressions fort imagées en espagnol, sont complétement intraduisibles en français; par la raison très-simple que notre pays, renommé à juste titre pour le rang élevé qu'il occupe dans les arts et dans les sciences, ne possède, n'en déplaise à mes chers compatriotes, que des notions assez restreintes, et surtout très-fausses sur l'hippiatrique en général, et surtout sur la science hippique dans laquelle, au contraire, les Hispano-Américains sont passés maîtres, et dont ils ont approfondi tous les secrets.

José Paredes s'en allait donc en se dandinant nonchalamment sur son cheval, tantôt fumant une cigarette de paille de maïs, tantôt fredonnant entre ses dents un *farabé* ou une seguidilla, tout en ayant l'œil et l'oreille au guet et en tenant prudemment, en cas d'alerte, le doigt sur la détente de son fusil, placé en travers devant lui.

Sa deuxième journée de marche avançait; déjà, il avait laissé bien loin derrière lui Arispe, qu'il n'avait fait que traverser sans s'y arrêter, que le temps nécessaire pour renouveler ses provisions de bouche et donner la provende à son cheval.

Le soleil déclinait rapidement à l'horizon, un vent assez fort soufflait par rafales, soulevant des flots de poussière qui aveuglaient le cavalier et formaient autour de lui un nuage épais, au milieu duquel il disparaissait presque entièrement. Bien que, ainsi que nous l'avons dit, la journée s'avançât, cependant la chaleur était accablante; le ciel avait pris une apparence livide; des nuées jaunâtres s'amassaient peu à peu à l'horizon et couraient rapidement amenées par la brise. Les oiseaux tourbillonnaient dans l'espace en poussant des cris aigus et discordants; des rumeurs sans nom, des sifflements stridents s'élevaient du milieu des rochers qui, à droite et à gauche, flanquaient l'étroit ravin que suivait en ce moment le mayordomio; de larges gouttes de pluie tombaient sur la terre calcinée qui les buvaient immédiatement.

Le cheval couchait les oreilles, agitait la tête et renâclait avec inquiétude. Tout présageait un de ces orages comme il n'est donné d'en voir que dans ces régions. Véritables cataclysmes, qui tordent et déracinent les arbres les plus gros, font sortir les fleuves de leurs lits et bouleversent le sol, comme si la terre se débattait avec angoisse sous l'étreinte de ces horribles convulsions de la nature, qui changent complétement, en quelques heures, l'aspect des régions sur lesquelles elles ont tourbillonné avec la rage du simoun africain.

— Hum ! murmura à part lui José Paredes, en jetant un regard inquiet sur la route, ou je me trompe fort, ou avant une heure nous allons avoir le plus endiablé *cordonnazo* (1) qu'on aura vu depuis longtemps, cela va être bien agréable pour moi, et ma position ne laissera pas que d'être divertissante, maudit *temporal*, va ! Comme s'il n'aurait pas pu attendre encore quarante-huit heures !

Le mayordomo ne perdit pas le temps en lamentations inutiles. La situation dans laquelle il se trouvait était réellement critique ; il savait que si le temporal le surprenait dans le ravin, profondément encaissé ; où il était en ce moment, il aurait d'énormes difficultés à surmonter pour échapper à sa violence ; il résolut donc, coûte que coûte, de tenter les plus grands efforts pour sortir de ce mauvais pas. Les minutes étaient précieuses : il n'y avait pas à hésiter ; il fallait prendre immédiatement un parti. José Paredes était un homme résolu ; habitué de longue main à ne compter que sur son courage, sa force et son énergie pour se tirer des positions difficiles ; il s'enveloppa avec soin dans son zarapé, assujettit son chapeau, et, se penchant sur le cou de son cheval, il lui enfonça les éperons dans les flancs, en faisant entendre ce claquement de langue particulier aux ginetes mexicains, et en disant d'une voix stridente ce seul mot :

— Santiago ! cri dont on se sert en ce pays pour exciter les chevaux.

(1) Littéralement *coup de cordon de saint François*. On donne ce nom à un vent impétueux du sud-ouest qui, en septembre et octobre, souffle dans le golfe de Californie.

Le noble animal, étonné que son maître crût avoir besoin d'employer l'éperon pour lui donner de l'ardeur, poussa un hennissement de colère et partit avec une rapidité vertigineuse.

Cependant, les nuages avaient complétement caché l'azur du ciel, l'atmosphère s'assombrissait de plus en plus; les rayons du soleil avaient perdu leur chaleur; le cheval courait toujours, rendu furieux par les incessantes blessures des éperons que le mayordomo appuyait sans relâche sur ses flancs haletants.

Enfin, Paredes poussa un cri de joie, il avait atteint l'extrémité du ravin, devant lui s'étendait une vaste plaine, fermée à l'horizon par de hautes montagnes.

C'était à ces montagnes que le mayordomo voulait arriver; là, seulement, était pour lui le salut.

Bien que, depuis sa sortie du ravin, sa position se fût sensiblement améliorée, elle ne laissait pas cependant que d'être encore fort difficile, si l'orage éclatait avant qu'il ne fût parvenu à traverser la plaine, qui ne lui offrait aucun abri où il lui fût possible de braver sa fureur.

Aussi le voyageur, après avoir d'un regard rapide exploré les environs et s'être assuré que dans ce désert de sable nu et sauvage, traversé seulement par quelques cours d'eau, il n'avait aucun espoir d'échapper à la tempête, répéta son cri d'appel et continua sa course affolée.

Du reste, ainsi que cela arrive toujours et comme le peuvent certifier ceux qui ont approfondi l'admirable instinct des chevaux, le noble animal monté par le mayordome semblait s'être identifié avec son maître. Par l'effet de ce fluide magnétique dont la puissance n'est plus aujourd'hui révoquée en doute, il paraissait comprendre que de sa volonté dépendait le salut commun, et il dévorait littéralement l'espace, courant à travers la plaine, avec la fantastique rapidité du cheval-spectre des ballades allemandes.

Tout à coup, un éclair blafard zébra les nuées, un violent éclat de tonnerre retentit, le cheval fit un écart de terreur ; mais, ramené vivement par son cavalier, il reprit sa course au milieu des torrents de pluie qui commençaient à tomber.

La nuit s'était faite subitement ; le soleil, voilé par les nuages, était devenu invisible ; c'était enveloppé d'une complète obscurité, que le mayordomo était réduit à tenter les suprêmes efforts dont dépendaient sa perte ou son salut.

Paredes ne se découragea pas, sa volonté parut grandir dans la lutte ; ferme en selle comme une statue de granit, les sourcils froncés, les yeux fixés devant lui comme s'il eût voulu percer les ténèbres, excitant incessamment son cheval de l'éperon et de la voix, ses traits étaient calmes et sa physionomie aussi impassible que s'il se fût seulement trouvé dans une des milles circonstances ordinaires de sa vie aventureuse, au désert.

Cependant la tempête s'était changée en un véritable ouragan ; elle sévissait avec une fureur extrême. Les vents, déchaînés, sifflaient avec violence, fouettant la pluie et soulevant, non plus des nuages de poussière, mais des masses de boue qui couraient au ras du sol.

Des clapottements de sinistre augure faisaient

comprendre au malheureux voyageur surpris par la tourmente que les rivières commençaient à déborder et à inonder la plaine; à la lueur blafarde des éclairs, qui se succédaient sans interruption, le mayordomo entrevoyait devant lui, à droite, à gauche, partout enfin, de larges flaques d'eau, grisâtre qui allaient toujours en s'élargissant et l'enserraient dans un cercle qui se rétrécissait de plus en plus; des roulements lointains, apportés sur l'aile de la brise, augmentaient ses appréhensions.

Une heure encore, il le sentait, et la plaine ne formerait plus qu'un lac immense au sein duquel il périrait infailliblement. Averties par cet instinct qui ne les trompe jamais, les bêtes fauves avaient abandonné leurs tanières et fuyaient éperdues en poussant de sourds rauquements de terreur.

Lorsqu'un éclair déchirait l'horizon, à sa lueur fugitive, Paredes voyait passer à ses côtés des ombres indistinctes, qui n'étaient autres que les sombres habitants de la prairie. Tout était bouleversé, confondu, les mugissements des flots se mêlaient aux éclats vibrants du tonnerre et aux sifflements stridents du vent; tous les bruits de la tempête se heurtaient avec un fracas épouvantable; le cheval galoppait toujours, piquant droit devant lui, soutenu par la terreur même qui l'affolait et l'aiguillonnait mieux que ne l'auraient pu les éperons les plus tranchants.

Pour se faire une lointaine idée de cette course effrayante, il faut avoir été témoin du spectacle terrible et sublime à la fois d'un temporal dans ces régions basses, lorsque, en quelques heures, sous les efforts de l'ouragan, les eaux chassées de leur lit bouillonnent, se gonflent, inondent leurs rives, et finissent par couvrir la campagne à plusieurs lieues à la ronde.

Soudain le mayordomo jeta un cri de colère et d'effroi, se redressa, et pesa sur la bride avec une force telle que son cheval s'arrêta court sur ses jarrets tremblants.

Il avait cru entendre les sons lointains d'une cloche. Dans le bajio, quand viennent les inondations les hacienderos font sonner à toutes volées les cloches, afin d'avertir les voyageurs égarés et leur indiquer un lieu de refuge.

Le mayordomo écouta; au bout de quelques secondes, un bruit, faible comme un soupir, parvint à son oreille; l'ouïe exercée du chasseur ne s'y trompa pas, c'était bien une cloche dont le son mourant parvenait jusqu'à lui : ce bruit venait d'un point diamétralement opposé à celui qu'il suivait.

Dans l'obscurité, il avait pris une fausse direction; il était perdu, perdu dans les ténèbres, sans espoir de secours, au milieu d'un pays complétement inondé.

Malgré son indomptable bravoure, le mayordomo frémit intérieurement, une sueur glacée perla sur son front et un tressaillement nerveux agita ses membres.

Dans cet instant suprême, cet homme n'eût qu'une pensée, pensée terrible, succomber en emportant dans la tombe la fortune confiée à lui par son maître, fortune dont dépendait peut-être l'avenir de ses enfants. Paredes sentit des larmes brûlantes jaillir de ses yeux; un sanglot étranglé déchira sa poitrine. Sa vie lui importait peu, il l'aurait sacrifiée avec joie pour son maître, mais mourir ainsi en achevant sa ruine, cette pensée lui causait une indicible douleur. Pendant quelques minutes, cet homme au cœur de lion, ce hardi coureur des bois, qui avait sans pâlir affronté les plus terribles dangers, souffrit une passion affreuse et fut plus faible qu'un enfant. Mais cette prostration ne dura qu'une seconde; la réaction s'opéra vite; honteux de l'affaissement passager auquel il s'était laissé aller, le mayordomo se releva plus ferme, lorsque tout semblait l'abandonner, il jura de ne pas s'abandonner lui-même, de soutenir cette lutte insensée jusqu'à son dernier souffle, et de ne tomber que mort.

Rendu plus fort par suite de cette résolution énergique, le mayordomo, dont les artères battaient à se briser, passa le revers de sa main sur son front, adressa à Dieu cette prière mentale que les hommes les plus intrépides trouvent au fond de leur cœur dans les moments suprêmes où la vie et la mort ne tiennent plus qu'à un fil, et, au lieu de reprendre sa course, il attendit un éclair à la lueur duquel il lui serait permis d'entrevoir le paysage et de s'orienter, afin de décider la route nouvelle qu'il lui faudrait suivre.

Son attente ne fut pas longue; presque immédiatement un éclair sillonna l'espace.

Paredes jeta un cri de joie et d'étonnement; il avait vu, à quelques pas seulement, à sa droite, une assez haute colline, au sommet de laquelle il lui avait semblé apercevoir un cavalier immobile et droit comme une statue équestre.

Avec ce sang-froid que seules possèdent les organisations vigoureuses dans les grandes circonstances, le mayordomo, bien qu'il sentît que l'eau le gagnait rapidement et arrivait presque au poitrail de son cheval, ne voulut rien donner au hasard. Craignant d'avoir été le jouet d'une de ces illusion d'optique, si fréquentes lorsque les sens sont surexcités, il résolut d'attendre un second éclair, et demeura les yeux fixés vers l'endroit où devait être la colline qu'il croyait avoir entrevue comme dans un rêve.

Tout à coup, à l'instant où cet éclair si désiré illuminait les ténèbres, une voix dominant le fracas de la tempête arriva jusqu'à lui, pleine, sonore, avec ces notes vibrantes que rend la voix humaine dans certaines circonstances décisives :

— Courage ! piquez droit devant vous ! entendit-il.

Le mayordomo poussa un cri de joie qui ressemblait à un rugissement, et, enlevant son cheval de la bride et des genoux, il s'élança vers la colline, poursuivi par les flots mugissants impuissants à l'arrêter ; et, après une ascension qui dura à peine dix minutes, il tomba évanoui entre les bras de l'homme dont l'appel l'avait sauvé.

Désormais il n'avait plus rien à redouter ; l'inondation ne pouvait atteindre le sommet de la colline où il venait de trouver un refuge providentiel.

XII

UNE CONVERSATION DE NUIT

L'évanouissement du mayordormo, causé plutôt par la lutte morale qu'il avait soutenue que par la fatigue physique qu'il avait soufferte, ne fut pas de longue durée; lorsqu'il rouvrit les yeux, il était seul sur le sommet de la colline.

Il se débarrassa des peaux et des couvertures jetées sur son corps, afin, sans doute, de le préserver autant que possible du froid glacial de la nuit, et regarda curieusement autour de lui.

La tempête durait encore, mais elle avait beaucoup perdu de sa violence. La pluie avait cessé. Le ciel, d'un bleu profond, se pailletait insensiblement d'étoiles brillantes, qui répandaient une lueur incertaine et imprimaient au paysage un aspect de sauvagerie étrange et désolé. Le vent sifflait avec fureur et creusait des vagues à la crête écumeuse sur les eaux dont la hauteur atteignait presque le sommet de la colline.

A quelques pas de son maître, le cheval paissait insouciamment; il broyait à pleine bouche les jeunes pousses des arbres de l'herbe haute et drue qui recouvrait le sol comme un épais tapis de verdure. Un autre cheval paissait auprès de lui.

— Bon, murmura le mayordomo à part soi, mon brave sauveur n'est pas parti, j'espère qu'il n'est pas loin, et que je le reverrai bientôt; où peut-il être ? A ses affaires sans doute, bien que je ne soupçonne guère le genre d'occupation auquel il peut se livrer en ce moment. Bah ! attendons-le, c'est le plus simple.

A peine le Mexicain avait-il terminé cet aparté, qu'une ombre se dessina en noir dans l'obscurité, et l'homme dont il parlait parut.

— Ah ! ah ! dit-il gaiement, vous voilà debout ; tant mieux, je préfère vous voir dans cette position que dans celle que vous aviez tout à l'heure.

— Merci, répondit cordialement le mayordomo. Le fait est que je devais avoir une mine assez piteuse, étendu comme un novillo à demi égorgé. N'est-il pas honteux qu'un homme robuste s'évanouisse ainsi comme un enfant ou une femme débile ?

— Pas le moins du monde, compagnon, dit franchement son interlocuteur, le hasard a voulu que je fusse malgré moi, pendant assez longtemps, témoin de la lutte que vous avez soutenue, sans avoir la possibilité de vous venir en aide, et vive Dieu ! je vous le jure sur ma foi de chasseur ! vous êtes un rude jouteur, je ne craindrais pas d'affirmer que vous avez bravement soutenu le choc, et que bien d'autres, à votre place, moi le premier peut-être, ne s'en seraient pas aussi bien tirés.

Cette réponse rompit complètement la glace et rendit du premier coup les deux hommes amis.

La nature humaine est ainsi faite, que les organisations les mieux trempées portent en elles le germe de certaines faiblesses qu'elles n'osent s'avouer à elles-mêmes, bien qu'elles en subissent les pernicieuses influences. L'amitié n'est possible entre deux hommes que lorsque, de chaque côté, il y a égalité de forces et d'intelligence ; surtout dans les contrées où l'homme, abandonné à lui-même, est contraint de rechercher dans celui avec lequel le hasard l'associe une somme de vigueur et de courage égale à celle qu'il apporte lui-même. Malgré la reconnaissance que Paredes éprouvait pour l'inconnu qui lui avait rendu un si grand service, il n'aurait pas eu la liberté entière de ses paroles et de ses pensées, s'il lui avait fallu tacitement reconnaître que celui-ci avait sur lui une certaine supériorité. L'aveu loyal de son sauveur le mit donc à son aise, en lui rendant cette confiance en soi-même sans laquelle la vie est impossible au désert.

— Je vous avoue, reprit-il en tendant la main à son nouvel ami, qu'un instant je me suis cru perdu, et, sans vous, je l'étais en effet bien réellement.

— Bah! bah! fit l'autre en serrant cette main qui lui était tendue, vous ne me devez rien ; vous vous êtes, pardieu! bien sauvé tout seul! Mais n'insistons pas davantage sur ce sujet : bien que relativement en sûreté, car grâce à Dieu, l'eau ne peut nous atteindre ici, cependant, notre position n'est pas des plus agréables ; je crois que nous ferons bien d'aviser à en sortir le plus tôt possible.

— C'est aussi mon avis ; malheureusement, les moyens dont nous disposons me semblent assez bornés.

— Peut-être ; dans tous les cas, si vous y consentez, nous tiendrons un conseil à l'indienne, afin de nous concerter.

— Soit, c'est ce que nous avons de mieux à faire en ce moment ; du reste, ajouta-t-il en levant les yeux vers le ciel, le jour ne viendra pas avant trois heures.

— Nous avons donc du temps devant nous.

Pendant ce court entretien, l'orage s'était complétement calmé, et le vent lui-même ne soufflait plus que par rafales.

— Avant tout, dit le mayordomo, allumons du feu; maintenant que le temporal a cessé, les fauves dont l'instinct est infaillible, chercheront sans doute un abri sur cette colline, ils nageront vers nous, et si nous n'y prenons pas garde, il nous prendront d'assaut.

— Parfaitement raisonné; je vois que vous êtes chasseur.

— Je l'ai été pendant plusieurs années répondit Paredes avec un soupir de regret; mais maintenant, c'est fini; mes courses au désert sont terminées.

— Je vous plains sincèrement, répondit avec conviction l'inconnu, car nulle existence n'est comparable à celle là.

— A qui le dites-vous! les plus belles années de ma vie sont celles que j'ai passées au désert.

Tout en causant ainsi, les deux hommes avaient, avec leurs machetes, creusé un trou assez profond au pied d'un mélèze énorme pour servir de foyer. Dans ce trou, ils avaient entassé tout le bois résineux qu'ils avaient pu se procurer, l'avaient allumé avec une pincée de poudre enveloppée dans des feuilles, et, au bout de quelques instants, une longue gerbe de flamme avait jailli, et était joyeusement montée vers le ciel, pendant que le bois pétillait et lançait des millions d'étincelles.

Le feu a une immense influence sur l'organisation de l'homme : entre autres bienfaits, il a la faculté de lui rendre la joie et l'espoir ; tout en le réchauffant par sa vivifiante chaleur, il lui fait souvent oublier le périls courus et les fatigues endurées.

Les deux hommes, dont la pluie avait traversé les vêtements et qui étaient mouillés comme s'ils avaient fait un long séjour dans l'eau, se séchèrent pendant un laps de temps assez prolongé ; jouissant avec une ineffable béatitude des voluptueuses sensations que leur faisait éprouver la chaleur, au fur et à mesure qu'elle pénétrait dans les pores du corps, faisait circuler le sang avec plus de vivacité, et rendait à leurs membres engourdis leur première élasticité.

Ce fut encore le mayordomo qui reprit la parole :

— Vive Dios ! dit il en se secouant joyeusement, me voici maintenant un tout autre homme. Quelle bonne chose qu'un bon feu, quand on a froid ! Si nous l'utilisions, hein, compagnon ?

— Utilisons le, je le veux bien, répondit l'inconnu en riant, mais de quelle façon ?

— Oh ! c'est bien facile, vous allez voir ; est-ce que vous n'avez pas faim, vous ?

— Caraï, voici quatorze heures que je n'ai mangé ; malheureusement je n'ai pas de vivres.

— J'en ai, moi, et nous allons partager.

— Allons, faites, je vois que vous êtes un charmant compagnon.

Le mayordomo se leva, alla prendre ses alforjas attachées après la selle sur le dos de son cheval, et revint aussitôt se rasseoir devant le feu.

— Voilà ! dit-il en étalant ses provisions avec une certaine complaisance.

— Caramba ! fit l'autre en riant, jamais vivres ne sont mieux arrivés.

Ces provisions qui causaient une si grande joie aux deux hommes auraient fait sourire de pitié un de nos gastronomes européens ; elles consistaient en quelques mètres de tasajo, de la cecina, un morceau de fromage de chèvre et quelques tortillas de maïs ; mais le mayordomo tira une bota de cuir, pleine d'excellent mezcal, qui eut le privilége de rendre aux deux aventuriers toute leur joyeuse insouciance.

Le tasajo fut placé sur la braise, où bientôt il fut rôti à point, et les deux amis attaquèrent gaîement le souper.

Ce repas frugal terminé, ils l'arrosèrent de quelques gorgées de mezcal, en se passant fraternellement la bota ; puis il allumèrent leurs cigarettes, ce complément obligé de tout repas mexicain et commencèrent à fumer tout en surveillant attentivement l'horizon, qui se nuançait déjà de larges bandes moirées sous l'influence des premières heures matinales.

— Maintenant, tenons conseil, voulez-vous ? dit l'inconnu en aspirant avec délice une énorme bouffée de fumée et la rendant immédiatement par la bouche et les narines.

— Comme plus ancien que moi sur ce territoire, répondit en riant le mayordomo, et en connaissant mieux que moi les ressources, c'est à vous que la parole revient de droit.

— Soit ; nous sommes entourés d'eau de tous les côtés ; bien que le temporal ait cessé, cependant les rivières ne rentreront pas dans leur lit avant plusieurs heures; de plus, la journée tout entière se passera avant que les eaux ne soient entièrement absorbées par le sable.

— Très-juste, observa le mayordomo avec un hochement de tête significatif; cependant il nous faut sortir d'ici.

— Voilà la question. Pour sortir d'ici, nous ne pouvons employer que deux moyens.

— Oui, ou attendre que la terre se soit séchée; ce qui, malheureusement, sera fort long, et nous fera perdre un temps précieux, surtout à moi, qui suis pressé; ou, au lever du soleil, monter à cheval et nous mettre bravement à la nage, et tâcher d'atteindre les montagnes qui ne doivent pas être très-éloignées.

— Vous oubliez un autre moyen qui se trouve encore à notre disposition.

— Je ne crois pas.

— Nous pouvons monter dans une pirogue et naviguer en conduisant nos chevaux à la remorque, ce qui les fatiguera moins que de nous porter, et leur permettra d'atteindre plus facilement les montagnes dont vous parliez tout à l'heure, et qui ne se trouvent guère qu'à une lieue et demie ou deux lieues de l'endroit où nous sommes.

— Certes, votre avis est bon, et je l'approuve de tout mon cœur; malheureusement, il nous manque une chose fort importante pour mettre ce projet à exécution.

— Laquelle donc?

— Dame! une pirogue, il me semble.

— Vous vous trompez, compagnon, nous avons la pirogue.

— Bah! ce n'est pas possible.

— Pendant que vous étiez évanouie, reprit en souriant l'inconnu, j'explorais notre domain; vous savez qu'en ce pays, lorsqu'arrive la saison des pluies, les habitants ont l'habitude de cacher des pirogues sur les hauteurs, dans les arbres même, afin de donner aux voyageurs surpris par l'inondation les moyens de sauver leur vie.

— En effet, et vous avez trouvé une pirogue?

— Comme vous le dites, et cachée derrière l'arbre même au pied duquel nous sommes appuyés.

— Dieu soit loué! nous ne risquons rien alors; mais cette pirogue est-elle en bon état?

— Je m'en suis assuré, j'y ai même trouvé deux paires d'avirons tout neufs.

— Bien évidemment, le ciel est pour nous. Ainsi, nous partirons au lever du soleil, si cela vous convient.

— Parfaitement, bien que je ne sois pas aussi pressé que vous paraissez l'être, et que pour certaines raisons, je doive pendant plusieurs jours demeurer campé dans ces parages.

— Profitons, si cela vous plaît, des quelques heures qui nous restent pour nous livrer au repos.

— Dormez, je ne me sens aucun besoin de sommeil, je veillerai sur le salut commun.

— J'accepte votre proposition aussi franchement que vous me la faites; seulement, avec votre permission, je ne fermerai pas les yeux avant d'avoir fait avec vous plus ample connaissance.

— Comment cela? Ne sommes-nous donc pas amis déjà?

— Si bien ; moi au moins, je suis votre ami ; mais nous ne nous connaissons pas.

— C'est-à-dire ?

— C'est-à-dire que nous ne savons ni comment nous nous nommons, ni qui nous sommes.

— Oh ! mon Dieu, en voyage, quelle importance peuvent avoir ces formalités de présentations.

— Une plus grande que vous ne le supposez ; dans quelques heures nous nous séparerons, il est vrai, peut-être pour ne nous revoir jamais, mais peut-être aussi dans un temps éloigné aurons nous besoin l'un de l'autre ; et comment pourrons-nous réclamer notre commun appui, si nous ignorons nos noms ?

— Vous avez raison, mon maître, quant à moi, je ne suis qu'un pauvre diable de chasseur, de coureur des bois ou trapeur, comme il vous plaira, mes compagnons me nomment la *Main-Ferme*, parce que, disent-ils, quand cette main se tend vers un ami, il peut en toute confiance s'appuyer sur elle.

— Vive Dios, caballero, vous êtes bien nommé, j'en suis garant ; déjà votre réputation était venue jusqu'à moi ; je suis heureux du hasard qui nous rassemble, j'avais un vif désir de vous connaître personnellement.

— Je vous remercie, répondit en s'inclinant le chasseur.

— Quant à moi, reprit le Mexicain, je me nomme José Paredes, et je suis mayordomo du marquis de Moguer.

— Hein ? fit la Main-Ferme avec une surprise qu'il ne chercha pas à dissimuler, vous êtes, dites-vous le mayordomo du marquis de Moguer ?

— Parfaitement. Que trouvez-vous d'étonnant à cela ?

— Celui que son maître a, il y a deux jours, expédié à Hermosillo pour y toucher le montant de traites considérables tirées sur un banquier anglais.

— Comment savez-vous cela ? s'écria Paredes, à son tour au comble de la surprise.

— Qu'importe, si je le sais ? répondit le chasseur. Croyez-moi ajouta-t-il d'un ton qui donna fort à réfléchir au mayordomo, notre rencontre est bien véritablement providentielle, c'est Dieu qui nous a conduits par la main l'un vers l'autre.

— Ceci est étrange, murmura Paredes, comment est-il possible qu'un secret confié à moi seul par mon maître soit déjà en votre possession ?

Le chasseur sourit.

— Un secret connu de trois personnes, dit-il, n'en est bientôt plus un.

— Mais cette troisième personne, à laquelle vous faites allusion, n'a aucune raison de le divulguer.

— Comment le savez-vous ? vous dirai-je à mon tour, maître Paredes. Qu'il vous suffise provisoirement de savoir que je connais la cause de votre voyage. Vous aviez entendu parler de moi avant notre rencontre, m'avez-vous dit ?

— C'est la vérité, señor.

— Dans quels termes ceux qui vous en ont parlé se sont-ils exprimés à mon égard ?

— Dans les meilleurs termes, je dois le constater. Ils vous ont représenté à moi comme un homme d'une loyauté sans tache et d'un courage à toute épreuve.

— Bien ; ces renseignements vous suffisent-ils ? avez-vous confiance en moi ?

— Oui, car je suis convaincu que vous êtes un homme de cœur.

— J'espère que votre opinion sur moi ne changera pas ; bientôt je vous prouverai qu'il est heureux pour vous et pour le marquis que Dieu nous ait placé face à face au moment où vous vous y attendiez le moins ; car moi, je vous cherchais.

— Vous me cherchiez, moi ?

— Oui.

— Je ne vous comprends pas.

— Vous n'avez pas besoin de me comprendre en ce moment ; soyez tranquille, avant peu tout s'expliquera.

— Je le désire.

— Et moi, j'en ai la certitude. Êtes-vous dévoué à votre maître ?

— Ma famille habite sur ses terres depuis près de deux cents ans.

— Ce n'est pas une raison ; répondez-moi catégoriquement.

— Soit ; je lui suis dévoué corps et âme, je donnerais avec joie ma vie pour lui.

— Bien, voilà qui est répondre ; d'ailleurs, je le savais déjà ; seulement, je voulais que votre bouche me confirmât ce qu'on m'avait dit.

— Mon maître n'a pas de secrets pour moi.

— Je sais aussi cela ; eh bien ! maintenant, écoutez-moi avec attention, señor Paredes, car ce que j'ai à vous révéler est de la plus haute gravité.

— Je vous écoute, señor.

— Votre maître est en ce moment en danger

d'être ruiné complétement. Il est le jouet de misérables qui ont juré sa perte, cette somme que vous êtes chargé de lui rapporter, cette somme, on veut vous la ravir, et tout est préparé pour vous faire tomber dans un piége infâme, dans lequel vous périrez infailliblement.

— Êtes-vous certain de ce que vous annoncez? s'écria le mayordomo avec épouvante.

— Je sais tout, je vous le répète : ceux auxquels j'ai surpris votre secret, sans qu'ils se doutassent que je les entendais, m'ont en même temps révélé, malgré eux, les moyens qu'ils comptent employer pour vous assassiner.

— Mais c'est infâme cela.

— Je suis complétément de votre avis, voilà pourquoi, au lieu d'être, comme je le devrais, en train de poser mes trappes dans le désert, je suis ici. Je veux déjouer les projets de ces misérables et les confondre.

— Mais quel intérêt vous pousse à agir ainsi? demanda le mayordomo avec une nuance de défiance.

— A cela, je ne puis vous répondre. Il faut que vous fassiez provisoirement abnégation de toute curiosité ; que vous ayez en moi confiance entière, et que vous m'apportiez, dans ce que je compte faire, un concours aussi grand que celui que je vous prêterai. Cela vous convient-il ainsi? Il me semble que le marché que je vous propose est tout à votre avantage et que vous n'avez d'autres risques à courir que ceux que je courrai moi-même.

Il y eut un assez long silence entre les deux hommes.

Le mayordomo réfléchissait à ce qu'il venait d'entendre ; le chasseur, les yeux fixés sur lui, attendait patiemment qu'il lui plût de reprendre l'entretien.

Enfin Paredes releva la tête, et, tendant la main au chasseur qui la lui pressa :

— Ecoutez, Main-Ferme, lui dit-il, tout ce que vous m'avez rapporté me semble extraordinaire, je vous l'avoue tout d'abord ; mais il y a dans votre voix un tel accent de franchise. Votre réputation est si solidement établie parmi les coureurs des bois vos confrères, qui tous proclament votre loyauté, que je n'hésite pas à me confier à vous, et cela sans arrière-pensée, convaincu que vous ne pouvez avoir l'idée de me trahir. Maintenant, jusqu'au moment où vous jugerez à propos de me dévoiler les noms des misérables aux mains desquels je serais infailliblement tombé sans vous, et qui ont juré la perte de mon cher maître, je fais ainsi que vous me le demandez, abnégation complète de ma volonté ; considérez-moi comme une chose à vous appartenant : allez, venez, agissez enfin à votre guise, je vous obéirai en tout, sans vous demander en rien compte de votre conduite. A votre tour, cela vous plaît-il ainsi ?

— Oui, mon brave ami, cela me plaît. Vous avez saisi ma pensée, il me faut cette liberté pour me donner les moyens de réussir dans ce que je veux faire, croyez-en la parole d'un homme d'honneur, si cela peut ajouter à la confiance que vous avez mise en moi, et dont je suis fier, je vous jure, sur ce qui existe de plus saint au monde, que nul plus que moi ne s'intéresse au marquis de Moguer, et ne désire le voir heureux.

— Nous partons toujours au lever du soleil, n'est-ce pas?

— Oui, mais pas pour nous rendre à Hermosillo. Avant que de nous diriger vers cette ville, il nous faut prendre certaines précautions indispensables. Nous avons affaire aux plus adroits bandits des frontières; nous devons lutter de ruse avec eux. Ils sont sur notre piste; il s'agit de tromper les trompeurs et de leur donner le change.

— Bon! bon! je me souviendrai de mon ancien métier de chasseur.

— Souvenez-vous surtout de ce proverbe des prairies : « Les arbres ont des yeux et les feuilles des oreilles. » Heureusement pour nous que si ces misérables vous surveillent, ils ne se méfient de moi en aucune façon. Je compte surtout sur cette ignorance pour déjouer leurs projets.

— Mais si nous n'allons pas à Hermosillo, où irons-nous donc?

— Demain, lorsqu'il fera jour, répondit sentencieusement le chasseur, lorsque les rayons éblouissants du soleil me permettront de m'assurer que nul ne peut nous entendre, je vous le dirai. Quant à présent, dormez, reposez-vous, afin d'être en état de supporter les fatigues qui vous attendent.

Et, comme pour éviter de nouvelles questions, le chasseur s'enveloppa dans son zarapé, s'appuya le dos au mezquite, allongea les jambes vers le feu et ferma les yeux.

Le mayordomo, malgré son vif désir de continuer

l'entretien, se résigna à l'imiter; et quelques minutes plus tard, vaincu par les fatigues de toutes sortes que depuis plusieurs jours il avait endurées, il dormait profondément.

XIII

LE REAL DE MINAS

Depuis quelques années, c'est-à-dire depuis le jour où le capitaine Sutter, faisant creuser un puits dans sa plantation de San-Francisco, trouva par hasard un énorme bloc d'or vierge, la découverte des riches mines du Nouveau Monde a tellement éveillé l'intérêt et excité l'admiration, en donnant une nouvelle impulsion à l'avarice et à la convoitise, que nous jugeons nécessaire de dire ici quelques mots sur les mines. Nous ne parlerons, bien entendu, que de celles situées dans la contrée où se passe notre histoire, c'est-à-dire en Sonora.

La Sonora est le pays du monde le plus riche en mines. Nous nous sommes assurés, d'après un relevé officiel, que six cents barres d'argent et soixante barres d'or, valant ensemble plus d'un million de piastres, furent, en 1839, présentées à l'atelier d'essai à Hermosillo; il faut ajouter à ce chiffre, déjà énorme, une somme à peu près égale, qu'on ne présente pas à la vérification, afin d'éviter de payer les droits, qui sont de cinq pour cent sur l'argent, et de quatre pour cent sur l'or.

Cette contrée possède aussi des mines de cuivre

fort riches en exploitation ; mais la population abandonne généralement les autres métaux pour se livrer à la recherche de l'or vierge.

Aucun pays du monde ne possède de gisements aurifères aussi riches et aussi étendus (*criaderos* ou *placeres de oro.*)

Le métal se rencontre sur les terrains d'alluvion, dans les ravins, à la suite des pluies, et toujours à la surface du sol ou à quelques pieds seulement de profondeur.

Au nord de la province d'Arispe, les gisements de Quitovac et de Sonoitac, qui furent retrouvés en 1836, et dont nous aurons bientôt à nous occuper plus spécialement, produisirent pendant trois ans *deux cents onces d'or par jour*, c'est-à-dire en la réduisant à notre monnaie, la somme fabuleuse de *six millions deux cent cinq mille francs* par an.

Les chercheurs d'or se bornent à remuer la terre avec un bâton pointu, et ne ramassent que les grains visibles ; mais si l'on voulait diriger des cours d'eau et faire en grand le lavage des terres, les bénéfices seraient encore beaucoup plus considérables.

Il n'est pas rare de rencontrer des grains d'or pesant souvent plusieurs livres ; nous avons vu à Arispe, entre les mains d'un mineur, un de ces grains de la valeur de neuf mille piastres, *quarante-cinq mille francs* environ : le cabinet du roi, à Madrid, renferme plusieurs magnifiques échantillons de cette espèce.

Nous dirons bientôt comment et pourquoi furent interrompus les travaux de ces gisements.

La plupart des habitants des *pueblos* ou des missions de la Sonora servent à former la population nomade d'ouvriers et de marchands qui viennent se grouper autour d'une mine importante dès qu'on en commence l'exploitation.

Le lieu où se réunissent les travailleurs prend le nom de *Real de minas* ou *mineral*, et si la mine promet de donner longtemps des bénéfices, la population se fixe définitivement autour d'elle.

Beaucoup de villes importantes du Mexique n'ont pas eu d'autre origine.

La facilité avec laquelle les mineurs gagnent des sommes considérables, explique l'énorme consommation de marchandises d'Europe qui a lieu dans ces provinces.

On voit fréquemment de simples rancheros dépenser en quelques jours six ou sept livres d'or, qui ne leur ont souvent coûté qu'une semaine de recherches.

Malheureusement la funeste passion du jeu, cette lèpre honteuse du Mexique, dont elle dégrade les habitants, empêche les grands propriétaires de mines de conserver entre leurs mains de forts capitaux, et entrave ainsi les vastes exploitations.

Avant de reprendre notre récit, il nous faut encore donner au lecteur certains renseignements sur les nations indiennes qui habitent le territoire de la Sonora, renseignements indispensables pour l'intelligence des faits qui vont suivre.

Il y a en Sonora cinq tribus distinctes d'Indiens : les *Yaquis*, les *Opatas*, les *Mayos*, les *Gilenos*, les *Apaches*.

Les Yaquis et les Mayos occupent le pays situé au sud de Guyamas, jusqu'au Rio del Fuerte ; ils se louent aux créoles comme agriculteurs, maçons, domestiques, mineurs et plongeurs. Leur nombre s'élève à environ quarante mille individus.

Les Opatas habitent le long des rios de San-Miguel de Horcasitas, d'Arispe, de los Ures et d'Oposura, ils sont très-bons ouvriers et excellents soldats; ils ont toujours fidèlement servi le gouvernement espagnol, et le gouvernement mexicain, lorsque celui-ci succéda au premier; on évalue leur nombre à vingt mille.

Les Gilenos, répandus sur les bords des Rios Gila et Colorado, les Axuas et les Apaches, sortis de la sierra Madre, sont confondus sous le nom de Papagos.

Ces Indiens sont nomades et ne vivent que de chasse et de pillage; ils campaient anciennement au nord de Chihuahua et de la Sonora; mais, refoulés au sud et à l'ouest par les progrès des Américains et des Texiens, ils se jettent sur le territoire mexicain, où ils causent d'énormes dommages, bien pourvus qu'ils sont d'armes à feu acquises en échange de fourrures et de bestiaux aux établissements américains de l'Arkansas, du Missouri et du rio Bravo del Norte.

Afin de compléter cette brève énumération des nations indiennes de la Sonora, nous citerons, pour mémoire, une mission établie aux portes d'Hermosillo, et dans laquelle se trouve cinq cents Indiens *Séris*; un millier d'individus de la même tribu, jadis une des plus puissantes de ce pays, mais aujourd'hui presque éteinte, habite la côte, au nord de Guaymas et l'île du *Tiburon* ou du requin.

Maintenant nous abandonnerons provisoirement la Main-Ferme et José Paredes sur le sommet de la colline où ils ont trouvé un abri contre l'inondation, et nous conduirons le lecteur au real de minas de Quitovac, où vont avoir lieu certains événements importants.

C'était le soir; les rues et les places du pueblo étaient encombrées d'individus de toutes sortes : indiens yaquis, chasseurs, mineurs, gambucinos, moines et aventuriers composant la population hétérogène du minéral à pied et à cheval se croisaient dans tous les sens, s'interpellant, se saluant, riant et se disputant. Les uns revenaient du placer, où ils avaient travaillé tout le jour, les autres quittaient leurs maisons pour jouir de la fraîcheur du soir; d'autres, en plus grand nombre, entraient dans les *tendajos* ou cabarets, qui laissaient échapper par leurs portes entr'ouvertes des chants de buveurs ou les sons criards et peu harmonieux des jarabés et des vihuelas.

Un de ces *tendajos*, à l'apparence plus confortable et surtout moins sale que les autres, semblait avoir le privilége d'attirer vers lui un plus grand nombre de consommateurs que tous les autres établissements ses rivaux.

Après avoir franchi une porte basse, et descendu deux marches d'inégale hauteur, on se trouvait dans une espèce de repaire hideux, tenant à la fois de la cave et du hangar, dont le sol en terre, battu et rendu raboteux par la boue incessamment apportée par les pieds des allants et des venants, faisait à chaque pas trébucher ceux qui, pour la première fois, entraient dans ce repaire. Une vapeur chaude, lourde et imprégnée de miasmes alcooliques et d'émanations méphitiques, s'échappait par la porte de ce bouge comme d'une bouche de l'enfer, et saisissait désagréablement la gorge et les yeux. Lorsque les yeux étaient enfin parvenus à s'habituer au clair-obscur de cet antre et à percer l'épais rideau de vapeurs de toutes sortes qui flottaient en nuages d'un gris plombé, incessamment chassés d'un côté et d'autre par les courants d'air que produisaient les mouvements brusques des consommateurs, on apercevait, à la lueur fumeuse de quelques *candils* épars çà et là, une salle assez vaste et assez haute, dont les murs, jadis blanchis à la chaux, étaient, dans leur partie inférieure, devenus noirs par le frottement continuel des têtes, des dos et des épaules auxquels il servaient de soutien.

Au fond, faisant face à la porte, était une estrade élevée d'un pied au-dessus du sol; cette estrade tenait toute la largeur de la salle et était divisée en deux parties : celle de droite contenait une table formant comptoir, derrière laquelle se tenait un grand gaillard bien découplé, à l'œil faux, à la mine hargneuse, le maître du tendajo. Au dessus de la tête du respectable personnage, qui répondait au nom harmonieux de Cospeto, une niche avait été creusée dans le mur; dans cette niche, il y avait une statue de la Vierge tenant l'enfant Jésus dans ses bras; devant la statue, sur une rangée de petits piquets de fer, brûlaient une dizaine de cierges de deux à trois pouces de haut. La partie gauche de l'estrade était occupée par les musiciens ou joueurs de jarabés ou de vihuelas.

De chaque côté de la salle, dont le milieu demeurait libre afin que les danseurs pussent prendre à leur aise leurs ébats, s'étendaient sur toute la longueur des tables boiteuses, mal équarries, sales et déchiquetées, et occupées en ce moment par une foule de consommateurs, les uns assis sur des bancs, les autres debout, riant, causant, criant, se disputant à qui mieux mieux, buvant du mezcal, du refino, du pulque, de l'infusion de tamarino, ou jouant à poignée au *monté*, le lansquenet mexicain, l'or gagné pendant le jour à la mine, et que leurs mains crasseuses allaient chercher dans les poches des informes guenilles qui leur servaient de vêtements. Quelques femmes, créatures sans nom, aux traits flétris par la débauche, aux yeux éraillés par l'ivresse, étaient mêlées à cette foule : hommes et femmes, tous fumaient, soit des cigares soit des papillos ou cigarettes de maïs.

Rien ne peut rendre l'aspect hideux de ce pandémonium infâme, refuge de tous les vices monstrueux de la province, dominé par le visage doux et souriant de la statue de la Vierge, dont les traits aux reflets miroitants des cierges, prenaient une expression de pitié et de douleur inexprimables.

Au moment où nous prions le lecteur de pénétrer dans le cabaret, la joie était à son comble; la salle était pleine de buveurs et de danseurs; toute cette tourbe riait, hurlait et se démenait avec un bruit à rendre le diable sourd.

A gauche, près de la porte, à une table isolée, un homme enveloppé des plis d'un épais manteau, dont un coin, relevé sur son visage, cachait complétement les traits, se tenait immobile, le dos appuyé au mur, laissant errer sur les danseurs, qui tournoyaient devant lui, un regard indifférent et ennuyé. Lorsqu'un nouvel arrivant entrait dans le tendajo, cet homme dirigeait les yeux vers la porte, puis il détournait la tête avec un geste de mauvaise humeur, lorsqu'il reconnaissait que le nouveau venu n'était pas la personne qu'il attendait depuis longtemps déjà, car depuis près de deux heures il se tenait solitaire à cette table.

Cependant nul ne faisait ou ne paraissait faire attention à lui; chacun était trop absorbé par ses propres occupations pour songer à un homme qui s'obstinait à demeurer morne et silencieux au milieu de ce tohubohu. L'étranger, si souvent déçu dans ses espérances, avait fini par ne plus regarder vers la porte: il avait laissé tomber sa tête sur la poitrine, et, fermant les yeux, il s'était endormi, ou avait fait semblant de s'endormir, soit pour se donner une contenance et ne pas attirer sur lui l'attention, soit afin de se livrer avec plus de liberté à ses réflexions.

Tout à coup un tumulte effroyable s'éleva dans la salle du tendajo. Une table fut renversée d'un vigoureux coup de poing; les jurons se croisèrent dans l'air, et les couteaux furent tirés de la botte. Musiciens et danseurs s'arrêtèrent net, et un cercle se forma autour de deux hommes qui, les sourcils froncés, les yeux brillants d'ivresse et de colère, le zarapé roulé en bouclier autour du bras gauche et la navaja dans la main droite, se préparaient, selon toute apparence, à se charger vigoureusement.

Le tendajero ou maître de la maison se montra alors à la hauteur de la position qu'il occupait: bondissant comme un jaguar par-dessus le comptoir, derrière lequel, jusque-là, il était demeuré impassible et indifférent, occupé seulement à surveiller ses garçons et à servir ses pratiques, il alla fermer la porte, contre laquelle il appuya sa vigoureuse épaule, afin d'empêcher qu'il ne prît, à l'un de ses honorables consommateurs, la pensée de lui fausser compagnie sans payer, et il se prépara avec un intérêt évident à assister à ce tournoi de nouvelle espèce.

Les deux hommes, les jambes écartées, le bras gauche étendu, le corps penché en avant, le couteau saisi à moitié lame, se tenaient l'œil sur l'œil, prêts à l'attaque, à la défense et à la riposte.

Soudain, le mystérieux dormeur, dont nous avons parlé, sembla se réveiller en sursaut, surpris par la voix de l'un des deux adversaires, jeta un rapide coup d'œil sur les combattants toujours immobiles, et, se levant subitement, il s'élança entre eux.

— De quoi s'agit-il ? demanda-t-il d'une voix ferme, et dont l'accent frappa malgré eux les deux combattants, étonnés de cette intervention à laquelle ils étaient loin de s'attendre.

— Cet homme, répondit l'un d'eux, a perdu avec moi trois onces au monté, par le retour imprévu de l'as de copas.

— Eh bien ? reprit l'inconnu.

— Il refuse de me les payer, continua le joueur, parce qu'il soutient que les cartes étaient bizeautées, et que par conséquent je l'ai trompé, ce qui n'est pas vrai ; car, vive Dios ! je suis connu pour un caballero.

A cette affirmation, tant soit peu erronée, un sourire d'une singulière expression, mais que nul ne put voir, plissa les lèvres de l'étranger ; cependant il reprit du ton le plus sérieux :

— Vous êtes un caballero, il est vrai, et s'il était besoin, je m'en porterais garant ; mais l'homme le plus honnête est sujet à se tromper, et je suis convaincu que c'est ce qui vous arrive en ce moment. Ainsi, au lieu de vous battre contre ce señor, dont l'honneur et la loyauté ne peuvent non plus être révoqués en doute, prouvez-lui que vous reconnaissez son droit, en lui abandonnant les trois onces que, d'après une fausse appréciation, vous lui réclamiez. Ce cavalier s'excusera de vous avoir dit certains mots mal sonnants, et tout sera ainsi terminé à la satisfaction générale.

— Certes, je suis persuadé que ce caballero est homme d'honneur ; je le proclamerai en tout lieu, et je regrette de toute mon âme le malentendu qui, un instant, nous a divisés, dit l'individu qui jusqu'alors n'avait pas parlé, bien qu'il fût demeuré sur la défensive, position qui démentait un peu la bonhomie apparente de ses paroles.

L'étranger se tourna alors vers l'homme dont il s'était institué d'une façon si imprévue le parrain, et, lui faisant un geste que celui-ci parut comprendre :

— Eh bien, caballero, dit-il avec une ironie dont l'accent était presque insaisissable, que pensez-vous de cette rétractation ? Quant à moi, je la trouve complète et fort honorable.

L'homme ainsi interpellé hésita un instant ; un combat se livrait évidemment dans son esprit ; ses regards farouches semblaient interroger l'assemblée, et s'il eût aperçu sur le visage de l'un des assistants une expression de mépris, si fugitive qu'elle eût été, il aurait sans doute soulevé immédiatement une nouvelle querelle.

Mais tous les individus qui l'entouraient étaient froids et impassibles; la curiosité seule se lisait sur leurs traits. Il déroula son manteau, replaça son couteau dans sa botte, et tendant la main à son adversaire en même temps qu'il lui remettait trois onces d'or:

— Pardonnez-moi une erreur involontaire dont je suis réellement confus, caballero, lui dit-il en le saluant avec courtoisie, mais en poussant un soupir involontaire.

L'autre prit les onces sans se faire prier, les fit disparaître dans ses larges poches avec une dextérité peu commune, lui rendit son salut, lui tourna le dos et se mêla à la foule, qui, connaissant de longue main les deux hommes, ne comprenait rien à ce dénoûment pacifique.

— Maintenant, maître Kidd, reprit l'étranger en posant sa main sur l'épaule de l'aventurier, qui demeurait immobile au milieu de la salle, je suppose que toutes vos affaires sont réglées ici; si vous y consentez, nous nous retirerons.

— Comme il vous plaira répondit insouciamment Kidd, car cet homme n'était autre que le bandit que nous avons entrevu déjà dans les premières pages de ce livre.

Les groupes s'étaient rompus, la foule dispersée, chacun avait regagné sa place, musiciens et danseurs avaient recommencé leurs exercices, les deux hommes purent donc sortir sans attirer l'attention sur eux.

Lorsqu'il fut hors du tendajo et rendu à l'air libre et pur de la rue, l'étranger respira à pleine poitrine, à plusieurs reprises, comme s'il eût voulu chasser de ses poumons l'air vicié que pendant si longtemps il avait été contraint d'absorber, puis se tournant vers son compagnon, qui marchait silencieux à ses côtés :

— Cuerpo de Cristo ! maître Kidd, dit-il d'un ton de mauvaise humeur, vous êtes, il faut en convenir, un singulier personnage ; vous m'obligez, moi, commandant de ce pueblo, à venir vous relancer dans ce bouge infect, où je consens, sur votre prière, à accepter le rendez-vous que vous m'assignez, et, au lieu de surveiller mon arrivée, vous me laissez pendant près de trois heures me morfondre au milieu de la plus complète collection de bandits qui se puisse voir.

— Excès de zèle, capitaine ; vous ne devez pas m'en vouloir pour cela, répondit le bandit d'un air narquois. Afin d'être exact au rendez-vous que je vous ai donné, je suis arrivé il y a près de quatre heures chez le digne señor Cospelo. Ne sachant comment passer le temps, j'ai joué aux cartes. Vous savez ce qu'est le monte, une fois les cartes en mains et l'or sur la table, j'ai tout oublié.

—Bon, bon, répondit l'étranger ; je veux bien vous croire ; seulement, je vous donne ma parole d'honneur que si vous me dupez dans l'affaire que vous m'avez proposée, et si les renseignements que vous m'offrez de me vendre sont faux, il vous en cuira ; vous me connaissez, n'est-ce pas, maître Kidd ?

— Oui, capitaine, don Marcos de Niza et vous aussi, vous savez qui je suis, je suppose ; mais à quoi bon ces débats futiles entre nous ; Terminons d'abord notre affaire ; ensuite vous serez libre d'agir à votre guise.

Le capitaine lui lança un regard soupçonneux.

— C'est bien, dit-il en s'arrêtant devant une porte à laquelle il frappa ; venez, nous sommes arrivés chez moi ; je préfère traiter ici avec vous que dans le tendajo.

— A votre aise, dit le bandit.

Et il suivit le capitaine dans la maison, dont la porte se referma derrière eux.

XIV

LE MARCHÉ

Le capitaine don Marcos de Niza, que nous avons laissé commandant le poste de San-Miguel, et le défendant contre les Indiens avait été depuis quelques jours seulement appelé au gouvernement politique et militaire du minéral de Quitovac par un ordre arrivé subitement de Mexico, et émanant du président de la république lui-même.

C'est que, depuis ces quelques jours, certains faits avaient surgi qui avaient exigé de la part du président une initiative énergique.

Tout à coup, sans que rien ne laissât supposer un mécontentement quelconque de la part des Indiens, à la suite de longs conciliabules tenus entre eux, ils s'étaient soulevés, et avaient, sans déclaration de guerre, envahi le territoire mexicain sur plusieurs points à la fois.

Cette révolte avait pris subitement des proportions importantes, et était devenue d'autant plus redoutable, en peu de temps, que les Indiens soulevés étaient les Gilenos, c'est-à-dire les Comanches, les Apaches et les Axuas, dont la formidable confédération est connue sous le nom de réunion des Papagos.

Le commandant général de Sonora et de Sinaloa, c'est-à-dire des deux Etats les plus exposés aux déprédations des Indiens, avait compris qu'il fallait leur opposer un homme qui, par suite d'une longue résidence sur les frontières, eût acquis une grande expérience de leur façon de combattre et des ruses qu'ils emploient : Un seul officier remplissait ces conditions, cet officier était le capitaine de Niza ; il reçut donc l'ordre de quitter le poste de San-Miguel, après l'avoir démantelé afin que les Indiens ne pussent s'y maintenir et de se rendre immédiatement au minéral de Quitovac.

Le capitaine avait obéi avec cette promptitude que seuls les vieux soldats savent employer dans l'exécution des ordres qu'ils reçoivent. Son premier soin, en arrivant au minéral avait été de mettre, autant que possible, le pueblo à l'abri d'un coup de main, en faisant creuser un large fossé, en élevant des retranchements et en barricadant les rues principales.

Malheureusement, le commandant général de Sonora et de Sinaloa ne disposait que de forces militaires extrêmement restreintes, et montant à peine à six cents hommes d'infanterie et à deux cents chevaux, sans artillerie de campagne. Aussi, malgré son vif désir de donner au capitaine des forces respectables, comme il lui fallait disséminer ses troupes sur tout le littoral des deux Etats, lui fut-il impossible d'envoyer à Quitovac plus de cent hommes d'infanterie et de cinquante chevaux,

Malgré la faiblesse numérique de ses troupes, le capitaine ne se rebuta pas ; c'était un de ces hommes pour lesquels l'accomplissement du devoir est tout, et qui exécutent sans murmurer les ordres les plus extraordinaires.

Cependant, comme il s'attendait à être attaqué d'un moment à l'autre par une armée de dix à quinze mille Indiens aguerris, et amplement pourvus d'armes à feu, et qui, habitués à lutter contre les Espagnols, ne se laisseraient pas facilement effrayer, il essaya d'augmenter, si cela était possible, le nombre de ses soldats, afin d'arriver à avoir assez d'hommes pour garnir les retranchements élevés par lui autour de la ville.

Afin d'obtenir ce résultat, deux moyens étaient en son pouvoir ; il les employa. Le premier consistait à faire comprendre aux grands propriétaires du minéral qu'ils devaient participer à la défense du pueblo, soit de leurs personnes, soit en mettant sous ses ordres un certain nombre des peones employés par eux aux mines, parce que, si les Indiens parvenaient à s'emparer du minéral, la source de leurs richesses serait immédiatement tarie.

Les grands propriétaires comprirent d'autant plus facilement les raisons du capitaine, que leur intérêt était mis en jeu ; ils abondèrent avec enthousiasme dans ses idées et, se cotisant entre eux, ils levèrent, à frais communs, un corps de cent cinquante Opatas, soldats braves et dévoués aux blancs, ainsi que déjà nous avons eu l'occasion de le dire. Ils placèrent ce corps sous les ordres du capitaine, s'engageant à le solder et à le nourrir pendant tout le temps que durerait le danger.

Don Marcos avait ainsi d'un seul coup doublé son armée ; ce succès, auquel il était loin de s'attendre, d'après la connaissance approfondie qu'il possédait de l'apathie et de l'égoïsme de ses compatriotes, l'engagea à employer le second moyen.

Ce moyen était fort simple : il consistait à engager, moyennant une somme de..., une fois donnée, le plus possible de ces aventuriers de toutes espèces qui pullulent sur les frontières, et dont souvent la neutralité est plus redoutable que l'inimitié déclarée.

La somme offerte par le capitaine fut de deux onces par homme, payables, l'une en contractant l'engagement, l'autre après la campagne.

Cette offre, toute séduisante qu'elle fût, ne produisit pas l'effet qu'en attendait le capitaine ; les aventuriers ne répondirent que faiblement à l'appel qui leur était fait. Ces hommes, au cœur desquels l'amour patriotique n'existe pas, et qui ne connaissent que le pillage, voyaient dans le soulèvement des Indiens une source de désordre, et conséquemment de rapine ; ils se souciaient fort peu de défendre un ordre de chose que leurs instincts d'oiseaux de proie les excitaient au contraire à combattre.

Trente ou quarante aventuriers tout au plus répondirent cependant à l'appel qui leur était fait, et encore ces hommes, sans moralité, impatients du joug de la discipline, furent-ils bientôt, plutôt un embarras pour le capitaine qu'un secours. Cependant comme, à tout prendre, c'étaient des drôles résolus et connaissant à fond la guerrre indienne, il les incorpora à sa cavalerie, qui, de cette façon, s'éleva à une centaine d'hommes.

Don Marcos se trouva donc à la tête de deux cent cinquante hommes d'infanterie et de cent cavaliers, force qui lui parut, bien dirigée, plus que suffisante pour soutenir, derrière de bons retranchements, l'effort de toute l'armée indienne.

Nous savons que ce chiffre de trois cent cinquante hommes défendant une ville, fera sourire de pitié les lecteurs européens, habitués à voir sur nos champs de bataille se choquer des masses de deux et trois cent mille soldats, mais tout est relatif dans le monde : en Amérique, où la population est comparativement faible, de grandes choses ont souvent été décidées à la baïonnette par des armées dont la force numérique n'excédait pas celle d'un de nos régiments de ligne.

Dans la dernière bataille livrée entre les Texiens et les Mexicains, bataille qui décida de l'indépendance du Texas, les deux armées réunies ne s'élevaient pas à deux mille hommes; cependant le choc fut terrible, et la victoire disputée avec acharnement (1).

Dans les guerres des blancs contre les peaux-rouges les Indiens, malgré leur indomptable valeur, sont presque toujours vaincus en rase campagne, malgré la supériorité écrasante de leur nombre, non pas par le courage de leurs ennemis, mais par leur discipline et leurs connaissances militaires; connaissances fort restreintes cependant, mais qui suffisent avec des adversaires comme ceux qu'ils ont à combattre.

Un soir, au moment où le capitaine rentrait chez

(1) Voir le *Cœur loyal*, 1 vol. in-12, Amyot, éditeur.

lui après sa visite habituelle dans le pueblo, afin de s'assurer que tout était en ordre, un lepero dépenaillé, et plus qu'à demi-ivre de mezcal et de pulque, lui remit, avec force salutations, un chiffon de papier assez sale, et plié en forme de lettre.

Don Marcos de Niza avait coutume de ne rien négliger; il attachait autant d'importance à des événements en apparence frivoles qu'à ceux qui semblaient avoir une certaine gravité.

Il s'arrêta, prit la lettre, donna un réal au lepero, qui se retira satisfait, et entra dans sa maison, située sur la plaça Mayor, au centre même du pueblo.

Après avoir jeté son chapeau et son épée sur une table, le capitaine ouvrit la lettre. Il la lut d'abord assez légèrement, mais bientôt ses sourcils se froncèrent, et, une seconde fois, il parcourut le papier des yeux; mais, cette fois, en pesant avec attention sur chaque mot; puis, au bout d'un instant, il replia la lettre, la serra avec soin, et murmura à voix basse ce seul mot, qui paraissait résumer sa pensée, et dénotait en même temps une résolution définitivement arrêtée :

— J'irai.

Cette lettre venait de Kidd.

Le capitaine connaissait le bandit de longue date; il savait sur lui certaines particularités qui eussent été assez désagréables au bandit, si celui-ci eût soupçonné que le capitaine fût entré si avant dans la confidence intime des secrets de son existence vagabonde. Aussi don Marcos croyait il pouvoir, jusqu'à un certain point, non pas devoir se fier au bandit, mais ne pas être en droit de négliger les ouvertures qu'il lui plaisait de lui faire, tout en se tenant sur ses gardes, et se réservant *in petto* de le punir sévèrement s'il le trompait.

Le capitaine s'était donc rendu sans hésiter au rendez-vous que lui assignait l'aventurier.

Il l'avait attendu plusieurs heures avec une patience exemplaire, et serait sans doute demeuré plus longtemps encore à l'attendre, si le hasard ne l'avait tout à coup mis en face de lui de la façon que nous avons rapportée plus haut.

Lorsque les deux hommes furent entrés dans la maison, et que la porte eût été refermée derrière eux, don Marcos de Niza, toujours suivi pas à pas par le bandit qui, malgré son impudence, jetait autour de lui des regards effarés, comme un loup surpris dans une bergerie, l'introduisit dans un cabinet dont il ferma la porte avec soin. Le capitaine indiqua d'un geste un siége à l'aventurier, s'assit devant une table, plaça avec affectation une paire de pistolets à portée de sa main, puis, prenant la parole :

— Maintenant, dit-il, je suis prêt à vous entendre.

— Caraï ! répondit effrontément le bandit, c'est possible, capitaine ; mais il s'agit de savoir si je suis disposé à parler, moi.

— Et pourquoi ne le seriez-vous pas, s'il vous plaît, mon digne ami ?

— Dam ! capitaine, fit-il en montrant du doigt les pistolets, voilà sur cette table deux joujoux qui ne sont guère propres à me délier la langue.

Don Marcos le regarda un instant d'une façon qui fit malgré lui baisser les yeux à l'aventurier, et s'accoudant sur la table :

— Maître Kidd, lui dit-il enfin d'une voix sévère,

empreinte cependant d'une certaine nuance de raillerie, j'aime les positions nettes avant tout; établissons donc, s'il vous plaît, nos situations respectives. Vous avez eu une existence fort agitée, maître Kidd; votre humeur vagabonde, votre désir effréné de vous approprier certaines choses sur lesquelles vous n'aviez que des droits très-contestables, vous ont entraîné à commettre quelques malentendus, dont les suites, si l'on cherchait à les expliquer, pourraient être assez désagréables pour vous.

Le bandit fit un geste de dénégation.

— Je ne m'appesantirai pas, et pour cause, continua le capitaine en raillant, sur un sujet dont votre modestie aurait grandement à souffrir, j'arriverai tout de suite aux motifs de votre présence ici, et à la position que nous devons garder l'un vis à vis de l'autre. Je suis commandant de ce pueblo, et, en cette qualité obligé de veiller à sa sûreté extérieure, aussi bien qu'à sa tranquillité intérieure n'est ce pas?

— Oui, capitaine, répondit le bandit un peu rassuré en voyant que la conversation était dirigée sur un terrain moins brûlant.

— Fort bien; vous m'écrivez la lettre que voici, en m'indiquant un rendez-vous et en m'offrant de me vendre, le mot est textuel, certains renseignements fort importants, dites-vous, pour la continuation de cette sûreté et de cette tranquillité que mon devoir est de maintenir. Un autre, à ma place, aurait agi avec vous à l'indienne: après vous avoir fait appréhender au corps, il aurait donné l'ordre qu'on vous serrât les tempes au moyen d'une corde, ou qu'on vous suspendît par les pouces, ainsi que vous-même, si ce qu'on rapporte est vrai, en avez usé en diverses circonstances pour des motifs moins avouables, et serait arrivé de cette façon à si bien vous délier la langue, que vous n'auriez plus conservé de secret au fond du cœur. Moi, j'ai préféré traiter avec vous comme avec un honnête homme.

Le bandit respira.

— Seulement, continua le capitaine comme vous êtes un de ces personnages avec lesquels il est bon de prendre des précautions, et de ne pas témoigner une confiance dont ils ne se feraient pas le moindre scrupule d'abuser à la première occasion, je me réserve non pas seulement le droit, mais les moyens de vous brûler la cervelle, si vous aviez la pensée de me tromper.

— Oh ! capitaine, une telle pensée, me brûler la cervelle ? fit le bandit en balbutiant.

— Croyez-vous, cher seigneur, reprit le capitaine toujours raillant, que vos amis vous plaindraient beaucoup, si un tel malheur vous arrivait ?

— Hùm ! à vrai dire, je ne sais trop, répondit l'aventurier en essayant de plaisanter, le monde est si méchant ! Mais, puisque vous acceptez le marché que je vous propose, car vous l'acceptez, n'est-ce pas, capitaine ?

— Je l'accepte.

— Bon ; alors, que me donnerez-vous en échange de ce que je vous apprendrai ?

— Vous vendez, moi j'achète ; c'est à vous à faire vos conditions, si elles ne sont pas exhorbitantes, si, en un mot, elles me paraissent justes, j'y souscrirai ; ainsi, parlez. Que me demandez vous ?

— Caraï ! capitaine, la question est délicate ; je suis un honnête homme.

— C'est convenu, interrompit en riant don Marcos; faites votre prix.

— Cinquante onces (1), serait-ce trop cher? hasarda le bandit.

— Non, certes, si la chose en vaut la peine.

— Ainsi, s'écria joyeusement Kidd, cinquante onces d'or, c'est entendu?

— Je vous repète : si la chose en vaut la peine.

— Oh! vous allez voir, fit-il en se frottant les mains.

— Je ne demande pas mieux; seulement, soyez bref; et pour vous prouver que je n'ai pas l'intention de vous tromper, ajouta-t-il en ouvrant le tiroir de la table dont il sortit une bourse assez pesante, voici la somme.

Et le capitaine fit deux piles de vingt-cinq onces chacune, juste entre les deux pistolets.

A la vue des pièces d'or, les yeux du bandit étincelèrent comme ceux d'une bête fauve.

— Rayo de Dios! capitaine, s'écria-t-il, il y a plaisir à traiter avec vous; je m'en souviendrai dans l'occasion.

— Je ne demande pas mieux, maître Kidd, maintenant parlez; j'attends.

— Oh! je n'ai pas grand'chose à dire, mais vous allez voir si c'est important.

— Allez! je suis tout oreilles.

— En deux mots, voici ce dont il s'agit : les Papagos ont élu non pas un chef, mais un empereur.

— Un empereur?

— Oui.

(1) 4,250 fr.

— Que prétendent-ils donc?

— Ils prétendent être libres, et veulent constituer leur indépendance sur des bases solides.

— Et cet empereur, vous le connaissez?

— Je l'ai vu, du moins.

— Quel homme est-ce?

— Un homme d'autant plus redoutable, qu'il semble plutôt appartenir à la race blanche qu'à la race rouge, et qu'il connaît à fond tous les moyens mis en usage jusqu'à présent par les Indiens.

— Est-il jeune?

— Il a une soixantaine d'années; mais il est aussi vert que s'il n'avait que vingt ans.

— Très-bien. Continuez.

— Est-ce important cela?

— Fort important; mais pas assez, cependant, pour valoir cinquante onces.

— Attendez.

— J'attends.

— Les Yaquis, les Mayos et les Seris se sont laissés séduire et sont entrés dans la confédération; ils ont repris leurs anciens projets de 1827 : vous vous les rappelez, à l'époque de leur grand soulèvement?

— Oui, continuez.

— La première expédition que le chef de la confédération veut tenter est la prise du real de Minas.

— Je le sais.

— Oui, mais ce que vous ne savez pas, capitaine, c'est que les Indiens ont des intelligences jusques parmi la garnison, que tout est prêt pour l'attaque et que les Papagos comptent vous surprendre avant deux jours.

— Qui vous a donné ces renseignements?

Le bandit sourit avec finesse.

— A quoi bon vous le dire, capitaine, répondit-il, si ces renseignements sont exacts?

— Savez-vous quels sont les hommes qui ont entamé des négociations avec l'ennemi?

— Je les connais, capitaine.

— Vous me les nommerez, alors.

— Ce serait une imprudence, capitaine.

— Une imprudence?

— Vous allez en juger.

— Voyons!

— Supposons que je vous dise les noms des hommes qui ont eu des intelligences avec les Indiens, qu'arrivera-t-il?

— Vive Dios! interrompit brusquement le capitaine, il arrivera que je les fusillerai comme de misérables chiens qu'ils sont, et pour servir d'exemple aux autres.

— Eh bien, voilà justement où est l'erreur, capitaine.

— Comment! l'erreur?

— Mais, oui, vous fusillez dix hommes, je suppose.

— Vingt, s'il le faut.

— Mettons vingt, cela m'est parfaitement égal; mais ceux qui resteront, et que ni vous, ni moi, nous ne connaissons, vous vendront aux Indiens; de sorte que vous n'aurez abouti qu'à précipiter le mal au lieu de le prévenir.

— Ah! ah! fit le commandant en jetant un regard expressif sur le bandit. Et que feriez-vous à ma place, vous?

— Oh! moi, capitaine, une chose bien simple.

— Laquelle, voyons?

— Je laisserais mes gaillards mijoter tranquillement leur trahison, me bornant à les surveiller avec soin, et lorsque le moment de l'attaque serait arrivé, je les ferais arrêter à petit bruit, de sorte que les Indiens seraient surpris au lieu de nous surprendre, et que nous aurions trompé ces trompeurs émérites.

Le capitaine sembla réfléchir un instant; puis, reprenant la parole :

— Soit, dit-il; le moyen que vous m'indiquez peut être bon; je ne vois pas, quant à présent, d'inconvénients à le mettre à exécution. Donnez-moi les noms des traîtres.

Kidd cita alors au capitaine, qui les écrivait au fur et à mesure, une dizaine de noms.

— Maintenant, reprit don Marcos, voilà vos cinquante onces, vous pouvez les prendre, je vous en donnerai autant chaque fois que vous me fournirez des renseignements pareils à ceux d'aujourd'hui. Je vous paie cher, donc votre intérêt est de me servir honnêtement; mais souvenez-vous que si vous me trompez, rien ne pourra vous soustraire au châtiment que je vous infligerai, et je vous en avertis, ce châtiment sera terrible.

L'aventurier bondit sur l'argent comme une bête fauve sur une proie longtemps convoitée, l'engouffra avec une dextérité merveilleuse dans ses larges poches, salua le capitaine, puis sortit, après lui avoir dit :

— Seigneur don Marcos, j'ai toujours pensé que dans ce monde, l'or était le souverain maître, et que lui seul avait le droit de commander.

Après avoir accompagné ces singulières paroles

d'un sourire d'une expression presque railleuse, Kidd s'inclina une dernière fois et disparut, laissant le capitaine seul dans le cabinet.

XV

LES PAPAGOS

Nous reviendrons maintenant à la Main-Ferme et à José Paredes, que nous avons trop longtemps oublié sur la colline.

La nuit se termina sans incident, le mayordormo dormit comme un homme vaincu par la fatigue ; quant au chasseur, il ne ferma pas un seul instant les yeux.

Cependant le soleil était levé depuis longtemps déjà ; il était près de neuf heures du matin, et, contrairement à ce qu'il avait annoncé à son compagnon, le chasseur ne semblait en aucune façon songer au départ.

José Paredes dormait toujours.

La journée était magnifique ; le ciel, balayé par l'ouragan de la nuit, n'avait pas un nuage ; le soleil dardait ses rayons avec force, et cependant l'atmosphère, tempérée par l'orage, conservait une bienfaisante fraîcheur.

Les eaux disparaissaient avec une rapidité presque égale à celle qu'elles avaient mise à monter, bues par le sable altéré ou pompées par les rayons torrides du soleil ; la pleine avait perdu son apparence de lac, tout portait à supposer que vers midi le terrain serait assez raffermi pour qu'il fût possible de s'y hasarder avec sécurité.

Cette crue et cette disparition presque subite des eaux est un des phénomènes les plus étranges de ces contrées, phénomène presque incompréhensible et qui ne peut s'expliquer que par la friabilité des terres, calcinées par la chaleur.

La pirogue devenait inutile, le chasseur n'essaya donc pas de la descendre de l'arbre.

Le dos appuyé au mezquite, les bras croisés et la tête penchée sur la poitrine, il réfléchissait tout en laissant parfois tomber sur son compagnon endormi un regard de sollicitude.

Enfin, le mayordomo se retourna, étendit les bras et les jambes, ouvrit les yeux et poussa un formidable baillement.

— Caramba! dit-il, en mesurant d'un regard la hauteur du soleil; je me suis oublié, je crois; il est bien tard.

— Dix heures répondit en souriant le chasseur.

— Dix heures! s'écria José en se levant d'un bond, et vous m'avez laissé ainsi paresser sans m'éveiller.

— Vous dormiez si bien, mon ami, que je n'ai pas eu le courage de le faire.

— Hùm! reprit Paredes, moitié riant moitié fâché, je ne sais si je dois me plaindre ou vous remercier de cette faiblesse: nous avons perdu un temps précieux.

— En aucune façon; voyez, les eaux ont disparu, le sol se raffermit, et lorsque la grande chaleur du jour sera passée, nous monterons à cheval, et nous regagnerons en quelques heures le temps que vous regrettez.

— C'est pardieu vrai, vous avez raison, compagnon, dit le mayordomo, en jetant autour de lui ce regard exercé des hommes habitués à la vie du désert. Eh bien, puisqu'il en est ainsi, ajouta-t-il en riant, déjeûnons, cela nous fera toujours passer un instant.

— Déjeûnons, soit, répondit le chasseur d'un ton de bonne humeur.

Ils déjeunèrent comme ils avaient soupé la nuit précédente.

Lorsque l'heure de se mettre en route fut enfin arrivée, ils sellèrent les chevaux et descendirent de la colline en les tenant par la bride; car cette rampe que, pendant la nuit, sous l'aiguillon du danger pressant qui les menaçait, ils avaient si lestement escaladée, leur apparaissait maintenant telle qu'elle était en réalité, c'est-à-dire extrêmement raide, abrupte et difficile.

Lorsqu'ils furent en selle:

— Ami, dit la Main-Ferme, je vous conduis à un *atepelt* de peaux-rouges. Y trouvez-vous quelque inconvénient?

— Aucun personnellement, mais je me demande quel avantage en retirera mon maître.

— Ceci rentre dans la catégorie des questions auxquelles je ne puis vous répondre en ce moment; sachez seulement que c'est dans l'intérêt de votre maître que nous faisons cette démarche, et que ses affaires, quelles qu'elles soient, au lieu d'en souffrir, en retireront au contraire un grand bénéfice.

— Allons donc à la garde de Dieu; un mot seulement; les peaux-rouges, chez lesquels nous nous rendons, sont-ils bien éloignés?

— Pour tout autre que pour nous, ce serait presqu'un voyage.

— Hùm ! fit Paredes.

— Mais vous et moi, continua le chasseur, qui sommes de véritables ginetes et qui, de plus avons l'avantage d'être bien montés, nous arriverons au village demain, vers trois ou quatre heures au plus tard.

— Alors, ce n'est pas trop loin.

— Je vous l'ai dit.

— Et dans quelle direction se trouve ce village ?

— Vous devez en avoir entendu parler souvent, si le hasard ne vous y a pas conduit déjà.

— Pourquoi donc ?

— Parce qu'il n'est éloigné que d'une dizaine de lieues au plus de l'hacienda del Toro.

— Attendez donc, fit le mayordomo en fronçant le sourcil comme un homme qui rassemble ses idées, vous avez raison, je ne suis jamais, il est vrai, allé dans ce village, mais j'en ai effectivement souvent entendu parler ; un des principaux chefs de ces Indiens n'est-il pas un blanc ?

Le chasseur rougit imperceptiblement.

— On le dit, répondit-il.

— Il est assez singulier, n'est-ce pas, reprit le mayordomo, qu'un blanc consente à abandonner complétement la société des siens pour vivre avec des sauvages.

— Pourquoi donc ?

— Dam ! parce que les Indiens sont dénués de raison, cela est connu.

Le chasseur jeta sur son compagnon un regard d'une expression indéfinissable, haussa légèrement les épaules et ne répondit rien, peut-être par la raison qu'il aurait eu trop de choses à répondre, et qu'il doutait que l'intelligence un peu épaisse du mayordomo fût apte à le comprendre.

Pendant cette conversation un peu à bâtons rompus, ils s'étaient mis en route.

La journée se passa sans que rien vint troubler la monotonie de leur voyage, qu'ils continuèrent jusqu'à la nuit noire avec une rapidité extrême, ne s'arrêtant de temps en temps que pour abattre quelque oiseau destiné à leur repas du soir.

En galopant, en causant et en fumant, ils atteignirent enfin l'endroit où ils devaient camper.

La route qu'ils avaient suivie ne ressemblait pas à celle qu'avait prise le mayordomo en quittant l'hacienda, bien qu'ils retournassent dans la direction d'Arispe; cela provenait de ce que Paredes s'était borné à suivre les chemins tracés, au lieu que, cette fois, les deux hommes voyageaient à l'indienne, c'est-à-dire en coupant en droite ligne, sans tenir compte des chemins, et galopaient, suivant l'expression consacrée par les peaux rouges, à vol d'oiseau, gravissant et descendant les montagnes, traversant les rivières à l'endroit où ils se trouvaient, sans perdre de temps à chercher un gué.

Cette façon de voyager, généralement adoptée par les coureurs des bois dans les savanes, où les seules routes sont les sentiers tracés par les bêtes fauves, ne serait pas possible dans les pays civilisés, coupés à chaque instant par des villes ou des villages, qu'il faudrait traverser ou se résoudre à tourner; mais, au Mexique, surtout sur la frontière indienne, les centres de populations sont excessivement rares ; en marchant de cette manière, on raccourcit énormément la distance, et l'on franchit un espace considérable d'un soleil à l'autre.

Ce fut ce qui arriva cette fois aux deux aventuriers, car en un jour ils parcoururent plus de chemin que Paredes seul, bien que son cheval marchât bon pas, n'en avait franchi en quarante-huit heures.

Le soir, ils campèrent dans un bois en deçà de l'hacienda del Toro, qu'ils avaient aperçue, se dressant sombre et calme comme une aire d'aigle au sommet de son rocher, et près de laquelle ils étaient passés dans l'après dîner.

Le paysage avait pris une apparence plus sauvage et plus abrupte ; l'herbe poussait plus drue ; les arbres étaient plus grands, plus vieux, et surtout plus serrés ; on sentait qu'on était sur l'extrême limite de la civilisation, et qu'on se trouverait bientôt sur le *territoire rouge*, bien que nominalement du moins ; et, sur les cartes géographiques, ce territoire figurât dans les possessions de la Confédération mexicaine.

Du reste, cette fiction se rencontre partout au nouveau monde dans l'Amérique du Nord, comme dans celle du Sud, et, pour ne parler ici que des Etats-Unis, qui ont la prétention fausse, à notre avis, d'être plus civilisés que leurs voisins, combien voit-on sur les cartes de leurs vastes possessions de villes aux noms sonores qui n'existent en réalité que par un mot écrit sur un poteau solitaire, planté au milieu d'une plaine ou sur le bord d'un fleuve, sans avoir même un gardien pour veiller à la conservation de ce poteau qui, rongé par la pluie et le soleil, finit par disparaître, sans que jamais la ville, orgueilleusement décrétée, vienne prendre sa place ; nous avons trop souvent, pendant nos voyages, été victime de cette humoristique mystification yankie, pour ne pas en garder rancune à ce peuple excentrique, qui répète à tout venant qu'il marche à la tête de la civilisation, et qu'il a pour mission de régénérer le nouveau-monde.

Les deux hommes, après avoir allumé leurs feux de veille, soupèrent de bon appétit, se roulèrent dans leurs zarapés, s'étendant les pieds à la flamme, puis s'endormirent, se reposant sur l'instinct de leurs chevaux pour les avertir de l'approche de l'ennemi, homme ou fauve, qui tenterait de les surprendre pendant leur sommeil. Mais rien ne les troubla, la nuit fut tranquille; au lever du soleil, ils s'éveillèrent, remontèrent à cheval et continuèrent leur voyage, qui maintenant ne devait plus durer que quelques heures.

— Je me suis trompé, dit tout à coup le chasseur en se tournant vers son compagnon.

— Comment cela ? demanda celui-ci.

— Parce que, reprit la Main-Ferme, je vous ai dit, hier que nous n'arriverions à l'*alepelt* que dans l'après-dîner.

— Eh bien ?

— Nous y serons vers onze heures du matin.

— Caramba ! c'est une bonne nouvelle que vous me donnez là.

— N'est-ce pas ?

— Je le crois bien.

— Lorsque nous aurons franchi cette colline qui se dresse, là, devant nous, le village nous apparaîtra à quelque distance, pittoresquement groupé sur les flancs d'une autre colline, et s'éparpillant jusque dans la plaine, où ses dernières maisons baignent leur seuil dans une charmante petite rivière, dont les eaux blanches et limpides lui servent de rempart naturel.

— Eh! dites-moi, compagnon, que pensez vous de la réception qui nous sera faite?

— Les Papagos sont hospitaliers.

— Je n'en doute pas; malheureusement, je n'ai aucun droit à la bienveillance des peaux rouges; de plus, je sais qu'ils sont assez ombrageux, et qu'ils ne voient jamais avec plaisir les blancs s'introduire dans leurs villages.

— C'est selon de quelle façon les blancs essaient de s'y introduire.

— Hum! il y a encore une autre raison qui, je vous l'avoue, me donne fort à réfléchir en ce moment.

— Quelle est cette raison?

— On dit, remarquez bien que je n'affirme rien.

— Allez toujours.

— On dit que justement les Papagos se remuent beaucoup, et qu'ils sont sur le point de se soulever, si ce n'est pas déjà fait.

— Ils sont soulevés déjà depuis plusieurs jours répondit froidement la Main-Ferme.

— Hein? s'écria le mayordomo d'un air effaré, et vous me conduisez chez eux.

— Pourquoi non?

— Comment! pourquoi non? mais parce que nous allons être massacrés tout simplement.

Le chasseur haussa les épaules.

— Vous êtes fou, dit-il.

— Je suis fou, je suis fou, répéta Paredes en hochant la tête d'un air peu convaincu ; céla vous plait à dire, mais moi, je me soucie fort peu, si je puis faire autrement, d'aller ainsi de but en blanc me livrer entre les mains d'hommes qui doivent être mes ennemis.

— Je vous répète qu'il ne vous arrivera rien. Vive Dios ! me croyez-vous capable de vous conduire dans un piége ?

— Non, sur mon honneur ! telle n'est pas ma pensée ; mais vous pouvez vous tromper, supposer à ces sauvages des sentiments qu'ils n'ont pas, que sais-je moi.

— Je suis certain de ce que j'avance. Non-seulement vous n'avez rien à redouter, mais encore vous serez reçu avec honneur.

— Avec honneur ? fit le mayordomo d'un air incrédule, je n'en suis pas bien sûr.

— Vous verrez ; malheur à qui oserait toucher un cheveu de votre tête, lorsque vous arrivez en ma compagnie !

— Mais, qui donc êtes-vous, pour parler ainsi ?

— Un chasseur, pas autre chose ; mais je suis l'ami des Papagos, adopté par une de leurs tribus, et tout homme amené par moi, fût-il un ennemi mortel de la nation, doit, à ma considération, être reçu comme un frère par les sachems et les guerriers.

— Enfin ! murmura le mayordomo du ton d'un homme forcé dans ses derniers retranchements et qui se résout à prendre son parti.

— D'ailleurs, ajouta le chasseur, toute hésitation serait maintenant inutile, et peut-être dangereuse.

— Parce que ?

— Parce que les Indiens ont des éclaireurs disséminés dans les bois et dans la plaine ; que depuis longtemps déjà nous avons été vus et signalés ; que si nous essayions de retourner sur nos pas, cela paraîtrait à bon droit suspect ; que nous verrions tout à coup les Indiens surgir de tous côtés à la fois, et que nous serions entourés et faits prisonniers avant même de songer à nous défendre.

— Diable, cela se complique singulièrement, compagnon ; ainsi, vous croyez que nous avons été déjà aperçus ?

— Voulez-vous en avoir la preuve à l'instant ? dit en souriant le chasseur.

— Ma foi, je n'en serais pas fâché ; de cette façon, je saurais tout de suite à quoi m'en tenir.

— Vous n'êtes pas facile à convaincre.

— Que voulez-vous ? je suis ainsi fait, j'aime assez à avoir une certitude.

— Eh bien, soit, je vais vous la donner.

Les voyageurs avaient atteint le bas de la colline ; ils se trouvaient en ce moment entièrement cachés dans les hautes herbes qui les enveloppaient de toutes parts ; la Main-Ferme arrêta son cheval, et, à deux reprises différentes, il imita le cri du mawkawis ; presque immédiatement les herbes s'agitèrent, un Indien bondit d'un épais fourré avec la légèreté de l'antilope, et vint s'arrêter à deux pas du chasseur, sur lequel il fixa son œil noir et intelligent sans prononcer une parole.

L'apparition du peau-rouge fut tellement subite, son arrivée si imprévue, que malgré lui le mayordomo ne put retenir un geste d'étonnement.

Cet Indien était un homme de vingt-deux à vingt-trois ans au plus, dont les proportions esquises le faisaient ressembler à une statue de bronze florentin : toute la partie supérieure de son corps était nue ; ses cheveux dénoués flottaient en désordre sur ses épaules ; ses vêtements consistaient seulement en des *mitasses* ou culottes en deux parties, cousues avec des cheveux, serrées aux hanches par une ceinture de cuir non tanné et attachées aux chevilles.

Une hache et un couteau à scalper, armes dont les Indiens ne se séparent jamais, pendaient à sa ceinture, et il s'appuyait avec une gracieuse nonchalance sur une une longue carabine de fabrique américaine.

Le chasseur inclina la tête en souriant, et, après avoir étendu le bras en avant, la paume de la main renversée et les doigts allongés :

— Ooah ! dit-il d'une voix douce, le Wacondah me protége, puisque la première figure que je vois, en arrivant chez mon peuple, est celle de mon fils l'Épervier.

Le jeune Indien s'inclina à son tour avec cette courtoisie innée qui caractérise la race rouge, et répondit d'une voix gutturale, mais empreinte d'une grande douceur :

— Depuis longtemps déjà, les sachems sont avertis de l'approche du grand brave de leur nation, ils ont pensé qu'un chef seul était digne de saluer la Main-Ferme à son retour ; l'Épervier est heureux d'avoir été choisi par eux.

— Je remercie les sachems de ma nation, dit le chasseur en jetant un regard d'intelligence au mayordomo, d'avoir daigné me faire un honneur aussi signalé. Mon fils rentrera-t-il au village avec nous, ou nous précédera-t-il ?

— L'Épervier ira en avant, afin que l'hôte de mon père, la Main-Ferme, soit reçu avec les honneurs qui sont dus à un homme qui vient dans la compagnie du grand brave.

— Bon ! mon fils agira ainsi qu'il convient à un chef ; la Main-Ferme ne le retardera pas davantage.

Le jeune Indien baissa la tête en signe d'assentiment, fit un bond en arrière, et disparut dans le fourré, dont il était sorti, avec une rapidité telle, que si après son départ les herbes n'avaient pas conservé une certaine ondulation, son apparition eût semblé un rêve.

— Nous pouvons nous remettre en route, dit le chasseur au mayordomo, ébahi et confondu.

— Allons, répondit machinalement celui-ci.

— Eh bien, reprit la Main-Ferme, croyez-vous maintenant que vous ayez quelque chose à redouter parmi les Papagos ?

— Excusez-moi ; ainsi que vous me l'avez dit, j'étais fou de craindre.

Ils traversèrent la plaine en suivant un sentier de bêtes fauves qui, après des détours sans nombre, aboutissait à un gué, et, après une heure de marche à peu près, ils atteignirent le bord de la rivière.

Douze Indiens Papagos, revêtus de leur grand costume de guerre, et montés sur de magnifiques chevaux, se tenaient immobiles et rangés sur une seule ligne devant le gué.

Aussitôt qu'ils aperçurent les deux voyageurs, ils poussèrent de grands cris et s'élancèrent à toute bride à leur rencontre en tirant des coups de fusil, en agitant leurs armes et en faisant flotter leurs robes de bison blanc femelle, vêtement, entre parenthèse, que seuls, les sachems les plus renommés de la nation ont le droit de porter.

Les deux blancs, de leur côté, éperonnèrent leurs chevaux en répondant aux cris des Indiens et en déchargeant leurs armes.

Pendant quelques minutes, ce fut une mêlée et une course effrénée, dont les fantasias arabes peuvent seules donner une idée.

Puis, à un cri d'appel jeté par un des chefs, tous les cavaliers s'arrêtèrent, et, après un temps d'arrêt, ils vinrent se ranger autour des voyageurs pour leur servir d'escorte, et tout le cortége traversa le gué et entra dans le village, aux cris assourdissants des femmes et des enfants, qui se mêlaient désagréablement aux aboiements des chiens, aux sons rauques des conques et aux notes criardes des chichikouès.

XVI

L'ATEPETL

Beaucoup de personnes s'imaginent que tous les Indiens se ressemblent, et que, qui connaît les mœurs d'une tribu connaît celles de toutes les autres. Ceci est une grave erreur, qu'il est important de dissiper. On trouve parmi les Indiens proprement dits, c'est-à-dire les aborigènes de l'Amérique, autant de différences comme langues, coutumes, etc., que parmi les nations du vieux continent, si ce n'est plus : le nombre des dialectes parlé par les Indiens est infini ; les mœurs d'une nation forment un complet contraste avec celles d'une autre éloignée de quelques lieues de la première ; une personne qui, après avoir, pendant un temps assez long, parcouru les prairies du Far-West, prétendrait connaître à fond le caractère des Indiens et leur manière de vivre, se tromperait complétement, et, ce qui est plus grave, tromperait ceux qu'elle aurait la prétention d'instruire.

Les Indiens se divisent en deux grandes familles : les Indiens cultivateurs, c'est-à-dire sédentaires et attachés au sol qu'ils labourent, et les Indiens chasseurs, c'est-à-dire nomades, qui ont un grand air de ressemblance avec les Touaregs de l'Afrique et les Tartares de l'Asie.

Les Indiens chasseurs, sous le nom de *Indios bravos* ou indomptables, habitent dans des huttes de cuir, faciles à transporter d'un lieu à un autre, et ne demeurent stationnaires qu'autant que la contrée fournit le fourrage nécessaire aux chevaux et le gibier indispensable aux hommes.

Les Indiens cultivateurs, au contraire, se sont établis définitivement dans un lieu choisi avec soin ; ils ont construit de véritables maisons dans lesquelles ils s'abritent et renferment leurs provisions d'hiver. Ces Indiens, bien qu'en suivant les coutumes de leurs pères, reconnaissent cependant les lois mexicaines, leur obéissent ostensiblement, sont en apparence chrétiens, bien qu'en secret ils aient conservé précieusement leur ancien culte et en pratiquent tous les rites ; ils laissent donner à leur chef le titre d'alcade; en un mot, ils sont à la surface presque autant civilisés que la plupart des blancs créoles : on les nomme *Indiens mansos*, c'est-à-dire Indiens soumis.

La confédération de Papagos, composée de la réunion de plusieurs nations, réunissait dans son sein des Indios mansos et des Indios bravos.

Ceux-ci, bien que chasseurs et par conséquent nomades, avaient cependant au fond des forêts inexplorées ou dans les gorges ignorées de la sierra Madre, leurs villages d'hiver, réunion de calli ou huttes de branchages enduites de boue, où, en cas de guerre, leurs femmes trouvaient un refuge, et qui leur servait après une expédition à cacher le butin fait sur les vaincus.

Les Indiens gilenos, dont la nation puissante, composée de cent dix-huit tribus distinctes, ayant chacune son *totem* ou étendard particulier, forme la branche principale de la confédération des Papagos.

Les Gilenos sont essentiellement cultivateurs. A une époque qu'il serait impossible de préciser avec certitude, parce que les Indiens n'écrivent rien, mais dont la tradition est vivante parmi eux, la nation Comanche, qui s'intitule fièrement la *Reine des Prairies*, et prétend peut-être avec raison descendre en ligne directe des Chichimèques, ces premiers dominateurs du Mexique, se divisa en deux parties à la suite d'un grand conseil tenu par les chefs, afin de terminer un différent qui menaçait de dégénérer en guerre civile. La moitié de la nation continua à errer dans les immenses prairies du Far-West, et conserva son nom de Comanche, les autres tribus allèrent se fixer sur les bords du rio

Gila, abandonnèrent la chasse pour la culture des terres, tout en gardant leur indépendance, n'obéissant que nominalement aux Espagnols et aux Mexicains, et finirent par être appelés Gilenos, du nom du fleuve où ils s'étaient établis dans le principe. Mais bien que séparées, les deux parties de la nation Comanche, continuèrent à entretenir entre elles des relations amicales, se reconnaissant issues de la même souche, et se prêtant aide et secours chaque fois que l'exigeaient les circonstances.

Les Gilenos conservèrent précieusement la foi de leurs pères, gardèrent leurs coutumes, celle, entre autres de s'abstenir de liqueurs fortes, particularité assez singulière pour que nous la citions, et ne souffrirent jamais que le gouvernement mexicain installât chez eux ce système de vexations et de rapines sous lequel il courbe sans pitié les autres Indiens Mansos.

Les villages des Gilenos se distinguent entre tous les autres par leur construction singulière, qui, du reste, montre bien le caractère de ce peuple.

Nous essaierons d'en donner une idée au lecteur.

La Main-Ferme avait montré au mayordomo des grappes de maisons étagées, et pour ainsi dire suspendues au flanc de la colline; mais ces maisons n'avaient été construites que temporairement, et, en cas d'attaque du village, elles devaient être immédiatement abandonnées.

La colline, par suite sans doute d'une de ces convulsions de la nature, si communes dans ces régions, se trouvait séparée en deux parties par une quebrada ou félure d'une profondeur énorme, qui servait de lit à un torrent impétueux.

De chaque côté de cette quebrada, les Indiens avaient bâti une énorme construction de forme pyramidale, de plus de quatre-vingts mètres de hauteur. Ces deux espèces de tours contenaient les logements des habitants, leurs greniers et leurs magasins d'armes; plus de huit cents personnes, hommes, femmes et enfants, demeuraient dans ces bâtiments singuliers, reliés entre eux, au sommet, par un pont de lianes, jeté hardiment sur l'abîme.

On ne pénétrait dans ces tours qu'au moyen d'une longue échelle, enlevée chaque soir; car, dernière et essentielle précaution, en cas de surprise, les portes étaient à une hauteur de vingt mètres du sol.

Rien de curieux et de pittoresque comme l'aspect qu'offrait de loin cet étrange village, avec ses deux tours massives, n'ayant pour escaliers que des échelles, le long desquelles on voyait continuellement monter et descendre du monde.

Depuis quelques jours seulement, pour plus de sûreté et afin de mettre le village à l'abri d'un coup de main, les chefs avaient fait creuser un fossé profond et élever une palissade de pieux reliés entre eux par des lianes. Les Indiens avaient pris cette précaution afin d'empêcher que leurs chevaux, sur lesquels ils comptaient surtout pour assurer le succès de l'expédition qui se préparait, ne leur fussent enlevés par surprise, ainsi que cela arrive trop souvent sur la frontière.

Les voyageurs furent conduits en grande pompe, et toujours escortés par les chefs qui les étaient venus recevoir à l'entrée du village, jusqu'à la place où s'élevaient d'un côté l'*Arche du premier homme*, et, de l'autre, le *grand calli medecine*, ou hutte du conseil.

Pendant le trajet, le mayordomo avait cru apercevoir dans la foule quelques individus appartenant à la race blanche, il s'en ouvrit à son compagnon.

—Vous ne vous êtes pas trompé, répondit celui-ci, plusieurs Mexicains habitent en effet le village et trafiquent avec les Indiens; cela ne doit pas vous surprendre; vous savez que les Gilenos sont mansos; tenez, voilà un moine.

En effet, en ce moment, un moine pansu et à la face rubiconde traversait la place en distribuant à droite et à gauche des bénédictions aux Indiens, qui semblaient fort peu s'en soucier.

— Ces dignes frayles, continua le chasseur, mènent ici une existence assez nomade; malgré le soin qu'ils prennent, ils ne peuvent réussir à faire des prosélytes. Les Comanches sont trop attachés à leur religion pour en accepter une autre; cependant, comme ils sont trop sauvages pour être intolérants, ajouta-t-il avec ironie, ils laissent liberté entière à ces pauvres moines, sous la condition expresse, toutefois, que ceux-ci ne se mêlent en rien de leurs affaires; ils leur ont même permis d'élever une chapelle, pauvre église bien simple, dans laquelle vont parfois prier quelques aventuriers de passage ici, car les habitants du village n'y mettent jamais les pieds.

— J'irai, moi, dit Paredes.

— Et vous aurez raison; du reste, je rendrai cette justice au quatre moines qui, par amour du prosélytisme, se sont confinés avec une admirable abnégation dans ce coin ignoré du monde, de constater qu'ils jouissent d'une excellente réputation, font tout le bien qu'ils peuvent et sont généralement aimés et respectés de la population, éloge d'autant plus beau à faire à ces religieux, que le clergé mexicain ne jouit pas d'une grande réputation de sainteté.

— Mais maintenant que la guerre est déclarée, que deviendront ces moines ?

— Que voulez-vous qu'ils deviennent ? ils resteront paisiblement ici sans craindre ni insultes ni vexations ; si sauvages que soient les Indiens, ils ne le sont pas encore assez, croyez-le bien, pour faire retomber sur des innocents les fautes des coupables.

— Pardonnez-moi, Main-Ferme, de vous faire observer que je remarque avec peine, dans la façon dont vous vous exprimez, une certaine aigreur qui me semble injuste ; les sympathies secrètes d'un homme de cœur ne doivent, dans aucun cas, le rendre partial.

— J'ai tort, en effet, mon ami. Lorsque vous me connaîtrez mieux, vous serez indulgent, je n'en doute pas, pour cette amertume que, malgré moi, je mets souvent dans mes paroles ; quant à présent, restons-en là, d'autant plus que nous voici arrivés à la place, et que d'autres soins plus urgents réclament notre attention.

La place où en effet arrivaient en ce moment les voyageurs, formait un carré long et s'élevait en pente douce jusqu'au pied de la tour de gauche du village ; plusieurs rues venaient y aboutir, et les maisons construites de chaque côté avaient une certaine apparence de propreté et de confort qu'on ne rencontre que rarement dans les centres de population indienne, et qui, si ce pueblo eût été habité par des blancs créoles, lui eût évidemment valu le titre de ciudad, ou ville.

Devant la maison du conseil se tenaient trois hommes qu'à leurs chapeaux de poil de vigogne entourés d'une *golilla* en or et à la longue canne à pomme d'argent ressemblant à celle de nos bedeaux, et qu'ils tenaient de la main droite, il était facile de reconnaître pour les principaux chefs du village.

Les Mexicains, entre autres coutumes qu'ils ont prises des Espagnols, ont conservé celle de l'investiture des chefs indiens; cette investiture, faite ordinairement par un officier délégué par le gouverneur de la province, consiste dans la remise du chapeau et de la canne dont nous avons parlé.

Ces trois chefs tenaient donc ostensiblement leur pouvoir du gouvernement mexicain; mais, en réalité, celui-ci n'avait fait qu'obéir aux exigences féodales des tribus réunies dans ce village, en consacrant la souveraineté de ces hommes que leurs compatriotes avaient, depuis longtemps déjà, reconnus comme chefs.

Le cortége fit halte devant les alcades, ou, pour parler le langage indien, les sachems.

Ceux-ci étaient des hommes déjà mûrs, d'une mine fière et imposante.

Le plus âgé d'entre eux surtout, celui qui se tenait au milieu, avait dans le regard et l'expression de ses traits un cachet d'indicible distinction et de suprême majesté.

Il paraissait avoir soixante ans; une longue barbe blanche tombait en flocons de neige sur sa poitrine; sa taille haute, son front découvert, ses yeux noirs, son nez légèrement aquilin, en faisaient un homme réellement remarquable ; il portait non pas le costume indien, mais celui adopté par les chasseurs et les coureurs des bois : la blouse de calicot bleu serrée aux hanches par une ceinture de cuir destinée à soutenir ses armes et ses munitions, les larges calzoneras de peau de daim bouclées au-dessous du genou et s'enfonçant dans des bottes fortes, dont les talons étaient armés de formidables éperons aux molettes larges comme des soucoupes.

Du reste, non-seulement le personnage que nous avons essayé de décrire n'appartenait pas à la race indienne, ainsi qu'il était facile de s'en apercevoir au premier coup d'œil jeté sur lui ; mais encore, on reconnaissait en lui le type fin, élégant et nerveux de la pure race espagnole.

Le mayordomo ne put retenir un geste de surprise à la vue de cet homme, dont la présence lui semblait incompréhensible dans un tel lieu, au milieu de telles gens ; il se pencha vers la Main-Ferme, et d'une voix basse et étranglée, par une émotion involontaire, dont il ne se rendait pas compte :

— Quel est cet homme ? lui demanda-t-il.

— Vous le voyez bien, répondit sèchement le chasseur ; c'est l'alcade mayor du pueblo. Mais silence, les personnes qui nous entourent s'étonnent de nous voir causer à voix basse entre nous.

Paredes se tut, bien que ses yeux demeurassent opiniâtrement fixés sur celui auquel le chasseur venait de donner ironiquement le titre d'alcade mayor.

Un peu en arrière des chefs, un guerrier tenait

le totem de la tribu, représentant un condor, l'oiseau sacré des Incas.

Une foule d'Indiens des deux sexes, tous armés pour la plupart, remplissaient la place et se pressaient, pour assister à une scène dont l'aspect ne manquait pas d'une certaine grandeur.

Cependant, aussitôt que le cortége eut fait halte, l'Épervier mit pied à terre, et, s'approchant des sachems.

— Pères de ma nation, dit-il, le grand brave de notre tribu est de retour, amenant avec lui un visage pâle, son ami.

— Qu'il soit le bienvenu répondirent les trois chefs d'une seule voix, ainsi que son ami, quel qu'il soit; tant qu'il lui plaira de demeurer parmi nous, il sera considéré comme un frère.

Le chasseur s'avança alors, et, saluant respectueusement les vieillards :

— Merci pour moi et pour mon ami, dit-il; la route que nous venons de faire était longue, la fatigue nous accable; nous sera-t-il permis de prendre quelques heures de repos ?

Les Indiens furent étonnés d'entendre le chasseur, l'homme au corps de fer, dont la réputation de vigueur était, à juste titre, bien établie parmi eux, parler de la fatigue qu'il éprouvait. Mais, comprenant qu'il avait des raisons secrètes pour agir ainsi, personne ne lui fit d'observation.

— La Main-Ferme et sont ami sont libres de se retirer dans le calli préparé pour eux, répondit un des chefs, l'Epervier les conduira.

Les deux aventuriers saluèrent respectueusement, et, précédés par l'Épervier, il traversèrent la foule, qui s'ouvrit devant eux, et se dirigèrent vers le calli qui leur avait été assigné.

Constatons tout de suite que ce calli était la propriété de la Main-Ferme, qui l'habitait chaque fois que ses affaires ou le hasard le conduisaient au village ; seulement, par l'ordre des chefs, il avait été préparé pour recevoir deux personnes.

La Main-Ferme aurait pu, sans guide, se retirer dans ce calli, mais l'étiquette exigeait, vu la présence de l'étranger, qu'il y fût conduit par un chef.

Dès que les voyageurs eurent atteint le calli, l'Épervier se retira, après toutefois avoir dit quelques mots bas à l'oreille du chasseur ; celui-ci répondit par un signe d'assentiment et, se tournant vers le mayordomo qui s'occupait déjà de desseller son cheval :

— Vous êtes chez vous compagnon, lui dit-il ; usez de cette maison comme bon vous semblera ; j'ai à m'entretenir avec une personne à laquelle je vous présenterai bientôt. Je vous laisse provisoirement ; mon absence ne sera pas longue.

Et, sans attendre la réponse de Paredes, le chasseur fit volter son cheval et s'éloigna au galop.

— Hum ! murmura le Mexicain dès qu'il fut seul, tout ceci n'est pas clair ; aurais-je eu tort de me fier à cet homme ? je me tiendrai sur mes gardes.

XVII

LE CONSEIL DES SACHEMS

Après avoir installé le mayordomo dans le calli, la Main-Ferme s'était éloigné au petit pas jetant autour de lui des regards indifférents en apparence, mais qui, en réalité, ne laissaient rien échapper de ce qui surgissait d'insolite parmi les habitants.

Les Indiens que le chasseur rencontrait l'interpellaient comme une vieille connaissance ; les femmes et les enfants eux-mêmes cherchaient à attirer son attention par leurs frais éclats de rire et leurs souhaits de bienvenue.

Pour tous et pour chacun en particulier, le chasseur savait trouver une bonne parole, et satisfaire ainsi aux exigences souvent indiscrètes de ceux qui se pressaient à sa rencontre. Il traversa, ainsi accompagné, le village dans toute sa longueur ; arrivé au pied de la pyramide de gauche, le chasseur mit pied à terre, jeta la bride de son cheval à un enfant, en lui recommandant de reconduire l'animal à son calli, et se frayant, avec une certaine difficulté, un passage à travers la foule, tant la curiosité, loin de se lasser, semblait au contraire, s'accroître de plus en plus ; il s'approcha de l'échelle placée en guise d'escalier au pied de la pyramide, en saisit les montants, et, après avoir fait un dernier geste d'adieu aux Indiens, il gravit rapidement l'échelle et disparut dans la pyramide.

Cette construction bizarre, presque informe, vue du dehors, était intérieurement distribuée et aménagée avec le plus grand soin et une parfaite intelligence.

Le chasseur, pressé sans doute d'arriver à l'endroit où il se rendait, ne jeta qu'un regard distrait sur les pièces qu'il traversait d'un pas rapide; il s'engagea dans un escalier intérieur, et bientôt il atteignit le sommet de la pyramide.

L'Epervier se tenait immobile devant une porte fermée par une peau de lion en guise de portière; à la vue du chasseur, il s'inclina avec courtoisie.

— Mon père ne s'est pas fait attendre, dit-il avec un sourire de bonne humeur.

— Le conseil est-il commencé déjà? répondit la Main-Ferme.

— Depuis quatre soleils, les anciens de la nation demeurent sans prendre de repos autour du feu du conseil; l'arrivée de mon frère a seule eu le pouvoir de les faire, pendant une heure, suspendre leurs travaux.

Le chasseur fronça le sourcil.

— Ne pourrai-je donc pas entretenir quelques instants le grand sachem.

— Je ne saurais donner aucun renseignement à ce sujet à mon frère.

— Bon, reprit le chasseur, paraissant prendre une détermination, l'Epervier n'a-t-il aucune mission pour moi?

— Aucune autre que celle d'attendre la Main-Ferme, et d'annoncer son arrivée.

— Oaah! me voici; la mission de mon frère est donc accomplie?

Sans répondre, l'Epervier souleva le rideau, s'effaça pour laisser passer le chasseur, et celui-ci pénétra dans la chambre du conseil.

Dans une vaste salle entièrement dénuée de meubles, à moins qu'on n'accorde ce nom aux crânes desséchés des bisons destinés à servir de sièges, vingt et quelques personnes étaient gravement assises en cercle, fumant silencieusement un calumet, dont le tuyau passait incessamment de main en main.

Au centre du cercle brûlait dans un brasero d'or le feu sacré de Moctecuzoma, feu qui ne doit jamais s'éteindre; et que, d'après la tradition, le dernier empereur du Mexique partagea entre ses plus chers partisans la veille de sa mort; ce feu, dit-on encore, tire son origine du soleil lui-même.

La présence dans cette chambre de ce feu, ordinairement conservé avec les plus grands soins dans un lieu souterrain, inaccessible aux regards du vulgaire, et que l'on n'expose à la vue du peuple que dans les grandes circonstances, témoignait de la gravité des intérêts que le conseil avait mission de débattre.

Du reste, l'aspect des chefs réunis dans cette salle avait quelque chose d'imposant et de sévère qui inspirait le respect.

Contrairement aux habitudes indiennes, tous étaient sans armes.

Cette précaution, due à l'initiative du principal sachem de la nation, était justifiée non-seulement par le nombre considérable de chefs assistant au conseil, mais surtout à cause des diverses nations auxquelles ils appartenaient.

Chaque tribu de la grande confédération des Papagos avait son représentant dans cette assemblée, où se trouvaient aussi des sachems des nations ordinairement en guerre avec elle, mais qui avaient, dans l'espoir d'un soulèvement général contre les blancs, ces ennemis implacables de la race rouge, imposé pour quelque temps silence à leur haine.

Là, se voyaient dans leurs grands costumes et les talons garnis d'une innombrable quantité de queues de loup, distinction honorifique à laquelle seuls ont droit les *grands braves*, des yaquis, des mayos, des Séris, et jusqu'à des chasseurs et des trappeurs libres, blancs et métis.

L'OEil-de-Feu, le vieillard dont nous avons eu plus haut l'occasion de faire le portrait, présidait l'assemblée. A l'entrée de la Main-Ferme, tous les guerriers se levèrent, se tournèrent vers lui, et, après l'avoir gracieusement salué, ils l'invitèrent à s'asseoir parmi eux.

Le chasseur, intérieurement flatté de l'honneur qui lui était fait, salua gravement les membres du conseil et alla s'asseoir à la droite de l'OEil-de-Feu, après avoir remis ses armes à l'Épervier, qui les emporta dans une autre pièce.

Il y eut un assez long silence, pendant lequel le chasseur aspira le calumet qu'on s'était empressé de lui offrir.

Enfin, l'OEil-de-Feu prit la parole :

— Mon fils ne pouvait arriver dans un meilleur moment, dit-il, en s'adressant à la Main-Ferme ; son retour était vivement désiré par ses frères. Il vient du pays habité par nos ennemis ; sans doute il nous donnera des nouvelles.

Le chasseur se leva, promena un regard circulaire sur l'assemblée, et répondit :

— Je suis, en effet, allé parmi les *gachupines* (1), dit-il, j'ai pénétré dans leurs villes, j'ai vu leurs pueblos et leurs postes; comme nous, ils se préparent à la guerre, ils comprennent toute la portée du danger qui les menace, et, par tous les moyens, ils essaient de le neutraliser.

— Ces nouvelles ne sont pas très-explicites; nous espérions que la Main-Ferme nous aurait donné des renseignements plus sérieux sur les mouvements de l'ennemi, reprit l'Œil-de-Feu d'un ton de reproche.

— Peut-être, en effet, pourrai-je le faire, dit nettement le chasseur.

— Alors, pourquoi garder le silence?

Le jeune homme hésita un instant sous les regards fixés sur lui.

— Les blancs ont un proverbe, dit-il enfin, dont, en ce moment surtout, je reconnais la justesse.

— Et ce proverbe, quel est-il?

— La parole est d'argent, mais le silence est d'or...

— Ce qui signifie? reprit l'Œil-de-Feu avec insistance.

— L'arme la plus redoutable des blancs est la trahison, continua le chasseur sans paraître remarquer l'interruption du chef, toujours les blancs ont vaincu par trahison les peaux-rouges, qu'ils n'oseraient affronter en face. Des questions aussi sérieuses que celles que nous avons à résoudre, des intérêts aussi graves que ceux que nous avons mission de

(1) Terme de mépris pour désigner les Mexicains.

débattre ne doivent pas être traités dans une aussi nombreuse assemblée, avant qu'il soit bien constaté qu'un traître ne s'est pas glissé dans son sein. Tant qu'il ne s'agit que des questions générales, ceci importe peu ; mais dès que nous discutons les moyens à employer pour mener à bien la guerre, il est urgent que l'ennemi ne soit pas averti du résultat de nos délibérations.

— Nous ne pouvons agir autrement que nous le faisons.

— Si, et voilà encore où les blancs sont plus fins que nous : dès qu'une guerre est déclarée, ils nomment une commission composée de trois membres, de cinq membres au plus, et spécialement chargée de dresser le plan de campagne qu'on se propose de suivre. Pourquoi ne faisons-nous pas de même ? Rien de plus simple, il me semble : choisissez parmi les chefs réunis ici un certain nombre d'hommes sages et habitués au commandement ; ces hommes se réuniront en secret et décideront entre les moyens à employer pour vaincre nos ennemis ; de cette façon si les Espagnols sont instruits de nos mouvements, le traître ne pourra nous échapper longtemps. Les autres chefs et les députés des nations amies et des tribus confédérées s'occuperont dans le grand conseil des intérêts communs des peuples indiens, et des rapports à établir entre eux, afin d'étouffer à tout jamais ces germes de discordes qui souvent naissent d'un malentendu, sont colportés par l'envie ou la mauvaise foi, et dégénèrent presque toujours en querelles sanglantes et interminables. J'ai dit, mes frères apprécieront si mes paroles méritent d'être prises en considération.

Après avoir salué à la ronde, le chasseur se rassit et parut se plonger dans une profonde méditation.

Une des qualités instinctives de la race indienne est le bon sens. Les chefs, malgré les détours dont le chasseur avait cru devoir envelopper son discours, avaient bien compris ses paroles; ils avaient saisi la justesse de son raisonnement et l'opportunité d'une décision prompte sur une question si intéressante pour la confédération toute entière; ils avaient deviné, sous les réticences du chasseur, un nom que, probablement, et pour des raisons qu'il désirait garder secrètes, il n'avait pas voulu prononcer; aussi son discours fut-il accueilli avec un murmure de satisfaction, témoignage toujours flatteur aux oreilles d'un orateur, quel que soit le centre où il est appelé à faire briller son éloquence.

L'Œil-de-Feu d'un geste avait interrogé les membres du conseil. Tous avaient répondu par un hochement affirmatif de la tête.

— Votre projet est adopté, dit le chef; nous reconnaissons la nécessité de le mettre à exécution. Mais, cette fois encore, nous aurons recours à vos lumières pour le choix des membres du conseil que nous aurons à élire.

— Le hasard seul doit présider à ce choix. Tous les sachems réunis dans cette enceinte sont les grands braves de leurs tribus, les guerriers d'élite de leurs nations. Quels que soient ceux d'entre eux que le sort désigne, ils figureront honorablement dans le nouveau conseil.

— La Main-Ferme a bien parlé, ainsi qu'il fait toujours lorsqu'il est appelé à donner son avis dans l'assemblée des chefs. Maintenant qu'il termine ce qu'il a si bien commencé, en nous enseignant la façon dont nous devons interroger le hasard.

— Soit; j'obéirai à mon père.

Le chasseur se leva et sortit de la salle, mais son absence dura à peine quelques minutes. Pendant cet intervalle, les chefs étaient demeurés immobiles et silencieux.

Bientôt la Main-Ferme reparut, suivi de l'Épervier, qui, chargé par les sachems de défendre l'entrée du conseil, n'avait pas, bien qu'il en eût le droit, pris part à la délibération.

Ce chef portait une couverture de laine repliée en forme de sac.

— Dans cette couverture, dit alors le chasseur, j'ai placé un nombre de balles égal au nombre des chefs réunis au conseil; chacune de ces balles a été prise par moi dans le sac aux munitions d'un des chefs présents. J'ai remarqué que nos fusils sont de différents calibres : donc, parmi les balles choisies par moi et jetées dans cette couverture, les unes sont plus grosses, les autres plus petites; chacun à son tour, tirera au hasard. Lorsque tout le monde aura la sienne, on les confrontera, et les trois chefs, si vous vous arrêtez à trois, ou les cinq, si vous préférez ce nombre, auxquels le hasard aura donné les balles les plus grosses, composeront le nouveau conseil.

— Ce moyen est simple, et évite tout froissement d'amour-propre, dit l'Œil-de-Feu; je crois que nous ferons bien de l'adopter.

Les chefs inclinèrent affirmativement la tête.

— Mais, reprit le sachem, avant que de procéder au tirage, déterminons d'abord de combien de membres se composera le conseil. Seront-ils trois, seront-ils cinq?

Un trappeur blanc se leva et demanda la parole.

C'était un homme d'une quarantaine d'années, à la figure franche et énergique et aux membres trapus, connu dans toutes les prairies de l'Ouest sous le sobriquet bizarre du Siffleur.

— S'il m'est permis dit-il d'émettre mon avis en pareille matière devant des hommes sages et des guerriers renommés, moi qui ne suis qu'un pauvre diable de chasseur, je vous ferai observer que, dans une commission dont la mission est aussi sérieuse, trois hommes ne suffisent pas pour élucider une question et la discuter avec fruit, parce que la majorité est trop facile à obtenir : cinq hommes s'éclairent mutuellement en échangeant leurs idées et en soulevant des objections; donc je suis d'avis que le conseil soit composé de cinq membres, j'ajouterai un seul mot : les chasseurs et les trappeurs blancs et métis, ici présents, prendront-ils part à l'élection?

— Ne combattent-ils pas avec nous? répondit l'Œil-de-Feu.

— C'est vrai, reprit le Siffleur; cependant, peut-être vaudrait-il mieux que les choses se passassent entre vous; nous ne sommes en réalité que vos auxiliaires.

— Vous êtes nos frères et nos amis. Au nom des chefs de la confédération, je vous remercie, Siffleur, de la délicatesse de la proposition que vous avez émise; mais nous n'acceptons pas votre offre, tout doit être commun entre vous et nous.

— Vous ferez comme il vous plaira. J'avais parlé

pour le bien ; cela ne vous convient pas, qu'il n'en soit plus question.

Pendant les quelques mots échangés entre l'OEil-de-Feu et le trappeur, les chefs avaient décidé que la commission militaire serait composée de cinq membres. On procéda immédiatement au tirage.

Chaque guerrier vint à son tour puiser une balle dans un sac tenu par l'Epervier ; puis on procéda à la vérification avec cette bonne foi et cette impartialité que les Indiens mettent dans toutes leurs actions lorsqu'ils traitent entre eux.

Cette fois, ainsi que cela arrive beaucoup plus souvent qu'on ne le suppose lorsqu'on laisse franchement agir le hasard, il fut intelligent : les chefs choisis pour composer la commission furent justement ceux qui, si l'on s'était servi d'un autre mode d'élection, auraient, par leurs talents, leur expérience et leur sagesse, réuni les suffrages. Aussi les sachems applaudirent-ils franchement à cette faveur du sort et, superstitieux comme le sont les Indiens, ils tirèrent de ce caprice du hasard un augure favorable pour l'issue de la guerre.

La commission fut donc composée ainsi qu'il suit :

L'OEil-de-feu,

L'Epervier,

La Main-Ferme,

Le Siffleur,

Et un chef apache renommé, dont le nom était le Pecaris.

Au moment où, l'élection terminée, les chefs regagnaient leurs siéges, c'est-à-dire les crânes de bisons qui en tenaient lieu, la Main-Ferme s'approcha d'un trappeur qui, depuis son arrivée, semblait fuir son regard, et chercher autant que possible à dissimuler sa présence parmi les Indiens; et, lui frappant sur l'épaule :

— Maître Kidd, lui dit-il d'une voix basse, mais brève et impérative, deux mots, s'il vous plaît.

L'aventurier, car c'était lui, tressaillit à cet attouchement; mais, se remettant aussitôt, il se retourna le visage souriant vers le chasseur, et le saluant obséquieusement :

— Tout à votre service, caballero, dit-il, avec cette intonation mielleusement féline qui distingue la basse classe au Mexique; serais-je assez heureux pour vous être bon à quelque chose?

— Oui, répondit sèchement le chasseur.

— Parlez, caballero, parlez, et tout ce qui dépendra de moi...

— Trêve de protestations hypocrites, interrompit rudement la Main-Ferme, et venons au fait :

— Je vous écoute, répondit l'autre, en dissimulant son inquiétude.

— Voici ce dont il s'agit : à tort ou raison, votre présence ici me blesse.

— Que puis-je faire à cela; cher seigneur?

— Une chose bien simple.

— Laquelle, s'il vous plaît?

— Quitter immédiatement la tour, monter sur votre cheval et partir.

— Oh! oh! fit l'aventurier avec un rire contraint, l'idée, cher seigneur, permettez-moi de vous le dire, me semble fort singulière.

— Vous trouvez, reprit froidement le chasseur. Eh bien! voyez comme les opinions sont différentes. A moi, au contraire, elle me paraît toute naturelle.

— Vous plaisantez, sans doute, répondit le bandit tout interloqué.

— Me croyez-vous homme à plaisanter, avec vous surtout? non, n'est-ce pas? Eh bien! je vous le répète, partez, partez le plus tôt possible, dans votre intérêt, je vous le conseille.

— Encore faudrait-il un prétexte pour cette fuite. Que penseront de moi les chefs indiens qui m'ont fait l'honneur de me convoquer à ce grand conseil, et les autres chasseurs mes amis, que supposeront-ils en me voyant les abandonner ainsi sans motif apparent, au moment où l'on va commencer la guerre?

— Cela ne me regarde pas; je veux que vous partiez à l'instant; sinon...

— Sinon? reprit Kidd.

— Sinon, je vous fais sauter la cervelle devant tout le monde comme à un traître et à un espion. Vous me comprenez maintenant, mon maître n'est-ce pas?

Le bandit eut un tressaillement nerveux; son visage devint livide, et pendant quelques secondes il fixa son œil de vipère sur le chasseur qui l'examinait froidement d'un air ironique, puis se penchant à son oreille:

— Main-Ferme, lui dit-il d'une voix étranglée par la rage et la honte, vous êtes le plus fort, toute résistance de ma part serait insensée; je vous cède donc, je pars, mais souvenez-vous de ceci, je me vengerai.

La Main-Ferme haussa les épaules avec mépris:

— Faites, dit-il, si vous le pouvez; mais, en attendant, partez si vous ne voulez pas que je mette ma menace à exécution, et il lui tourna le dos.

Kidd lui lança un dernier regard de colère, et, sans ajouter un mot, il sortit de la salle.

Dix minutes plus tard, il courait à fond de train sur la route du réal de Minas, en roulant dans sa tête les plus sinistres projets.

XVIII

LE CONSEIL DES SACHEMS

(Suite).

Bien que les chefs indiens eussent deviné aux gestes de la Main-Ferme ce qui s'était passé entre lui et le bandit américain, cependant aucun d'eux ne fit la plus légère allusion au départ de Kidd, et même nul ne sembla s'en apercevoir.

Seul, le trappeur canadien nommé, le Siffleur s'approcha du chasseur, et lui serrant la main, lui dit avec un gros rire :

— Pardieu ! compagnon, vous n'avez pas manqué votre gibier, et vous l'avez bel et bien abattu du premier coup, recevez mes bien sincères félicitations pour nous avoir débarrassés de cette bête puante, qui n'est ni chair ni poisson, et dont la mine de coquin ne me revenait pas du tout.

— Il vous reviendrait bien moins encore mon brave Siffleur, si vous le connaissez, répondit en souriant le chasseur.

— Diable, je ne tiens nullement, je vous prie de le croire, à faire plus ample connaissance avec ce picaro ; on ne rencontre déjà que trop de ses pareil dans les prairies.

Les chefs avaient repris leurs places, et le conseil, un instant interrompu, avait de nouveau été ouvert par l'Œil-de-Feu.

Les Indiens pourraient donner, tout sauvages qu'on se plait à les supposer, des leçons d'urbanité et de savoir-vivre aux membres des assemblées parlementaires de notre vieille Europe : chez eux, jamais un orateur n'est interrompu par ces interpellations parfois saugrenues et presque toujours déplacées dont certains députés européens semblent avoir accaparé le privilége.

Chacun parle à son tour. Les orateurs, écoutés dans un religieux silence, ont la liberté de développer leur pensée sans craindre des personnalités souvent blessantes. Lorsque les débats sont clos, le président, c'est-à-dire le chef le plus âgé, ou celui dont la position est la plus élevée, soit par sa bravoure, soit par sa sagesse, résume la discussion en quelques mots, prend l'avis des autres chefs, qui opinent de la tête, et la minorité accepte toujours, sans plainte ni récrimination d'aucune sorte, les décisions de la majorité.

Avant d'aller plus loin, nous ferons, en quelques mots, connaître les causes de mécontentement qui avaient poussé les Indiens à se soulever cette fois encore contre les blancs.

A l'époque de la domination espagnole, les Indiens, bien qu'on se soit acharné à soutenir le contraire, étaient heureux, ou du moins étaient, par les soins intelligents du gouvernement, placés dans une situation de bien-être qui assurait leur existence dans des conditions fort convenables.

Nul doute que si l'Espagne avait conservé cinquante ou soixante ans encore ses colonies, elle serait arrivée peu à peu et sans efforts visibles, à convertir les aborigènes de ses vastes territoires, à les attacher à la culture des terres, et à leur faire renoncer à la vie nomade pour adopter l'existence incomparablement préférable des villages.

Toute l'Amérique espagnole, au nord comme au au sud, avait été couverte de missions, c'est-à-dire de colonies agricoles établies sur une grande échelle, où des moines respectables sous tous les rapports, par leur complète abnégation des jouissances du monde et leur inépuisable charité, enseignaient aux Indiens non-seulement les préceptes paternels de l'Evangile et les instruisaient dans les devoirs des hommes entre eux ; mais encore, prêchant d'exemple, ils s'étaient faits tisserands, laboureurs, cordonniers, forgerons, afin de mieux faire comprendre à leurs dociles apprentis de quelle façon ils devaient s'y prendre.

Ces missions renfermaient, à l'époque de la guerre de l'indépendance, plusieurs centaines de milliers d'Indiens, déjà instruits, pliés aux exigences de la civilisation, et ayant renoncé à la vie nomade des chasseurs. Ce résultat magnifique, obtenu à force de courage et de persévérance, et qui devait finir, dans un temps rapproché par résoudre ce problème soutenu insoluble, de l'émancipation de la race rouge, et de son apititude à se courber au joug des lois et aux conditions de l'existence sédentaire des villes, ne fut malheureusement pas poussé plus loin.

Lorsque les Mexicains eurent proclamé leur indépendance, leur premier soin fut de détruire tout ce qu'avaient élevé les Espagnols et de renverser de fond en comble le système gouvernemental intérieur établi par eux. Naturellement, les missions ne furent pas exemptées de ce bouleversement général; elles furent peut-être même plus sévèrement traitées que les institutions créées par les anciens oppresseurs; l'esprit philosophique du XVIIIe siècle, en pénétrant par la brèche au Mexique, avait naturellement été mal compris et mal apprécié par des hommes plongés dans la plus complète ignorance, et qui crurent faire preuve d'indépendance et de noblesse de caractère, en décrétant la haine du clergé, et en abolissant d'un seul coup ses prérogatives.

Il est vrai que, par un retour inévitable des choses humaines, les Mexicains, dont la révolution fut presque entièrement faite par des prêtres, et qui, dans le principe, se montrèrent audacieusement sceptiques, ne tardèrent pas à retomber, grâce à leur superstition, sous le joug de ce même clergé, et à en devenir les esclaves plus dévoués que jamais.

Malheureusement, le coup était porté aux missions (colonies agricoles), bien que le gouvernement reconnût la faute, et cherchât par tous les moyens à la pallier. Elles ne s'en relevèrent jamais, ne firent plus que languir, et finalement tombèrent en ruines pour la plupart, et furent complétement abandonnées par les Indiens, qui retournèrent à la vie du désert, dont on avait eu tant de peine à les retirer.

Rien de désolant comme l'aspect que présente aujourd'hui ces missons si riches, si pleines de vie et si florissantes jadis : c'est à peine si de loin en loin on voit quelques Indiens, errants comme des fantômes, dans les cloîtres déserts, guidés par un vieux moine à cheveux blancs, qu'ils n'ont pas voulu quitter, et qui, lui aussi, a juré de mourir près d'eux.

Le gouvernement mexicain ne s'en tint pas là. Revenant aux vieux errements de la conquête, il s'habitua à considérer les Indiens comme des esclaves taillables à merci, et il les traita comme tels, leur imposant des tarifs exorbitants pour les objets de première nécessité, qu'il leur faisait vendre par des agents spéciaux, les courbant sous des lois draconiennes, et poursuivant l'injustice à leur égard jusqu'à leur nier l'intelligence et les flétrissant du nom de *gente sin razon,* — gens sans raison. — Les conséquences d'un tel système sont faciles à comprendre.

Les Indiens, qui, dans le principe, s'étaient contentés de s'éloigner passivement, et d'aller dans leurs solitudes ignorées chercher cette liberté qu'on leur refusait, se voyant si injustement traités comme des bêtes fauves, poussés au désespoir par tant d'insultes, songèrent enfin à se venger et à rendre le mal pour le mal.

Alors recommencèrent ces invasions périodiques des frontières indiennes, réprimées avec tant de peine et au prix de tant de sang répandu par les Espagnols. Le meurtre et le pillage furent organisés sur une grande échelle et avec tant de succès que les Comanches et les Apaches, pour narguer les blancs, arrivèrent à donner le nom ironique de *lune du Mexique* au mois choisi par eux pour commettre leurs déprédations périodiques.

Les Indiens *mansos* ou soumis, c'est-à-dire ceux qui, malgré les continuelles vexations dont ils étaient victimes, restèrent attachés à leurs villages, se soulevèrent à plusieurs reprises; et chaque fois le gouvernement mexicain ne parvint à les faire rentrer dans le devoir qu'à force de promesses et de concessions, violées et mises en oubli aussitôt que les Peaux-Rouges avaient déposé les armes. La guerre se généralisa donc et devint permanente dans les Etats frontières de la Confédération.

Mais, à part quelques invasions plus sérieuses que les autres, les Indiens s'étaient presque toujours bornés à tenir les blancs en éveil par des escarmouches continuelles, lorsque arriva le grand soulèvement de 1827, qui faillit réussir, et enlever au Mexique ses plus riches provinces. Ce soulèvement fut d'autant plus terrible, que cette fois les Indiens, guidés par des chefs expérimentés, possédant des armes à feu, et ayant adopté une tactique complétement différente de celle qu'ils avaient employée jusque là, firent une guerre sérieuse, et s'obstinèrent à conserver les territoires dont ils s'étaient emparés.

Les peaux-rouges avaient élu un empereur, installé un gouvernement; ils laissaient parfaitement voir l'intention de reconquérir définitivement leur indépendance et de reconstituer leur nationalité.

Les Mexicains, effrayés à juste titre de ces manifestations, s'imposèrent les plus grands sacrifices pour avoir raison de cette révolte redoutable, et ils y parvinrent plutôt, grâce à la trahison et à la désunion qu'ils surent semer entre les chefs, que par la force de leurs armes.

Mais cette levée de boucliers les avait fait réfléchir; ils avaient compris que le moment était arrivé de compter avec ces hommes qu'ils s'étaient habitués à ne considérer que comme des êtres sans raison; la paix fut conclue à des conditions fort avantageuses pour les Indiens; et cette fois, bon gré mal gré, les Mexicains, grâce à la frayeur qu'ils avaient eue, tinrent leurs promesses, ou, pour être plus vrai, ils feignirent de les tenir.

Pendant plusieurs années, les Indiens mansos, satisfaits de cette apparente amélioration dans leurs rapports entre eux et les blancs, demeurèrent paisibles dans leurs villages, et les Mexicains n'eurent plus qu'à défendre leurs frontières contre les attaques des Indiens, bravos ou insoumis, tâche à laquelle, nous sommes contraints de l'avouer, ils ne réussirent que médiocrement, car les Indiens sautèrent définitivement par-dessus les limites que leur avaient imposées les Espagnols, s'établirent à demeure sur les ruines d'anciens villages créoles, et, peu à peu, en gagnant chaque année du terrain, ils arrivèrent à rétrécir extraordinairement le territoire de la Confédération mexicaine.

Cependant lorsque le souvenir de la grande insurrection de 1827 commença à s'effacer, et que les Indiens mansos parurent avoir accepté définitivement la suzeraineté du Mexique, les vexations recommencèrent, sourdes d'abord, elles devinrent peu à peu de plus en plus fréquentes devant l'apathique résignation des Indiens et la patience avec laquelle ils supportaient sans se plaindre les injustes agressions dont on les rendait systématiquement victimes. Les concessions accordées sous la pression de la peur furent brutalement retirées, en un mot, tout retourna au point où il se trouvait avant le soulèvement.

Les Indiens continuèrent à souffrir sans se plaindre, résignés en apparence à supporter toutes les insultes qu'il plairait à leurs oppresseurs de leur faire subir ; mais ce calme cachait une tempête terrible, et les Mexicains devaient être réveillés par un coup de foudre.

Les peaux-rouges se conduisirent en cette circonstance avec une prudence et une circonspection rares, afin de ne pas donner trop tôt l'éveil à ceux qu'ils voulaient surprendre. Il est évident qu'ils auraient réussi à tromper les Mexicains sur leurs projets, sans la trahison de plusieurs des nombreux agents provocateurs que le gouvernement entretenait perpétuellement dans leurs villages, afin de les surveiller, agents parmi lesquels se trouvait Kidd, si brusquement démasqué par la Main-Ferme, et si dédaigneusement éconduit.

Cependant ces agents, malgré leur vif désir de se faire valoir auprès de ceux qui les employaient, en grossissant les faits, n'avaient pu donner que des détails assez vagues sur la conspiration silencieusement tramée par les Indiens. Ils savaient qu'un empereur avait été élu, que cet empereur était blanc ; mais quel était cet homme ? Comment se nommait-il ? D'où venait-il ? Voilà ce qu'ils n'avaient pu dire, par la raison qu'ils l'ignoraient, ils savaient aussi que la confédération des Papagos s'était mise à la tête du mouvement, et s'était réservée de frapper les premiers coups ; mais comment et quand les hostilités commenceraient-elles ? Personne ne le savait.

Ces renseignements, si incomplets qu'ils fussent, parurent cependant aux Mexicains, auxquels revinrent en foule à la mémoire les souvenirs sanglants de la dernière insurrection, assez graves pour qu'ils cherchassent à se mettre en mesure de résister à la première attaque, toujours terrible, des peaux-rouges, et à mettre leurs frontières, sinon dans un complet état de défense, ce qui était impossible vu les moyens restreints dont ils disposaient, du moins à l'abri d'un coup de main; chose qui jusqu'alors n'était jamais arrivée. Le gouvernement de Mexico, averti de ce qui se passait par les commandants des États de Sonora et de Sinaloa, les deux plus menacés de la Confédération, et comprenant la gravité de la situation résolut d'expédier de la capitale des troupes pour renforcer les garnisons de la frontière. Il est vrai que ce projet ne put avoir de suites, et fut au contraire cause de nouvelles et fort graves complications.

Il n'y a que les anciennes colonies espagnoles, livrées à l'incurie et à la désorganisation la plus profonde, où de tels actes soient possibles.

Les troupes désignées pour se rendre en Sonora, dès qu'elles surent que c'était pour les opposer aux Indiens qu'on les y envoyait, refusèrent nettement et péremptoirement de marcher, donnant pour raison qu'elles ne se souciaient nullement d'aller guerroyer contre des barbares, qui ne respectaient pas le droit des gens, et qui ne se faisaient aucun scrupule de scalper leurs prisonniers.

Le président de la république, fort de son droit et du danger que courait le pays, voulut insister et les contraindre à partir. Alors il arriva une chose facile à prévoir; non-seulement les troupes s'opiniâtrèrent dans leur rebellion, mais encore elles y mirent le sceau en se révoltant tout à fait, et en faisant un *pronunciamiento* en faveur du général choisi pour commander l'expédition, et qui, nous devons lui rendre cette justice, avait été le premier à se déclarer contre le départ des troupes de la capitale.

Ce pronunciamiento fut l'étincelle qui allume une traînée de poudre. En quelques jours, le Mexique tout entier fut en proie aux horreurs de la guerre civile; de sorte que les gouverneurs des États de Sonora et de Sinaloa, réduits à leurs propres forces, et ne sachant s'ils conserveraient leurs positions sous le président qui remplacerait le premier, se trouvèrent plus embarrassés que jamais, n'osèrent prendre aucune initiative et se contentèrent de se retrancher du mieux qu'ils purent, ayant déjà beaucoup à faire pour maintenir leurs soldats dans le devoir et les empêcher de les abandonner.

Voilà en quel état étaient les choses au moment où nous sommes arrivés. Ces renseignements, sur lesquels nous nous sommes appesantis avec intention, afin de bien faire comprendre au lecteur certains faits qui, sans cette précaution, pourraient lui paraître appartenir bien plutôt au domaine de la fantaisie qu'à celui de l'histoire, tant ils sont étranges et incroyables, avaient été, dans tous leurs détails, rapportés par la Main-Ferme au conseil des sachems, et écoutés par ceux-ci dans un religieux silence :

— Maintenant, ajouta-t-il en terminant, je crois que le moment est venu de frapper le grand coup que depuis si longtemps nous préparons. Nos ennemis hésitent, ils sont démoralisés, leurs soldats tremblent, et je suis convaincu qu'ils ne supporteront pas le choc de nos guerriers et de nos grands braves. Voilà ce que je voulais dire au conseil; seulement, il ne fallait pas que des renseignements aussi importants tombassent dans des oreilles ennemies. Les sachems jugeront si j'ai bien agi, ou si mon zèle m'a emporté, en chassant honteusement du conseil ce visage pâle qui, j'en ai la conviction, est un traître vendu aux Mexicains. J'ai dit.

Un murmure flatteur accueillit les dernières paroles du jeune homme, qui se rassit en rougissant.

— Il me semble, dit alors le Siffleur, que la discussion ne doit plus être longue, la guerre étant résolue en principe, le conseil général de la confédération n'a plus à s'occuper qu'à nous chercher, parmi les autres nations indiennes, des alliés, afin d'augmenter encore, si cela est possible, le nombre de nos guerriers. Maintenant, pour ce qui regarde les opérations de guerre et l'époque où le territoire mexicain sera envahi, cela demeure du ressort de la commission militaire, qui s'engage à garder sur ces discussions le plus profond secret, jusqu'à ce que l'heure de les mettre à exécution soit arrivée. J'ai dit.

L'Œil-de-Feu se leva.

— Chefs et sachems de la confédération des Papagos, dit-il de sa voix sympathique et vibrante, et vous guerriers alliés, le moment de lever le conseil est enfin arrivé. Maintenant, seule la commission des cinq chefs siégera. Que chacun de vous retourne dans sa tribu, arme ses braves les plus renommés et fasse exécuter la danse du scalp autour du poteau de la guerre; mais que le huitième soleil vous retrouve tous de retour ici à la tête de vos guerriers, afin que lorsque l'invasion sera décidée, chacun soit prêt à agir. J'ai dit, ai-je bien parlé hommes puissants?

Les chefs se levèrent silencieusement, allèrent reprendre leurs armes, et quittèrent immédiatement la pyramide, puis le village, s'élançant à fond de train dans toutes les directions.

L'OEil-de-Feu et la Main-Ferme demeurèrent seuls.

— Mon fils, dit alors le vieillard, n'avez-vous rien à m'apprendre à moi?

— Si, mon père, répondit respectueusement le jeune homme; j'ai des nouvelles fort graves à vous donner.

XIX

LE RANCHO

Avant de rapporter la conversation de l'OEil-de-Feu et de la Main-Ferme, il nous faut retourner en arrière, et mettre le lecteur au courant de certains faits qui s'étaient passés à l'acienda del Toro, quelques jours avant le départ du mayordomo pour Hermosillo, faits dont la connaissance est indispensable pour l'intelligence de ce qui va suivre.

Les jeunes filles mexicaines nées et élevées sur la frontière indienne, jouissent d'une liberté que le défaut de relations leur rend indispensable : toujours à cheval, dans ces immenses propriétés de vingt à vingt-cinq lieues d'étendue, leur vie se passe à courir par monts et par vaux, visitant les misérables huttes des vaqueros et des peones, venant en aide à leur misère, et se faisant aimer d'eux par leurs grâces naïves et leur touchante bonté.

Doña Marianna exilée, pendant plusieurs années

au couvent de la ville du Rosaire, où s'était faite son éducation, avait hâte à son retour à l'hacienda de reprendre ses longues courses à travers les forêts et les prairies et de revoir les engagés de son père, avec lesquels elle avait joué enfant, et dont elle avait gardé un si bon souvenir.

Ordinairement suivie d'un domestique spécialement attaché à sa personne, mais le plus souvent seule, la jeune fille avait donc recommencé ses promenades, allant voir tantôt l'un, tantôt l'autre, joyeuse de galopper en liberté, insouciante comme l'oiseau, heureuse de tout, des fleurs qu'elle cueillait au passage, de l'air vivifiant qu'elle respirait à pleins poumons, et souriant gaiement au soleil qui lui bronissait le teint, se laissant vivre enfin avec cette voluptueuse et égoïste apathie de l'enfant chez laquelle la femme ne s'est pas encore révélée, et qui ignore si elle a un cœur.

Le plus ordinairement, doña Marianna dirigeait sa course vers un rancho situé à trois lieues environ de l'hacienda, au centre d'une majestueuse forêt de chaînes verts et de mezquites.

Ce rancho, construit en adobès et blanchi à la chaux, s'élevait sur le bord d'une rivière, au milieu d'une clairière rendue assez grande à cause des défrichements exécutés pour labourer le terrain nécessaire à la nourriture des pauvres habitants de ce misérable gîte. Derrière le rancho, un enclos servant de corral renfermait deux vaches et quatre ou cinq chevaux, seule fortune du maître de cette habitation, qui, cependant n'était pas à l'intérieur aussi pauvre que l'extérieur le faisait supposer ; elle était divisée en trois parties, dont deux servaient de chambres à coucher, et la troisième de salle commune, salon, cuisine, etc.; dans celle-ci, les poules venaient effrontément becqueter les graines et les débris de tortillas qu'on laissait tomber.

A droite se trouvait une espèce de foyer bas, destiné évidemment aux apprêts culinaires; le milieu de la pièce était occupé par une grande table de chêne à pieds tordus; au fond, deux portes s'ouvraient sur les chambres à coucher; les murs étaient garnis de ces affreuses estampes coloriées dont le commerce parisien inonde le nouveau monde, et au bas desquelles des colporteurs intelligents impriment des noms de saints pour en rendre la vente plus facile: entre autres estampes, il y en avait une représentant Napoléon gravissant le Saint-Bernard, accompagné d'un guide tenant la bride de son cheval; elle portait cette exergue, par trop fantaisiste: *Le grand saint Martin partageant son manteau avec un pauvre.* Ce qui donne un sel incomparable à cette légende humoristique, c'est que, loin de paraître vouloir donner son manteau au guide, qui, du reste, ne s'en soucie guère, le général, au contraire, semble transi de froid et s'enveloppe avec un soin particulier (1).

Enfin, quelques butaccas et quelques équipales complétaient cet ameublement, qui, sous beaucoup de rapports, pouvait passer pour élégant dans un pays où la science du comfort est complètement ignorée, et les exigences de la vie matérielle réduites à leur plus simple expression.

(1) L'auteur a vu cette estampe chez un riche mineur de Cosala. G. A.

Ce rancho était depuis nombre d'années habité de père en fils par la même famille, dernier reste des Indiens établis sur ce territoire lors de la découverte de cette contrée par les Espagnols.

Ces Indiens, mansos et convertis depuis longtemps au christianisme, étaient de vieux et fidèles serviteurs des marquis de Moguer, qui toujours les avaient aimés, s'étaient fait un point d'honneur d'augmenter leur bien-être, et de les couvrir en toutes circonstances de leur protection. Aussi le dévouement de ces braves gens pour la famille de Moguer était-il quelque chose de touchant par sa naïve abnégation.

Ils avaient oublié leur nom indien et n'étaient connus que sous celui de Sanchez.

Au moment où nous la mettons en scène, la famille se composait de trois personnes : le père, vieillard aveugle, mais droit et vert, qui, malgré son infirmité, parcourait encore, suivi seulement de son chien Bouchaley, tous les sentiers de la forêt sans hésiter et sans risquer de s'égarer ; la mère, femme d'environ quarante ans, grande, robuste, aux traits accentués qui, lorsqu'elle était jeune, avaient été fort beaux ; et du fils, garçon de ving-cinq ans environ, bien découplé, hardi chasseur, et qui remplissait à l'hacienda l'office de tigrero.

Luisa Sanchez avait été la nourrice de doña Marianna, et la jeune fille, privée de bonne heure de sa mère, avait conservé pour elle, non-seulement cette amitié que les enfants gardent ordinairement à leur nourrice, et qui rend parfois jalouses les mères véritables ; mais ce besoin d'affection, si naturel aux jeunes cœurs, et que doña Marianna, retenue par l'apparente sévérité de son père, ne savait comment épancher.

Le retour de la jeune fille à l'hacienda avait causé une grande joie au rancho ; le père, la mère et le fils étaient aussitôt montés à cheval ; ils s'étaient rendus au Toro pour embrasser leur enfant, ainsi qu'ils disaient naïvement. A moitié chemin, ils avaient rencontré doña Marianna qui, elle aussi, impatiente de les voir, accourait vers eux, galoppant comme une folle, et suivie par son frère, qui la taquinait en riant sur cet amour pour sa nourrice.

Depuis lors, pas un jour ne s'était passé sans que la jeune fille apportât au rancho le rayon de soleil de sa présence et vînt partager le déjeuner de la famille ; repas frugal, composé de légères galettes grillées sur une plaque de fer, de bœuf bouilli assaisonné de *chile colorado*, de lait et de *quesadillas*, gâteau de fromage vert et rude comme du cuir, aliments rustiques, mais que la jeune fille soutenait être excellents, et qu'elle croquait à belles dents.

Bouchaley, comme tout le monde dans le rancho, avait pris doña Marianna en adoration. C'était une espèce de roquet, à poils longs, noir et blanc, âgé de plus de dix ans, hargneux et rageur comme tous ses congénères ; il n'avait en réalité qu'une seule qualité, sa fidélité à toute épreuve pour son maître, qu'il ne quittait pas de l'œil, et au pied duquel il demeurait sans cesse couché. Seulement depuis le retour de la jeune fille, le cœur du digne quadrupède s'était ouvert à une nouvelle affection : chaque matin, il allait se planter sur la route par laquelle doña Marianna arrivait ; dès qu'il l'apercevait, il la saluait par des bonds, des gambades et des aboiements assourdissants, et l'accompagnait ainsi jusqu'au rancho,

Mariano Sanchez, le tigrero, avait pour sa sœur de lait une amitié encore augmentée par la similitude des noms, similitude qui, dans l'Amérique espagnole, donne droit à une espèce de parenté spirituelle, touchante coutume dont l'origine, tout indienne, a pour but de resserrer les relations, être *tocayo et tocaya* (1), c'est presque être frère et sœur.

Aussi le digne tigrero, afin d'assister chaque jour au repas de sa tocaya, faisait il souvent huit et dix lieues dans sa matinée, récompensé de sa longue course et heureux de l'avoir faite par un sourire de la jeune fille.

Quant au père Sanchez, depuis le retour de son enfant, comme il disait, il n'avait qu'un regret; celui de ne pouvoir la voir, de ne pouvoir admirer combien elle était belle, mais il se consolait en l'embrassant.

Il était environ onze heures du matin. Le soleil illuminait la chaumière, les oiseaux chantaient à pleine gorge dans la forêt. Le père Sanchez avait pris le moulin à bras et broyé le grain entre des pierres, tandis que sa femme, après avoir nettoyé la farine au moyen d'un panier en guise de tamis, pétrissait la farine et en formait les légères galettes nommées tortillas, qui devaient, après avoir été grillées sur une plaque de fer, former la partie solide du déjeuner, Bouchaley était à son poste sur

(1) On donne ce nom dans l'Amérique espagnole, à ceux auxquels leurs parrains ont donné les mêmes patrons, nous ignorons l'origine de cette touchante coutume. G. A.

la route et surveillait l'arrivée de la jeune fille.

— Comment se fait-il, demanda le vieillard, que Marianno ne soit pas encore ici? ordinairement, j'entends plus tôt le pas de son cheval.

— Eh! le pauvre garçon, qui sait où il est en ce moment, répondit la mère; il guette, depuis quelques jours une portée de jaguars qui ont mordu plusieurs chevaux de l'hacienda; pour sûr, il est en embuscade dans quelque fourré. Pourvu qu'un jour ou l'autre le pauvre enfant ne soit pas dévoré par un de ces terribles animaux.

— Allons donc, femme, reprit le vieillard en haussant les épaules, l'amour maternel vous rend folle, Mariano, lui, dévoré par les jaguars!

— Eh! je ne vois rien d'impossible à cela.

— Autant dire que Bouchaley est capable de chasser le peccaris : l'un est aussi possible que l'autre. D'ailleurs, oubliez-vous que votre fils ne marche jamais sans son chien Bigote, un griffon croisé de loup et de terre-neuve, haut comme un poulain de six mois, et qui, d'un coup de gueule, est capable de casser les reins à un coyote.

— Je ne dis pas non, père, je ne dis pas non, reprit-elle en hochant la tête; cela n'empêche pas qu'il fait un métier dangereux, et qui peut un jour ou l'autre lui coûter la vie.

— Allons donc, Mariano est un trop fin chasseur pour cela; d'ailleurs, ce métier est lucratif, chaque peau de jaguar lui rapporte quatorze piastres (1), bénéfice qui n'est pas à dédaigner pour nous depuis que ma maudite infirmité m'empêche de travailler.

(1) Soixante-dix francs de notre monnaie.

Ne vaudrait-il pas mieux que ma vieille carcasse retourne à la terre, puisque je ne suis plus bon à rien?

— Ne parlez pas ainsi, père, surtout devant notre fille, car elle ne vous le pardonnerait pas, d'autant plus que ce que vous dites est injuste; vous avez assez travaillé dans votre temps pour que vous vous reposiez, et que votre fils vous remplace.

— Eh! dites donc, femme, fit en riant le vieillard, ai-je été dévoré par les jaguars, moi? Cependant, je suis resté tigrero pendant plus de quarante ans, et les jaguars n'étaient pas, tant s'en faut, aussi commodes à cette époque que maintenant, hein?

— C'est bon, c'est bon; vous n'avez pas été dévoré, c'est vrai; mais votre père et votre grand-père l'ont été, eux. Que répondez-vous à cela?

— Hum! fit le vieillard assez embarrassé, je répondrai... je répondrai...

— Rien, et cela vaudra mieux, reprit-elle; car vous n'auriez rien de bon à m'objecter.

— Allons donc! pour qui me prenez-vous, la mère? Si mon père et mon grand-père ont été dévorés, ce qui est vrai, c'est...

— Eh bien! c'est quoi? voyons!

— C'est qu'ils ont été pris en traître par les jaguars, dit-il enfin d'un air triomphant; ils savaient bien à qui ils avaient affaire, les sournois; aussi ils ont rusé, sans cela ils n'auraient pas réussi avec deux aussi fins chasseurs que mon père et mon grand-père.

La ranchera haussa les épaules en souriant; mais elle jugea inutile de répondre, sachant bien qu'elle ne parviendrait pas à faire partager à son mari son opinion sur le métier hasardeux de leur fils.

Le vieillard, satisfait d'avoir, à ce qu'il croyait, réduit sa femme au silence, n'abusa pas de sa victoire; tout en riant d'un air narquois, il tordit une cigarette qu'il alluma, tandis que ña Luisa mettait le couvert, rangeait et époussetait tout dans le rancho, s'arrêtant parfois, et prêtant l'oreille avec inquiétude pour s'assurer que le pas du cheval de son fils ne se mêlait pas aux bruits qui s'élevaient incessamment de la forêt.

Soudain les aboiements de Bouchaley se firent entendre, redoublant de force de minute en minute, le vieillard se redressa sur sa butaccà; ña Sanchez se précipita vers la porte, sur le seuil de laquelle doña Marianna venait d'apparaître, fraîche et souriante.

— Bonjour père, bonjour mère, s'écria-t-elle de sa voix argentine, en allant baiser au front le vieillard, qui la pressa avec attendrissement sur sa poitrine; allons, Buchaley, allons! soyez sage, ajouta-t-elle en caressant le chien, qui ne cessait de sauter après elle. Mère, priez mon tocayo de mettre Negro au corral, le brave animal a bien gagné son alfalfa.

Tout cela fut dit gaîement, étourdiment, avec cette charmante intonation qui n'appartient qu'aux jeunes filles.

— J'irai, moi, querida, dit le vieillard; pour aujourd'hui, je remplacerai Mariano.

Et il sortit du rancho sans attendre de réponse.

— Mère, reprit la jeune fille avec une nuance d'inquiétude; où donc est mon frère de lait? je ne le vois pas.

— Il n'est pas encore arrivé, Niña.

— Comment! pas encore arrivé?

— Oh! il ne tardera pas, je l'espère! dit-elle en étouffant un soupir.

La jeune fille l'examina un instant avec intérêt.

— Qu'avez-vous, mère? dit-elle enfin, en saisissant la main de la pauvre femme, serait-il arrivé un accident?

— Dieu nous en préserve, querida! s'écria ña Luisa en joignant les mains.

— Cependant vous êtes inquiète, mère; vous me cachez quelque chose : que se passe-t-il? parlez.

— Rien, mon enfant; pardonne-moi, il ne se passe rien d'extraordinaire, je ne te cache rien, seulement...

— Seulement? interrompit-elle.

— Eh bien, puisque tu l'exiges, querida, je t'avoue que je suis inquiète : Mariano est le tigrero de l'hacienda, tu sais?

— En effet, eh bien?

— Eh bien, je redoute toujours qu'il lui arrive un accident; un malheur est sitôt venu.

— Allons, allons, mère, n'ayez donc pas de telles pensées, Mariano est un chasseur intrépide, d'une finesse et d'une adresse peu communes.

— Ah! hija, toi aussi, tu penses comme le vieux! Hélas! si je perdais mon fils, que deviendrai-je?

— Oh! mère, pourquoi parler ainsi? Mariano, je l'espère, ne court aucun danger; le retard qui vous effraie ne signifie rien. Bientôt vous le verrez paraître.

— Puisse-tu dire vrai, chère enfant.

— Je suis tellement convaincue de cela, mamita,

que je ne me mettrai pas à table avant son arrivée.

— Alors, tu n'attendras pas longtemps, hijita, dit le vieillard en entrant dans le rancho.

— Il vient? s'écria joyeusement la mère, en essuyant une larme à la dérobée.

— Je le savais, fit la jeune fille.

— Là, entendez-vous les pas de son cheval? dit le vieillard.

En effet, le galop furieux d'un cheval résonnait dans la forêt et se rapprochait avec la rapidité d'un ouragan.

Les deux femmes s'étaient élancées au dehors.

En ce moment, un cavalier apparut sur la lisière de la clairière, accourant à toute bride, les cheveux au vent et les traits animés par la vivacité de la course; ce cavalier, aux formes nerveuses et élégantes, au visage mâle et énergique, était Mariano le tigrero. Son chien, magnifique métis croisé de loup et de terre-neuve, noir et blanc, à l'encolure puissante et à la tête énorme, courait sur la même ligne que le cheval, sur lequel il fixait à chaque instant son regard intelligent et doux.

— Vive Dios! querida Tocaya, s'écria le jeune homme en sautant d'un bond à terre, je suis heureux de vous voir; je craignais d'arriver trop tard. Bigote, ajouta-t-il en s'adressant à son chien et en lui jetant la bride, que l'animal saisit dans sa gueule, conduisez Moreno au corral.

Le chien s'achemina immédiatement vers l'endroit désigné, suivi par le cheval.

Mariano et les deux femmes entrèrent dans le rancho.

Le jeune homme alla baiser son père au front en lui prenant la main, et lui disant :

— Bonjour, père, puis il revint vers sa mère, qui l'embrassa à plusieurs reprises.

— Cruel enfant, lui dit-elle, pourquoi avoir autant tardé?

— Ne fais pas attention à ce que te dit ta mère, muchacho, fit le vieillard ; elle est folle.

— Fi ! que c'est laid de parler ainsi, s'écria la jeune fille ; vous feriez mieux de gronder Mariano, car moi aussi j'étais inquiète.

— Ne m'en veuillez pas, répondit le jeune homme ; je suis depuis quelques jours à la piste d'une famille de jaguars qui rôdent aux environs ; il m'a été impossible de venir plutôt.

— Est-ce qu'ils se trouvent par ici?

— Non. Ce sont des maraudeurs amenés par la sécheresse ; ils sont d'autant plus dangereux, que, n'étant pas de ce pays, ils campent à leur caprice, tantôt dans un endroit, tantôt dans un autre, et que leur piste est fort difficile à suivre.

— Pourvu que la pensée ne leur vienne pas de s'approcher d'ici, dit la mère avec inquiétude.

— Je ne le crois pas, les fauves évitent le voisinage de l'homme ; cependant, doña Marianna fera bien, pendant quelques temps, de restreindre ses promenades et de ne pas trop s'écarter dans la forêt.

— Que puis-je avoir à redouter?

— Rien, je l'espère ; cependant, mieux vaut agir avec prudence ; les fauves sont des animaux dont les habitudes sont fort difficiles à connaître, surtout lorsqu'ils sont dépaysés comme ceux-ci.

— Bah ! bah ! s'écria en riant la jeune fille, vous voulez m'effrayer, tocayo.

— Ne le croyez pas, du reste, je vous accompagnerai jusqu'à l'hacienda avec Bigote.

Le chien, qui une fois sa mission accomplie avait rejoint son maître, remua la queue en le regardant.

— Voici ce que je n'accepterai pas, tocayo, répondit la jeune fille en passant ses doigts effilés sur la robe soyeuse du chien et lui roulant les oreilles ; laissez Bigote tranquille. Je suis venue seule, je retournerai à l'hacienda seule ; et, montée sur Negro, à moins que les tigres se soient embusqués sur mon passage, je les mets au défi de m'atteindre.

— Cependant Niña, objecta Mariano.

— Pas un mot de plus sur ce sujet, tocayo, je vous en prie ; déjeunons, je meurs littéralement de faim, et les tigres seraient-ils là, ajouta-t-elle en riant, qu'ils ne réussiraient pas, malgré la frayeur que j'éprouverais, à me couper l'appétit.

XX

PERDUS

On se mit à table ; le repas, malgré les efforts de doña Mariana pour l'égayer, se ressentit de l'inquiétude qu'éprouvaient deux des quatre convives, et qu'ils cherchaient vainement à cacher.

Le tigrero en voulait à sa sœur de lait de son refus de l'accompagner, car, ce qu'il ne lui avait pas dit, et qu'il avait à peine osé lui laisser entrevoir, c'est que la jeune fille risquait à son retour à l'hacienda de rencontrer les féroces animaux que, depuis plusieurs jours, il chassait vainement sans pouvoir les abattre.

Le jaguar, fort peu connu en Europe, est un des fléaux du Mexique ; il figurerait avantageusement dans les ménageries royales. Un seul, croyons-nous, se trouve au Jardin des Plantes de Paris, et encore est-ce un des plus petits de la race.

Disons, en deux mots, quel est cet animal, plus redouté des Indiens et des blancs de l'Amérique septentrionale que le lion ne l'est des Arabes.

Le jaguar (*felis onca* ou *onza*) est, après le tigre et le lion, le plus grand des animaux de son genre ; c'est le *grand chat sauvage* de Cuvier ; on lui donne indistinctement les noms de *tigre d'Amérique* et de *panthère des fourreurs*. C'est un quadrupède du genre chat, de l'ordre des carnivores ; sa longueur totale est d'environ 2 mètres 60 centimètres, sa hauteur de près de 80 centimètres.

Sa robe est belle et fort recherchée ; son pelage, d'un fauve vif en dessus, est marbré à la tête, au cou et le long des flancs de taches noires plus ou moins ocellées ; le dessous du corps est blanc, parsemé de taches noires irrégulières.

Peu d'animaux échappent aux poursuites du jaguar ; il fait une chasse acharnée aux chevaux, aux génisses, aux taureaux, aux bisons, force le gibier à la course, n'hésite pas à plonger dans les rivières pour saisir certains poissons dont il est friand, combat l'alligator, mange les loutres et les picas, et fait aux singes une guerre cruelle, grâce à son agilité qui lui permet de monter, à l'aide de ses griffes, jusqu'à la cime des arbres, même dépouillés de branches et élevés de plus de soixante mètres.

Bien que, comme tous les fauves du nouveau monde, il fuie le voisinage de l'homme, cependant il n'hésite pas à l'attaquer, lorsqu'il est poussé par la faim, ou dépisté par les chasseurs : alors, il combat avec le plus grand courage, sans jamais songer à fuir.

Voilà quels étaient les animaux à la poursuite desquels le tigrero était attaché depuis près de dix jours sans avoir encore pu les atteindre. D'après les empreintes relevées par le tigrero, les jaguars étaient au nombre de quatre : le mâle, la femelle et les deux petits.

On comprend quelle devait être la terreur du jeune homme en songeant au danger terrible auquel sa sœur de lait risquait d'être exposée à son retour de l'hacienda; mais il connaissait trop bien doña Marianna pour espérer, après son refus péremptoire, de la faire revenir sur sa détermination, aussi n'essaya-t-il pas de ramener la conversation sur ce sujet, se réservant de suivre de loin la jeune fille, afin de pouvoir, tout en restant hors de sa vue, lui venir en aide si le besoin l'exigeait.

Du reste, ainsi que cela arrive toujours en pareille circonstance, doña Marianna, voyant qu'on s'obstinait à ne plus s'occuper des jaguars, fut la première à en parler, demandant à son frère de lait des détails sur leur apparition dans le pays, sur les dégâts qu'ils avaient commis ; de quelle façon il espérait les surprendre, et une foule d'autres choses auxquelles le jeune homme répondit avec une convenance parfaite, mais en se bornant à faire des réponses brèves, sans se laisser aller au plaisir, cependant si grand pour les chasseurs, de raconter des incidents de chasse.

Le tigrero usa d'un tel laconisme dans les renseignements qu'il donna à la jeune fille, que celle-ci, dépitée malgré elle de le voir si froid sur un sujet auquel il paraissait quelques instants auparavant attacher une si haute importance, se mit à le plaisanter, à se moquer de lui, et finit par lui dire en riant, et d'un air railleur, qu'elle était convaincue que ce qu'il lui avait dit n'était que pour la taquiner, et que les jaguars dont il parlait n'avaient jamais existé que dans son imagination.

Mariano prit gaiement la raillerie, convint qu'il avait peut-être montré plus d'inquiétude que la chose n'en méritait réellement; et, décrochant un jarabè pendu au mur, il commença, afin de couper court à la conversation, à râcler, avec le dos de sa main, un fandango.

Plusieurs heures s'écoulèrent ainsi à rire, à causer et à chanter. Le moment du départ arriva enfin; Mariano alla chercher au corral le cheval de la jeune fille, le sella avec le plus grand soin, et l'amena devant la porte du rancho, après toutefois avoir sellé aussi son cheval, afin d'être prêt à partir aussitôt que doña Mariana se serait assez éloignée pour ne plus être en vue du rancho.

— Vous êtes demeuré bien longtemps dans le corral, tocayo, lui dit-elle en riant; auriez-vous, par hasard, découvert des empreintes suspectes?

— Non, Niña; seulement comme moi aussi je quitte le rancho, en sellant votre cheval, j'ai sellé le mien.

— Et sans doute vous allez vous remettre à la poursuite de vos jaguars fantastiques?

— Mon Dieu! oui, répondit-il galement.

— Eh! fit-elle avec une terreur feinte, n'allez pas les manquer au moins, si vous les rencontrez!

— Je ferai mon possible pour que cela n'arrive pas, d'autant plus que je désire vous faire cadeau de leurs fourrures, afin de vous convaincre qu'ils existaient réellement.

— Je vous remercie de cette galanterie, tocayo, reprit-elle en riant; mais vous connaissez le proverbe: il ne faut pas vendre la peau du... jaguar, avant...

— Bon, bon, nous saurons bientôt qui a tort ou raison, interrompit-il.

La jeune fille, toujours riant, embrassa le ranchero et sa femme, se mit légèrement en selle, et, se penchant gracieusement vers Mariano, en lui tendant la main:

— Sans rancune, tocayo, lui dit-elle; venez-vous de mon côté?

— Je le devrais.

— Pourquoi ne m'accompagnez-vous pas alors?

— Parce que vous supposeriez, Niña, que je veux vous escorter.

— Ah! ah! ah! fit joyeusement la jeune fille, j'avais déjà oublié votre proposition de ce matin; allons, bonne chasse, et à demain: en route, Negro.

Après avoir prononcé ces mots, elle fit un dernier signe d'adieu à sa nourrice, et partit au galop.

Le jeune homme la suivit un instant des yeux, afin de bien déterminer la route qu'elle suivait; puis il rentra dans le rancho, prit son fusil, et le chargea avec le soin que mettent à cette opération les chasseurs, lorsqu'ils se croient exposés à voir dépendre leur vie de la justesse de leur tir.

— Est-ce que réellement tu pars tout de suite? lui demanda sa mère avec une sollicitude inquiète.

— A l'instant, mère.

— Où vas-tu?

— Suivre, sans qu'elle me voie, ma sœur de lait jusqu'à l'hacienda.

— C'est une bonne pensée; est-ce que tu redoutes un danger pour elle?

— Pas le moindre. Mais il y a loin d'ici à l'hacienda; les *Bravos* se remuent, dit-on; nous ne sommes pas très-éloignés de la frontière, et comme nul ne peut prévoir l'avenir, je ne veux pas que ma sœur de lait soit exposée à faire de mauvaises rencontres.

— Parfaitement raisonné, muchacho, la Niña a tort de courir ainsi seule à travers la forêt.

— La pauvre enfant dit le ranchero, un malheur est si vite arrivé; ne perds pas de temps, pars, muchacho; en y réfléchissant, je crois que tu aurais dû insister pour l'accompagner.

— Elle n'y aurait pas consenti, père, vous le savez bien.

— C'est vrai, c'est vrai; mieux vaut que cela soit ainsi; elle sera protégée sans le savoir. La première fois que je verrai don Ruiz, je lui recommanderai de ne plus laisser sa sœur sortir seule ainsi; les temps ne sont pas bons.

Mais le jeune homme n'écoutait plus son père; dès que son fusil avait été chargé, il avait embrassé sa mère, puis il avait quitté le rancho, suivi par son chien.

Cinq minutes plus tard, il était en selle et s'élançait à fond de train dans la direction suivie par Marianna.

Aussitôt que la jeune fille se trouva assez éloignée du rancho, elle ralentit le pas de sa monture et lui fit prendre une allure plus douce, et surtout plus commode pour elle.

Il était environ cinq heures de l'après-dîner; le vent du soir se levait et faisait doucement frissonner les feuilles des arbres, dont il courbait les cimes feuillues; le soleil, sans chaleur, et presque au niveau du sol, n'apparaissait plus à l'horizon que sous la forme d'un globe rougeâtre: l'atmosphère, rafraîchie par la brise, était embaumée des douces émanations des fleurs et des plantes; les oiseaux, tirés de la lourde léthargie causée par la chaleur, chantaient sur toutes les branches, et remplissaient l'air de leurs joyeux concerts.

Doña Marianna, âme impressionnable et ouverte à toutes les sensations, se laissait doucement aller aux enivrements de cette nature si pleine d'ineffables harmonies, et, peu à peu, oubliant où elle se trouvait et les objets environnants, elle était tombée dans une voluptueuse rêverie.

A quoi pensait-elle? certes, elle n'aurait su le dire; elle subissait malgré elle l'influence de cette belle soirée, et voyageait dans ce charmant pays des chimères dont la vie n'est hélas! trop souvent que le cauchemard.

Doña Marianna était trop jeune, trop naïve et trop pure pour avoir déjà des souvenirs tristes ou doux, la vie n'avait encore été pour elle qu'une suite non nterrompue de jours de soleil; mais elle était femme, et, à son insu, elle cherchait les battements de son cœur et s'étonnait de ne pas les trouver. Avec cette curiosité innée chez son sexe, l'enfant essayait d'une main timide de soulever un coin du voile de l'avenir, et de deviner ces mystères incompréhensibles, tant que l'amour ne les a pas révélés par la souffrance, la joie ou la douleur.

Doña Marianna avait un assez long trajet à faire dans la forêt avant que d'atteindre la plaine et de se trouver en rase campagne, mais elle avait tant de fois parcouru ce chemin à toute heure du jour; elle était si bien persuadée que nul danger ne la menaçait, que sa main laissait flotter nonchalamment la bride sur le cou de sa monture, tandis qu'elle se plongeait de plus en plus dans la rêverie sans nom qui s'était emparée d'elle.

Cependant, l'ombre s'épaississait sous le couvert; les oiseaux s'étaient blottis sous la feuillée et avaient cessé leurs chants, le soleil avait disparu, et les chauds et rougeâtres reflets laissés par lui sur l'horizon commençaient à s'effacer et à s'éteindre; le vent soufflait avec plus de force à travers les branches, qui gémissaient avec de longs murmures; le ciel prenait des teintes plus sombres, la nuit venait rapidement. Déjà les cris perçants des coyotes s'élevaient dans les quebradas, et du fond des repaires inexplorés de la forêt, de sourds mugissements troublaient le silence et annonçaient le réveil des fauves habitants du désert.

Tout à coup un rauquement long, éclatant, strident, ayant une certaine ressemblance avec le miaulement du chat, traversa l'espace et vint raisonner aux oreilles de la jeune fille avec un écho sinistre.

Tirée brusquement de sa rêverie, doña Marianna releva vivement la tête et jeta un regard inquiet autour d'elle. Un léger frisson de crainte agita son corps. Son cheval, pendant si longtemps abandonné à lui-même, avait marché à l'aventure sans suivre de route déterminée, la jeune fille se trouvait dans une partie de la forêt qui lui était inconnue ; en un mot, elle était égarée.

Lorsqu'on est perdu dans une forêt américaine, on est mort !

Les forêts américaines sont ordinairement composées entièrement d'arbres de la même essence, ce qui rend presque impossible de s'y diriger, à moins d'être doué de cette intuition miraculeuse que possèdent les Indiens et les chasseurs, et qui les fait marcher avec certitude dans les plus inextricables dédales.

De quelque côté que se tourne la vue, on n'aperçoit que d'immenses voûtes de verdure, se prolongeant à l'infini, fatiguant le regard par leur désespérante monotonie, et traversées seulement, d'espace en espace, par des *sentes* de bêtes fauves, qui se mêlent, s'enchevêtrent les unes dans les autres, et finissent par conduire à des abreuvoirs ignorés, rivières sans nom, coulant silencieuses et mornes sous le couvert et dont les sinuosités sont impossibles à suivre.

L'endroit où se trouvait la jeune fille était un des plus déserts de la forêt ; les arbres, d'une grosseur et d'une hauteur prodigieuse, se serraient les uns contre les autres, reliés entre eux par des réseaux de lianes, dont les jets innombrables, surgissant dans tous les sens et dans toutes les directions, formaient un mur infranchissable; de l'extrémité des branches pendait, en longs festons jusqu'à terre, cette mousse grisâtre nommée *barbe d'espagnol*; et l'herbe droite et haute qui poussait sur le sol et le recouvrait entièrement, montrait que depuis longtemps le pied de l'homme n'avait pas foulé ces parages.

La jeune fille sentit une invincible terreur s'emparer d'elle. La nuit était presque complète; alors les histoires de jaguars que le matin lui avait racontées son frère de lait lui revinrent en foule à la mémoire, rendues plus terribles par les ténèbres qui l'environnaient et les lugubres mugissements qui s'élevaient de toutes parts. Elle frissonna, et, toute pâlissante, elle songea au terrible danger auquel elle s'était si imprudemment exposée.

Alors, réunissant toutes ses forces pour un appel suprême, elle poussa un cri, mais sa voix s'éteignit sans écho.

Elle était seule, perdue dans le désert, pendant la nuit.

Que faire? que devenir?

La jeune fille essaya de reprendre le chemin par lequel elle était venue; mais ce chemin, suivi au hasard dans l'herbe, n'existait pas; les herbes, foulées par les sabots du cheval, s'étaient redressées derrière lui; d'ailleurs la nuit était noire à ne pas voir à quatre pas devant soi, et doña Marianna ne tarda pas à reconnaître que ses efforts pour retrouver sa route n'aboutissaient qu'à l'égarer davantage.

Un homme eût été dans une position comparativement beaucoup moins embarrassante dans un cas semblable; il eût pu allumer du feu pour combattre le froid de la nuit et éloigner les bêtes fauves; en cas d'attaque, ses armes lui auraient permis de se défendre; mais doña Marianna n'avait pas les moyens d'allumer du feu; elle était sans armes, en eût-elle eu, qu'elle n'aurait su s'en servir.

Il lui fallait demeurer immobile au lieu où elle se trouvait, pendant la nuit tout entière, au risque de mourir de froid ou de terreur.

Cette position était affreuse.

Combien regretta-t-elle son imprudente confiance, cause de ce qui lui arrivait en ce moment! Mais il était trop tard: ni plaintes, ni récriminations ne pouvaient rien, il fallait se soumettre à son sort.

Chez les natures énergiques, si peu accoutumées qu'elles soient au péril, lorsque ce péril se fait inévitable, et qu'elles reconnaissent que rien ne peut les garantir, une réaction se fait dans l'esprit: leurs pensées s'élucident, leur courage grandit avec leur volonté, et elles acceptent avec une résignation fière et résolue toutes les conséquences de ce péril qu'il leur faut affronter, si terribles qu'elles soient.

Ce fut ce qui arriva à la jeune fille. Lorsqu'elle reconnut qu'elle était bien réellement perdue, un profond désespoir s'empara d'elle; un instant la faiblesse naturelle à son sexe prit le dessus, et elle se laissa tomber en sanglottant sur le sol; mais peu à peu, la réaction s'opéra; et, pieuse comme toutes les Espagnoles, elle joignit les mains et adressa à Dieu, son espoir suprême, une fervente et touchante prière.

On a dit avec raison que, non-seulement la prière console, mais encore qu'elle fortifie et rend l'espoir.

La prière, pour ceux qui croient fermement, c'est l'expression des véritables sentiments de l'âme : ceux-là seuls qui ont vu la mort de près, soit sur le champ de bataille, soit pendant une tempête, ballotés au gré des vents et des flots, sur un navire à demi-brisé, comprendront ce que la prière, ce dernier recours du faible vaincu, à la toute-puissante intelligence qui peut seule le sauver, a de réellement sublime.

Doña Marianna pria; puis elle se leva plus calme et surtout plus forte. Maintenant, elle s'était remise entre les mains de Dieu, et, dans sa foi naïve, elle était convaincue qu'il ne l'abandonnerait pas.

Son cheval, dont elle n'avait pas lâché la bride, demeurait immobile à son côté. La jeune fille flatta doucement de la main le noble animal, le dernier ami qui lui restait.

Puis, par une inspiration soudaine, elle commença à détacher les boucles des sangles qui retenaient la selle, meurtrissant sans y songer ses mains mignonnes et s'écorchant les doigts aux pointes de fer.

— Pauvre Negro, disait-elle d'une voix douce, en débarrassant l'animal de ses harnais, il ne faut pas que tu sois victime de mon imprudence; reprends ta liberté, le noble instinct dont t'a doué ton créateur te fera peut-être retrouver ta route et te donnera les moyens de te sauver ; va, mon pauvre Negro, pars, te voilà libre !

L'animal poussa un hennissement de joie, fit un bond prodigieux en avant et disparut dans les ténèbres.

Doña Marianna demeura seule, bien seule, cette fois.

XXI

LA MAIN-FERME

On ne saurait se figurer ce que la nuit apporte avec elle de terreurs sous son épais manteau de brumes, lorsque la terre n'est plus échauffée par les rayons étincelants du soleil, et que les ténèbres règnent en maîtresses. Alors tout change d'aspect et revêt aux rayons blafards de la lune une apparence fantastique, les montagnes paraissent plus hautes, les rivières plus larges et plus profondes; les arbres semblent des spectres, sombres transfuges du tombeau, qui vous guettent au passage, prêts à vous étreindre dans leurs bras décharnés. L'imagination s'enflamme, les idées se confondent, on tremble à la chute d'une feuille, au souffle nocturne de la brise, au bris d'une branche; et pâle, éperdu, en proie à un horrible cauchemar, on croit à chaque instant toucher à sa dernière heure.

Dans les forêts américaines, la nuit a des mystères plus terribles encore. Sous ces immenses dômes de verdure, sous lesquels, même à l'heure de midi, le soleil est impuissant à pénétrer, et qui demeurent constamment plongés dans un clair obscur indécis, les ténèbres deviennent pour ainsi dire palpables : rien ne saurait faire luire une clarté dans ce chaos, excepté parfois les prunelles lumineuses des bêtes fauves qui, du fond des halliers, dardent des éclairs électriques. Là, véritablement, la nuit règne en maîtresse; les ténèbres se peuplent des hôtes sinistres des forêts, que l'obscurité chasse de leurs tanières ignorées, et qui commencent, à la recherche d'une proie, leur lugubre promenade. De chaque buisson, du fond de chaque ravin, s'élancent des bruits confus, sans nom dans la langue humaine : les uns, clairs et stridents; les autres, rauques et bas; d'autres encore, ressemblant à des miaulements où à des rires ironiques, se confondent dans un horrible concert; puis ce sont des bruits de pas pesants sur le sol, des vols funèbres d'oiseaux; c'est aussi ce murmure indistinct, incessant, qui n'est autre que le grouillement continu des infiniment petits, se mêlant à ce sombre mugissement, que toujours on entend au désert, et qui n'est que la respiration de la nature, en travail de ses incompréhensibles arcanes.

Une nuit passée dans les bois, sans feu et sans armes, est pour un homme une chose terrible; mais la situation devient autrement affreuse lorsqu'il s'agit d'une femme, d'une enfant frêle et délicate créature, habituée à toutes les recherches de la vie, inhabile à trouver en soi ces milles ressources que l'homme fort et accoutumé à la lutte sait se procurer, même dans les positions les plus désespérées.

Sans que nous insistions davantage sur ce sujet, le lecteur se figurera sans peine la triste position dans laquelle se trouvait doña Marianna.

Tant quelle put entendre résonner au loin le bruit des pas de son cheval, qui s'enfuyait à fond de train, elle demeura le corps penché en avant, l'oreille tendue, se rattachant à la vie, et peut-être à l'espérance par ce bruit qui lui était familier;

mais lorsqu'il se fut enfin éteint dans le lointain, qu'un silence de plomb pesa de nouveau sur elle, la jeune fille se redressa frémissante; et croisant ses bras sur sa poitrine, elle s'affaissa sur elle-même et tomba à demi évanouie au pied de l'arbre près duquel elle s'était blottie, ne pensant plus, n'espérant plus, attendant la mort. Car quel secours pouvait-elle espérer dans ce tombeau de verdure qui, pour être vaste, n'en était pas moins sûr et moins refermé sur elle, sans issue possible?

Combien de temps demeura-t-elle plongée dans cet état de prostration, qui n'était autre qu'une agonie anticipée? une heure ou cinq minutes peut-être? elle n'aurait su le dire.

Pour les malheureux que tout, même l'espérance, abandonne, le temps semble s'arrêter, les minutes durent des siècles, une heure paraît ne devoir jamais finir.

Soudain un bruit faible, indistinct comme un soupir, presque insaisissable, frappa son oreille.

Instinctivement, elle écouta.

Ce bruit augmenta de seconde en seconde, avec une force extrême. Bientôt, il n'y eut plus à s'y tromper, c'était celui d'une course rapide, affolée, à travers la forêt.

Ce bruit, doña Marianna le reconnut avec terreur; il était causé par le retour de son cheval.

Pour que le noble animal revînt sur ses pas avec une si extrême vélocité, il fallait qu'il fût poursuivi de près par des bêtes fauves : telle fut la pensée de doña Marianna, pensée dont malheureusement elle reconnut bientôt la justesse.

Le cheval poussa un hennissement de terreur

auquel, comme de funèbres échos, répondirent aussitôt deux rauquements stridents et saccadés.

Puis, comme dans un rêve, doña Marianna entendit des bonds prodigieux, des écarts gigantesques; elle entrevit des ombres sinistres passer avec la rapidité de l'éclair devant elle, puis une lutte horrible, des râles d'agonie mêlés à des rugissements de joie et à des hennissements de terreur...

Quelque terrible que fût sa position, la jeune fille sentit ses larmes glisser lentement sur ses joues : son cheval, son dernier compagnon, avait succombé; la liberté qu'elle lui avait rendue n'avait fait que hâter sa mort; chose étrange, doña Marianna, à cet instant suprême, n'eut pas un moment la pensée que cette mort de son cheval ne précédait probablement que de quelques minutes la sienne, et que c'était pour elle un sinistre avertissement de se préparer à être dévorée.

Lorsque la frayeur a atteint un certain degré, un effet étrange se produit dans l'individu : la vie animale persiste en ce sens que les artères battent, que le cœur palpite, mais la vie intellectuelle est complétement anéantie; le cerveau, frappé d'une paralysie temporaire, ne perçoit plus la pensée; les yeux regardent sans voir; la voix même ne peut plus se faire jour à travers la gorge contractée; en un mot, la terreur arrive à produire une catalepsie partielle, en anéantissant pour un temps plus ou moins long les facultés les plus nobles de l'homme.

Doña Marianna en était arrivée à ce point que, même eut-elle eu les moyens de fuir, elle eût été incapable de les employer, tant chez elle tout sentiment était éteint, jusqu'à l'instinct de la conservation, le sentiment qui reste le dernier debout lorsque tous les autres sont anihilés.

Heureusement pour la jeune fille, les jaguars, car ils étaient plusieurs, se trouvaient placés au-dessous du vent; de plus, ils avaient goûté du sang, double raison qui provisoirement la mettait en sûreté, en ôtant à leur odorat presque toute sa finesse.

On n'entendait d'autre bruit que celui produit par le craquement des os du cheval, que les fauves étaient occupés à dévorer, mêlé à des rauquements de plaisir ou à des grondements de colère, lorsqu'un des convives essayait d'empiéter sur la part du voisin.

Il n'y avait pas à en douter : les animaux en train de faire cet horrible festin étaient les jaguars chassés depuis longtemps par le tigrero Mariano, et que la mauvaise étoile de la jeune fille avait si malencontreusement jetés sur son passage.

Peu à peu, doña Marianna s'était non pas familiarisée avec le danger suspendu pour ainsi dire au-dessus de sa tête, cela eût été impossible, mais comme, d'après les lois naturelles, toute chose arrivée à son point culminant doit inévitablement décroître, sa terreur première, sans cependant l'abandonner, avait produit chez elle un phénomène bizarre, c'est-à-dire qu'elle s'était sentie, malgré elle, attirée vers ces horribles animaux, dont elle distinguait les noires silhouettes s'agitant dans l'ombre : en proie à une espèce de vertige, le corps penché en avant, les yeux démesurément ouverts, sans raisonner même le sentiment étrange qui la poussait à agir ainsi, elle demeurait les regards avidement fixés sur eux, suivant avec un intérêt fiévreux leurs moindres mouvements, et éprouvant à cette contemplation un sentiment d'inexplicable plaisir, qui faisait courir dans tout son corps un frisson mêlé de joie et de douleur... Explique qui pourra cette singulière anomalie de la nature humaine; mais le fait est positif, et parmi nos lecteurs plusieurs, sans doute, en constateront la véracité.

Tout à coup les jaguars, qui jusque-là s'étaient acharnés sur le cadavre du cheval sans paraître songer à autre chose qu'à faire un bon repas, relevèrent la tête et commencèrent à aspirer l'air avec force.

Doña Marianna vit leurs regards brillants comme des charbons ardents se fixer sur elle : elle comprit qu'elle était perdue; instinctivement, elle ferma les yeux pour échapper à la fascination de ces prunelles métalliques, qui semblaient, dans la nuit, dégager des étincelles électriques, et elle se prépara à mourir.

Cependant, les jaguars ne bougeaient pas, ils s'étaient accroupis sur les restes du cheval; et, tout en continuant à fixer la jeune fille, ils se passaient gracieusement les pattes derrière les oreilles avec des *ronrons* de plaisir : en un mot, ils faisaient coquettement leur toilette, paraissant non-seulement fort satisfaits du repas qu'ils venaient de terminer, mais de celui qu'ils avaient en expectative.

Pourtant, malgré le calme affecté par les deux animaux, car les petits dormaient pelotonnés comme des chats, il était évident que, pour des motifs inconnus, ils étaient inquiets : ils battaient avec force la terre de leur queue puissante; parfois, ils couchaient les oreilles avec un rugissement de colère et tournaient la tête dans toutes les directions, en aspirant l'air. Ils sentaient un danger, mais lequel?

Quant à la jeune fille, ils paraissaient si sûrs de la saisir lorsque cela leur plairait; ils l'avaient devinée si inoffensive, qu'ils se contentaient de se tenir en arrêt devant elle, sans daigner faire un pas pour l'approcher.

Tout à coup, le mâle, sans cependant bouger de place, poussa un cri bref et strident.

La femelle se leva, bondit en avant, saisit un de ses petits dans sa gueule, et d'un saut en arrière disparut dans le fourré; presque immédiatement elle reparut, prit le second qu'elle enleva de même; puis elle retourna calme et résolue se placer auprès du mâle, dont l'inquiétude croissait dans de formidables proportions.

La femelle avait mis ses petits en sûreté; elle venait combattre auprès du chef de la famille.

Au même instant, un éclair traversa l'espace, un coup de feu retentit, et le jaguar mâle roula sur le sol avec un rugissement d'agonie.

Presque aussitôt, un homme s'élança de l'arbre au pied duquel doña Marianna gisait accroupie, tomba devant elle et reçut le choc de la femelle qui, au coup de feu, avait instinctivement bondi en avant.

L'homme chancela, mais cependant demeura debout : il y eut une lutte horrible de quelques secondes, puis le jaguar s'affaissa en poussant un dernier et horrible hurlement.

— Hum! fit le chasseur en essuyant dans l'herbe le long machete avec lequel il avait poignardé le fauve, mes dispositions étaient bien prises, mais je crois que je suis arrivé à temps. Aux petits, maintenant; il est inutile de faire grâce à aucun des membres de cette horrible famille.

Alors cet homme, qui semblait posséder la faculté de voir dans les ténèbres, s'avança sans hésiter vers l'endroit où la femelle avait caché sa progéniture. Il entra résolûment dans le fourré, et en ressortit presque immédiatement en tenant un petit jaguar de chaque main. Il leur écrasa la tête contre le tronc d'un arbre, et jeta leurs corps sur les cadavres du père et de la mère.

— Eh! voilà une assez jolie boucherie, dit-il, que diable fait donc le tigrero de don Hernando, que je suis obligé d'accomplir sa besogne?

Tout en parlant ainsi, le chasseur avait réuni le bois sec qu'il avait trouvé à sa portée, avait battu le briquet, et au bout de quelques minutes, un feu clair lançait vers le ciel une longue gerbe de flamme.

Ce premier soin accompli, l'inconnu se hâta de courir au secours de doña Marianna.

La jeune fille était évanouie.

— Pauvre enfant! murmura-t-il avec un accent de douce commisération, en la soulevant dans ses bras et la transportant auprès du feu, comment la frayeur ne l'a-t-elle pas tuée?

Il la déposa doucement sur des fourrures qu'il avait préparées pour lui servir de lit, et la contempla un instant avec une expression de joie impossible à rendre.

Mais alors, il se trouva assez embarrassé.

Habitué à la vie de lutte du désert, chasseur fort expert, nous en avons la preuve, cet homme était naturellement une très-mauvaise garde-malade : il savait, au besoin, panser une blessure ou extraire une balle, mais il n'entendait rien à soigner une femme et à la faire revenir d'un évanouissement.

— Je ne puis pourtant pas la laisser dans cet état, la pauvre enfant, murmurait-il en la contemplant avec tristesse ; mais que faire? comment la soulager?

Enfin, au risque de ce qui pourrait arriver, il s'agenouilla près de la jeune fille, souleva doucement sa tête charmante, qu'il posa sur son genou, et, entr'ouvrant avec son poignard ses lèvres serrées, il lui versa dans la bouche quelques gouttes de refino de Catalogne contenu dans sa gourde. L'effet de ce remède fut instantané : un tressaillement nerveux agita le corps de la jeune fille ; elle poussa un soupir et ouvrit les yeux.

Dans le premier moment, elle promena autour d'elle des regards égarés ; mais, peu à peu, la pensée sembla revenir dans son cerveau; ses traits contractés se rassérénèrent, et fixant ses yeux sur le chasseur, toujours penché sur elle :

— La Main-Ferme! murmura-t-elle avec une expression de gratitude qui fit doucement battre le cœur du jeune homme.

— Vous m'avez reconnu, señorita? s'écria-t-il avec un joyeux étonnement.

— N'êtes-vous pas ma Providence? répondit-elle, n'arrivez-vous pas toujours lorsqu'il s'agit de me sauver de quelque horrible danger?

— Oh! señorita! murmura-t-il avec embarras.

— Merci, merci, mon sauveur! reprit-elle en lui saisissant la main et la pressant sur son cœur; merci d'être venu à mon secours, Main-Ferme ; car cette fois encore, sans vous, j'étais bien réellement perdue.

— Le fait est, dit-il en souriant, que je crois être arrivé juste à temps.

— Mais comment se fait-il que vous vous soyez trouvé là si à propos? lui demanda-t-elle avec curiosité, tout en s'accommodant sur son séant, et s'enveloppant avec soin dans les fourrures, car déjà les instincts de la femme avaient repris leur empire sur elle.

A cette question, cependant si simple, le chasseur devint rouge.

— Oh! répondit-il, c'est bien simple : depuis quelques jours je chasse dans ces parages. J'avais dépisté cette famille de jaguars que, je ne sais pourquoi, je m'obstinais à mettre bas; maintenant, je le comprends, c'était un pressentiment : après les avoir poursuivis toute la journée, je les avais perdus de vue, et je cherchais leur piste, lorsque votre cheval me les fit retrouver.

— Comment! mon cheval? interrompit-elle avec étonnement.

— Ne vous souvenez-vous pas que c'est moi qui, lors de notre première rencontre, vous ai donné ce pauvre Negro?

— C'est vrai, murmura-t-elle en baissant instinctivement les yeux sous le regard ardent du chasseur.

— Je vous avais entrevue un instant ce matin, lorsque vous vous rendiez au rancho de Sanchez.

— Ah! fit-elle.

— Sanchez est mon ami, reprit-il comme pour expliquer ce qu'il venait de dire.

— Continuez.

— En voyant le cheval, que je reconnus aussitôt, je redoutai qu'il vous fût arrivé un accident, et je me mis à sa poursuite. Mais, en même temps que moi, les jaguars l'avaient éventé; et s'étaient élancés après lui; malheureusement, malgré ma connaissance approfondie de cette forêt, il m'était impossible de courir aussi vite que ces animaux. Heureusement que la faim les tenait, et qu'ils se sont amusés en chemin à dévorer le pauvre Negro; sans cela, je ne serais pas arrivé à temps.

— Mais pourquoi êtes-vous venu par cet étrange chemin?

— Parce qu'avant tout, il fallait vous sauver; que le premier jaguar tué, le second bondirait évidemment sur vous pour se venger.

— Mais vous risquiez d'être déchiré par cet horrible animal! dit-elle avec un frisson de terreur rétrospective, en songeant à l'affreux danger dont elle avait été si miraculeusement préservée.

— C'est vrai, répond-il avec une expression de joie à laquelle il était impossible de se méprendre, mais je serais mort en vous sauvant, et je ne désirais pas autre chose.

La jeune fille ne répondit pas : rêveuse et rougissante, elle pencha la tête sur son sein.

Le chasseur crut l'avoir offensée, et, de son côté, il demeura muet et contraint.

Ce silence dura quelques minutes. Enfin, doña Marianna releva la tête, et tendant la main au jeune homme :

— Merci encore, dit-elle avec un doux sourire. Votre cœur est bon; vous n'avez pas hésité à sacrifier votre vie pour moi, que vous connaissez à peine; je vous en conserverai une éternelle reconnaissance.

— Je suis trop payé de ce que j'ai fait par ces paroles, señorita, répondit-il avec hésitation, cependant, j'aurais une grâce à vous demander, et je serais bien heureux si vous daigniez me l'accorder...

— Oh! parlez! parlez! que puis-je faire? dites?

— Je ne sais comment vous expliquer cela; ma demande va vous paraître si étrange, si singulière, si indiscrète peut-être.

— Dites toujours, je suis convaincue d'avance que cette grâce que vous feignez de me demander n'est autre chose qu'un autre service que vous voulez me rendre.

La Main-Ferme fixa sur la jeune fille un regard interrogateur, puis prenant tout à coup son parti:

— Eh bien! dit-il, señorita, je désire que si un jour, pour une raison quelconque, et que ni vous ni moi ne pouvons prévoir, vous avez besoin, soit de conseils, soit du secours d'un ami, vous ou un membre de votre famille, vous ne fassiez rien avant que de m'avoir vu et de m'avoir expliqué, sans me rien cacher, les motifs qui vous auront poussée à me venir trouver.

Doña Marianna sembla réfléchir; le chasseur l'examinait attentivement.

— Soit, dit-elle enfin; je vous jure d'agir ainsi que vous le désirez. Mais comment pourrai-je vous rencontrer?

— Votre frère de lait, Mariano, est mon ami, señora; vous le prierez de vous conduire vers moi, et il le fera; ou, si vous le préférez, vous me ferez avertir par lui de me rendre à un endroit que vous désignerez.

— C'est convenu.

— Je puis compter sur votre promesse?

— N'ai-je pas juré?

Tout à coup un bruit assez fort, ressemblant à la course d'une bête fauve, se fit entendre dans les halliers; la jeune fille tressaillit et se serra instinctivement contre le chasseur.

— Ne craignez rien, señorita, dit celui-ci; ne reconnaissez-vous pas un ami?

Au même instant, le chien du tigrero vint, en bondissant, caresser la jeune fille, suivi presque instantanément par Mariano.

— Dieu soit béni! s'écria le tigrero avec joie, elle est sauvée; et, serrant avec force la main du chasseur : à charge de revanche, frère, et merci! continua-t-il.

XXII

LE RETOUR

Pour quelle raison Mariano, que nous avons vu quitter le rancho presque aussitôt que doña Marianna et se lancer sur ses traces, était-il arrivé aussi tard? C'est ce que nous allons en quelques mots expliquer au lecteur.

Le jeune homme, certain que sa sœur de lait connaissait parfaitement la route qu'il lui fallait suivre, route du reste suffisamment tracée et facile à retrouver, n'avait nullement songé à l'éventualité d'une erreur de direction, et, sans s'occuper à relever les empreintes du cheval, croyant toujours doña Marianna devant lui, il avait poussé tout droit, avait traversé la forêt, puis s'était engagé dans la plaine, sans apercevoir celle qu'il croyait suivre.

Cependant, en débouchant au milieu des terres labourées, il regarda attentivement devant lui, étonné de l'avance que, en si peu de temps, la jeune fille avait prise.

Mais il eut beau explorer l'horizon dans tous les sens, il ne l'aperçut pas.

Mariano commença à s'inquiéter. Cependant, comme à une grande distance en avant s'étendait un *chapparal* dont les arbres touffus pouvaient lui cacher, sous leur ombrage, celle qu'il cherchait, il se rassura et continua à s'avancer, mais en augmentant encore l'allure, cependant fort rapide déjà, de son cheval.

Il lui fallut un temps assez long pour traverser le chapparal; lorsqu'il en atteignit enfin la lisière, et que de nouveau il déboucha dans la plaine, le soleil était couché depuis une demi-heure environ, et les ténèbres commençaient à envahir la terre; l'obscurité était même assez épaisse pour qu'il lui fût, malgré tous ses efforts, impossible de rien distinguer à une assez courte distance.

Le tigrero s'arrêta, mit pied à terre, appuya son oreille contre le sol et écouta. Au bout d'un instant il entendit, ou peut-être il crut entendre un bruit éloigné, ressemblant au galop d'un cheval; ses inquiétudes se dissipèrent à l'instant : convaincu que la jeune fille était devant lui, il se remit en selle et continua d'avancer.

Il n'était plus qu'à deux lieues environ de l'hacienda del Toro ; il atteignit le pied même du rocher. Arrivé là, il s'arrêta, se demandant intérieurement s'il devait monter jusqu'à l'hacienda, ou bien considérer sa mission comme remplie et retourner sur ses pas.

Pendant qu'il se consultait ainsi sans savoir à quoi se résoudre, il vit une noire silhouette glisser le long du sentier, et bientôt il distingua un cavalier, ce cavalier venait justement à sa rencontre.

— Buena noche, caballero, dit-il lorsque celui-ci le croisa.

— Dios la de a Usted buena ! répondit poliment le cavalier.

Et il passa ; mais, se ravisant tout à coup, il revint sur ses pas.

Au bruit, le tigrero s'était retourné.

— Eh ! fit le cavalier en s'approchant, j'étais bien sûr que je ne me trompais pas. Comment va ño Mariano ?

— Fort bien pour vous servir, répondit le tigrero en reconnaissant le mayordomo, et vous, ño Paredes ?

— Bien, merci ; est-ce que vous montez au Toro, ou bien retournez-vous au rancho ?

— Pourquoi cela ?

— Parce que, dans le premier cas, je vous souhaiterais le bonsoir, au lieu que, dans le second, nous ferions route ensemble.

— Vous allez au Rancho ?

— Oui, le seigneur marquis m'y envoie.

— Et, dites-moi, ño Paredes, y aurait-il de l'indiscrétion de ma part à vous demander ce que vous allez faire si tard au rancho ?

— Pas la moindre, compadre ; je vais tout simplement chercher, par ordre de mon maître, doña Marianna, qui est demeurée aujourd'hui plus tard que d'habitude près de sa nourrice. Son père est inquiet de sa longue absence, et m'a prié d'aller à sa rencontre, au cas où elle serait en route pour revenir, sinon de pousser jusqu'au rancho.

Cette révélation fut un coup de foudre pour le jeune homme, il crut avoir mal entendu.

— Comment ? s'écria-t-il avec inquiétude, doña Marianna n'est point à l'hacienda ?

— Apparemment, répondit le mayordomo, puisque je vais la chercher.

— Mais, c'est impossible cela ! reprit-il avec agitation.

— Comment, impossible ? fit Paredes, qui commençait, lui aussi, à s'inquiéter. Que voulez-vous dire ?

— Je veux dire que doña Marianna a quitté le rancho depuis plus de trois heures déjà ; que, à son insu, je me suis mis à sa poursuite afin de l'escorter sans qu'elle s'en doutât, et qu'elle doit être arrivée à l'hacienda depuis près d'une demi-heure.

— Etes-vous bien sûr de ce que vous avancez ?

— Caraï ! puisque je vous l'affirme !

— Alors, que Dieu, ait pitié de la pauvre enfant ! car je redoute pour elle un affreux malheur.

— Mais peut-être est-elle rentrée à l'hacienda sans que vous l'ayez vue.

— Allons donc, compadre, cela ne se peut pas. Cependant, venez, nous allons nous en assurer.

Sans perdre le temps en plus longs discours, les deux hommes gravirent le sentier au galop et arrivèrent en quelques minutes à la première porte de l'hacienda.

Nul n'avait vu doña Marianna.

L'alarme fut immédiatement donnée. Don Hernando voulait monter à cheval à la tête de ses gens, et battre la campaqne dans tous les sens à la recherche de sa fille; ce ne fut qu'à grand peine qu'on parvint à lui faire abandonner ce projet.

Don Ruiz et le mayordomo, suivis d'une vingtaine de peones armés de torches de bois d'*ocote*, s'élancèrent dans deux directions différentes.

Mariano avait son idée.

Lorsqu'il lui fut bien prouvé que doña Marianna n'avait pas reparu, il supposa, ce qui était vrai, que la jeune fille s'était égarée dans la forêt. Il ne lui vint pas un instant à la pensée qu'elle eût été enlevée par les maraudeurs indiens, car il n'avait rencontré sur son chemin aucune trace du passage d'une troupe de cavaliers, et Bigotes, dont le nez était infaillible, n'avait témoigné aucune inquiétude pendant le trajet.

Donc, doña Marianna était égarée dans la forêt. Le tigrero laissa passer devant lui don Ruiz, le mayordomo et leurs peones, et, suivi pas à pas par son chien, il reprit le chemin du rancho, malgré les exhortations de son jeune maître, et de ño Paredes, qui l'engageaient à les accompagner.

Lorsqu'il fut dans la forêt, il s'arrêta un instant comme pour s'orienter; puis, après avoir examiné avec le plus grand soin le lieu où il se trouvait, il mit pied à terre, attacha la bride du cheval au pommeau de la selle, releva les étriers, les assujettit pour les empêcher de baloter, et donnant une claque amicale sur la croupe de sa monture :

— Allons, Moreno, lui dit-il, retournez au rancho, je n'ai plus besoin de vous cette nuit.

Le cheval tourna sa tête fine et intelligente vers son maître, poussa un hennissement de plaisir, et partit au galop dans la direction du rancho.

Le tigrero visita soigneusement son fusil, dont il changea l'amorce, et commença à inspecter le sol à la lueur d'une torche.

Bigotes, gravement assis sur son train de derrière, suivait avec intérêt tous les mouvements de son maître, évidemment fort intrigué de ce qu'il lui voyait faire.

Après d'assez longues recherches, le tigrero trouva probablement ce qu'il cherchait, car il se releva d'un air satisfait et siffla son chien.

Celui-ci accourut.

— Sentez, Bigotes, lui dit le tigrero, sentez ces empreintes : ce sont celles du cheval de votre maîtresse Marianna ; les reconnaissez-vous, Bigotes?

Le noble animal fit ce que son maître lui ordonnait, puis il fixa sur lui ses yeux brillants, d'une expression presque humaine, et remua la queue avec un hurlement de plaisir.

— Bien, Bigotes, bien, mon brave chien, reprit le tigrero en le caressant ; maintenant, suivons cette piste, sus, Bigotes, en avant, en avant !

Le chien hésita un instant ; puis il partit le nez à terre, suivi pas à pas par son maître, qui avait éteint la torche maintenant inutile.

Mais tout ce que nous avons raconté avait exigé un temps considérable, et le tigrero serait arrivé trop tard pour sauver la jeune fille, si Dieu n'avait pas placé le chasseur sur la route de la pauvre enfant.

Le chien n'avait pas un instant ralenti son pas à travers les méandres sans nombre de la course faite par la jeune fille, et qu'il suivit, sans se tromper, avec cet admirable instinct de sa race, et le maître et l'animal étaient arrivés, ainsi que nous l'avons dit, juste à l'endroit où s'était passé l'horrible drame que nous avons rapporté.

— Lorsque j'ai entendu le coup de feu de la Main-Ferme, suivi immédiatement du rugissement du tigre, répondit le tigrero en terminant son récit, j'ai éprouvé une seconde d'angoisse terrible, car j'ai compris qu'une partie affreuse se jouait en ce moment, et que peut-être le fauve vaincrait l'homme. Eh bien! tocaya, maintenant croirez-vous aux jaguars?

— Oh! taisez-vous, Mariano, fit la jeune fille, en frissonnant, j'ai failli devenir folle de terreur, lorsque j'ai vu fixés sur moi les yeux de ces horribles animaux: oh! sans ce brave et loyal chasseur, j'étais perdue.

— Brave et loyal, en effet, dit le tigrero avec une franche affection; vous avez raison, señorita, la Main-Ferme pourrait tout aussi bien se nommer le Cœur-Bon, car nul n'est plus que lui prêt à venir en aide au premier venu et à soulager toutes les infortunes.

Doña Marianna écoutait avec un vif sentiment de plaisir, ces éloges adressés à l'homme qui l'avait sauvé.

Mais la Main-Ferme éprouvait, lui, un embarras extrême, et souffrait intérieurement de voir élever si haut une action si simple, à son avis, et qu'il était si heureux d'avoir faite.

— Voyons, voyons, Mariano, dit-il pour couper court aux compliments du jeune homme, nous ne pouvons plus longtemps demeurer ici; songez que pendant que nous nous reposons tranquillement auprès du feu, en tenant des discours frivoles, le père et le frère de la señora sont en proie à une inquiétude mortelle, et courent la campagne sans espoir de la retrouver. Il nous faut aviser à sortir d'ici le plus tôt possible et à regagner l'hacienda.

— Caraï, mon maître, vous avez raison comme toujours; mais, comment faire? vous et moi sommes à pied, et il ne faut pas songer à faire faire un aussi long trajet à la señorita.

— Oh! je suis brave, fit-elle en souriant; sous votre escorte, mes amis, je ne crains rien, je marcherai, rassurez-vous.

— Non, señorita, dit le chasseur avec un accent de douce autorité; vos forces trahiraient votre courage, par une nuit aussi obscure; dans une forêt comme celle-ci, à peine un homme habitué à la vie du désert peut-il espérer marcher sans tomber à chaque pas. Abandonnez-vous à nous; mieux que vous, nous savons ce qu'il convient de faire dans cette circonstance.

— Soit, répondit-elle, agissez à votre guise. Déjà aujourd'hui je me suis trop mal trouvée de n'avoir pas voulu suivre les conseils de mon tocayo, pour insister davantage.

— Voilà qui est parlé! s'écria gaiement le tigrero. Que faisons-nous, Main-Ferme?

— Pendant que vous allez enlever la peau des jaguars, que, sans doute, vous ne voulez pas abandonner...

— Mais, interrompit le tigrero, ces peaux vous appartiennent, je n'y ai aucun droit, puisque c'est vous qui avez abattu les fauves.

— Bah! bah! répondit en riant le chasseur, laissez-donc, je ne suis pas tigrero, moi, si ce n'est par accident; ces peaux sont à vous, et bien à vous; ainsi, croyez-moi, prenez-les.

— Puisqu'il en est ainsi, je n'insisterai pas davantage; mais comme, de mon côté, j'ai promis à ma sœur de lait de lui donner ces peaux pour se faire des tapis, je la supplie de les accepter.

— Soit, répondit-elle en fixant sur le chasseur un regard qui le remplit de joie, elles me rappelleront l'horrrible danger que j'ai couru et la façon dont j'y ai échappé.

— Bon, fit le chasseur, voilà qui est convenu.

— Je vais, avec mon machete, abattre quelques branches d'arbre dont nous formerons un brancard.

— Caraï, voilà une idée qui ne me serait pas venue, reprit Mariano en riant; cependant, elle est bien simple. A l'ouvrage!

Les trapeurs et les chasseurs sont gens adroits et surtout expéditifs; en quelques instants Mariano eût dépouillé les jaguars, et la Main-Ferme confectionné le brancard. Les peaux, bien pliées, furent solidement attachées sur le dos de Bigote, qui ne paraissait pas fort satisfait de porter la charge qu'on lui imposait; mais, qui, cependant, finit par en prendre assez gaiement son parti.

La Main-Ferme recouvrit le brancard avec des feuilles et les herbes, sur lesquelles il étendit les fourrures de la *montura* (1) du cheval dévoré par les jaguars, puis il pria la jeune fille de se placer sur ce lit moelleux si prestement improvisé, et les deux hommes, l'enlevant sur leurs robustes épaules, prirent la direction de l'hacienda, guidés par Bigotes, qui trottait en avant en aboyant joyeusement.

Bien que, par surcroît de précaution, les chasseurs eussent conservé une torche d'ocote, cependant l'obscurité était si complète, les arbres tellement pressés les uns contre les autres, que ce n'était qu'avec d'extrêmes difficultés qu'ils parvenaient à avancer dans cet inextricable dédale, contraints à de continuels détours, obligés parfois de marcher dans l'eau jusqu'à la ceinture, assourdis par les cris discordants des oiseaux, reveillés en sursaut par la lueur de la torche; ils voyaient fuir autour d'eux avec des rauquements d'effroi les fauves, dont les yeux brillaient sinistrement dans les ténèbres. Ce fut alors que doña Marianna comprit tout à fait à quel affreux péril elle avait échappé, et combien sa perte était assurée dans cet effroyable désert, si le chasseur n'était pas venu avec un si noble dévouement à son secours; et, malgré elle, au souvenir de ce qui s'était passé et qui pourtant n'était plus maintenant qu'un rêve, un tremblement convulsif agita tout son corps, et elle fut sur le point de s'évanouir.

La Main-Ferme, qui semblait deviner ce qui se passait dans l'âme de la jeune fille, lui adressait souvent la parole, afin de changer le cours de ses idées en la contraignant à lui répondre.

(1) Nom qui sert à désigner les harnais d'un cheval.

Cependant, ils marchaient depuis longtemps déjà, et en apparence la forêt était toujours aussi sauvage.

— Croyez-vous, demanda doña Marianna, que nous sommes dans la bonne route ?

— En admettant, ce qui, à la rigueur, serait possible, señora, répondit le chasseur, que Mariano et moi nous fussions capables de nous tromper, nous avons avec nous un guide infaillible, Bigotes, qui, lui, croyez-le bien, ne nous égarera pas.

— Dans dix minutes, señorita, dit le tigrero, nous déboucherons sur la route qui mène de l'hacienda au rancho.

Soudain, les deux hommes s'arrêtèrent.

— Écoutez, dirent-ils.

La jeune fille prêta l'oreille.

Presque aussitôt elle entendit des cris qui semblaient se répondre dans plusieurs directions à la fois.

— En avant ! en avant ! dit la Main-Ferme, ne laissons pas plus longtemps vos parents et vos amis dans l'inquiétude.

— Merci, répondit-elle.

Ils reprirent leur marche.

En effet, ainsi que l'avait annoncé le tigrero, au bout de dix minutes à peine, ils atteignirent le chemin de l'hacienda.

— Que faisons-nous maintenant, demanda Mariano ?

— Je pense, sauf meilleur avis, répondit la Main-Ferme, que nous devons annoncer notre présence par un cri d'appel, et nous diriger ensuite vers ceux qui nous répondront, qu'en pensez-vous, señorita ?

— Oui, dit-elle, je crois que nous devons agir ainsi, sans cela nous risquons de rentrer à l'hacienda sans rencontrer aucun de ceux envoyés à ma recherche et que nous exposerions ainsi à prolonger leur battue jusqu'au jour, ce qui serait de l'ingratitude de ma part.

— Vous avez raison, Niña, car tous ces braves gens vous aiment, et, sans parler d'eux, votre frère et ño Paredes sont aussi à votre recherche.

— Alors, raison de plus pour nous presser d'annoncer notre retour, répondit la jeune fille.

Les deux chasseurs, après s'être consultés pendant un instant, poussèrent ensemble ce cri long et saccadé qui, au désert comme dans les montagnes, sert de ralliement et s'entend à des distances énormes.

Presque aussitôt la forêt tout entière sembla s'éveiller; des cris pareils éclatèrent dans toutes les directions, et les chasseurs aperçurent des lueurs rougeâtres qui couraient avec une rapidité extrême entre les arbres, convergeant toutes vers l'endroit où ils se trouvaient, comme si elles eussent rayonné vers un centre.

Certains d'avoir été entendus, les chasseurs poussèrent de nouveau leur cri d'appel.

La réponse ne se fit pas attendre; bientôt le galop des chevaux devint distinct, puis des cavaliers, armés de torches, surgirent de tous les points de la forêt, accourant à toute bride, agitant joyeusement la flamme rougeâtre de leurs torches, ressemblant dans la nuit sombre aux chasseurs fantastiques du noir veneur des vieilles légendes allemandes.

Au bout de quelques minutes, tous les peones

furent réunis autour du brancard sur lequel se tenait la jeune fille, don Ruiz et le mayordomo ne tardèrent pas à arriver à leur tour.

Nous ne décrirons pas la joie du frère et de la sœur en se revoyant.

— Mon frère! dit doña Marianna à don Ruiz, si vous me retrouvez vivante, vous le devez à l'homme qui déjà nous a sauvés tous deux des Indiens : sans lui, j'étais perdue.

— Pour cela, on peut le dire sans crainte de se tromper, appuya Mariano.

— Où est-il? demanda don Ruiz; où est-il? que je lui exprime toute ma reconnaissance.

Mais on le chercha vainement. Pendant le premier moment de tumulte, la Main-Ferme s'était fait remplacer par un peon, il s'était glissé inaperçu dans les halliers et avait disparu sans que personne des assistants pût dire quelle direction il avait prise.

— Pourquoi cette fuite? murmura doña Marianna avec un soupir étouffé; cet homme étrange craint-il donc que notre reconnaissance soit trop vive?

Et elle pencha son front rêveur sur sa poitrine.

XXIII

LE HASARD

Bien qu'il n'en laissât rien paraître, cependant don Ruiz fut intérieurement froissé de l'affectation que semblait mettre le chasseur à l'éviter et à se soustraire à ses remercîments. Cette sauvagerie affectée chez un homme auquel il avait d'aussi sérieuses obligations, lui paraissait cacher soit une inimitié déguisée, soit des projets ténébreux dont il redoutait l'accomplissement dans l'avenir, sans pouvoir, cependant, leur assigner dans son esprit de motif plausible ; surtout d'après la façon dont, dans deux circonstances décisives, il n'avait pas hésité, quels que grands que fussent les risques qu'il eût à courir, à voler au secours de lui et de sa sœur.

Ces pensées, qui surgissaient en foule dans l'esprit de don Ruiz, le laissèrent pendant quelques instants plongé dans un trouble extrême ; pourtant, lorsque les peones qu'il avait expédiés à la recherche du chasseur furent revenus les uns après les autres lui annoncer qu'il avait été impossible de découvrir ses traces, il secoua la tête à plusieurs reprises, fronça les sourcils, puis prenant son parti de ce contre-temps, il donna l'ordre du départ.

Le retour de doña Marianna à l'hacienda fut une véritable marche triomphale.

Les peones, heureux d'avoir retrouvé saine et sauve leur jeune maîtresse, pour laquelle ils avaient une si profonde affection, la portaient gaiement sur leurs épaules en riant, en chantant et en dansant tout le long de la route, ne sachant comment lui témoigner leur joie, et voulant lui bien faire comprendre le plaisir qu'ils éprouvaient.

Malgré la fatigue qui l'accablait et l'état d'abattement dans lequel elle était tombée à la suite des émotions terribles qu'elle avait subies, la jeune fille, sensible à ces manifestations de reconnaissance, faisait d'énergiques efforts pour paraître s'associer à leur joie et leur montrer combien elle en était touchée. Mais bien qu'elle leur adressât ses plus charmants sourires et ses plus douces paroles, pourtant elle n'aurait pu supporter pendant longtemps une telle contrainte, et elle était réellement épuisée, lorsque la petite troupe atteignit enfin l'hacienda del Toro.

Le marquis, en proie à la plus vive inquiétude, s'était avancé jusqu'à la dernière porte au-devant des arrivants; et peut-être serait-il allé plus loin encore, si don Ruiz n'avait eu la précaution, aussitôt sa sœur retrouvée, d'expédier à son père un peon chargé de le tranquilliser et de lui annoncer l'heureux résultat des recherches.

Dans le premier moment, don Hernando oublia complétement sa morgue aristocratique pour ne songer qu'au bonheur de presser sur son cœur l'enfant qu'il avait craint de perdre à jamais. Don Rufino Contreras lui-même, emporté par l'exemple, s'associa à la joie générale et essuya ou feignit d'essuyer une larme sympathique, en fixant sur la jeune fille ses gros yeux gris, auxquels il essayait vainement de faire prendre une expression d'attendrissement impossible à obtenir.

La jeune fille se jeta en fondant en larmes dans les bras de son père, et, succombant enfin à l'émotion, elle s'évanouit : accident qui, en réveillant l'inquiétude des assistants, coupa court à toutes les démonstrations.

Doña Marianna fut emportée dans son appartement, et les peones congédiés, après que, sur l'ordre du marquis, le mayordomo leur eut fait une distribution de pesetas et de tragos de refino, ce qui mit le comble à la joie de ces braves gens.

Malgré l'offre de ño Paredes, qui l'engageait à passer la nuit à l'hacienda, le tigrero n'y voulut pas consentir; et après avoir débarrassé Bigotes des peaux de jaguar, ce qui sembla faire vivement plaisir au digne animal, le maître et le chien reprirent gaiement le chemin du rancho.

Il était environ deux heures du matin. La nuit était magnifique, et le tigrero, le fusil sous le bras, suivi par son chien, marchait bon pas tout en sifflant une joyeuse jarana, lorsqu'au moment où il allait s'engager sous le couvert de la forêt, la Main-Ferme émergea subitement d'un buisson à deux pas de lui.

— Eh! eh! dit le tigrero en le reconnaissant, où diable avez-vous passé tout à l'heure? qu'il a été impossible de vous découvrir; quelle idée vous a donc troublé la cervelle?

Le chasseur haussa les épaules.

— Bon! répondit-il, trouvez-vous donc que ce fût si agréable de se faire montrer au doigt par tous ces peones à demi-idiots, pour une action aussi simple que celle que j'ai faite.

— Hum! les opinions sont libres, compère, je ne discuterai pas avec vous là-dessus; seulement, moi, je ne me serais pas sauvé ainsi.

— Quien sabe? vous êtes plus modeste que vous ne voulez le paraître, frère, et je suis certain que dans un cas semblable vous auriez agi comme moi.

— C'est possible, bien que je ne le croie pas; cependant, je vous remercie, ajouta-t-il en riant, de m'avoir découvert une qualité que je ne me soupçonnais point. Mais où diable allez-vous à cette heure?

— Je vous cherchais.

— Alors, tout est pour le mieux, puisque vous m'avez trouvé ; que désirez-vous ?

— Vous demander l'hospitalité pour quelques jours.

— Qu'à cela ne tienne, la maison n'est pas grande, mais cependant elle l'est assez pour contenir un hôte, surtout lorsqu'il s'agit de vous ; vous pouvez y demeurer tant qu'il vous plaira.

— Je vous remercie, compère ; mais je n'abuserai pas de votre complaisance ; je dois rester quelques jours dans les environs, et comme les nuits sont fraîches, je vous avoue que j'aime autant les passer à l'abri que sous la voûte constellée du ciel.

— A votre aise, Main-Ferme, la porte de mon pauvre rancho est ouverte pour entrer comme pour sortir. Je n'ai pas besoin de savoir les motifs de votre séjour ici ; seulement, plus vous demeurerez avec nous, plus vous nous ferez plaisir et honneur.

— Merci, compagnon !

Tout fut dit en ces quelques mots.

Les deux hommes continuèrent leur route et ne tardèrent pas à atteindre le rancho, où ils entrèrent. Le tigrero conduisit le chasseur dans sa chambre ; ils se couchèrent côte à côte, et ils s'endormirent.

Quelques jours s'écoulèrent, pendant lesquels le chasseur entrevit plusieurs fois doña Marianna, tout en ayant soin de ne pas s'offrir à sa vue, bien qu'il fût évident pour la Main-Ferme que la jeune fille n'eût pas mieux demandé que de le rencontrer ; peut-être le désirait-elle effectivement sans oser se l'avouer à elle-même.

Un jour, une semaine environ après la scène des

jaguars, le chasseur embusqué dans un fourré dont les branches touffues le dérobaient complétement à la vue, sommeillait à demi, étendu sur le sol, faisant tranquillement sa siesta pendant la grande chaleur de midi, lorsqu'il lui sembla entendre un bruit de pas non loin de l'endroit où il se tenait. Instinctivement, il ouvrit les yeux, se releva sur le coude et regarda attentivement autour de lui : il étouffa un cri de surprise, en reconnaissant l'homme qui s'était arrêté au pied même du buisson qui le recelait, et qui avait mis pied à terre, de l'air d'un individu arrivé à l'endroit qu'il veut atteindre.

Cet homme était Kidd, le bandit avec lequel le lecteur a déjà fait connaissance.

— Que vient chercher ici ce drôle? se demanda le chasseur. Il complote sans doute quelque infamie; béni soit le hasard qui l'amène à ma portée, ce démon est un de ces individus qu'on ne saurait trop surveiller.

Cependant Kidd avait enlevé le mors de son cheval, afin qu'il pût paître en liberté; lui-même s'était assis sur un quartier de roc, avait allumé une cigarette de paille de maïs et s'était mis à fumer avec cette nonchalante désinvolture d'un homme dont la conscience est parfaitement paisible.

La Main-Ferme se creusait vainement la tête pour deviner les motifs de la présence du bandit dans des parages si éloignés du théâtre ordinaire de ses méfaits, lorsque le hasard, qui déjà l'avait favorisé, lui donna le mot de cet énigme, qu'il désespérait de découvrir. Un bruit de pas lui fit de nouveau lever la tête, et il aperçut, venant au petit trot, un cavalier replet, à la face rubiconde, aux vêtements luxueux. Arrivé auprès de l'aventurier, celui-ci se leva, le salua respectueusement, et l'aida à mettre pied à terre.

— Ouf ! dit le gros homme avec un soupir de satisfaction, quelle maudite corvée !

— Eh ! fit en ricanant le bandit, plaignez-vous-en à vous-même, don Rufino, car vous seul vous vous l'êtes imposée, j'imagine. Je veux bien que le diable me torde le cou si, à votre place, n'importe pour quel motif, je me dérangerais à cette heure du jour pour courir dans la plaine.

— Chacun est juge dans sa propre cause, maître Kidd, répondit sèchement don Rufino, tout en essuyant son visage, ruisselant de sueur, avec un mouchoir de fine batiste.

— C'est possible ; mais si j'avais l'honneur de me nommer don Rufino Contreras ; d'être riche à millions, et de plus d'être sénateur, du diable si je me dérangeais pour courir après un aventurier comme maître Kidd, quelque plaisir que je dusse d'ailleurs trouver dans la conversation de ce digne caballero...

Le sénateur se mit à rire.

— Ah ! ah ! bribon, nous avons senti quelque chose, n'est-ce pas ?

— Dame ! répondit effrontément le bandit, je ne me fais pas d'illusions, et je sais fort bien que quels que soient les attraits qu'offre ma conversation, vous ne vous seriez pas dérangé exprès pour l'entendre.

— C'est possible ; drôle. Dans tous les cas, écoute-moi.

— Vous me tutoyez, ce sera cher alors ; parlez,

je ne déteste pas trop cette façon d'entrer en matière ; elle me présage une bonne affaire.

Le sénateur haussa les épaules avec un mépris mal déguisé.

— Voyons, lui dit-il, trêve de paroles oiseuses, venons aux faits.

— Je ne demande pas mieux.

— Aimes-tu l'argent?

— Je préfère l'or.

— Bon! pour en gagner hésiterais-tu à tuer un homme?

— Comment dites-vous cela?

— Je te demande, coquin, si, le cas échéant, tu tuerais un homme pour de l'argent.

— Je vous ai parfaitement compris.

— Alors, pourquoi me faire répéter?

— Parce que votre doute me froisse, voilà tout.

— Comment cela?

— Dame! je parle clairement, il me semble. Tuer un homme n'est rien quand on est bien payé.

— Je te paierai bien.

— D'avance?

— D'avance, soit.

— Combien?

— Je t'avertis que l'homme dont il s'agit n'est qu'un pauvre diable.

— Oui, un pauvre diable qui vous gêne. Après?

— Comment, après?

— Oui, après; la somme?

— Mille piastres, est-ce assez?

— Ce n'est pas trop.

— Diable, tu es cher.

— C'est possible; mais je travaille en conséquence. Enfin, dites toujours quel est l'homme qui vous gêne?

— José Paredes.

— Le mayordomo del Toro

— Oui.

— Hum! c'est un gaillard qui n'est pas facile, vez-vous, vous lui en voulez donc bien?

— Moi!

— Oui.

— Je ne le connais pas.

Le bandit jeta un regard étonné à son interlocuteur.

— Vous ne le connaissez pas, et vous m'achetez a mort mille piastres : allons donc!

— C'est comme cela.

— Mais vous avez une raison, caraï! on ne tue pas un homme comme on tord le cou à un poulet; je sais cela, moi, tout bandit que je suis.

— Tu l'as toi-même dit tout à l'heure, il me gêne.

— Ceci est autre chose, répondit l'aventurier, convaincu par cette raison péremptoire.

— Écoute-moi avec attention, et grave mes paroles dans ta mémoire.

— Allez toujours, señor, je ne perds pas un mot.

— Dans deux ou trois jours, le mayordomo del Toro quittera l'hacienda pour se rendre à Hermosillo; il sera porteur de traites pour une somme considérable.

— Bon! fit le bandit en se frottant joyeusement les mains, je le riflerai au passage, et je m'emparerai des traites.

— Non; tu le laisseras tranquillement continuer

sa route; c'est seulement au retour, lorsqu'il aura touché l'argent que tu le tueras.

— C'est juste; où diable avais-je la tête, moi? c'est bien mieux ainsi.

Don Rufino le regarda d'un air ironique.

— Tu me remettras la somme dont cet homme sera porteur, dit-il.

Le bandit se leva d'un air effaré.

— Eh! dit-il, cette somme sera importante?

— Une cinquantaine de mille piastres.

— Vive Dios! me dessaisir d'une telle fortune, j'aimerais mieux être brûlé vif.

— Il le faudra pourtant.

— Jamais, señor!

— Allons donc, fit le sénateur avec mépris, tu sais bien que tu es entre mes mains! Tant pis pour toi si tu hésites, ce sont deux mille piastres que tu perds par ta faute.

— Vous aviez dit mille.

— Je m'étais trompé.

— Et quand me les auriez-vous données?

— Tout de suite.

— Vous les avez donc sur vous?

— Oui.

Tout à coup, l'œil du bandit rayonna d'un éclat sinistre; il se ramassa sur lui-même et bondit le couteau à la main sur le sénateur. Mais l'aventurier avait affaire à forte partie; don Rufino connaissait de longue date l'homme en face duquel il se trouvait : tout en causant avec lui, il ne le perdait pas une seconde de vue, et surveillait attentivement tous ses mouvements.

Aussi, quelque rapide que fût l'action de Kidd,

don Rufino le prévint; il lui saisit le bras de la main gauche, tandis que de la droite il lui appuyait un pistolet sur la poitrine.

— Hola! mon maître, lui dit-il froidement et avec une tranquillité parfaite, seriez-vous enragé, par hasard, quel taon vous a piqué?

Honteux d'avoir manqué son coup, le bandit lui lança un regard sinistre :

— Lâchez-moi, dit-il.

— Pas avant que tu n'aies jeté ton couteau, drôle.

Kidd ouvrit la main, le couteau tomba sur l'herbe; don Rufino appuya le pied dessus :

— Tu n'es guère adroit, reprit-il avec ironie; tu mériterais que je te fisses sauter le crâne pour t'apprendre une autre fois à mieux prendre tes mesures.

— Je ne manque pas toujours mon coup, répondit-il d'un ton de sourde menace.

Il y eut un instant de silence entre les deux hommes; la Main-Ferme les observait toujours, ne perdant ni un mot, ni un geste de cet entretien, qui l'intéressait au plus haut degré.

Enfin, don Rufino reprit la parole :

— As-tu réfléchi? demanda-t-il au bandit.

— A quoi? répondit celui-ci d'un ton bourru.

— A ma proposition.

— Est-ce que cela va toujours?

— Toujours.

— Allons, j'accepte.

— Tu acceptes?

— Oui.

— Mais tu comprends, reprit le sénateur en appuyant avec intention sur chaque syllabe; il faut jouer franc jeu cette fois; pas de tricherie, n'est-ce pas?

— Non, non, répondit Kidd en hochant la tête, vous pouvez être tranquille.

— Je compte sur ta loyauté. Du reste, que ce qui s'est passé te profite; je ne suis pas toujours aussi bien disposé qu'aujourd'hui, et s'il survenait entre nous un malentendu semblable à celui de tout à l'heure, les suites pourraient être pour toi extrêmement graves.

Ces quelques paroles furent prononcées avec une intonation de voix et accompagnées d'un regard qui firent une profonde impression sur le bandit et lui donnèrent à réfléchir.

— C'est bon! fit-il en haussant les épaules avec mauvaise humeur; il n'est pas besoin de menacer, lorsque tout est convenu.

— Alors, terminons.

— Où vous rejoindrai-je après l'affaire?

— Que cela ne t'inquiète pas, je saurai te trouver.

— Ah! fit-il avec un regard oblique, cela vous regarde, alors?

— Oui, mon brave.

— Très-bien! Donnez-moi mon argent.

— Le voilà, prends-le toi-même; seulement souviens-toi que si tu me trompes...

— Allons donc, interrompit le bandit, puisque je vous dis que c'est convenu.

Le sénateur sortit de sa poche une longue bourse à travers les mailles vertes de laquelle on voyait étinceler des pièces d'or; il la balança un instant dans sa main, puis il la jeta à une vingtaine de pas.

— Va chercher, dit-il.

Le bandit s'élança sur l'or qui en tombant avait rendu un son clair et métallique.

Don Rufino avait profité de ce mouvement pour se mettre en selle.

— Adieu ! cria-t-il au bandit, souviens-toi.

Et il partit au galop.

Kidd ne répondit pas, occupé qu'il était à compter les onces contenues dans la bourse.

— Le compte y est, dit-il enfin avec un soupir de satisfaction, et en faisant disparaître la bourse dans sa poitrine. C'est égal, ajouta-t-il en suivant d'un regard haineux le sénateur qui s'éloignait rapidement, oui, je suis en ton pouvoir, démon ; mais si quelque jour je te tiens dans mes mains, comme aujourd'hui tu m'as tenu dans les tiennes, et si je parviens à m'emparer d'un de tes secrets, je ne serai pas assez fou pour te faire grâce, moi !

Après cet à-parté, le bandit s'approcha de son cheval, lui remit le mors, resserra les sangles et partit à son tour, mais dans une direction opposée à celle suivie par le sénateur.

Dès qu'il fut seul, le chasseur se releva.

— Oh ! oh ! murmura-t-il, voilà un sombre complot. Cet homme ne peut vouloir faire tuer Paredes pour le voler ; évidemment, c'est au marquis que cet assassinat se rapporte ; c'est lui seul qu'on veut frapper, en assassinant son domestique de confiance. Je veillerai.

On a vu plus haut que le chasseur avait religieusement tenu cette promesse qu'il s'était faite, et que, effectivement, il avait veillé.

XXIV

LE PÈRE ET LE FILS

A présent que nous avons donné au lecteur tous les renseignements nécessaires sur les faits accomplis à l'hacienda del Toro, nous reprendrons notre récit au point où nous avons été contraint de l'abandonner, c'est-à-dire que nous retournerons au village des Papagos, et qué nous assisterons à la conversation de l'OEil-de-Feu et de la Main-Ferme dans la Pyramide, conversation qui suivit immédiatement le conseil des sachems.

Les deux hommes, marchant à la suite l'un de l'autre, montèrent sur le sommet de la pyramide. Ils traversèrent le pont de lianes jeté à une très-grande hauteur sur la Quebrada, passèrent dans la pyramide de droite; puis ils descendirent jusqu'au premier étage, salués avec respect par les Indiens qu'ils rencontrèrent, et s'arrêtèrent enfin devant une porte solidement fermée.

Arrivés là, l'OEil-de-Feu frappa deux coups légers; un verrou intérieur fut tiré, la porte s'ouvrit, et ils entrèrent.

A peine eurent-ils franchi la porte que la jeune Indienne qui la leur avait ouverte la referma derrière eux.

Un changement étrange s'était opéré dans l'extérieur des deux hommes : la roideur indienne, qu'ils avaient affectée jusqu'alors, avaient fait place à des manières qui révélaient des hommes civilisés et habitués à la fréquentation de la plus haute société des villes.

— Maria, dit l'Œil-de-Feu à la jeune fille, avertissez votre maîtresse que son fils est de retour au village.

Pour donner cet ordre, le vieillard s'était servi de la langue espagnole et non pas de l'idiome comanche, que jusque-là il avait continuellement parlé.

— La señora savait déjà le retour de son fils, mi amò, répondit Maria en souriant.

— Ah! fit le vieillard, elle a donc vu quelqu'un?

— Le vénérable padre Fray Serapio est venu, il y a une heure, faire une visite à la señora, près de laquelle il se trouve encore en ce moment

— Fort bien; annoncez-nous, mon enfant.

La jeune fille s'inclina et disparut, légère comme un oiseau derrière une portière, qu'elle souleva un instant après, pour dire aux deux hommes qu'ils pouvaient entrer.

Ils furent alors introduits dans une chambre assez vaste, éclairée par quatre fenêtres garnies de croisées, et vitrées, luxe inouï dans un pareil lieu, et devant lesquelles tombaient d'épais rideaux de damas rouge.

Cette pièce, entièrement tendue en cuir de Cordoue gauffrée, était meublée à l'espagnole, avec ce luxe de bon goût dont les Castillans de vieille race ont seuls conservé le secret, et tenait, par son arrangement, le milieu entre le salon et l'oratoire. Dans un angle, un prie-Dieu en ébène, surmonté d'un christ d'ivoire jauni par le temps, et plusieurs tableaux de sainteté, signés Murillo et Zurbaran, accrochés au mur, auraient fait prendre cette pièce pour un oratoire, si de confortables canapés, des tables chargées de livres, des butaccas n'avaient rappelé le salon. Près d'un brasero d'argent, dans lequel achevait de se consumer une braise parfumée, deux personnes étaient assises sur des butaccas.

De ces deux personnes, l'une était une femme, l'autre un moine franciscain; toutes deux avaient passé le milieu de la vie, ou, pour être plus vrai, approchaient de la cinquantaine.

La dame portait le costume espagnol à la mode au temps de sa jeunesse, c'est-à-dire quelques trente ans auparavant. Bien que ses cheveux commençassent à blanchir, que quelques rides profondes altérassent la pureté de ses traits, cependant, il était facile de voir qu'elle avait dû être d'une rare beauté : sa peau, d'une blancheur un peu olivâtre, était d'une finesse extrême, et, dans les lignes fermes et arrêtées de son visage, on reconnaissait le caractère distinctif de la race Astèque la plus pure; ses yeux noirs, ombragés par de longs cils, et dont les coins étaient légèrement relevés comme ceux des Mongols et des Chinois, avaient une expression de douceur étrange; l'ensemble de sa physionomie respirait la douceur et l'intelligence. Sa taille, au-dessous de l'ordinaire, conservait encore l'élégance de la jeunesse; ses mains et ses pieds, d'un modèle parfait, étaient d'une petitesse presque microscopique.

Fray Serapio, lui, était le vrai type du moine espagnol, beau, majestueux et rêveur; on aurait dit un moine de Zurbaran descendu de sa toile.

A l'entrée des deux hommes, la dame et le padre se levèrent.

— Soyez le bienvenu, mon enfant chéri! s'écria la vieille dame en ouvrant les bras à son fils.

Celui-ci se précipita dans ces bras si franchement ouverts, et, pendant quelques minutes, ce fut un échange non interrompu de caresses entre la mère et le fils.

— Pardonnez-moi, padre Serapio, dit enfin la Main-Ferme, en se dégageant des bras qui le retenaient doucement, mais il y a si longtemps que je n'ai eu le bonheur d'embrasser ma mère, que je ne puis m'en rassasier.

— Embrassez votre mère, mon enfant, répondit le moine avec un sourire; les caresses d'une mère sont les seules qui ne laissent pas de regrets à leur suite.

— Eh bien! que faites-vous donc? padre, demanda l'OEil-de-Feu; vous nous quittez déjà?

— En effet, excusez-moi de me retirer aussi vite; mais, après une longue séparation, vous devez avoir besoin de causer entre vous, et un tiers, quel que soit l'intérêt qu'il vous porte, est toujours gênant dans les épanchements de famille. D'ailleurs, mes frères et moi, à cause de la présence de quelques chasseurs et trappeurs blancs dans le village, nous avons fort affaire en ce moment.

— Etes-vous satisfait de vos néophytes?

Le moine hocha tristement la tête.

— Non, répondit-il enfin; les Indiens nous aiment, ils nous respectent, grâce à la protection que vous avez bien voulu nous accorder, señor don...

— Chut! padre Serapio, chut, interrompit en

souriant le vieillard, pas d'autre nom que celui de l'Œil-de-Feu.

— C'est juste; j'oublie toujours que vous avez renoncé à celui que vous reçûtes au baptême. C'est cependant un des plus nobles du martyrologe. Enfin, reprit-il avec un soupir, que la volonté de Dieu soit faite! les beaux temps des conversions sont passés; depuis que nous sommes Mexicains, les Indiens ne croient plus à la bonne foi espagnole, et plutôt d'accepter notre Dieu, ils s'obstinent à demeurer dans leurs erreurs. Cela me fait songer que j'avais une grâce à vous demander.

— A moi? oh! elle vous est accordée d'avance, si toutefois il est en mon pouvoir de vous satisfaire.

— Doña Espéranza, à qui j'en ai parlé, m'a fait espérer que vous ne me refuseriez pas.

— Ne m'avez-vous pas dit vous-même un jour, padre, que le nom de la señora vous portait bonheur! probablement qu'il en sera de votre demande d'aujourd'hui comme des précédentes que vous m'avez adressées.

Le moine dirigea un regard furtif vers la vieille dame.

— Voici ce dont il s'agit, mon ami, dit-elle en se mêlant à la conversation; le bon père désirerait être autorisé par vous à suivre avec un autre moine les guerriers pendant tout le cours de l'expédition qui se prépare.

— Voilà une singulière pensée, mon père; et dans quel but voulez-vous faire cela? vous n'avez pas, j'imagine, l'intention de combattre dans nos rangs?

— Non, répondit en souriant le moine; je n'ai

pas les goûts assez belliqueux pour cela, mais, si je ne me trompe, d'après les préparatifs que je vous vois faire, cette expédition sera sérieuse.

— En effet, répondit le vieillard devenu rêveur.

— J'ai remarqué que généralement, pendant les expéditions, les blessés sont abandonnés sans secours. Je désirerais accompagner ces pauvres Indiens afin de les soigner, et de consoler ceux qui, trop grièvement blessés, ne pourraient être sauvés; cependant, si cette prétention vous paraît exorbitante, j'y renoncerai, quoique à regret.

Le vieillard considéra un instant le moine avec une expression d'admiration et d'attendrissement impossible à rendre.

— Je vous accorde votre demande, padre, lui dit-il enfin, en lui pressant affectueusement la main; pourtant, je dois vous faire une observation.

— Laquelle ?

— Vous risquez de tomber entre les mains des Mexicains.

— Eh bien! qu'importe cela? Pourront-ils me faire un crime d'accomplir sur un champ de bataille les devoirs que la religion m'impose ?

— Qui sait? peut-être vous considéreront-ils comme rebelle?

— Et alors?

— Alors, ils vous traiteront comme tel.

— C'est-à-dire?...

— C'est-à-dire, mon père, que vous courrez le risque d'être fusillé, cela mérite réflexion, je suppose.

— Vous vous trompez, mon ami, entre le devoir et la lâcheté, l'hésitation n'est pas possible : je mourrai s'il le faut, mais avec la conviction d'avoir accompli jusqu'au bout la sainte mission que je me suis imposée. Ainsi vous m'accordez ma demande?

— Je vous l'accorde, mon père, en vous remerciant de me l'avoir adressée.

— Soyez béni pour votre bonté, mon fils, et maintenant, que le Seigneur soit avec vous, je me retire.

Malgré des instances réitérées, le bon père s'obstina à partir, et il fut reconduit jusqu'à l'entrée de l'appartement par l'Œil-de-Feu et la Main-Ferme, malgré ses efforts pour se soustraire à ce qu'il considérait comme une marque d'honneur dont il était indigne.

Lorsque la porte se fut refermée sur lui, et que les trois personnes furent enfin seules, doña Espéranza, après avoir longuement examiné son fils, l'attira doucement vers elle, et, l'obligeant à s'asseoir sur un équipal en bois de santal qu'elle approcha, elle écarta de ses mains mignonnes les cheveux dont les boucles flottantes inondaient le front du jeune homme; et d'une voix douce et harmonieuse, dans laquelle se révélait toute la jalouse tendresse d'une mère :

— Je vous trouve triste, Diego, lui dit-elle, votre visage est pâle, vos traits sont fatigués, vos yeux brillent d'un feu sombre, que vous est-il arrivé pendant votre absence?

— Rien d'extraordinaire, ma mère, répondit-il avec un embarras qu'il chercha vainement à dissimuler; comme toujours, j'ai beaucoup chassé, beaucoup voyagé, et par conséquent supporté de grandes fatigues; de là sans doute provient cette pâleur que vous remarquez sur mon visage.

La vieille dame secoua la tête d'un air incrédule,

— On ne trompe pas sa mère, mon enfant, dit-elle doucement ; trop souvent, hélas ! depuis que vous êtes homme, je vous ai vu revenir de longues et périlleuses expéditions. Vous étiez fatigué, malade parfois, mais c'était tout ; au lieu qu'aujourd'hui vous êtes triste ; inquiet.

— Ma mère !

— N'insistez pas là-dessus ; ma conviction est faite, elle ne changera pas. Vous manquez de confiance envers moi, Dieu veuille que vous choisissiez un confident qui vous comprenne aussi bien !

— Oh ! ma mère, voici la première fois qu'un reproche sort de votre bouche.

— Parce que, Diego, cette fois est la première où vous vous obstinez à ne pas me laisser lire dans votre cœur.

Le jeune homme soupira et baissa la tête sans répondre.

L'Œil-de-Feu, qui jusque-là était demeuré spectateur muet de cette scène, fit à la dérobée un signe d'intelligence à doña Esperanza et s'approchant de son fils :

— Diego, lui dit-il en lui appuyant la main sur l'épaule, vous oubliez que vous avez à me rendre compte de la mission dont je vous avais chargé.

La Main-Ferme tressaillit et se leva vivement.

— C'est vrai, mon père, répondit-il ; pardonnez-moi, je suis prêt à vous donner tous les détails sur ce que j'ai fait pendant mon absence du village.

— Asseyez-vous, mon fils, votre mère et moi nous vous le permettons.

Le jeune homme prit un siége, et, après avoir, pendant quelques instants, recueilli ses souvenirs, sur une seconde observation de son père, il commença le récit de tout ce qu'il avait fait depuis sa sortie du village.

Ce récit fut long, il dura près de deux heures; nous ne le rapporterons pas, parce que le lecteur est au courant de la plupart des faits que le jeune homme rapporta.

L'OEil-de-feu et doña Esperanza l'écoutèrent sans l'interrompre, non-seulement dans un religieux silence, mais avec les marques non équivoques d'un vif intérêt. Lorsqu'il eut terminé son récit, sa mère l'embrassa tendrement en le félicitant de la conduite noble et généreuse qu'il avait tenue.

L'OEil-de-Feu envisagea la question sous un autre point de vue.

— Ainsi, demanda-t-il à son fils, l'homme avec lequel vous êtes arrivé est le mayordómo de ce don Hernando de Moguer

— Oui, mon père.

— Bien que je sois indien par adoption, je ne veux pas oublier que du sang espagnol coule dans mes veines, vous compterez à ce Paredes, ainsi que vous le nommez, la valeur de ces traites, je les enverrai plus tard toucher à Hermosillo. Vous avez bien fait de l'amener avec vous, il ne faut pas qu'un honnête homme soit victime d'un misérable. Quoi que cette affaire ne nous concerne en rien, cependant je ne suis pas fâché de rendre service à un ancien compatriote. Que le mayordomo quitte le village ce soir même; afin d'éviter qu'il lui arrive malheur en route, vous le ferez escorter jusqu'à l'hacienda par le Siffleur et le Pecari, accompagnés de trois ou quatre chasseurs, cela sera plus que suffisant pour effrayer les coquins qui seraient tentés de lui barrer le passage; d'ailleurs, comme nous sommes dans une direction diamétralement opposée à celle d'Hermosillo, nul ne songera sans doute à l'arrêter.

— Je puis moi-même l'accompagner, si vous le permettez, mon père?

Le vieillard lui lança un regard perçant qui lui fit baisser les yeux.

— Non, répondit-il, j'ai besoin de vous ici.

— Comme il vous plaira, mon père, répondit-il avec une feinte indifférence. Et il se leva.

— Où allez-vous?

— Je me retire pour exécuter vos ordres, mon père.

— Rien ne presse; la journée n'est pas encore très-avancée, et j'ai à causer avec vous; reprenez donc votre siége.

Le jeune homme obéit.

L'Œil-de-Feu se recueillit un moment, puis il reprit la parole.

— Comment nommez-vous cette hacienda?

— L'hacienda del Toro.

— L'hacienda del Toro? Attendez donc, reprit le vieillard semblant chercher à rappeler ses souvenirs, n'est-elle pas construite sur l'emplacement même de l'ancienne Cosala?

— On le dit mon père.

Doña Esperanza assistait à cet entretien avec une certaine inquietude. Vainement elle essayait de comprendre les intentions de son mari; elle se demandait intérieurement pourquoi il s'obstinait à ramener la conversation sur un terrain aussi brûlant que celui où le hasard l'avait placé.

— N'est-ce pas une maison forte? reprit le sachem.

— Oui, mon père, bâtie solidement et couronnée d'almenas.

— En effet, je me rappelle maintenant l'avoir vue autrefois; c'est une excellente position stratégique.

Doña Esperanza examina son mari avec un étonnement mêlé d'inquiétude; elle ne s'expliquait ni sa froideur ni son insistance.

Il continua :

— Avez-vous pénétré dans l'intérieur de cette hacienda.

— Jamais, mon père.

— C'est fâcheux; cependant, vous connaissez, je présume, quelques-uns de ses habitants? On ne sauve pas, ajouta-t-il avec ironie, la vie à plusieurs reprises aux enfants d'un homme comme doit être ce don Hernando de Moguer, sans qu'il cherche à témoigner sa reconnaissance à l'homme qui lui a rendu service...

— Je ne sais si telle est la pensée de don Hernando, car jamais je n'ai eu l'honneur de le voir.

— Hum! voilà qui est singulier, don Diego, je ne comprends pas que vous n'ayez point essayé de le connaître; du reste, ceci importe peu pour mes projets.

— Vos projets, mon père? demanda le jeune homme avec étonnement.

— Vous allez me comprendre, nous voulons commencer l'expédition par un coup de foudre. Notre première tentative aura pour but de nous emparer du Real de minas de Quitovac, où se rassemble en ce moment le gros des forces mexicaines.

L'hacienda del Toro, située à dix lieues à peu près d'Arispe, à cheval sur les trois routes d'Hermosillo, d'Urès et de Sonora, bâtie dans une position extrêmement forte, est pour le succès de la guerre d'une immense importance. J'avais songé à vous charger de vous en emparer par un coup de main, mais puisque vous n'avez aucune intelligence dans la place, et que vous semblez ne vous en soucier que médiocrement, n'en parlons plus. Je donnerai le commandement de l'expédition à l'Épervier ou au Pecari : ce sont deux chefs expérimentés, doués d'une finesse peu commune; ils enlèveront l'hacienda en un tour de main, d'autant plus que les Espagnols ne s'attendant pas à une attaque, ne doivent pas être sur leurs gardes. Quant à vous, mon fils, vous me suivrez au Real de Minas. Maintenant, mon cher Diego, je n'ai plus rien à vous dire; vous êtes libre de vous retirer.

Le jeune homme avait écouté avec une secrète épouvante cette révélation des projets de son père. Tout à l'effroi qu'il éprouvait, il n'avait pas remarqué que l'OEil-de-Feu, bien qu'il eût feint dans le principe de ne pas connaître l'hacienda, même de nom, lui en avait dit tout à coup la position dans les plus munitieux détails, et avec une précision qui montrait qu'il la devait, au contraire, fort bien connaître. Il demeura un instant accablé, frémissant aux horribles dangers auxquels serait exposés doña Marianna, si les Apaches s'emparaient de l'hacienda.

Son père l'examinait à la dérobée, et suivait attentivement sur son visage les sentiments qui venaient tour à tour s'y refléter.

— Pardon, mon père, dit enfin le jeune homme

avec effort, je désirerais vous soumettre une objection.

— Laquelle, mon fils? parlez, je vous écoute.

— Je ne crois pas qu'il soit prudent d'essayer de surprendre avec un corps de sauvages une habitation aussi avancée dans l'intérieur du pays.

— Voilà pourquoi je vous avais choisi : vous auriez pris avec vous une troupe de chasseurs et de trappeurs blancs et métis, et vous seriez évidemment parvenus, grâce à la couleur de votre peau, à passer inaperçus. Votre refus me contrarie fort, je vous l'avoue; mais comme je ne veux pas vous contraindre...

— Mais je ne vous ai pas refusé! mon père s'écria le jeune homme.

— Comment, vous ne m'avez pas refusé?

— Mais non, mon père, je désire ardemment, au contraire, être chargé de cette mission de confiance.

— Alors, j'aurai mal compris vos réticences et vos paroles ambiguës; ce sont elles qui m'ont donné le change; ainsi, vous acceptez, n'est-ce-pas?

— Avec joie mon père.

— Fort bien, voilà qui est arrêté, allez congédier ce Paredes, il est temps qu'il retourne près de son maître. Quant à vous, mon fils, que pas un mot de ce qui s'est dit entre nous ne sorte de votre bouche; vous comprenez l'importance de la discrétion dans une circonstance comme celle-ci. Embrassez votre mère, et retirez-vous.

Le jeune homme se jeta dans les bras de sa mère, qui l'embrassa tendrement, en lui glissant ce mot à l'oreille.

— Espère!

Puis il se retira, après avoir respectueusement salué son père.

— Eh bien! Esperanza, dit le vieillard en se frottant les mains aussitôt que la porte se fût refermée sur la Main-Ferme, commencez-vous à deviner mes projets?

— Non, répondit-elle en souriant doucement, mais je crois les comprendre.

XXV

LA HACHE

La Main-Ferme quitta la Pyramide dans un état d'agitation inexprimable. Le mot que sa mère lui avait glissé à l'oreille en se séparant de lui revenait sans cesse à son esprit et le portait à supposer que doña Esperanza, avec cette intuition miraculeuse que Dieu a donnée aux mères pour découvrir les sentiments les plus cachés de leurs enfants, avait deviné le secret qu'il croyait avoir enfoui dans les replis les plus cachés de son cœur, et qu'il n'osait s'avouer à lui-même; d'un autre côté, la conversation étrange qu'il avait eue avec son père, et la proposition qui en avait été la conclusion le plongeait dans une perplexité inouïe; la conduite de son père lui semblait extraordinaire, en ce sens qu'il ne comprenait pas comment il était possible que ce vieillard, qui jouissait à juste titre parmi les Indiens d'une réputation de loyauté sans tache, se préparât à attaquer traîtreusement l'homme au secours duquel il venait au même instant, avec un si noble désintéressement. Tout cela lui paraissait illogique, incompréhensible et en opposition directe avec ce mot : *espère*, qu'il croyait toujours entendre bruire à son oreille.

Cependant, comme il fut contraint de traverser le torrent et de faire un assez long détour avant que d'atteindre son calli, il eut le temps de remettre un peu d'ordre dans ses idées, et de reprendre son sang-froid et son empire sur lui-même avant que d'arriver devant sa porte.

Deux hommes y étaient arrêtés, le Siffleur et le Pecari.

— Eh ! arrivez donc, Main-Ferme, lui cria le trappeur dès qu'il l'aperçut ; voilà longtemps déjà que nous vous attendons.

— Vous m'attendez ? répondit-il avec étonnement.

— Ma foi, oui, l'Epervier nous a prévenus de la part de l'Œil-de-Feu de nous tenir prêts, le chef et moi, à escorter, jusqu'où il lui plaira d'aller, l'homme avec lequel vous êtes entré ce matin au village.

— Ooah ! le Siffleur a bien parlé, dit laconiquement le Pecari.

— Mais que s'est-il passé encore ?

— Rien que je sache, si ce n'est que l'Œil-de-Feu a fait présent à cet homme d'une mule chargée, à ce que dit l'Epervier, de riches marchandises. Mais entrez, il vous apprendra lui-même ce dont il s'agit.

La Main-Ferme entra, il trouva le mayordomo tout joyeux, et faisant ses derniers préparatifs de départ.

Dès qu'il aperçut le chasseur, Paredes alla vivement à lui et lui secoua la main à plusieurs reprises :

— Soyez le bien-venu, compagnon, lui dit-il ; caraï, vous êtes un homme de parole, excusez-moi.

— Vous excuser, répondit le jeune homme en souriant, de quoi donc ?

— D'avoir douté de vous, caramba !

— Vous avez douté de moi ?

— Ma foi, oui, lorsque ce matin je vous ai vu m'abandonner dans ce trou, comme un animal inutile ou nuisible, j'ai douté de votre sincérité en un mot ; vous le savez, la colère est mauvaise conseillère. Eh bien, il m'est venu je ne sais quelles pensées stupides, et j'ai été sur le point de vous fausser compagnie.

— Vous auriez eu tort.

— Caraï ! je le vois bien ; aussi je suis tout confus de ma sottise, et je vous prie encore une fois de m'excuser.

— Bah ! bah ! fit en riant le chasseur, ce n'est pas la peine de vous tourmenter pour si peu. Une escorte d'hommes résolus vous accompagnera jusqu'à l'hacienda, et comme probablement votre maître, en vous voyant porteur de l'argent qu'il vous avait envoyé toucher ne vous interrogera pas sur ce qui vous est arrivé pendant votre voyage, je crois qu'il est inutile que vous lui donniez des détails qui, sans doute, l'intéresseraient fort peu, et qui pourraient donner lieu à des commentaires désagréables.

— Il suffit, répondit le mayordomo avec un fin sourire, je ne lui en soufflerai pas mot.

— Vous aurez raison, cela vaudra mieux.

— Soyez tranquille. Ah ! cela me fait songer que, maintenant que vous m'avez payé le montant des traites, elles ne sont plus à moi. Les voici, et une fois encore merci.

Le chasseur prit les traites et les serra dans sa poitrine.

Il y eut un instant de silence. Le mayordomo tournait dans le calli d'un air embarrassé ; bien que ses préparatifs fussent terminés, le chasseur comprit que Paredes avait quelque chose à lui dire, mais qu'il ne savait comment s'y prendre.

— Voyons, lui demanda-t-il, qu'avez-vous encore qui vous tourmente, mon ami ? Je vous écoute.

— Ma foi ! répondit le Mexicain en prenant enfin son parti, je vous avoue que je serais heureux de vous prouver ma reconnaissance pour le service que vous m'avez rendu, et que je ne voudrais pas vous quitter sans l'avoir fait ; malheureusement, cela m'embarrasse plus que je ne puis vous le dire.

— Bon, n'est-ce que cela ? fit gaiement le chasseur, c'est pourtant une chose bien facile.

— Bah ! dit-il avec étonnement ; eh bien, vous ne croiriez pas que voilà plus d'une demi-heure que je me creuse la tête sans réussir à en rien faire sortir.

— Parce que vous cherchez mal, mon ami, voilà tout.

— Vous avez donc trouvé, vous ?

— Vous allez voir.

— Caraï, vous ne vous imaginez pas combien vous me ferez plaisir.

— Vous savez que je chasse souvent dans vos parages.

— Oui, je sais cela.

— Eh bien, la première fois que je me trouverai dans les environs de l'hacienda, j'irai vous demander l'hospitalité.

— Ah! voilà ce que j'appelle une bonne idée, par exemple; et quand même vous amèneriez dix compagnons avec vous, vous verrez comment je vous recevrai. Je ne vous dis que cela; grâce à Dieu, je suis en mesure de vous bien traiter.

— Je vous prends au mot; voilà qui est convenu.

— Vous m'en donnez votre parole!

— Je vous la donne.

— A la bonne heure! Maintenant je pars content; venez de nuit ou de jour, comme bon vous semblera, vous serez toujours bien reçu.

— De jour, bon; mais de nuit il me serait, je suppose, assez difficile de m'introduire dans l'hacienda.

— Nullement, vous n'aurez qu'à dire votre nom.

— Allons! c'est entendu; et maintenant, partez; il ne reste plus que quatre heures de jour, au plus; ne vous attardez pas davantage.

— Vous avez raison, adieu. Ne demeurez pas longtemps sans me rappeler votre promesse.

— Je n'aurai garde.

Ils sortirent du calli. Sept ou huit trappeurs et Indiens, à cheval devant la porte, n'attendaient plus que son bon plaisir pour se mettre en marche.

Le mayordomo serra une dernière fois la main du chasseur, enfourcha sa monture, donna le signal du départ, et la petite troupe s'élança au galop, au milieu d'une foule de femmes et d'enfants, qui se pressaient curieusement autour d'elle.

La Main-Ferme suivit les cavaliers des yeux aussi longtemps qu'il put les apercevoir ; puis il rentra tout pensif dans le calli.

Pendant un assez long laps de temps, il demeura plongé dans de sérieuses réflexions ; puis il frappa du pied avec colère, en s'écriant à haute voix en espagnol :

— Non, mille fois non ! je ne profiterai pas du bon vouloir de cet homme pour abuser lâchement de sa confiance et le trahir ; ce serait commettre une action honteuse.

Ces paroles résumaient sans doute les pensées auxquelles le chasseur était en proie, et étaient l'expression de la résolution qu'il venait de prendre.

Plusieurs jours s'écoulèrent sans que rien d'intéressant se passât au village.

La commission militaire s'était assemblée plusieurs fois pendant cet intervalle ; le plan de campagne à suivre dans la prochaine expédition avait été définitivement arrêté, et l'on n'attendait plus que la réunion des forces indiennes pour commencer la guerre.

Le Siffleur était revenu au village quatre jours après son départ, et il avait annoncé au chasseur que Paredes avait atteint l'hacienda del Toro sans accident, et sans que rien fût venu troubler la tranquillité du voyage.

Cependant, les différentes tribus indiennes composant la grande confédération des Papagos commençaient à affluer au village ; bientôt on ne sut plus où loger les guerriers, et ils se virent forcés de camper dans la plaine, ce qui, pour des hommes habitués à braver l'intempérie des saisons, n'avait rien de désagréable, au contraire.

Le douzième jour après le départ de Paredes les hachesto (1) convoquèrent tous les chefs en assemblée générale au coucher du soleil, afin d'accomplir les rites mystiques de la grande médecine avant l'entrée en campagne.

Au moment où le soleil disparaissait au-dessous de l'horizon dans des flots de vapeur pourprée, l'amantzin, ou premier sorcier de la nation, monta sur les rebords de la hutte de médecine, et commandant le silence d'un geste :

— Le soleil nous a retiré sa vivifiante chaleur, dit-il d'une voix forte, la terre est plongée dans les ténèbres, voici l'heure mystique où l'homme doit se préparer à la lutte contre l'esprit du mal : commencez la grande médecine.

Au même instant, de toutes les cabanes, à l'angle de toutes les rues, glissant le long des échelles des pyramides ou venant de la plaine, on vit apparaître des animaux de toutes sortes : quadrupèdes, oiseaux, reptiles, qui avec des cris horribles s'entassèrent sur la place du village, débordèrent de tous les côtés dans les rues, et inondèrent la campagne à une lieue à la ronde.

Ces animaux n'étaient autres que les guerriers indiens revêtus, ou, pour mieux dire, déguisés avec les fourrures des bêtes qu'ils devaient représenter.

Non-seulement les Indiens imitent avec une rare perfection les différents cris des animaux, mais encore ils ont fait une étude spéciale de leurs mœurs, de leurs habitudes, de leur manière de marcher, et

(1) Crieurs publics.

jusqu'à la façon dont ils mangent et dont ils se couchent.

Rien ne peut donner une idée de l'horrible concert formé par ces cris, ces sifflements, ces glapissements, ces chants et ces rugissements, mêlés aux aboiements des chiens, qui hurlaient avec fureur.

Il y avait dans cette scène étrange quelque chose de sauvage et de primitif qui saisissait vivement l'imagination.

Par intervalles, le silence se rétablissait tout à coup, et la voix du sorcier s'élevait seule dans la nuit :

— Le mauvais principe est-il vaincu? demandait-il; mes frères l'ont ils abattu sous leurs pieds?

Les animaux répondaient par d'horribles cris, et le vacarme recommençait de plus belle.

Cela dura ainsi toute la nuit. Quelques minutes avant le lever du soleil, une dernière fois le sorcier renouvela la question, qui, jusque-là, n'avait obtenu d'autre réponse que des hurlements forcénés. Cette fois, une voix pure et mélodieuse, celle d'une jeune fille, s'éleva dans le silence et prononça ces paroles :

— Le maître de la vie a pitié de ses enfants rouges; il envoie le soleil à leur secours, le mauvais principe est vaincu.

Au même instant, le soleil apparut radieux : les Indiens le saluèrent par un cri de joie, et, dépouillant leurs déguisements, ils tombèrent à genoux la face tournée vers le ciel.

Le sorcier tenant de la main droite une calebasse pleine d'eau, dans laquelle trempait une touffe d'absinthe, envoya successivement quelques gouttes d'eau vers les quatre points cardinaux, en criant d'un air inspiré :

— Salut, soleil, ministre visible de l'invisible maître de la vie! écoute les prières de tes fils rouges : leur cause est juste, donne-leur les chevelures de leurs ennemis, afin de les attacher à leur ceinture. Salut, soleil, salut!

Tous les Indiens répétèrent en chœur :

— Salut, soleil, salut!

Puis ils se relevèrent. La première partie des mystères de la grande médecine était accomplie, le sorcier se retira.

Le hachesto ou crieur public prit sa place sur le rebord de la hutte de médecine, et convoqua les principaux chefs de la confédération à déterrer la hache de guerre.

Cette cérémonie caractéristique consiste à se rendre en procession dans la grande hutte de médecine, où le chef le plus âgé creuse avec son couteau à scalper à un endroit que lui indique le sorcier, et en retire la grande hache de guerre, emblême de la lutte qui va commencer.

Lorsque la hache est déterrée, les chefs sortent de la hutte de la même façon qu'ils y sont entrés; à leur tête marche, entre le guerrier chargé du *totem* sacré de la nation et celui porteur du grand calumet, le chef qui a déterré la hache et la tient à deux mains serrée contre sa poitrine, le tranchant dirigé en avant.

En sortant de la hutte, les chefs viennent se ranger silencieusement devant l'arche du premier homme, en face le poteau de la guerre, et le sort décide à quel guerrier écherra la faveur de frapper avec la hache sacrée le premier coup sur le poteau emblématique.

Les Indiens comme tous les peuples primitifs, sont extrêmement superstitieux ; ils attachent donc une énorme importance à cette cérémonie, parce qu'ils se figurent tirer un bon présage de la façon dont le coup a été porté et de la profondeur de l'entaille faite par le tranchant de la hache.

On tira au sort : le hasard désigna la Main-Ferme. Un murmure flatteur accueillit ce nom, aimé des Indiens, et appartenant à l'homme qu'ils considéraient comme un de leurs plus grands braves.

La Main-Ferme sortit des rangs, s'avança dans l'espace laissé libre devant l'arche du premier homme, et saisissant la hache que le chef lui présentait, il l'éleva au-dessus de sa tête, la fit tournoyer avec une dextérité extrême, puis il en porta un coup terrible au poteau de la guerre.

Le coup fut asséné avec une telle violence, la hache pénétra si profondément dans le bois, que lorsque le sorcier voulut la retirer, selon la coutume, malgré tous ses efforts, il ne put y réussir, et fut contraint d'y renoncer.

Les guerriers poussèrent alors un cri de joie qui, se propageant dans la foule réunie pour assister à la cérémonie, se changea bientôt en une effroyable clameur.

La guerre serait heureuse ; les présages étaient excellents : jamais, de l'aveu même des plus vieux sachems, coup pareil n'avait été porté au poteau.

La Main-Ferme fut acclamé et félicité par les chefs et les guerriers, charmés du résultat qu'il avait obtenu.

Lorsqu'enfin on fut parvenu à retirer la hache du poteau, les guerriers se reculèrent pour faire place aux femmes, et la danse du scalp commença.

La danse du scalp est exclusivement dansée par les femmes; dans cette circonstance seule, les hommes leur cèdent le pas.

Cette danse, considérée comme sacrée par les nations indiennes indomptées, n'a lieu que dans les grandes circonstances, au commencement d'une expédition et à la fin lorsqu'elle a été heureuse, c'est-à-dire lorsque les guerriers rapportent beaucoup de chevelures et de chevaux, et qu'ils n'ont eu personne de tué.

Les femmes mettent à cette danse un entrain qui dégénère en une frénésie qui remplit l'âme des guerriers d'une belliqueuse ardeur.

Lorsque cette danse, que nous ne décrirons pas, parce que nous avons déjà eu occasion de le faire dans nos précédents ouvrages, (1) fut terminée, que les femmes eurent cessé leurs cris et leurs gestes insensés, on procéda à la dernière cérémonie.

Cette cérémonie, dont nous n'avons retrouvé les vestiges que parmi quelques tribus du haut Missouri et chez les Indiens Aucas ou Pampas, semble particulière aux Papagos; elle consiste à immoler une cavale qui n'a pas encore porté, et à lire l'avenir dans ses entrailles.

On conçoit que le sorcier chargé de l'explication dit ce qui lui plaît, et est forcément cru sur parole par l'impossibilité de contrôle. Cette fois, soit

(1) Voir le *Chercheur de pistes*, Amyot, éditeur, 8, rue de la Paix, Paris.

qu'il voulût s'associer à la joie générale, soit que, à force de tromper les autres, il fût parvenu à se tromper lui-même et à ajouter foi à ses propres mensonges, il annonça aux guerriers attentifs les plus beaux et les plus heureux résulats pour l'expédition qui se préparait. Ces prophéties furent reçues comme elles devaient l'être, c'est-à-dire avec la plus grande faveur, et, selon la coutume, on abandonna au sorcier le corps de la cavale, ce qui était sans doute le bénéfice le plus clair qu'il retirait de cette affaire.

Puis, lorsque tous les rites furent ainsi accomplis, l'ordre fut donné à chaque guerrier de préparer ses chevaux, ses armes et ses vivres, car l'expédition pouvait commencer d'un moment à l'autre, et l'ordre du départ être donné subitement.

Les chefs Papagos avaient réussi à réunir sous leurs totems trente mille guerriers, tous montés sur d'excellents chevaux, et dont quatre mille environ étaient armés de fusils.

Il est vrai que les Indiens, si adroits à se servir de la hache, de la lance et de l'arc, sont de déplorables tireurs; ils ont une peur instinctive des armes à feu, peur qui les empêche de viser convenablement; cependant quelques-uns d'entre eux parviennent à une adresse relative, et ne laissent pas que d'être à craindre dans un combat. Mais la plus grande force de l'armée indienne consistait dans les soixante ou quatre-vingts chasseurs blancs et métis que l'espoir du pillage avait engagés à se joindre à eux.

L'Œil-de-Feu, tout en se réservant la direction suprême de l'armée, nomma trois chefs principaux, chargés de commander sous ses ordres.

Ces chefs furent l'Epervier, le Siffleur et le Pecari.

La Main-Ferme reçut le commandement de vingt-cinq chasseurs blancs, qu'il choisit avec soin parmi les plus braves et les plus honnêtes, et fut chargé par son père d'une mission spéciale.

Tout étant ainsi prêt pour commencer la guerre, les Indiens n'attendirent plus, suivant leur coutume invariable, qu'une nuit sans lune pour envahir le territoire ennemi à la faveur des ténèbres.

XXVI

LES PEAUX-BLANCHES

Le retour de José Paredes à l'hacienda causa un vif plaisir à don Hernando; cependant, la somme qu'il apportait, bien que considérable, était loin de suffire aux déboursés sans cesse renaissants de l'exploitation, et ne pouvait qu'à peine parer aux exigences du moment.

Don Rufino ne laissa rien paraître de l'étonnement que lui causait la vue du mayordomo, après les mesures qu'il avait prises pour le faire disparaître.

Cependant cet étonnement se changea en inquiétude, et bientôt en frayeur, lorsqu'il récapitula dans sa pensée le temps qui s'était écoulé depuis son départ.

En effet, le trajet pour aller de l'hacienda à Hermosillo était, en marchant bon train, de douze jours environ, et le mayordomo n'était en tout resté absent que neuf jours. Il était évident pour le sénateur que Paredes n'était pas allé jusqu'à Hermosillo, et pourtant il avait rapporté l'argent des traites!

Qu'est-ce que tout cela signifiait? Il y avait dans cette affaire un point sombre que don Rufino brûlait d'éclairer ; malheureusement cela était fort difficile, sinon impossible.

Il était censé ignorer le motif du voyage du mayordomo, et ne pouvait conséquemment l'interroger ; puis, quand bien même il se serait risqué à le faire, Paredes ne lui aurait probablement pas répondu, ou, s'il l'avait fait, ce n'aurait été qu'en goguenardant et en se moquant de lui ; car le digne mayordomo, avec ce flair infaillible que possèdent les cœurs droits et dévoués, avait aperçu le loup sous la toison de l'agneau, et bien que sans motif apparent, puisqu'il ignorait que le sénateur fût l'auteur du complot dont il avait failli être victime, il éprouvait pour ce personnage une répulsion instinctive dont nous avons vu la preuve par sa recommandation à don Ruiz en quittant l'hacienda et mettait une affectation marquée à éviter de se rencontrer avec lui.

En Sonora pas plus qu'ailleurs, on ne rencontre pas ainsi à point nommé des gens qui, pour vous être agréables, vous escomptent des traites importantes.

L'homme qui avait escompté celles-là devait être fort riche, et de plus disposé à venir en aide au marquis. Le sénateur avait beau se creuser la tête, chercher dans ses souvenirs, il ne se rappelait pas que, à cinquante lieues à la ronde, un propriétaire quelconque fût en mesure d'agir ainsi.

De plus, l'escompteur devait connaître le secret du complot tramé contre le mayordomo ; sans cela, il n'aurait pas proposé à celui-ci de prendre les traites dont il était porteur, Kidd serait-il le traître?

Au bout d'un instant, le sénateur reconnut l'absurdité d'un tel soupçon. Que le bandit n'eût pas voulu tuer le mayordomo, cela n'était pas supposable déjà; mais qu'en outre il l'eût laissé échapper sans le dévaliser, cela était de la plus haute invraisemblance. D'ailleurs, Kidd avait tout à redouter du sénateur, et ne se serait pas risqué à lui jouer ce mauvais tour.

Ainsi que cela arrive toujours lorsqu'on tourne sans point de départ dans le cercle vicieux des probabilités, de déductions en déductions, don Rufino en arriva à une conclusion tellement monstrueuse qu'il en fut réellement épouvanté. Cependant, à travers toutes ses divagations, il lui échappa un mot d'une grande logique, et qui prouve que s'il n'avait pas découvert la vérité, il n'en était pas cependant arrivé fort loin.

— Les peaux-rouges ont raison, murmura-t-il; leur proverbe est vrai : au désert, les arbres ont des oreilles et les feuilles des yeux. Je me souviens que ma conversation avec ce piccaro de Kidd a eu lieu près d'un buisson fort touffu; peut-être recélait-il un écouteur? Désormais, je ne traiterai d'affaires que sur le sommet d'une colline entièrement déboisée, et encore, ajouta-t-il avec un soupir, qui sait si quelque espion ne sera pas caché au fond d'un terrier?

Toutes ces réflexions, le sénateur les faisait en marchant avec agitation dans sa chambre, lorsque la porte s'ouvrit et don Ruiz parut.

— Seigneur don Rufino, lui dit-il après un

échange mutuel de politesses, vous plairait-il de vous rendre au salon? notre mayordomo qui, ainsi que vous avez pu vous en apercevoir, a été absent pendant quelques jours, nous apporte des nouvelles fort importantes, que mon père désirerait vous faire connaître.

Le sénateur tressaillit imperceptiblement et lança un regard soupçonneux au jeune homme; mais rien, dans la physionomie ouverte de don Ruiz, ne laissait supposer une intention cachée à ses paroles.

— Est-ce qu'il se passe quelque chose d'extraordinaire, cher don Ruiz? demanda-t-il d'une voix mielleuse.

— Je n'ai encore que des renseignements fort imparfaits sur les graves événements qui, dit-on, nous menacent; mais, si vous voulez me suivre, vous serez bientôt instruit de tout.

— Soit, cher seigneur, je suis à vos ordres, et il suivit don Ruiz dans le salon, où déjà se trouvaient réunis doña Marianna, le marquis et José Paredes.

— Eh! que se passe-t-il donc, cher seigneur? demanda en entrant le sénateur, don Ruiz m'a effrayé, je vous l'avoue.

—Vous le serez davantage encore Caballero lors que vous connaîtrez les événements. Mais, asseyez-vous, je vous en prie, répondit le marquis; puis, s'adressant au mayordomo, ainsi, lui dit-il, vous tenez ces nouvelles de bonnes sources?

— Je puis vous affirmer que tout ce que je vous ai annoncé est vrai, mi amò, les Papagos se sont alliés à je ne sais combien d'autres tribus de féroces payens, et nous devons nous attendre d'un moment à l'autre à les voir fondre sur nous.

— Caspita ! ceci est grave, dit le sénateur.

— Beaucoup plus que vous ne le supposez, car les Indiens sont résolus, cette fois, à chasser définitivement les blancs de la Sonora, et à s'y établir à leur place, répondit Paredes.

— Oh ! oh ! fit don Rufino, rude tâche qu'ils entreprennent.

— Riez si vous voulez, mais cela est ainsi.

— Je ne ris pas, mon digne ami ; seulement je ne crois pas les Indiens capables de tenter une aussi folle entreprise.

— D'abord, je ne suis pas votre ami, señor, répondit d'un air bourru le mayordomo ; ensuite, il est probable que lorsque vous aurez vu les Indiens à l'œuvre, vos opinions à leur égard se modifieront sensiblement.

Le sénateur feignit de ne pas remarquer ce qu'il y avait d'acerbe dans cette réponse, et il reprit d'un ton léger :

— Je n'ai jamais vu de peaux-rouges bravos, et Dieu me préserve d'en voir jamais ; cependant je soupçonne fort les habitants de ce pays de les faire plus redoutables qu'ils ne le sont réellement.

— Vous avez tort d'avoir une telle opinion, mon hôte, si vous demeurez quelque temps encore parmi nous, vous ne tarderez pas à en avoir la preuve, dit le marquis.

— Est-ce que nous allons rester ici exposés aux attaques des païens, mon père? demanda doña Marianna avec effroi.

— Ma fille, répondit le marquis, nous n'avons rien à redouter des Indiens ; le rocher sur lequel est bâtie mon hacienda est trop dur pour eux ; ils y retourneront leurs ongles avant de parvénir a en arracher une pierre.

— Cependant, mon père, on ne saurait avoir trop de prudence, observa don Ruiz.

— Vous avez raison, mon fils; et comme je ne veux pas que votre sœur conserve même l'ombre d'une inquiétude, nous nous mettrons immédiatement en état de défense, bien que ce soit inutile. Lors de la grande insurrection de 1827, les Indiens n'essayèrent même pas de s'approcher del Toro; je doute fort que cette fois-ci ils tentent de s'en emparer.

— Mi amo, reprit Paredes; croyez moi, ne négligez aucune précaution; ce soulèvement sera terrible.

— Ah! ça, demanda don Ruffino; dites-moi donc, señor mayordomo, quelle est la personne qui vous a si bien renseigné?

Paredes lui jeta un regard de côté, et répondit, en haussant les épaules:

— Il suffit que je le sois, peu importe le nom de l'homme auquel je dois ces renseignements. Supposez que c'est un ami qui m'a averti, vous serez dans la vérité.

— Permettez, permettez, señor, répondit le sénateur en fronçant le sourcil, ceci est plus important que vous ne croyez. Il ne s'agit pas de venir ainsi de but en blanc, jeter l'inquiétude dans une famille, et puis après de refuser de donner les preuves à l'appui de ce qu'on avance...

— Mon maître me connaît, señor; il sait que je lui suis dévoué, et de plus que je suis incapable d'un mensonge.

— Je ne mets en doute, señor, ni votre loyauté,

ni votre véracité; seulement, une chose aussi grave que celle que vous nous annoncez a besoin, pour être prise en considération, de s'appuyer sur une preuve irrécusable, un nom respectable à défaut d'autre chose.

— Bah! bah! le principal c'est de se mettre sur ses gardes.

— Oui, lorsque nous saurons si nous devons réellement le faire. En conséquence, en ma qualité de magistrat, et je demande au seigneur marquis un million de pardons d'en agir ainsi en sa présence, je vous somme de nous révéler à l'instant le nom de l'homme qui vous a donné ces nouvelles alarmantes.

— Bah! fit le mayordomo en haussant les épaules, à quoi cela vous servira-t-il que je vous dise le nom d'un individu que vous ne connaissez pas et dont jamais vous n'avez entendu parler.

— Là n'est pas la question; veuillez me répondre, s'il vous plait?

— Il est possible que vous soyez magistrat, señor, et cela m'est égal, je ne reconnais d'autres maîtres que le señor marquis et ses enfants, ici présents, eux seuls ont le droit de m'interroger, à eux seuls je répondrai.

Le sénateur se mordit les lèvres et se tourna vers le marquis.

— Voyons, Paredes, répondez, dit celui-ci; je ne comprends réellement rien à votre obstination.

— Puisque vous m'ordonnez de parlez, mi amo, reprit le mayordomo, sachez que l'homme qui m'a annoncé le soulèvement des païens est un chasseur blanc nommé la Main-Ferme.

— La Main-Ferme ? s'écrièrent à la fois le frère et la sœur.

— N'est-ce pas, demanda le marquis, ce chasseur envers lequel nous avons déjà contracté de si grandes obligations ?

— Oui, mi amo, fit avec intention le mayordomo, et il est probable qu'il ne s'en tiendra pas là.

Bien que ce fût la première fois qu'il entendait prononcer le nom du chasseur, par une espèce d'intuition, le sénateur éprouva une certaine émotion dont il ne put se rendre compte.

— Oh ! s'écria avec élan doña Marianna, nous devons ajouter pleine confiance aux paroles de la Main-Ferme.

— Certes, appuya don Ruiz ; évidemment, il a voulu nous avertir de nous mettre sur nos gardes.

— Mais quel est donc cet homme qui vous inspire une si profonde sympathie ? reprit le sénateur.

— Un ami, répondit doña Marianna avec chaleur, auquel je garderai une éternelle reconnaissance.

— Et que nous aimons tous, ajouta le marquis avec émotion.

— Ainsi vous acceptez sa caution pour bonne ?

— Oui, et croyez bien, mon hôte, que je ne négligerai pas l'avis qu'il me donne.

— Soit, señor, alors vous me permettrez de vous faire observer que l'obstination du señor Paredes à ne pas révéler ce nom, doit, avec raison, me sembler fort extraordinaire.

— Señor don Ruffino, Paredes est un vieux serviteur qui jouit d'une certaine liberté d'allure fort pardonnable, il croit avoir conquis le droit, et il l'a, en en effet, d'être cru sur parole. Maintenant, ajouta-t-il, avisons aux moyens à employer pour ne pas être surpris; Paredes, vous allez monter immédiatement à cheval, et vous donnerez l'ordre à tous les peones et vaqueros de rentrer le ganado et les chevaux à l'hacienda. Vous, don Ruiz, vous ferez préparer les corales et les cuartos nécessaires au logement des hommes et des animaux; réunissez le plus de fourrages et de provisions de bouche que vous pourrez vous en procurer; il ne faut pas qu'en cas de siége, nous courions le risque d'être pris par la famine. Combien, Paredes, avez-vous de peones sous vos ordres?

— Seigneurie, nous en avons environ quatre-vingts en état de porter les armes et de faire un service actif, sans compter les femmes, les vieillards, et les enfants que nous trouverons toujours à utiliser.

— Oh! oh! fit le marquis, c'est beaucoup plus qu'il ne nous en faut; je vois qu'il est inutile d'appeler nos mineurs de Quitovac.

— D'autant plus, objecta Paredes, que le capitaine de Niza, qui, par sa position, est beaucoup plus exposé que nous, doit déjà les avoir enrôlé à son service.

— C'est probable, répondit le marquis en se levant; allez, et exécutez mes ordres sans retard.

Le mayordomo salua son maître et sortit.

— Vous plairait-il, señor, de m'accorder un instant d'entretien? dit alors le sénateur.

— Je suis à vos ordres, señor.

— Oh! ne vous dérangez pas, dit le sénateur en s'adressant à don Ruiz et à sa sœur, qui se levaient pour sortir; je n'ai rien de secret à dire au señor marquis.

Les jeunes gens reprirent leurs siéges.

— Je vous avoue que ce que vient de dire cet homme, continua don Ruffino, m'a fort effrayé. Jamais je n'ai vu d'Indiens bravos, j'en ai une peur horrible ; je désirerais donc, quelque singulière que paraisse cette demande, faite ainsi à l'improviste, qu'il vous plût, don Hernando, de me permettre de vous quitter le plus tôt possible.

— Me quitter, répondit le marquis avec étonnement, dans ce moment?

— Oui, il paraît que les événements qui se préparent doivent être fort graves ; je ne suis pas un homme de guerre, tant s'en faut, car je redoute tout ce qui a l'apparence d'une rixe ; mais ma place au Congrès réclame ma présence immédiate à Mexico, ne serait-ce que pour instruire le gouvernement de la situation dans lequel se trouve cet État, et l'engager à prendre des mesures énergiques.

— Señor don Ruffino, vous êtes libre d'agir à votre guise ; seulement, je crains que les routes ne soient pas bien sûres, et que vous vous exposiez à de graves périls en vous obstinant à partir.

— J'ai songé à cela : mais je crois qu'une fois arrivé à Arispe, qui n'est pas fort éloigné de votre demeure, je n'aurai plus rien à redouter. Vous plairait-il de m'accorder la faveur d'être escorté jusqu'à cette ville par le señor don Ruiz?

— Je n'ai rien à vous refuser, señor ; mon fils vous accompagnera, puisque vous lui faites l'honneur de désirer son escorte.

— Oui, reprit le sénateur, en jetant à la dérobée un regard sur doña Marianna, qui laissait, pensive, tomber sa tête sur sa poitrine ; j'ai l'intention de charger don Ruiz d'une lettre importante pour vous.

— A quoi bon écrire, ne serait-il pas plus simple de me dire en deux mots ce dont il s'agit.

— Non, non, c'est impossible, répondit don Ruffino avec un sourire ressemblant à une grimace ; cela nous prendrait trop de temps ; d'ailleurs, cher seigneur, vous savez mieux que moi, sans doute, qu'il y a certaines choses qui ne se traitent bien que par ambassadeurs.

— A votre aise, señor. Quand comptez-vous partir ?

— Ma foi, je vous avoue franchement que, malgré le regret que j'éprouve de vous quitter, cependant, je crois que plus tôt je partirai mieux cela vaudra.

— Il n'est encore que dix heures du matin, dit don Ruiz en se levant ; en nous hâtant un peu, nous pouvons être ce soir même rendus à Arispe.

— C'est parfait ; oui, cela est préférable ; permettez-moi, don Hernando, de prendre congé de vous ainsi que de votre charmante fille, et veuillez agréer tous mes remerciments pour la noble hospitalité que j'ai reçue dans votre demeure.

— Comment, vous ne craignez pas de voyager par la grande chaleur du jour ?

— Je ne crains que la vue des Indiens, et cette crainte suffit pour me faire oublier toutes les autres. Excusez-moi donc de vous quitter aussi brusquement, mais je suis convaincu que je mourrais de peur si j'entendais résonner à mon oreille le cri de guerre de ces affreux sauvages...

Don Ruiz avait quitté la salle pour donner les ordres nécessaires, et sa sœur l'avait suivi, après avoir fait une révérence muette au sénateur, dont elle était loin de soupçonner les intentions.

La crainte exprimée par don Ruffino était fort exagérée, si elle n'était pas complétement feinte; mais il sentait instinctivement que le terrain commençait à brûler sous ses pieds à l'hacienda, et il voulait s'éloigner, afin non-seulement de se mettre à l'abri des dangers qu'il prévoyait, à cause de la non-réussite de son complot, mais encore pour tâcher de rattacher les fils rompus de son intrigue, et de mener à bien ses projets dans le plus court délai possible.

Le soulèvement des Indiens, en interrompant les travaux, paralysant les transactions commerciales et créant conséquemment d'énormes difficultés au marquis, venait parfaitement en aide au sénateur pour la realisation des plans que depuis longtemps il ourdissait dans l'ombre. De plus il désirait, pendant le court voyage qu'il allait exécuter en compagnie de don Ruiz, se faire du jeune homme un auxiliaire précieux qui le servirait d'autant mieux qu'il le ferait sans arrière-pensée, et sans entrevoir le but que se proposait don Ruffino. En outre, il préférait écrire et détailler tout au long dans une lettre ses intentions au marquis, que de les discuter avec lui, par cette grande raison diplomatique, que celui qui écrit parle seul, se fait écouter quand même, et par conséquent ne redoute pas d'être réfuté avant que d'avoir complètement exposé sa pensée.

Au bout de quelques instants, don Ruiz rentra en annonçant que l'escorte était en selle et que tout était prêt pour le départ. Don Ruffino réitéra ses adieux au marquis; celui-ci ne voulut cependant pas le laisser partir avant que de lui avoir fait prendre, selon la coutume hospitalière du pays, le coup de l'étrier, c'est-à-dire d'avoir bu avec lui un verre d'orangeade glacée. Puis tous trois quittèrent le salon, car malgré les prières et les dénégations du sénateur, son hôte voulut l'accompagner jusqu'au patio et assister à son départ.

Cinq minutes plus tard, don Ruffino Contreras, accompagné de don Ruiz, et suivi par six peones de confiance, bien armés et bien montés, quittait l'hacienda del Toro, et prenait la direction de la ville d'Arispe, où, suivant les prévisions du jeune homme, il arriva le jour même, à la nuit tombante, après un voyage assez fatigant, il est vrai, mais qui, cependant, ne fut troublé par aucun incident de nature à l'effrayer.

La seule chose que remarquèrent les voyageurs, et qui leur prouva combien déjà la nouvelle d'une invasion prochaine des Indiens s'était répandue sur la frontière, ce fut la solitude complète de la campagne; elle ressemblait à un désert.

Tous les ranchos qu'ils rencontrèrent sur leur route étaient abandonnés; les portes, les fenêtres et tous les meubles avaient été enlevés par les habitants et emportés par eux dans leur fuite; ce qu'ils avaient été contraints de laisser derrière eux, ils l'avaient brûlé ou détruit; les chevaux et les bestiaux avaient aussi disparu, ce qui imprimait aux immenses plaines que traversait la petite caravane un cachet d'indicible tristesse.

Les moissons avaient été coupées vertes ou brûlées, afin que les Indiens n'en profitassent pas; enfin, avant que ce malheureux pays fût ravagé par les peaux-rouges, il l'avait déjà été complètement par ses habitants.

Don Ruffino contemplait avec une morne stupeur

l'aspect désolé de ces campagnes, ne comprenant rien à l'étrange tactique des rancheros.

Lorsqu'ils atteignirent les barrières d'Arispe, ils les trouvèrent fermées et gardées par de forts détachements de soldats et de *civicos*, espèce de milice nationale payée par les riches habitants pour réprimer les dévastations des maraudeurs de toutes sortes qui pullulent sur les frontières indiennes.

Ce ne fut qu'après d'interminables pourparlers et des précautions infinies que les gardes des barrières consentirent enfin à livrer passage aux voyageurs.

Toutes les rues d'Arispe étaient coupées par de fortes barricades; la ville ressemblait à un vaste camp; les soldats bivaquaient sur toutes les places, couchés et dormant autour des feux de veille allumés autant pour combattre le froid piquant de la nuit que pour faire cuire leur misérable pitance.

Don Ruffino possédait à Arispe, sur la plaza Mayor, une grande et belle maison, dans laquelle il habitait lorsque ses affaires l'appelaient en Sonora. Il lui fallut plus d'une heure pour y arriver, à cause des détours sans nombre qu'il fut contraint de faire et des barricades qu'il fut obligé de traverser.

La porte de la maison était ouverte, et une douzaine de soldats étaient tranquillement installés dans le saguan et dans le patio; don Ruffino ne protesta nullement contre cette violation arbitraire de son domicile, au contraire, il fit sonner bien haut son titre de sénateur, et parut fort satisfait de la liberté que les soldats avaient prise.

Don Ruffino ne voulut pas consentir à ce que don Ruiz et ses peones allassent chercher un logement hors de chez lui; il les contraignit à accepter son hospitalité, ce à quoi, du reste, ils consentirent sans trop se faire prier, car hommes et chevaux commençaient à éprouver le besoin de prendre quelques heures de repos, après une course d'un jour entier, faite au soleil et par une chaleur accablante.

XXVII

ÉVÉNEMENTS GRAVES

Rien n'égale la rapidité avec laquelle une nouvelle fortune s'établit, si ce n'est celle, plus grande encore peut-être, avec laquelle tombe une vieille famille. L'éternel jeu de bascule du hasard, qui élève les uns et abaisse les autres, fait surgir ainsi d'incessants contrastes, qui sont une des exigences de l'existence des sociétés et de l'éternel équilibre qui préside aux choses de ce monde.

A part certaines exceptions, le premier et le dernier d'une race sont toujours deux hommes forts, créés pour la lutte, doués de grandes et nobles qualités, et sachant toujours se trouver à la hauteur des circonstances.

Malheureusement, de ces deux hommes l'un, soutenu par le capricieux hasard et par la benigne influence de son étoile, voit tous les obstacles s'abaisser devant lui, ses combinaisons les plus téméraires réussir ; en un mot, le succès, souvent contre ses propres prévisions, couronner tous ses efforts.

Tandis que l'autre, au contraire, subissant à son insu, par la loi du contraste, la maligne influence qui s'attache à sa race; descendu par la faute de ses prédécesseurs d'une position élevée; contraint de lutter à armes inégales avec des ennemis prévenus contre lui, et qui le rendent responsable de la longue suite d'erreurs dont ses ancêtres ont été seuls coupables, espèce de bouc émissaire chargé des péchés de tous, se voit pour ainsi dire placé en dehors de la loi commune : ses plus adroites combinaisons ne parviennent qu'à retarder de quelques années une chute inévitable, et aboutissent souvent à la rendre plus éclatante et plus définitive.

Ce que nous disons ici s'applique à tous les degrés de l'échelle sociale; aussi bien aux races royales qu'aux misérables familles de prolétaires : chaque révolution qui change la face d'un empire, en amenant à la surface les génies ignorés, plonge en même temps dans l'abîme insondable de la misère et de l'opprobre ceux qui, pendant des siècles, ont pesé sur des générations entières, et se sont, parfois dans leur orgueil, égalés à Dieu même, en se croyant tout permis.

Ou sont maintenant les derniers descendants des Stuarts, des Valois et de toutes ces races vaillantes, qui dans leurs mains puissantes ont tenu la destinée d'une partie du globe? Disparues, évanouies, sans qu'il soit possible de connaître avec certitude, par quelles angoisses et quelles tortures horribles, elles ont payé les crimes et l'éclat fulgurant dont pendant de longues années leurs ancêtres ont illuminé le monde craintivement courbé devant eux.

Le temps, cet impassible niveleur, en entraînant le progrès à sa suite, passe incessamment son terrible niveau sur tout ce qui relève trop la tête : se plaisant ainsi à élever les uns et à abaisser les autres, il se fait le seul arbitre des ambitions humaines et le véritable représentant de cette égalité morale, qui serait une utopie, si la grande loi organique de l'harmonie de l'univers n'en avait pas proclamé ainsi les éclatants principes.

Le jour même où don Ruiz, après avoir, ainsi que nous l'avons dit, escorté don Ruffino Contreras à Arispe, rentrait à l'hacienda del Toro, un courrier y arrivait en même temps que lui.

Cet homme, monté sur un cheval rendu de fatigue, venait, selon toute apparence, de fort loin et paraissait très-pressé.

A peine arrivé à l'hacienda, il fut introduit dans le cabinet du marquis, avec lequel il demeura longtemps enfermé.

Puis, lorsque le courrier sortit du cabinet, il remonta immédiatement à cheval et quitta l'hacienda sans avoir parlé à personne.

L'apparition presque fantastique de cet homme, que l'on n'avait fait qu'entrevoir, causa aux habitants de l'hacienda cette crainte instinctive qu'on éprouve toujours pour les choses qui ne se peuvent expliquer.

Le marquis, dont le visage était ordinairement empreint d'une expression de mélancolie triste et résignée, était après cette visite étrange d'une pâleur cadavéreuse; des rides profondes sillonnaient son front et ses yeux, dont les sourcils étaient froncés à se joindre, lançaient de sombres éclairs.

Il demeura longtemps à marcher avec agitation dans la huerta, les bras derrière le dos, la tête penchée sur la poitrine; parfois, il s'arrêtait court dans sa promenade, se frappait le front avec fureur, prononçait des mots sans suite, puis recommençait à marcher machinalement, obéissant plutôt à un impérieux besoin de locomotion qu'à tout autre motif.

Doña Marianna, assise à une fenêtre de son boudoir, cachée derrière un épais rideau de mousseline, suivait avec intérêt les mouvements de son père, attristée et effrayée de l'état dans lequel elle le voyait et se sentant à cette vue le cœur oppressé, comme si la pauvre enfant eût deviné que le contrecoup de ce désespoir devait bientôt rejaillir sur elle, et qu'une part de cette douleur lui était réservée.

Le marquis s'arrêta enfin, jeta autour de lui un regard circulaire comme un homme qui s'éveille ; puis, après un instant de réflexion, il rentra dans ses appartements.

Quelques minutes plus tard, un domestique venait annoncer à doña Marianna que son père l'attendait dans la chambre rouge.

Malgré elle, la jeune fille sentit redoubler ses appréhensions ; cependant elle se hâta d'obéir.

Cette chambre, où nous avons déjà eu occasion d'introduire le lecteur, et dans laquelle don Hernando n'avait pas remis les pieds depuis le jour où son frère don Rodolfo avait été si impitoyablement chassé par son père, l'ancien marquis de Moguer, était toujours aussi froide et aussi sombre que nous l'avons vue ; seulement, le temps, en ternissant encore davantage l'éclat des broderies et des tapisseries, et en noircissant les meubles, lui avait imprimé un cachet de tristesse qui, dès qu'on y pénétrait, faisait courir un frisson douloureux par tout le corps.

Lorsque doña Marianna entra dans la chambre rouge, son père s'y trouvait déjà.

Il marchait de long en large sur l'estrade, devant les vieux fauteuils de famille. En apercevant sa fille, d'un geste muet il lui indiqua un siége sans interrompre sa promenade.

La jeune fille s'assit, ou plutôt se laissa tomber toute frémissante sur un fauteuil.

Quelques minutes plus tard, don Ruiz entra; José Paredes le suivait.

Le marquis s'assit alors sur un fauteuil à dossier armorié placé au centre de l'estrade; il ordonna au mayordomo de fermer la porte, et après quelques minutes d'hésitation, il prit la parole d'une voix faible et tremblante;

— Mes enfants, dit-il, je vous ai réunis ici, parce que nous avons à nous occuper d'affaires de la plus haute gravité. J'ai appelé à notre conseil Paredes, ce vieux serviteur de notre famille, dont le dévouement nous est acquis depuis si longtemps; j'espère que vous ne trouverez pas que, en agissant ainsi, j'aie outrepassé mes droits.

Les jeunes gens s'inclinèrent en signe d'acquiescement. Paredes se plaça auprès d'eux.

Le marquis continua:

— Mes enfants, dit-il avec tristesse, notre famille, depuis de longues années déjà, a été fort éprouvée par l'adversité... Jusqu'à présent, respectant l'heureuse insouciance de votre âge, je m'étais étudié à renfermer dans mon cœur les chagrins et les ennuis dont j'étais constamment accablé: à quoi bon, en effet, faire peser sur vos jeunes épaules une partie de ce lourd fardeau? Le malheur marche à pas de géant ; tous ils nous atteint les uns après les autres ; mieux valait vous laisser jouir, sans les attrister, des jours si courts, hélas ! de votre belle jeunesse. J'ai donc lutté seul, pour nous tous, mes chers enfants, renfermant en dedans de moi-même les douleurs qui parfois m'accablaient, retenant mes larmes, qui retombaient une à une, âcres et brûlantes sur mon cœur, et vous présentant toujours un front calme et l'apparence tranquille d'un homme sinon complétement heureux, mais du moins satisfait du lot de bien et de mal qui lui est échu par la volonté de Dieu.

Il en eût toujours été ainsi, croyez-le bien, mes enfants, et j'aurais continué à garder pour moi les ennuis et les tracas de cette existence, si un malheur soudain, terrible, irremédiable, qui m'accable aujourd'hui, ne me contraignait, à mon corps défendant, à vous instruire de la situation triste, affreuse, dans laquelle nous nous trouvons, et à vous mettre au courant de mes affaires, qui sont les vôtres, puisque je ne suis que dépositaire d'une fortune qui, si nous la sauvons, doit vous appartenir un jour.

Le marquis s'arrêta un instant, vaincu par l'émotion qui l'oppressait et lui serrait la gorge.

— Mon père, répondit don Ruiz, vous avez toujours été pour ma sœur et pour moi le meilleur des pères. Cette confidence que vous avez si longtemps retardée, dans la crainte de nous causer une passagère douleur, soyez convaincu que nous l'attendons avec impatience, dans l'espoir qu'il nous sera possible, en prenant notre part du lourd fardeau qui vous accable, d'adoucir vos peines et de vous rendre ainsi le courage nécessaire pour soutenir la lutte gigantesque dans laquelle vous êtes engagé contre la fortune contraire.

— Mon fils, répondit le marquis, je connais votre cœur, et celui de votre sœur; je sais la respectueuse affection que vous me portez; et dans le malheur qui fond sur moi, ce m'est, croyez-le bien, une grande satisfaction d'avoir l'intime certitude que mes enfants se joindront franchement à moi pour me soutenir et me consoler.

— Veuillez donc, sans plus tarder, mon père, nous instruire de ce qui se passe. Le courrier avec lequel vous êtes, ce matin, demeuré si longtemps enfermé ne doit pas être étranger à la détermination que vous avez prise; sans doute, il était porteur de mauvaises nouvelles?

— Hélas! mon fils, répondit le marquis, le sort s'acharne depuis quelques années après notre maison avec une incompréhensible persévérance; tout se ligue contre nous, notre fortune, immense à l'époque de la domination espagnole, n'a cessé d'aller en s'amoindrissant depuis la proclamation de l'indépendance mexicaine. En vain ai-je essayé de lutter contre le torrent qui nous emportait; en vain ai-je oublié tout ce que je dois à mon nom et à mon rang, tenté dans d'honorables entreprises, de regagner ce que j'ai perdu : tout a été inutile; mes efforts n'ont servi qu'à me prouver l'inutilité de mes tentatives. Cependant j'espérais, il y a quelques jours encore, être parvenu sinon à conjurer complétement le sort, du moins à le rendre plus favorable; j'entrevoyais presque l'espérance de rétablir, sinon complètement mes affaires, ce qui n'est plus depuis longtemps en mon pouvoir, au moins de sauver de la ruine quelques lambeaux de notre ancienne fortune, lorsque aujourd'hui, il y a une heure à peine, j'ai acquis la triste certitude que, à moins d'un miracle impossible à espérer, je suis entièrement ruiné.

— Oh! vous ne pouvez en être là encore, mon père, s'écria doña Marianna.

— Si, mes enfants, nous sommes ruinés, réduits à la plus complète misère, reprit le marquis avec douleur; nous avons tout perdu, tout, jusqu'à cette hacienda, bâtie par un de nos ancêtres, et qui, dans quelques jours, demain peut-être, sera vendue au profit de nos créanciers.

— Mais comment un aussi grand malheur est-il arrivé; mon père?

— Eh! mon Dieu, comme arrivent tous les malheurs, lorsque le sort veut perdre un homme. Depuis longtemps déjà, les affaires étaient dans un complet marasme, grâce à l'incurie désastreuse du gouvernement qui nous régit, lorsque la nouvelle du nouveau soulèvement des Indiens Mansos et Bravos, a mis le comble aux craintes des négociants, des banquiers et de tous les hommes dont les capitaux se trouvent engagés dans les affaires industrielles; la panique a été générale; chacun a essayé de rentrer dans les fonds qu'il avait aventuré; plusieurs maisons d'Hermosillo, d'Urès, d'Arispe, de Sonora, de Mexico même ont suspendu leurs paiements; d'autres se sont déclarées en faillite, si bien que, d'un seul coup, tout a été paralysé; puis, pour compliquer encore une situation déjà si tendue, un nouveau pronunciamiento a eu lieu à Mexico, et en ce moment, nous avons non-seulement la guerre sur nos frontières contre les Indiens, mais l'intérieur du pays est en feu et en proie à toutes les horreurs de la guerre civile.

— Ces nouvelles sont-elles officielles, mon père ?

— Malheureusement, il m'est impossible de conserver le moindre doute à cet égard, mon fils. Voici pourquoi.

Dans une circonstance comme celle qui se présente en ce moment, il arrive inévitablement ceci : que ceux auxquels on doit de l'argent exigent le remboursement intégral de leurs créances dans un délai extrêmement bref, tandis que ceux qui doivent profitent de la situation pour arguer d'impossibilité ; ceux qui ne se mettent pas en faillite reculent leurs paiements à des échéances tellement éloignées que ces paiements deviennent par le fait complètement illusoires. Or, les lettres que j'ai reçues ce matin, et elles sont nombreuses, se divisent en deux catégories : mes débiteurs refusent de me solder, tandis qu'au contraire mes créanciers, dans la prévision d'une fin de non recevoir, se sont mis en mesure contre moi, ont obtenu un jugement ; si bien, que si, d'ici à huit jour, je ne leur paye pas la somme ronde de trois cent quatre-vingt mille piastres, je serai déclaré en faillite, incarcéré, chassé de mes propriétés, et cette hacienda, ce dernier bien qui me reste, vendue à l'encan et achetée probablement pour une misère, par un des anciens vassaux de notre famille, qui se sera enrichi à nos dépens, et qui maintenant n'aura pas honte de prendre notre place.

— Trois cent quatre-vingt mille piastres (1) ! murmura don Ruiz avec stupeur.

— Tout autant, mon fils.

— Mais comment réunir une pareille somme ?

— Il est inutile d'y songer à présent, mon fils. Cette hacienda seule vaut le double ; dans un autre moment, il m'aurait été possible d'offrir une hypothèque, on me doit près de 300,000 piastres, vous voyez que je serais parvenu facilement à faire face à ce nouveau coup de la fortune. Mais aujourd'hui, il n'y faut pas penser ; il vaut mieux courber la tête et abandonner franchement la partie, en laissant nos créanciers se partager nos dépouilles. Vous ne supposez pas, je l'espère, mon fils, que j'aie l'intention de frustrer mes créanciers du peu que je possède encore ?

— Oh ! non, mon père ; mais quelle est votre intention ? que comptez-vous faire ?

— Caraï, dit alors Paredes, cela n'est pas bien malin à trouver ; je possède, par les libéralités de la famille de Moguer, un rancho qui, grâce à Dieu, ne doit rien à personne. Il est à vous, mi amo ; ma mère et moi nous trouverons toujours bien un coin où nous caser. Eh bien, si ce misérable logis n'est ni aussi beau ni aussi riche que celui-ci, il sera néanmois suffisant pour vous abriter sans que vous en soyez réduit à aller demander un asile à un étranger : est-ce dit, seigneurie, honorerez-vous la vieille maison de votre serviteur de votre présence ?

Le marquis parut se recueillir un instant ; puis, tendant sa main à Paredes, qui la baisa :

(1) Environ 1,900,000 francs de notre monnaie.

— Eh bien ! soit, mon ami, j'accepte votre offre, dit-il, non pas que je compte vous importuner longtemps, mais seulement pendant les quelques jours nécessaires aux mesures qu'il me faudra prendre pour sauver, s'il est possible, du naufrage de minces parcelles de la fortune de mes enfants.

— Ne songez pas à nous, mon père, dit avec émotion doña Marianna ; nous sommes jeunes, nous travaillerons.

Paredes était dans la jubilation de voir son offre acceptée par son maître.

— Oh ! ne craignez rien, mi amo, dit-il, le vieux rancho n'est pas aussi délabré et aussi misérable qu'on le suppose ; j'espère que Dieu aidant, vous ne vous y trouverez pas trop mal, et là, au moins, vous n'aurez pas à redouter les visites de certaines gens.

— Vous êtes injuste, Paredes, répondit le marquis, don Ruffino Contreras, auquel vous faites en ce moment allusion, est un de mes meilleurs amis, et je n'ai eu qu'à me louer de ses procédés.

— Hum ! c'est possible, mi amo, c'est possible, dit le mayordomo en hochant la tête d'un air convaincu, mais s'il m'est permis d'émettre un avis sur le compte de ce seigneur, je crois que nous ferons bien d'attendre encore avant que d'arrêter définitivement notre opinion sur lui.

— Que voulez-vous dire ?

— Rien, mi amo, rien, absolument. Je m'entends, voilà tout.

— Cela me fait songer, mon père, que, en me quittant, don Ruffino m'a confié une lettre, avec prière de vous la remettre aussitôt mon arrivée à l'hacienda.

— En effet, il m'avait prévenu de son intention de m'écrire.

— Eh! fit le mayordomo entre ses dents, mais de façon à être entendu du marquis, j'ai toujours eu mauvaise idée des hommes qui préfèrent noircir du papier au lieu de s'expliquer franchement de vive voix.

Pendant cet aparté, le marquis avait décacheté la lettre et l'avait parcourue des yeux.

— Du moins, cette fois, dit le marquis en repliant le papier, on n'accusera pas don Ruffino de manquer de franchise et de ne pas s'expliquer clairement; il m'avertit des mesures prises contre moi, et après avoir, avec tous les ménagements imaginables, exposé ce que ma position a de précaire, il termine en m'offrant les moyens d'en sortir de la façon la plus honorable; en un mot, il me demande la main de ma fille, à laquelle il s'offre de constituer une dot d'un millon et demi de piastres, après avoir liquidé mes dettes.

Doña Marianna était demeurée accablée sous le coup imprévu qui la frappait.

Le marquis continua avec l'accent d'amertume qu'il avait mis jusque-là dans ses paroles.

—Voilà où nous en sommes arrivés, mes enfants; que nous, descendants d'une race de preux, nobles comme le roi d'Espagne, et dont l'écusson est sans tache, après une longue suite de siècles, nous soyons tellement descendus de notre haute position sociale que nous nous trouvions trop honorés des recherches d'un homme dont le grand-père a été notre vassal... Mais ainsi vont les choses du monde; à quoi bon récriminer, ne sommes-nous pas dans un siècle où l'on voit tout !

— Que répondrez-vous à cette étrange missive, mon père ? demanda don Ruiz avec inquiétude.

Don Hernando se redressa avec fierté :

— Mon fils, répondit-il, si pauvre que je sois, je n'en demeure pas moins marquis de Moguer, seul bien peut-être qui ne peut m'être enlevé. Je sais à quoi m'oblige l'honneur de mon nom; votre sœur est libre d'accepter ou de refuser l'offre qui lui est faite; je ne veux, sous aucun prétexte, influencer sa détermination dans une chose aussi grave : elle est jeune, il lui reste de longs jours à vivre; je n'ai pas le droit d'enchaîner son existence à celle d'un homme qu'elle n'aime pas; elle réfléchira, et suivra les impulsions de son cœur. Quelle que soit sa résolution, je l'approuve d'avance.

— Merci, mon père, répondit doucement la jeune fille; accordez-moi une dernière grâce.

— Laquelle, mon enfant?

— Je désire huit jours avant de répondre à cette demande; je suis tellement surprise et tellement troublée, qu'il me serait impossible en ce moment de prendre une détermination quelconque.

— Soit, ma fille; dans huit jours, vous me répondrez. Maintenant, retirez-vous, mes enfants; vous, Paredes, demeurez. Avant que de quitter définitivement l'hacienda, je désire prendre certaines dispositions pour lesquelles vous m'êtes nécessaire.

Le frère et la sœur, après s'être respectueusement inclinés devant leur père, sortirent à pas lents de cette chambre fatale, dans laquelle on n'entrait jamais que sous le coup d'un malheur.

XXVIII

LE TIGRERO

Don Ruiz et sa sœur étaient sortis de la chambre rouge, appuyés au bras l'un de l'autre, tristes, sombres, désespérés, n'osant se communiquer leurs impressions, parce qu'ils savaient qu'ils n'avaient rien à espérer d'un échange de consolations banales.

Lorsqu'ils atteignirent le vestibule où bifurquaient les escaliers de leurs appartements respectifs, don Ruiz quitta le bras de sa sœur, et la baisant au front :

— Courage, Marianna, lui dit-il d'une voix douce.

— Vous me quittez, mon frère? répondit-elle avec un léger accent de reproche dans la voix.

— Ne rentrez-vous pas chez vous? lui demanda-t-il.

— Et vous, Ruiz, que comptez-vous faire?

— A vous parler franchement, ma sœur, répondit-il, après ce qui s'est passé dans la chambre rouge, je me trouve dans un état de surexcitation tel, que j'éprouve le besoin d'aller, de venir, de me donner du mouvement, enfin de prendre l'air; sans cela, je crois que je serais malade.

— Comptez-vous donc sortir?

— En vous quittant, chère sœur, mon intention

bien arrêtée est de seller Santiago et de courir la campagne pendant au moins deux ou trois heures.

— S'il en est ainsi, Ruiz, je vous prierai de me faire un plaisir.

— Lequel?

— Vous allez, dites-vous, seller Santiago?

— Oui.

— Eh bien, en même temps, cela vous coûtera peu, sellez *Madrina.*

— Votre jument?

— Oui.

— Vous sortez donc?

— J'ai l'intention d'aller faire une visite à ma nourrice, il y a longtemps que je ne l'ai vue. En ce moment, je serais heureuse de causer quelques instants avec elle.

— Vous vous rendrez seule au rancho?

— A moins que vous ne consentiez à m'y accompagner.

— En doutez-vous, ma sœur?

— Oui et non, Ruiz.

— Pourquoi cette réticence?

— Vous allez me comprendre, mon frère. Pour être franche avec vous, j'ai besoin de voir ma nourrice; peut-être passerai-je la nuit au rancho; au cas où cela arriverait, je ne voudrais pas que, par prière ou autrement, vous essayiez de me dissuader de demeurer avec ces braves gens.

— Songez, ma sœur, que le pays n'est pas tranquille, et que vous pouvez être exposée, dans un misérable rancho où toute résistance en cas d'attaque serait impossible.

— J'y ai songé, mon frère; j'ai fait le calcul de

toutes les éventualités. Mais, je vous le répète, il faut que je me rende au rancho, et peut-être serai-je contrainte à y passer non-seulement la nuit, mais encore un jour ou deux.

Don Ruiz réfléchit un instant.

— Ma sœur, reprit-il enfin, vous n'êtes pas une femme vulgaire; chez vous, tout est calculé avec soin. Sans que vous me disiez les motifs de la visite que vous voulez faire, je devine qu'ils sont sérieux: donc, je n'essaierai pas de contrarier votre volonté. Agissez à votre guise, je ferai ce qui vous conviendra.

— Merci, Ruiz, dit-elle avec effusion; j'attendais cette parole de votre bouche; vous me comprenez. Merci encore une fois; cette visite, vous l'avez deviné, a une raison sérieuse.

— Ainsi, je vais seller les chevaux, dit-il en souriant.

— Allez, mon frère, répondit-elle en lui pressant doucement la main, je vous attends ici.

— Je ne vous demande que cinq minutes.

Le jeune homme sortit. Doña Marianna s'appuya à la balustrade et laissa errer son regard autour d'elle, en se plongeant dans de profondes réflexions.

Don Ruiz revint, conduisant les deux chevaux en bride; le frère et la sœur se mirent aussitôt en selle et quittèrent l'hacienda.

Il était environ quatre heures de l'après dîner; la grande chaleur du jour était passée, les oiseaux chantaient gaiement sous la feuillée; le soleil, au niveau des plus basses branches des arbres, ne dardait plus que des rayons sans force, et la brise du soir, qui commençait à se lever, rafraîchissait l'atmosphère et emportait au loin les nuées de moustiques qui, pendant plusieurs heures, avaient obscurci l'air.

Les deux jeunes gens galoppaient silencieusement côte à côte, absorbés dans leurs pensées, et ne jetant que des regards distraits sur le splendide paysage qui se déroulait autour d'eux, au fur et à mesure qu'ils s'enfonçaient dans la campagne.

Ils atteignirent ainsi le rancho sans avoir échangé une parole.

Bouchaley, fidèle à son amitié pour doña Marianna, avait depuis longtemps déjà annoncé sa présence aux habitants du rancho, lesquels étaient accourus en toute hâte sur le seuil de leur porte pour la recevoir, jusqu'au vieux père Sanchez, qui, malgré sa cécité, avait voulu aller au-devant de sa fille chérie.

D'un regard rapide, doña Marianna s'assura de la présence de son frère de lait, présence qui sembla lui causer une vive satisfaction.

— Eh ! bon Dieu, Niña, s'écria la ranchera toute joyeuse, vous si tard ici ? Quel bon vent vous amène ?

— Le dessein de vous voir, madresita (petite mère), répondit en souriant la jeune fille. Il y a si longtemps que je ne vous ai embrassée, que je n'y tenais plus.

— C'est une bonne pensée, Niña, dit le ranchero ; malheureusement, il est tard ; à peine aurons-nous quelques minutes à causer avec vous ?

— Qu'en savez-vous, vieux père ? répondit-elle en sautant à bas de son cheval, et lui jetant les bras au cou, qui vous dit que je ne passerai pas la nuit au rancho ?

— Oh! oh! vous ne voudrez pas nous faire cet honneur, Niña, reprit le vieillard.

— C'est ce qui vous trompe, père, et la preuve, c'est que je prie mon frère de me laisser ici, et de retourner sans moi à l'hacienda.

— Ainsi, me voilà congédié? dit en riant don Ruiz.

— Oui, mon frère; du reste, vous n'avez pas à vous plaindre, je vous ai prévenu

— C'est vrai; aussi je ne me plains pas, petite sœur; seulement, avant de nous séparer, dites-moi à quelle heure je dois venir demain vous chercher.

— Que cela ne vous inquiète pas, Ruiz, Mariano, mon frère de lait, me reconduira.

— Et cette fois, je ne ferai pas comme la dernière, Niña: que le Seigneur me confonde si seulement je vous perds de vue une minute! fit le tigrero en saisissant la bride du cheval pour le conduire au corral.

— Serez-vous donc assez cruelle, Marianna, dit alors don Ruiz, pour me contraindre de retourner ainsi à l'instant sur mes pas?

— Non; je vous accorde une heure pour vous reposer et vous rafraîchir; mais, passé ce temps, vous partirez.

— C'est convenu, petite sœur.

Ils entrèrent dans le rancho.

Na Sanchez, avec cette hospitalière vivacité que possèdent à un si haut degré les rancheros mexicains, avait déjà couvert la table de pulque, de mezcal, de refinio de cataluña, d'orangeade et d'infusion de tamarindos.

Les jeunes gens, altérés par une longue course,

et ne voulant pas désobliger les bonnes gens qui les recevaient avec tant de plaisir, firent honneur aux rafraîchissements qui leur étaient offerts en si grande profusion.

Don Ruiz, tout en raillant doucement sa sœur sur sa fantaisie de passer la nuit au rancho, mais intérieurement convaincu qu'une raison grave l'avait seule engagée à prendre cette détermination, causa gaiement, selon son habitude et fut étincelant de verve maligne et d'esprit, ce qui est plus facile au Mexique que chez nous, où, grâce à l'intelligence naturelle des gens, quelle que soit la position sociale où le sort les ait placés, on est toujours certain d'être compris.

Lorsque le jour commença à tomber, le jeune homme prit congé des rancheros, monta à cheval et partit pour retourner à l'hacienda.

Au Mexique comme dans tous les pays intertropicaux, le soir est le moment le plus agréable de la journée ; aussi les habitants vivent-ils plutôt en plein air que renfermés dans leurs maisons. Le soir, on s'assied devant les portes des ranchos ; on cause, on chante, on danse, et deux ou trois heure du matin arrivent ainsi sans qu'on songe à se coucher.

Mais ce jour-là, contrairement à ses habitude lorsqu'elle venait visiter sa nourrice, doña Marianna paraissait fatiguée ; parfois elle dissimulait avec peine un bâillement ; et son envie de prendre du repos devint bientôt tellement évidente, que la nourrice fut la première à l'engager à se retirer.

La jeune fille ne se fit pas prier, et, après avoir embrassé le vieillard et sa nourrice, elle rentra dans le rancho et se renferma dans la chambre préparée pour elle.

Dès que doña Marianna les eut quittés, les vieillards éprouvèrent immédiatement le besoin de dormir, et presque aussitôt ils allèrent, eux aussi, se livrer au sommeil.

Quant à Mariano, après avoir fait sa visite autour du rancho selon son habitude, il suspendit un hamac sous le portillo et s'étendit dedans, préférant passer la nuit en plein air que de se renfermer entre des murs échauffés par la chaleur du jour.

Une heure plus tard, tous les habitants du rancho étaient plongés dans le plus profond sommeil.

Tout à coup, le tigrero sentit une main se poser doucement sur son épaule, il ouvrit les yeux, et à la clarté des étoiles, qui reluisaient comme en plein jour, il reconnut doña Marianna.

Le jeune homme qui s'était jeté tout vêtu dans le hamac, se redressa subitement en regardant sa sœur de lait d'un air effaré :

— Que se passe-t-il, Niña? qu'avez-vous? lui demanda-t-il avec inquiétude.

— Chut! Mariano, répondit-elle à voix basse en plaçant un doigt sur sa bouche; il ne se passe rien, tout est tranquille, du moins, je le suppose; mais je veux vous parler.

— Vous voulez me parler, tocaya, reprit-il en sautant d'un bond sur le sol et repliant le hamac.

— Oui, mais je suis fâchée de vous avoir réveillé; vous dormiez si bien, que je suis demeurée près d'un quart d'heure à vous regarder sans oser troubler votre sommeil : c'est si bon de dormir!

— Bah! répondit-il en riant, vous avez eu tort, Niña; nous autres coureurs des bois, nous dormons si vite, qu'une heure nous suffit pour nous reposer, et si je ne me trompe, en voilà plus de deux que je suis couché. Ainsi parlez, Niña, je suis tout oreilles, et soyez tranquille, je ne perdrai pas un mot de ce que vous me direz.

La jeune fille se recueillit un instant :

— Vous m'aimez, n'est-ce pas, Mariano? dit-elle enfin avec une certaine hésitation dans la voix.

— Comme une sœur, Niña, répondit-il avec chaleur; en effet, ne suis-je pas votre frère de lait; ne sommes-nous pas tocayo et tocaya? A quoi bon cette question?

— C'est que j'ai à vous demander un important service!

— A moi, niña, caraï! Soyez sans crainte, je vous suis dévoué corps et âme, et quoi que vous me demandiez...

— Ne vous engagez pas trop, tocayo, interrompit-elle en riant finement.

— On ne s'engage jamais trop, lorsqu'on a la ferme intention de tenir ce qu'on promet.

— C'est vrai; mais il y a des choses devant lesquelles on recule parfois...

— Il peut en exister, Niña; mais je n'en connais pas. Ainsi, dites-moi franchement votre pensée.

— Mariano, vous êtes lié avec ce chasseur nommé la Main-Ferme, n'est-ce pas?

— Beaucoup, Niña, beaucoup; mais à quel propos m'adressez-vous cette question?

— Vous allez le savoir.

— Je ne demande pas mieux.

— Est-ce un honnête homme?

Le tigrero la regarda.

— Qu'entendez-vous par cette parole? lui demanda-t-il.

— Dam! reprit-elle, assez embarrassée, j'entends un homme de cœur, enfin un homme à la parole duquel on puisse se fier.

Mariano devint sérieux.

— Señorita, dit-il, la Main-Ferme m'a sauvé la vie dans une circonstance où je n'avais plus espoir qu'en Dieu; j'ai vu accomplir à cet homme des traits de courage et d'audace incroyables, dans le seul but d'être utile à des gens qui souvent ne lui en ont conservé aucune reconnaissance : pour moi il est plus qu'un ami, plus qu'un frère; quelque chose qu'il m'ordonne, je le ferai, dussé-je y laisser cette vie qu'il m'a conservée, et qui lui appartient. Voilà, Niña, mon opinion sur le chasseur nommé la Main-Ferme.

La jeune fille fit un geste de satisfaction.

— Vous l'aimez bien? murmura-t-elle.

— Je vous l'ai dit, plus qu'un frère.

— Et vous le voyez souvent?

— Lorsque j'ai besoin de lui, ou qu'il a besoin de moi.

— Il réside donc dans les environs?

— Il y a quelque temps, il a demeuré plusieurs jours au rancho.

— Ici?

— Oui.

— Et il ne reviendra pas?

— Qui sait?

— Que faisait-il pendant son séjour au rancho?

— Je ne sais; je crois qu'il chassait, bien que tout le temps qu'il est resté avec nous, je n'ai pas une seule fois vu son gibier.

— Ah! fit-elle toute rêveuse.

Il y eut un silence; Mariano la regardait, assez surpris que la jeune fille l'eût réveillé pour lui parler de choses aussi peu importantes.

— Et, reprit-elle au bout d'un instant, si vous aviez besoin de voir la Main-Ferme, sauriez-vous où le rencontrer?

— Je le crois.

— Vous n'en êtes pas sûr?

— Pardonnez-moi, Niña, j'en suis sûr; nous avons un endroit où nous sommes certains de nous rencontrer.

— Mais il peut ne pas s'y trouver.

— Cela peut en effet arriver.

— Alors que feriez-vous?

— J'irais le chercher dans un autre lieu où je suis sûr de le voir.

— Ah! et quel est cet endroit?

— Le village qu'il habite.

— Comment! de quel village parlez-vous? Je n'en connais pas aux environs.

— Pardonnez-moi, Niña, il en existe un.

— Bien loin d'ici, sans doute?

— A quelques lieues à peine.

— Et quel est ce pueblo?

— Un village de Papagos.

— Comment, un village de Papagos?

— Oui, j'avais oublié de vous apprendre que bien qu'il soit blanc, mais pour des raisons que je ne connais pas, la Main-Ferme s'est retiré parmi les Indiens, et s'est fait adopter par une de leurs plus puissantes tribus.

— C'est singulier, murmura la jeune fille.

— N'est-ce pas ? répondit le tigrero, comprenant moins que jamais le but de cette longue conversation à la belle étoile.

La jeune fille secoua la tête d'un air mutin et semblant tout à coup prendre une résolution :

— Mariano, dit-elle, je vous ai demandé de me rendre un service?

— Oui, Niña, et je vous ai répondu que j'étais prêt à vous le rendre.

— C'est vrai; êtes-vous toujours dans la même intention ?

— Pourquoi en aurais-je changé?

— Voici ce que j'attends de vous.

— Parlez.

— J'ai besoin de voir la Main-Ferme.

— Fort bien. Quand cela ?

— Tout de suite.

— Hein ? fit-il avec étonnement.

— Refusez-vous ?

— Je ne dis pas cela, mais...

— Il y a un mais?

— Il y en a toujours.

— Voyons le vôtre ?

— Nous sommes à la moitié de la nuit...

— Qu'importe cela ?

— Pas grand'chose, c'est vrai.

— Eh bien, alors?

— La route est longue.

— Nos chevaux sont bons.

— Nous risquons de ne pas trouver le chasseur à son rendez-vous ordinaire.

— Nous pousserons jusqu'à son village.

Le tigrero la regarda attentivement.

— Vous avez donc bien besoin de voir la Main-Ferme? lui demanda-t-il.

— Un besoin extrême.

— Hum! c'est que ceci est plus sérieux que vous ne le supposez, señorita.

— Comment cela?

— Dam! on n'entre pas facilement dans un village indien.

— Vous y entrez bien, vous.

— C'est vrai, mais je suis seul, et on me connaît.

— Eh bien, j'entrerai à votre suite : voilà tout

— Les Indiens, vous le savez, sont soulevés?

— Cela ne vous regarde pas puisque vous êtes de leurs amis.

Mariano secoua la tête d'un air peu convaincu :

— Vous me demandez une chose fort difficile, tocaya, répondit-il, et dans laquelle vous jouez gros jeu.

— Oui, si j'échoue; mais je réussirai.

— Mieux vaudrait renoncer à cette excursion.

— Avouez-moi tout de suite, dit-elle avec impatience, que vous ne voulez pas tenir la promesse que vous m'avez faite?

— Vous êtes injuste à mon égard; je cherche seulement à vous dissuader d'entreprendre une chose dont vous vous repentirez lorsqu'il n'en sera plus temps.

— Cela me regarde, je vous répète, Mariano, répondit-elle d'une voix profondément accentuée, que ce n'est pas par suite d'un caprice, que je tiens à voir ce chasseur. J'ai des motifs de la plus haute importance pour désirer causer avec lui ; et pour tout vous dire, lui-même m'a engagée à m'adresser à lui dans certaines circonstances, en m'avertissant que je n'avais qu'à vous témoigner le désir de le voir pour parvenir jusqu'à lui. Êtes-vous satisfait, maintenant ? conserverez-vous des doutes, hésiterez-vous encore à me conduire.

Le jeune homme avait écouté doña Marianna avec une sérieuse attention ; lorsqu'elle se tut, il répondit :

— Je n'hésite plus, Niña ; puisqu'il en est ainsi ; je dois vous obéir. Seulement, je vous prie de ne pas me rendre responsable des événements qui peuvent arriver.

— Quoiqu'il advienne, mon bon Mariano, je vous serai, croyez-le bien, reconnaissante de l'immense service que vous m'aurez rendu.

— Et vous voulez partir tout de suite ?

— Combien avons-nous de chemin à faire ?

— Dix à douze lieues à peu près.

— Ce n'est rien.

— Sur une route tracée, oui ; mais nous serons forcés, sachez-le bien, de prendre des sentiers de bêtes fauves, à peine visibles.

— La nuit est claire ; nous y verrons assez pour nous guider ; partons donc.

— Partons, puisque vous le voulez, répondit le jeune homme.

Quelques minutes plus tard, ils s'éloignaient au galop du rancho.

Il était une heure du matin environ, et la lune, alors dans son plein, éclairait le paysage comme en plein jour.

XXIX

L'EXCURSION

Nous l'avons dit déjà, doña Mariana de Moguer, bien qu'elle fût très jeune encore, était douée d'une âme ardente et d'un caractère énergique, que les dangers incessants de la périlleuse existence des frontières avaient mûris, pour ainsi dire, à son insu. Dans la vie commune, ces organisations d'élite s'ignorent elles-mêmes; les événements seuls, en exitant les forces vives qui sont en elles, leur révèlent ce dont elles sont capables à un moment donné, en les poussant à soutenir bravement le choc de la fortune contraire, et à entamer résolûment la lutte contre l'adversité.

Lorsque le marquis, contraint par les exigences de sa mauvaise situation, s'était franchement expliqué devant ses enfants dans la chambre rouge, et leur avait avoué dans qu'elle impasse il se trouvait tout à coup jeté, doña Marianna avait écouté d'abord son père avec l'attention la plus soutenue; puis, peu à peu, une espèce de révolution s'était faite en elle; les paroles de la Main-Ferme lui étaient revenues à la mémoire, et il lui avait semblé entrevoir vaguement que peut-être elle parviendrait à détourner de son père le malheur qu'il prévoyait, et qui était en ce moment suspendu sur sa tête.

En récapitulant ce qui lui était arrivé depuis son départ de la ville du Rosaire, les secours qu'à diverses reprises, avec un dévouement sans exemple, le chasseur lui avait donnés, la conversation que, quelques jours auparavant, il avait eue avec elle, la promesse qu'elle lui avait faite, il lui parut évident que la Main-Ferme, plus instruit qu'elle et que le marquis lui-même peut-être des machinations de ses ennemis, avait entre les mains les moyens de sauver la famille de Moguer, et de détourner les coups qu'on se préparait à lui porter dans l'ombre.

Alors, sans hésitation, pleine d'espoir et confiante en la parole de cet homme, qui ne lui était jamais apparu que pour se dévouer pour elle, sa résolution avait été spontanément prise avec cette bravoure des esprits d'élite, qui ne voient que le but à atteindre; et, sans faire part à personne du projet qu'elle avait conçu, de crainte qu'on essayât de l'en détourner, elle s'était rendu au rancho de sa nourrice, afin de parvenir, par l'entremise de son frère de lait, à obtenir une entrevue avec le chasseur.

Dans les circonstances présentes, ce n'était pas une démarche facile et sans périls, surtout pour une jeune fille, que celle tentée par doña Marianna,

La fille du marquis de Moguer, galoppant de nuit sur la frontière indienne, accompagnée seulement d'un homme dévoué, il est vrai, mais qui, malgré tout son courage, aurait été impuissant à la défendre contre une attaque de maraudeurs : certes, il y avait dans cette action plus que de la témérité, et si grande que fût la bravoure de la jeune fille et la confiance qu'elle eût dans la loyauté de l'entreprise dans laquelle elle se jetait ainsi à l'aveuglette, cependant elle ne pouvait s'empêcher de frémir inté rieurement et d'éprouver une certaine crainte, en songeant à l'isolement dans lequel elle se trouvait, et à la facilité avec laquelle elle risquait d'être surprise, enlevée ou peut-être massacrée par les Indiens soulevés.

Mais, trop fière pour rien laisser paraître des craintes secrètes qui l'agitaient, dona Marianna affectait une tranquillité et une liberté d'esprit fort loin de son cœur : elle causait à demi voix avec son frère de lait de choses indifférentes, le taquinant et le gourmandant sur les difficultés qu'il lui avait faites de lui accorder sa demande, et s'extasiant avec un enthousiasme feint ou réel sur les agréments d'une promenade à travers un délicieux paysage, par une nuit aussi magnifique.

Mariano, lui, ne pensait pas, et par conséquent ne comprenait rien à ce qu'il supposait être une fantaisie de la jeune fille. Habitué depuis son enfance à se courber à toutes les volontés de sa sœur de lait, et à lui obéir comme un esclave, il avait, cette fois encore, fait ce qu'elle désirait sans se fatiguer à chercher dans sa tête les motifs d'une aussi insolite excursion, tant il était heureux de lui être agréable, en cela comme en toute autre chose, puis, surtout, il éprouvait un vif plaisir à l'accompagner et à passer ainsi quelques heures en tête-à-tête avec elle.

Qu'on ne se méprenne pas sur les sentiments qui animaient le tigrero vis à vis de doña Marianna. Il aimait sa sœur de lait, il l'aimait de toute son âme, se serait fait avec joie tuer pour elle; mais ce sentiment, si vif qu'il fût, n'avait rien de personnel ni d'intéressé; ce n'était que de l'amitié, mais l'amitié élevée à la hauteur de l'abnégation la plus complète et du dévouement le plus entier ; en un mot, au degré le plus sublime que puisse atteindre ce sentiment dans le cœur de l'homme.

Aussi le tigrero, comprenant la responsabilité qui pesait sur lui, marchait-il, comme on dit vulgairement, la barbe sur l'épaule, surveillant avec soin les buissons et les halliers, écoutant et analysant les bruits du désert, et prêt, en cas d'alerte, à défendre bravement celle qui s'était confiée à sa garde.

Le pays qu'ils traversaient, bien qu'assez accidenté, n'était pas cependant complètement boisé : la vue pouvait, avec une certaine facilité, grâce à la transparente clarté de la nuit, s'étendre à une assez grande distance, ce qui éloignait toute crainte de surprise et donnait une certaine sécurité aux voyageurs ; cependant ils voyaient parfois de grandes ombres se mouvoir sur les bords de l'eau et fuir à leur approche.

La jeune fille regardait curieusement autour d'elle, puis elle demandait au tigrero si bientôt ils atteindraient l'endroit où se trouvait la Main-Ferme.

Mariano lui montra enfin une légère éminence formant une acore du fleuve, et sur le sommet de laquelle on voyait, à travers les hautes herbes, briller par intervalle les lueurs fugitives d'un feu près de s'éteindre.

— Voilà où nous allons, dit-il.

— Alors nous n'en avons plus que pour quelques minutes, et il est inutile de presser davantage les chevaux.

— Vous vous trompez, Niña ; non-seulement la

sente que nous suivons fait de nombreux détours qui nous retarderont, mais encore par suite d'une illusion d'optique facile à comprendre la nuit, où tous les plans du paysage sont confondus, cette colline que vous supposez si rapprochée de nous; en est éloignée encore de près de deux lieues à vol d'oiseau, c'est-à-dire en ligne directe, de sorte qu'en tenant compte des détours de la sente, la distance est doublée à peu près.

— Ne pourrions-nous pas couper à travers champs et abréger ainsi la distance.

— Dieu nous en garde, Niña, nous irions donner au milieu de prairies tremblantes, dans lesquelles nous serions engloutis en quelques minutes.

— Je me fie donc à vous, Mariano; du reste, maintenant que grâce à cette lueur, je suis certaine de rencontrer le chasseur, mon inquiétude est moins vive, et j'attendrai avec patience.

— Permettez-moi de vous faire observer, chère tocaya, que je ne vous ai pas affirmé que nous rencontrerions la Main-Ferme à ce campement.

— Que m'avez-vous donc dit, alors?

— Simplement que nous pouvions espérer de le rencontrer là, parce que c'est l'endroit où il campe habituellement lorsqu'il chasse dans ces parages.

— Mais puisque nous apercevons d'ici la flamme de son feu de veille, car cette lueur est bien une flamme, n'est-ce pas?

— Certes; seulement, il nous reste à savoir si le feu a été allumé par la Main-Ferme ou par un autre chasseur, cette acore est un des endroits les plus convenables pour un campement de nuit, à cause de l'élévation de la colline, qui permet de surveiller la campagne et d'éviter ainsi une surprise.

— Ainsi, probblement, nous ne rencontrerons pas le chasseur à ce campement?

— Je ne dis pas cela non plus, Niña, répondit en riant Mariano.

— Mais que dites-vous donc? alors, fit la jeune fille en frappant avec impatience le pommeau de la selle de son poing mignon; vous êtes en vérité insupportable.

— Ne vous fâchez pas, tocaya, je puis me tromper. Si la Main-Ferme n'est pas là, peut-être y trouverons-nous un chasseur qui nous renseignera.

— Pourquoi pas un Indien?

— Parce qu'il n'y a pas d'Indiens à ce campement.

— Ah! par exemple, tocayo, cette fois, je vous demande comment vous pouvez savoir cela?

— Bien facilement, Niña; il n'est pas besoin d'être un grand sorcier pour deviner une chose aussi simple.

— Vous trouvez que c'est si simple que cela?

— Certes, rien ne l'est davantage.

— Alors, je vous prierai de me l'expliquer; il est toujours bon d'apprendre.

— Vous croyez plaisanter, Niña, et cependant au désert il y a toujours à apprendre.

— Bien, bien, tocayo, je sais cela; mais j'attends votre explication.

— Écoutez donc; ce feu, vous ai-je dit, n'est pas un feu d'Indiens.

— Ce n'est pas absolument cela que vous m'avez dit; mais c'est égal, continuez.

— Les Indiens, lorsqu'ils campent sur la frontière des blancs, n'allument jamais de feu, de crainte de révéler leur présence, ou s'ils sont contraints d'en allumer afin de faire cuire leurs aliments, ils ont le plus grand soin de diminuer la flamme, d'abord en creusant un trou profond en terre, ensuite en n'employant qu'un bois extrêmement sec, qui brûle sans pétiller, presque sans flamber et sans rendre de fumée, et que, pour plus de précautions, ils transportent avec eux à de grandes distances, au cas où ils n'en trouveraient pas sur leur route.

— Mais, mon ami, ce feu est à peine visible.

— C'est vrai, mais il l'est cependant assez pour que nous l'ayons aperçu de fort loin et qu'il nous ait révélé l'existence d'un campement en cet endroit, ce qui, dans les circonstances où nous nous trouvons, suffirait pour amener la surprise, et par conséquent la mort des imprudents qui l'ont allumé, si ces gens étaient Indiens au lieu d'être chasseurs.

— Parfaitement raisonné, compagnon, et comme un homme habitué à la vie du désert, dit tout à coup une voix rude, bien que d'un ton de bonne humeur, à quelques pas d'eux.

Les voyageurs tressaillirent et s'arrêtèrent en jetant des regards effarés sur les taillis environnants. Mariano, cependant, ne perdit pas la tête dans cette circonstance critique, et d'un geste prompt comme la pensée, il épaula sa carabine, et coucha en joue un homme qui se tenait immobile auprès d'un buisson, sur le bord de la sente, les deux mains appuyées sur l'extrémité d'un long rifle, dont la crosse reposait à terre.

— Ho'a ! compadre, reprit l'inconnu sans cependant se déranger à la démonstration hostile du tigrero, faites attention à ce que vous allez faire, mille dieux ! vous risquez de tuer une vieille connaissance, savez-vous ?

Mariano hésita un instant, puis, sans relever son fusil :

— En effet, répondit-il, il me semble reconnaître cette voix.

— Pardieu, fit l'autre, il ferait beau voir que vous ne la reconnaissiez pas.

— Attendez donc, n'êtes-vous pas le Siffleur ?

— A la bonne heure ! au moins, vous vous souvenez cette fois, répondit en riant le Canadien, car ce personnage était effectivement le chasseur que le lecteur a entrevu déjà au village des Papagos.

Le tigrero désarma son fusil, qu'il repassa en bandoulière, et s'adressant à doña Marianna :

— C'est un ami, dit-il.

— Êtes-vous bien sûr de cet homme ? demanda-t-elle d'une voix basse et rapide.

— Comme de moi-même.

— Qui est-il ?

— Un chasseur ou trappeur canadien ; il a tous les défauts de sa race, mais aussi toutes ses qualités.

— Soit, je veux vous croire : ses compatriotes passent en général pour être honnêtes. Demandez-lui ce qu'il faisait là sur la lèvre de la sente.

Mariano obéit.

— Eh ! répondit en ricanant le Siffleur, mes affaires, probablement, et vous, où allez-vous donc ainsi, si mal accompagné, à cette heure de nuit, quand les peaux-rouges sont en campagne.

— Je voyage, comme vous le voyez.

— Oui, mais tout voyage à un but, je suppose.

— En effet.

— Eh bien! je ne vois guère à quel point peut aboutir le vôtre en continuant à suivre cette direction.

— C'est pourtant ce que nous avons l'intention de faire, jusqu'à ce que nous avons rencontré l'homme que nous cherchons.

— Hùm, je ne veux pas vous adresser de questions, bien que peut-être je serais en droit de le faire; cependant il me semble que vous feriez mieux de retourner sur vos pas que de vous obstenir à marcher droit devant vous.

— C'est ce que je ne suis pas le maître de faire.

— Parce que?

— Parce que je n'ai pas le commandement de l'expédition, et que je ne saurais prendre sur moi une telle responsabilité.

— Ah! et qui donc est le chef? je ne vois que deux personnes.

— Vous semblez oublier, señor, dit alors dona Marianna, en se mêlant à la conversation, que lorsque, de ces deux personnes, l'une est une femme...

— C'est nécessairement elle qui commande, interrompit le trappeur en s'inclinant avec courtoisie; en effet, madame, veuillez donc m'excuser, je vous prie.

— Vous êtes tout excusé, señor, d'autant plus que j'espère que vous consentirez à nous donner un renseignement important sur le but du voyage que nous avons entrepris, peut-être un peu à la légère, dans ces parages déserts.

— Trop heureux de vous être agréable, madame, si cela est en mon pouvoir.

— Veuillez donc me permettre de vous adresser quelques questions.

— Parlez, madame.

— Je désirerais savoir quel est ce campement dont j'aperçois d'ici les feux de veille.

— Un campement de chasseurs, madame.

— Rien que des chasseurs?

— Oui, ce sont tous des chasseurs ou des trappeurs blancs.

— Je vous remercie, señor, connaissez-vous ces hommes?

— Beaucoup, d'autant plus que moi-même je fais partie de cette troupe.

Dona Marianna hésita un instant.

— Pardon, monsieur, reprit-elle, je suis à la recherche d'un chasseur avec lequel des raisons graves m'obligent à avoir une entrevue immédiate, peut-être se trouve-t-il parmi vos compagnons.

— Le connaissez-vous personnellement madame?

— Oui, senor, je lui ai même certaines obligations; il se nomme la Main-Ferme.

Le trappeur s'approcha vivement de la jeune fille et l'examinant avec attention.

— La Main-Ferme répondit-il, et il faut que vous ayez avec lui une entrevue immédiate!

— En effet, señor, je vous le répète, pour des raisons de la plus haute importance.

— Alors, vous êtes doña Marianna de Moguer?

— Vous savez mon nom ? s'écria-t-elle avec étonnement.

— Que cela ne vous surprenne pas, madame, répondit-il avec la plus exquise politesse, j'ai l'honneur d'être l'ami de la Main-Ferme. Sans entrer dans aucuns détails de nature à froisser votre juste susceptibilité, mon ami m'a averti que peut-être vous viendriez le demander à notre campement.

— Il le savait donc ? murmura-t-elle d'une voix tremblante; mais comment le savait-il ?

Si bas qu'eussent été prononcées ces paroles, le Siffleur les avait entendues.

— Il l'espérait, sans doute, sans oser y croire, madame, répondit-il.

— Mon Dieu, reprit-elle, que veut dire cela ?

— Cela veut dire sans doute, madame, que dans son vif désir de vous être agréable, mon ami, prévoyant le cas où vous viendriez pendant son absence, m'a prévenu, afin de vous éviter des recherches fort difficiles, et vous engager ainsi à m'accorder un peu de la confiance dont vous daignez l'honorer.

— Je vous remercie, monsieur. Maintenant que vous me connaissez, est-ce trop attendre de votre courtoisie que de vous prier de nous guider, mon compagnon et moi, jusqu'à votre campement.

— Je suis à vos ordres, madame, et croyez que vous y serez reçue comme vous méritez de l'être, bien que mon ami ne s'y trouve pas en ce moment.

— Comment ! fit-elle en arrêtant subitement son cheval, il est absent ?

— Oui, madame, mais que cela ne vous inquiète en aucune façon ; bientôt il sera de retour.

— Mon Dieu ! murmura-t-elle en joignant les mains avec douleur.

— Madame, reprit gravement le Siffleur, je comprends que les raisons qui vous ont engagées à entreprendre un tel voyage doivent être de la plus haute importance, je me ferais donc un scrupule de vous laisser inquiète plus longtemps, laissez-moi donc vous devancer au camp où vous arriverez quelques minutes après moi, mais où déjà tout sera prêt pour vous recevoir.

— Mais la Main-Ferme, señor ?

— La Main-Ferme, madame, prévenu par mes soins, nous aura rejoint, au point du jour.

— Vous me le promettez, señor ?

— Je vous le jure.

— Allez donc, et que Dieu vous récompense de cette bonne volonté et de cette courtoisie que vous me témoignez.

Le Siffleur s'inclina respectueusement devant la jeune fille, plaça son rifle sous son bras, s'enfonça dans les broussailles, et disparut.

— Nous pouvons avancer sans crainte maintenant, dit Mariano ; je connais le Siffleur, c'est un honnête et brave garçon, ce qu'il vous a promis, il le tiendra.

— Dieu veuille que je puisse voir l'homme que je suis venue chercher si loin !

— Vous le verrez, soyez tranquille ; du reste, toutes les précautions étaient prises dans la prévision de votre visite.

— Oui, murmura-t-elle toute pensive, et voilà justement ce qui me rend inquiète. Enfin à la grâce de Dieu.

Et fouettant son cheval, elle reprit sa route, suivie par le tigrero qui, selon son habitude, ne comprenait rien à cette exclamation après le désir que la jeune fille avait témoigné de voir le chasseur.

XXX

LE CAMP DES CHASSEURS

La route n'était pas longue pour atteindre le campement des chasseurs, aussi les voyageurs y arrivèrent-ils une demi-heure à peine après le Siffleur.

Cependant, si court qu'eût été ce laps de temps, le digne Canadien en avait profité pour faire construire à la jeune fille, qui l'en remercia par un charmant sourire, un jacal de branchage, sous lequel elle trouva un abri confortable, autant toutefois que le comporte la vie du désert.

Le camp des chasseurs avait une physionomie militaire qui intrigua vivement doña Marianna.

De forts abattis de bois en garantissaient de tous côtés les approches; les chevaux, tout sellés et débarrassés seulement du mors, étaient attachés au piquet; plusieurs feux de veilles, allumés de distance en distance, éclairaient suffisamment la plaine pour empêcher l'approche d'un ennemi quelconque homme ou fauve; et cinq sentinelles, accroupies, le rifle à la main, sur les retranchements, suivaient d'un œil vigilant les moindres ondulations des hautes herbes.

Une trentaine d'hommes, aux traits durs et énergiques, vêtus du costume des coureurs des bois ; le bonnet de fourrure, la blouse de calicot et les alzoneras ou *mitasses* de cuir, dormaient étendus devant les feux, la main sur le rifle, afin d'être prêts à la première alerte.

L'ordre en avait probablement été donné d'avance par le Siffleur, car les sentinelles laissèrent, sans les interroger, pénétrer dans le camp les deux voyageurs par une brèche faite aux retranchements, et qui fut immédiatement refermée derrière eux.

Le Canadien les attendait devant le jacal ; il aida doña Marianna à mettre pied à terre, et les deux chevaux furent conduits auprès des autres et mis à même d'une copieuse provende d'alfalfa.

— Soyez la bienvenue parmi nous, señora, dit-il, en s'inclinant respectueusement ; dans ce jacal, dont nul autre que vous ne franchira le seuil, vous trouverez un lit de fourrure sur lequel vous pourrez prendre quelques heures de repos, en attendant l'arrivée de la Main-Ferme.

— Je vous remercie, señor, de cette gracieuse attention, dont je ne profiterai cependant que lorsque vous m'aurez réitéré la promesse que vous m'avez faite.

— Señorita, deux cavaliers sont partis déjà à la recherche de la Main-Ferme, mais je dois vous répéter qu'il ne sera ici que dans quelques heures ; maintenant, si vous désirez accepter les modestes rafraîchissements préparés pour vous...

— Je n'ai besoin que de repos, señor ; je ne vous

en suis cependant pas moins reconnaisante de votre offre ; si vous me le permettez, je me retirerai.

— Vous êtes maîtresse ici, madame.

La jeune fille le salua en souriant, serra la main de son frère de lait et entra dans le jacal.

Dès que doña Marianna eut laissé retomber derrière elle la couverture ou fressada qui remplaçait la porte, le tigrero retira avec un grand sang-froid le zarapé qui couvrait ses épaules et l'étendit devant l'entrée du jacal.

— Que faites-vous donc, compagnon, lui demanda le Siffleur, étonné de ce manége.

— Vous le voyez, compadre, répondit-il, je fais mon lit.

— Vous comptez coucher-là ?

— Pourquoi non ?

— Dam ! ce sera comme il vous plaira ; seulement, vous aurez froid, voilà tout.

— Bah ! une nuit est bientôt passée, surtout lorsqu'elle est aussi avancée que celle-ci.

— Vous ne vous méfiez pas de nous, j'espère ?

— Non, Siffleur, non ; mais doña Marianna est ma sœur de lait et de plus ma tocaya, je dois veiller sur elle.

— Ce soin me regarde en ce moment ; n'ayez donc aucun souci.

— Deux sentinelles valent mieux qu'une ; d'ailleurs, vous me connaissez, n'est-ce pas ? bien que j'aie en vous la plus entière confiance, pourtant je ne céderai jamais la garde de ma tocaya à d'autre qu'à moi ; c'est mon idée, à tort ou à raison, et je n'en démordrai pas.

— A votre aise, fit en riant le trappeur.

Et il le laissa libre de terminer ses arrangements à sa guise.

Le tigrero, bien qu'il connût la plupart des chasseurs, ou peut-être parce qu'il les connaissait, ne voulait pas abandonner ainsi la jeune fille sans protection au milieu de tous ces hommes sans frein qui, habitués à la complète licence de la vie errante, pourraient, sous l'influence des liqueurs fortes, méconnaître les devoirs sacrés de l'hospitalité et insulter doña Marianna.

En cela le jeune homme, malgré son expérience du désert, se trompait complétement.

Nous n'avons nullement l'intention d'essayer la réhabilitation de ces hommes qui, doués d'instincts pervers pour la plupart, et ne voulant pas se courber aux exigences que la civilisation impose, se retirent au désert afin de vivre à leur guise et de rechercher la liberté dans la licence ; seulement, nous constaterons à leur honneur, que la vie nomade, après un certain laps de temps modifie complétement leur caractère, modère leurs passions et les assouplit tellement, qu'ils arrivent peu à peu, épurés pour ainsi dire par des dangers et des privations continuelles, à se débarrasser de ce qu'il y avait de mauvais en eux, et à ne conserver, sous leur dure écorce et leurs manières brusques et souvent grossières, que des principes d'honnêteté et de dévouement dont, à une autre époque, on les aurait, avec raison, crus incapables.

Ce que nous disons ici est rigoureusement vrai pour les deux tiers au moins de ces hardis pionniers qui sillonnent dans tous les sens les vastes savanes du nouveau monde ; les autres sont des natures atrophiées et incorrigibles, qui finissent dans un temps donné par devenir de véritables bandits, et vont porter leur contingent de crimes à ces redoutables bandes de pirates des prairies, qui s'embusquent comme de hideux oiseaux de proie sur le passage des caravanes et pillent et massacrent les voyageurs.

Mais, bons ou mauvais, les habitants des prairies, qu'ils soient blancs, métis ou rouges, trappeurs, pirates ou indiens, ont une vertu qui leur est commune, et dont ils accomplissent les devoirs avec une ponctualité et une générosité remarquables, nous voulons parler de l'hospitalité.

Un voyageur surpris par la nuit, ou fatigué par une longue course, peut, s'il aperçoit les feux d'un campement ou les huttes d'un village indien, se présenter sans crainte et réclamer l'hospitalité. Dès ce moment, il est sacré pour les hommes auxquels il s'adresse : Indiens bravos, chasseurs, ou même pirates, ces individus, qui ne se seraient fait aucun scrupule de l'assassiner au bord de quelque fossé, le traitent comme un frère, ont pour lui les attentions les plus délicates, et ne feront jamais d'allusion blessante sur la durée de son séjour parmi eux ; au contraire, il est libre d'y demeurer tant que cela lui plaît, et lorsqu'il prend congé, c'est avec tristesse que ses hôtes le laissent partir et lui font leurs adieux ; il est vrai que s'ils le rencontrent huit jours plus tard dans la forêt, ils le tueront sans remords pour lui enlever sa chevelure et ses armes ; mais ceci n'est à craindre qu'avec les pirates et certaines tribus d'Indiens du Far-West seulement ; quant aux chasseurs, dès qu'un étranger a dormi côte à côte avec eux et partagé leur nourriture, il est tout à jamais sacré pour eux.

Le tigrèro se trompait donc complétement lorsqu'il redoutait que dñoa Marianna fût insultée par ces hommes grossiers, il est vrai, mais honnêtes et loyaux en somme, et qui, au contraire, flattés de la confiance que leur témoignait cette belle et innocente jeune fille, l'auraient au besoin défendue avec joie.

Le Siffleur s'était éloigné en riant, et avait été s'étendre auprès de ses camarades.

Ainsi que nous l'avons dit plus haut, la nuit était assez avancée déjà, lorsque doña Marianna et son compagnon de voyage étaient arrivés au camp des chasseurs; quelques heures à peine les séparaient du lever du soleil, ces quelques heures furent tranquilles, et la jeune fille, qui d'abord avait résolu de demeurer éveillée, vaincue par la fatigue, s'était laissé aller au sommeil, et avait joui d'un repos calme et réparateur. Dès que le jour commença à poindre, doña Marianna répara tant bien que mal les désordres causés à sa toilette par sa longue course, se leva et parut sur le seuil du jacal.

Le camp était encore plongé dans le plus complet silence; à part les sentinelles qui continuaient à veiller attentives, tous les chasseurs, étendus çà, et là dormaient profondément.

L'aube pointait à peine, rayant l'horizon de larges bandes vermeilles, l'air vif et un peu froid du matin frémissait doucement à travers les branches des arbres; les fleurs qui émaillaient la prairie se relevaient et dressaient leurs tiges en ouvrant leurs corolles aux premiers rayons du soleil, les ruisseaux sans nombre dont les eaux argentées fuyaient à travers les hautes herbes, allaient en murmurant sur des cailloux blancs et gris porter leur tribut au rio Bravo del Norte dont les capricieux méandres se laissaient deviner au loin, à cause de l'épais nuage de vapeur qui s'en élevait incessamment et planait au-dessus de son lit.

Les oiseaux, encore frileusement blottis sous la feuillée, préludaient timidement à leurs harmonieux concerts.

La terre joyeuse, le ciel clair, l'air serein, la lumière pure, tout enfin, annonçait que le jour, déjà presque entièrement paru, allait être tranquille et beau.

La jeune fille rafraîchie par le repos qu'elle avait pris, se sentait renaître en aspirant les premières émanations des fleurs, et cette odeur âcre qu'on ne respire qu'au désert : sans oser s'aventurer au dehors du jacal, sur le seuil duquel le tigrero était étendu, ses yeux erraient sur la campagne environnante, qui, grâce à la position élevée qu'elle occupait au sommet de la colline, se déroulait à ses pieds jusqu'à une grande distance. Ce calme profond de la nature à son réveil, ces harmonies puissantes du désert remplissaient le cœur de la jeune fille d'une douce mélancolie ; elle se laissait aller, rêveuse, à ces pensées que, dans les âmes, vierges de toute passion humaine, les grands spectacles inspirent toujours.

Cependant le soleil montait à l'horizon, les dernières ombres se fondaient dans l'éblouissant éclat projeté par les chauds rayons de l'astre du jour ; soudain la jeune poussa une exclamation de joie :

elle avait aperçu traversant la rivière à gué un groupe de cavaliers qui semblaient se diriger vers la colline.

Au cri poussé par sa sœur de lait, le tigrero s'était réveillé en sursaut, et il s'était dressé auprès d'elle, l'interrogeant du regard, et son rifle à la main, prêt à la défendre si besoin était.

— Bonjour, tocayo, lui dit-elle.

— Dieu vous garde, Niña, répondit-il avec un reste d'inquiétude, avez-vous bien dormi?

— On ne peut mieux, Mariano.

— Tant mieux, mais pourquoi donc avez-vous crié ainsi?

— C'est vrai, mon ami, j'ai crié; mon Dieu, je ne sais pourquoi. Ah! si, tenez, regardez ces cavaliers qui accourent à toute bride...

— En effet, Caraï! comme ils galoppent! avant une demi-heure, ils seront ici.

— Croyez-vous que la Main-Ferme soit parmi eux?

— Je le suppose, Niña.

— Et moi, j'en suis sûr, dit le Siffleur en saluant respectueusement la jeune fille.

— Vous en êtes sûr, dites-vous, senor, reprit-elle.

— Je l'ai reconnu, señorita, trouvez-vous que j'ai tenu mes promesses?

— Toutes franchement et loyalement, señor, et je ne sais comment vous faire agréer mes remercîments pour la bonne hospitalité que vous m'avez donnée.

— Je n'ai droit à aucun remercîment de votre part, señorita, n'ayant fait que remplir les intentions de mon ami, c'est donc à lui seul, si vous croyez devoir les faire, que vous adresserez ces remerciments.

Cependant le camp s'éveillait.

Les chasseurs se levaient en bâillant et en s'étirant, et se livraient à leurs occupations matinales : les uns conduisaient les chevaux à l'abreuvoir, d'autres rallumaient les feux presque éteints ; quelques-uns allaient couper le bois nécessaire à leur entretien, tandis que deux ou trois des plus âgés remplissaient l'office de cuisinier et préparaient le déjeuner de la troupe.

Le campement avait en un instant complétement changé d'aspect : il vivait de cette vie nerveuse et agitée du désert, où chacun remplit sa tâche avec cette fiévreuse célérité d'hommes qui connaissent le prix du temps et ne veulent pas le perdre.

La jeune fille, surprise d'abord par ces cris, ces rires et ce mouvement inusité qui régnait autour d'elle commençait à s'y habituer, et suivait avec intérêt les occupations auxquelles se livraient les hommes qu'elle avait sous les yeux.

Un qui vive ! fortement accentué, lui fit subitement relever la tête.

— Ami ! répondit du dehors une voix qu'elle reconnut aussitôt.

Soudain une troupe de cavaliers entra au galop dans le camp ; en tête venait la Main-Ferme.

Le jeune homme mit pied à terre, et après avoir échangé quelques paroles avec le Siffleur, il se dirigea immédiatement vers la jeune fille, qui, immobile sur le seuil du jacal, le regardait s'approcher avec étonnement.

En effet, la Main-Ferme, avons-nous dit, n'était pas seul ; plusieurs personnes l'accompagnaient ; au nombre de ces personnes se trouvaient l'Œil-de-Feu et doña Esperanza ; les autres étaient des domestiques indiens de confiance.

Lorsque la Main-Ferme fut devant la jeune fille, il la salua respectueusement, et se tournant vers les deux personnes qui le suivaient :

— Permettez-moi, señorita, lui dit-il, de vous présenter ma mère, doña Esperanza et mon père, tous deux vous aiment sans vous connaître et ont insisté pour m'accompagner.

La jeune fille, toute rougissante de joie à cette délicate attention du chasseur, qui plaçait ainsi leur entrevue sous la sauve-garde de son père et de sa mère, répondit avec émotion.

— Je suis heureuse, señor, de cette bonne inspiration de votre cœur ; elle augmente, s'il est possible, la confiance que j'ai mise en vous et la reconnaissance que j'éprouve pour les services éminents que vous m'avez rendus.

Doña Esperanza et le sachem embrassèrent alors la jeune fille qui, honteuse et joyeuse à la fois de l'amitié de ces personnes, dont l'extérieur était à la fois si imposant et si respectable, ne savait comment répondre à leurs caresses et à la bienveillance qu'ils lui témoignaient.

Cependant les chasseurs, avec une dextérité et une vivacité extrêmes, avaient tendu une vaste tente de coutil sous laquelle les quatre personnes se trouvèrent en un instant abritées et soustraites aux regards curieux des gens qui les environnaient.

Grâce à ce sentiment inné chez les femmes qui

les fait se chérir ou se détester à première vue, doña Esperanza et la jeune fille s'étaient tout à coup senties portées l'une vers l'autre par un mouvement naturel de sympathie, et laissant les hommes vaquer à leurs occupations, s'étaient retirées à l'écart, et avaient commencé entre elles une vive et amicale conversation.

Doña Marianna, subjuguée par les manières séduisantes de doña Esperanza, entraînée vers elle par un sentiment d'attraction dont elle ne cherchait pas même à se rendre compte, tant elle se trouvait heureuse avec elle, se laissa aller à lui parler à cœur ouvert; mais alors elle fut fort étonnée de voir que cette dame, qu'elle devait supposer ne pas la connaître, était au contraire profondément instruite de tout ce qui avait rapport à sa famille, et savait mieux qu'elle-même les affaires de son père; son étonnement s'accrut encore lorsque doña Esperanza lui expliqua dans les plus grands détails les raisons qui avaient motivé sa présence au camp des chasseurs, et en un mot la situation précaire à laquelle se trouvait réduit le marquis de Moguer.

— Je pourrais ajouter bien d'autres choses beaucoup plus surprenantes encore pour vous, chère enfant, continua en souriant doña Esperanza, mais je ne veux pas en ce moment vous fatiguer davantage; qu'il vous suffise de savoir que nous nous intéressons réellement à votre famille, et qu'il ne tiendra pas à nous que bientôt votre père soit délivré de tous ses soucis.

— Oh! que vous êtes bonne, madame! s'écria avec effusion la jeune fille, comment ai-je pu mériter un si vif intérêt de votre part?

— Que cela ne vous inquiète nullement, chère enfant, la démarche que vous avez tentée aujourd'hui pour venir en aide à votre père, la confiance que vous avez mise dans la loyauté de mon fils sont pour nous des preuves de l'élévation de vos sentiments et de la pureté de votre cœur. Bien que nous soyons presque indiens, ajouta-t-elle en souriant; cependant, nous avons encore assez de sang blanc dans les veines pour nous souvenir de ce que nous devons à ceux de cette race.

La conversation continua ainsi sur ce pied de franche amitié entre les deux dames, jusqu'au moment où la Main-Ferme vint les interrompre, en leur annonçant que le déjeuner était prêt, et qu'on n'attendait plus qu'elles pour se mettre à table.

Le tigrero et le Canadien avaient été priés tous les deux d'assister au repas; mais ils avaient décliné l'invitation, sous le prétexte qu'ils n'oseraient manger auprès de personnes placées si au-dessus d'eux; mais, en réalité, parce que les dignes coureurs des bois préféraient déjeuner sans contrainte; la Main-Ferme n'avait pas insisté et les avait laissé faire à leur volonté.

Doña Marianna s'était légèrement pincé les lèvres pour dissimuler un sourire, lorsque le chasseur lui avait annoncé que l'on allait se mettre à table.

La jeune fille, grâce à son récent voyage et à sa vie sur la frontière indienne, savait fort bien que les repas étaient toujours fort simples, et mangés sur l'herbe; aussi, son étonnement fut-il au comble lorsque, après avoir passé, sur l'invitation de la Main-Ferme, dans un compartiment séparé de la tente, elle aperçut une table dressée avec un luxe qu'à

Mexico même on aurait à juste titre admiré : rien ne manquait, massive argenterie et cristaux précieux ; les mets, à la vérité, étaient simples et ne se composaient que de venaison et de fruits ; mais tout avait un cachet de véritable grandeur impossible à ne pas apprécier au premier coup d'œil.

Le contraste offert par cette table, si élégamment et si confortablement servie, était d'autant plus grand, que derrière la toile de la tente, à deux pas à peine, on retrouvait la vie du désert dans toute sa naïve simplicité.

La jeune fille s'assit entre l'Œil-de-Feu et doña Esperanza ; la Main-Ferme prit place en face d'elle.

Deux domestiques se préparèrent à servir.

Malgré l'agréable surprise que lui causait le comfort impromptu de ce repas préparé pour elle seule, la jeune fille ne laissa aucunement paraître son étonnement ; elle mangea gaiement et de bon appétit, remerciant ainsi ses hôtes des délicates attentions dont ils la comblaient.

Lorsque les *dulces* furent sur la table, et que le repas tira à sa fin, la Main-Ferme s'inclina devant la jeune fille :

— Señorita, lui dit-il en souriant, avant que d'entamer une conversation sérieuse, qui pourrait, en ce moment peut-être, vous sembler déplacée, voulez-vous permettre à doña Esperanza, ma mère, de nous conter une de ces charmantes légendes indiennes, dont elle égaie d'habitude la fin de nos repas ?

Doña Marianna fut surprise d'abord de cette proposition arrivant ainsi tout à coup sans motif apparent, à la suite d'une causerie animée, mais croyant comprendre que ces paroles du chasseur cachaient une intention sérieuse et que peut-être la légende, sous son apparence frivole, amènerait à sa suite des renseignements utiles pour elle, et ne voulant surtout rien négliger pour ne pas s'aliéner des personnes dont elle venait réclamer l'assistance ; elle répondit avec son plus doux sourire :

— J'écouterai avec d'autant plus de plaisir le récit que voudra bien nous faire la señora, que ma nourrice, Indienne d'origine, avait l'habitude de me bercer avec ces légendes, qui ont laissé dans mon esprit un profond et fort agréable souvenir.

XXXI

LA LÉGENDE

Doña Esperanza échangea un regard avec le sachem, et après s'être un instant recueillie comme pour rappeler ses souvenirs :

— Chère enfant dit-elle de sa voix douce et sympathique en s'adressant à doña Marianna, avant de commencer mon récit je dois vous apprendre que je suis de race aztèque et que je descends en droite ligne des anciens rois de ce peuple. Aussi le récit que vous allez entendre, simple dans sa forme, est-il d'une complète exactitude, et s'est-il depuis des siècles, conservé intact parmi nous. J'espère ajouta-t-elle avec intention, qu'il vous intéressera.

Se tournant alors vers un des criados qui se tenaient immobiles derrière les convives.

— Les quipos, dit-elle.

Le criado sortit et rentra presqu'immédiatement, apportant un sac en peau de tapir parfumée, qu'il présenta à sa maîtresse en s'inclinant. Celle-ci le lui prit des mains, l'ouvrit et en sortit plusieurs longues cordes tressées de fils de différentes couleurs, partagées de distance en distance par des nœuds mêlés à des coquillages et à des graines.

Ces cordes sont nommées quipos. Elles servent aux Indiens pour conserver le souvenir des faits accomplis pendant un long cours d'années et remplacent les livres; seulement, il faut une étude spéciale pour comprendre ces quipos, et peu de personnes sont capables de les déchiffrer, d'autant plus que les Indiens, fort jaloux de conserver les secrets de leur histoire, s'obstinent à ne permettre qu'à un petit nombre d'adeptes d'apprendre à les expliquer, ce qui rend pour les blancs la connaissance de l'histoire des Indiens presque impossible.

Doña Esperanza, après avoir pendant un instant attentivement examiné les quipos, en choisit un, replaça les autres dans le sac, qu'elle ferma, et, faisant glisser entre ses doigts les nœuds de la corde, à peu près de la même façon qu'un moine fait glisser les grains de son chapelet, lorsqu'il dit son rosaire, elle commença son récit.

De peur de dénaturer cette légende, dont la vérité ne peut-être révoquée en doute, et que nous-même nous avons entendu raconter dans un atepelt des Papagos, nous lui laisserons toute sa naïve rudesse, sans chercher à l'enjoliver par des fleurs de rhétorique européenne qui, à notre sens, ne feraient au contraire que lui ôter son véritable cachet.

Doña Esperanza prit la parole en ces termes :

« A une certaine époque de l'année, dit-elle en commençant à égrener le quipos qui lui servait, pour ainsi dire, de livre; bien avant l'apparition des blancs sur le territoire rouge, une bande nombreuse de Chichimèques et de Toltèques réunis qui, primitivement habitaient les lacs, étant mécontents, prirent la résolution d'émigrer vers le S.-O. à la poursuite des bisons, et ils l'exécutèrent.

Au lac Salé, ils se partagèrent; et ceux qui restèrent continuèrent à porter leur nom primitif, au lieu que les autres, par un motif inconnu, prirent celui de Comanches. Ces Comanches, plus entreprenants que leurs frères, continuèrent leur route jusqu'à ce qu'ils arrivassent sur le bord du rio Gila, où ils campèrent sur la grève et se partagèrent de nouveau; une bande se décidant à ne pas aller plus loin : ceux qui désiraient continuer donnèrent à cette bande le nom de *grandes oreilles;* mais les blancs qui les découvrirent d'abord les nommèrent *opatas.* Le reste de la troupe continua à marcher dans la même direction, et ils trouvèrent le rio Bravo del Norte à l'embouchure du rio Puerco. Il ne leur restait plus que deux principaux chefs. Ils se donnèrent le nom de *Neu-ta-che,* ce qui veut dire : *ceux qui arrivent à l'embouchure.* Un de leurs chefs avait un fils unique, et l'autre chef avait une fille très-belle; ces jeunes gens s'aimèrent. Mais cela fit monter à un si haut point la colère du père de la malheureuse jeune fille, qu'il fit prendre les armes à sa bande et se prépara au combat. Mais le père du jeune homme traversa le rio Gila, et s'enfonça, avec sa bande, sur le territoire que les blancs nommèrent plus tard Señora, puis Sonora, où ils se fixèrent définitivement, et qu'ils continuèrent à habiter paisiblement jusqu'à l'époque où les blancs, toujours à la recherche de terres nouvelles, y arrivèrent à leur tour, et, à la suite de guerres cruelles, finirent par s'en emparer.

Les Comanches avaient fondé plusieurs villes dans la Sonora, et suivant leur constante habitude, aux environs des mines d'or ou d'argent qu'ils découvraient et dont ils entreprenaient l'exploitation.

De ces villes, la plus riche et la plus peuplée peut être, avait pour chef un guerrier renommé à juste titre par sa sagesse dans les conseils et sa valeur dans les combats. Ce chef ou *tecuhtli* se nommait *Quetzalmàlin*, c'est-à-dire la Plume Tordue (1). Sa noblesse était grande et surtout ancienne : il prétendait, à juste titre, descendre en ligne directe de *Acamapichtzin*, premier roi de Mexico, dont, avec cette vénération que nos pères conservaient pour leurs ancêtres, il avait adopté le hiéroglyphe sur le totem de sa nation, hiéroglyphe que ses descendants ont précieusement gardé, et qui se compose d'une main tenant une poignée de roseaux, emblême respectable, puisqu'il est la traduction littérale du nom du noble chef de la race (2). La Plume-Tordue avait une fille, âgée de dix-huit printemps, belle, svelte; elle se nommait Ova, et courait sans les courber sur les herbes de la prairie; douce, rêveuse et timide comme la vierge des

(1) De quetzal, plume, et malina, tordre.

(2) Acamapichtzin est composé de *acalt*, roseau, de *maitl*, main, et *pachoa*, serrer : qui serre des roseaux dans sa main. G. A.

premières amours, ses yeux noirs ne s'étaient encore fixés sur aucun des nombreux guerriers de la tribu, qui tous cherchaient à lui plaire.

« Ova portait la tunique couleur vert d'eau, serrée à la taille par une ceinture de wampums à large boucle d'or. Lorsqu'elle dansait devant son père, le front du vieillard se déridait et un rayon de soleil passait dans ses yeux.

« Ova aurait pu, si cela lui avait convenu, épouser un des chefs les plus influents de la nation; tous rêvaient de ses longs cheveux, fixés par un bandeau de laine rouge et retombant en longues tresses sur ses épaules; des bracelets de coquillages, parsemés de grains d'or qui emprisonnaient ses poignets, son cou et les chevilles de ses pieds nus, si mignons qu'ils se persuadaient tous qu'au lieu de marcher elle volait dans la campagne.

Son père souvent lui avait fait entendre qu'il était temps de choisir un mari; mais Ova secouait la tête en souriant; elle était heureuse; le petit oiseau qui parle au cœur des jeunes filles ne lui avait pas encore fait entendre ses doux refrains d'amour.

« Cependant un moment arriva où Ova perdit tout à coup son insouciante gaieté; la jeune fille, si rieuse et si folle, devint subitement rêveuse et pensive; elle aimait.

« Ova alla trouver son père; le chef présidait en ce moment dans le calli de médecine le grand conseil de la nation. La jeune fille s'avança, et s'agenouilla respectueusement devant son père.

« — Que demandez-vous, ma fille? lui dit le chef en passant doucement ses doigs dans ses longs cheveux, fins comme des fils d'aloës.

« — Mon père, répondit-elle en baissant modestement les yeux, j'aime et je suis aimée.

« — Ma fille, quel est le nom du chef assez heureux pour que votre choix soit tombé sur lui?

« — Ce n'est pas un chef, mon père, c'est peut-être un des guerriers les plus obscurs de la tribu, bien qu'il en soit un des plus braves; il travaille dans la mine d'or qui vous appartient.

« Le chef fronça le sourcil, un éclair de colère étincela dans son regard.

« — Mon père, reprit la jeune fille en embrassant les genoux du vieillard, si je ne l'épouse pas, je mourrai...

« Le chef considéra un instant sa fille, il la vit si triste et si résignée, que la pitié entra dans son cœur; lui aussi, il aimait sa fille, son unique enfant, car le maître de la vie lui avait enlevé les autres pour chasser dans les prairies bienheureuses. Le vieillard ne voulait pas que sa fille mourût.

« — Vous épouserez celui que vous aimez, lui dit-il.

« — Vous me le promettez sur le totem sacré de la nation, mon père?

« — Sur le totem sacré de la nation, je vous le promets; parlez donc sans crainte, quel est le nom de l'homme que vous aimez?

« — Il se nomme le Serpent-de-Nuages, mon père.

« Le vieillard soupira.

« — Il est bien pauvre, murmura-t-il.

« — Je suis riche pour deux.

« — Soit, vous l'épouserez, ma fille.

Ova se leva rayonnante de joie et de bonheur, elle salua l'assemblée et quitta la hutte de médecine.

« Le Serpent-de-Nuages était pauvre, il est vrai,

très pauvre même, puisqu'il était contraint de travailler dans la mine d'or, mais il était jeune, il était brave, et passait pour le plus beau de tous les guerriers de son âge.

« Grand, robuste, musculeux, le Serpent-de-Nuages formait avec Ova, pâle et frêle, un aussi complet contraste qu'un noble bison avec une gracieuse antilope ; peut-être de ce contraste même provenait leur amour.

« Le jeune homme, si pauvre qu'il fût, trouvait encore le moyen de donner à sa fiancée des parfums de graisse d'ours gris, des colliers de dents d'alligators et des ceintures de wampums.

« Les jeunes gens étaient heureux. C'était la veille du mariage ; le Serpent-de-Nuages avait déposé aux pieds d'Ova des boucles d'or et deux bracelets de coquillages mêlés de grains d'or pur.

« Ova avait accepté ces présents en souriant, et disait à son fiancé en le quittant :

« — Adieu ! nous nous séparons aujourd'hui pour nous revoir demain, et demain nous nous réunirons pour toujours.

« Le lendemain, le Serpent-de-Nuages ne vint pas.

« Ova attendit pendant plusieurs mois ; le Serpent-de-Nuages ne reparut pas.

« Vainement, d'après les ordres du chef, on chercha le jeune homme dans tout le pays. Personne ne l'avait vu ; nul n'avait entendu parler de lui.

« Le Serpent-de-Nuages n'existait plus, sinon dans le cœur d'Ova.

« Elle le pleura, on voulut lui faire croire qu'il était parti combattre les blancs ; Ova secoua négativement la tête en essuyant ses larmes.

« Quarante fois la neige couvrit le sommet des montagnes, sans qu'il fût possible d'approfondir le mystère de la disparition du Serpent-de-Nuages.

« Un jour, les ouvriers qui travaillaient à la mine d'or qui avait appartenu au père d'Ova, et qui maintenant était sa propriété, en s'enfonçant profondément dans une ancienne galerie depuis fort longtemps abandonnée, exhumèrent un cadavre aussi miraculeusement conservé que les momies des *Teocalis* sous leurs bandelettes.

» Les guerriers accoururent en foule pour visiter cette momie étrange, revêtue du costume d'un autre âge, et que personne, dans la nation, ne se souvenait d'avoir vu jamais.

« Ova, vieille alors, et qui, pour complaire à son père, avait, lorsque son dernier espoir s'était éteint, épousé le grand chef de sa nation, se rendit avec son mari à l'endroit où le cadavre était exposé aux regards des visiteurs.

« Soudain elle tressaillit, ses yeux se mouillèrent de larmes, elle avait reconnu le Serpent-de-Nuages, aussi beau, aussi jeune que le jour où elle l'avait quitté dans l'espoir d'une prompte réunion. Elle, courbée encore plus par la douleur que par les années, était au contraire tremblante et vieillie.

« Ova voulut que le cadavre de celui qu'elle avait été sur le point d'épouser, et que l'esprit du mal lui avait ravi, fût rendu à la mine dont après quarante hivers, on l'avait enlevé. La mine, par ordre de la femme du chef, bien que fort riche, fût abandonnée et bouchée.

« Ova fit tracer sur la pierre qui recouvre le corps de son fiancé, un hiéroglyphe dont voici la traduction : « Ce sépulcre est sans corps, ce corps est « sans sépulcre; mais à lui-même, ensemble, il est « sépulcre et corps. »

« — Voilà, ajouta doña Esperanza en terminant et en quittant son quipos, l'histoire de la belle Ova, la fille du grand chef la Plume-Tordue, et du Serpent-de-Nuages, le mineur, telle qu'elle s'est passée, et telle qu'Ova elle-même a ordonné de la conserver par un quipos spécial au souvenir des races à venir. »

Doña Esperanza se tut après ces mots.

Il y eut un instant de silence.

— Eh bien! señorita, demanda le sachem, cette légende vous a-t-elle intéressée?

— Par sa simplicité même, elle est fort touchante, señor, répondit la jeune fille; seulement, il règne dans tout ce récit quelque chose de vague et d'indéterminé, qui, je le crois, nuit beaucoup à l'intérêt.

L'Œil-de-Feu sourit doucement.

— Vous trouvez, n'est-ce pas, dit-il, qu'on ne connaît pas assez l'endroit précis où se sont accomplis les faits de cette histoire, la Sonora est fort vaste, et la ville dans laquelle la Plume-Tordue. commandait n'est indiquée que très-superficiellement.

— Pardonnez-moi, señor, répondit en rougissant la jeune fille, ces notions géographiques, fort utiles sans doute pour préciser le lieu où un fait s'est accompli, ne m'intéressent, moi personnellement, que fort médiocrement. Ce que je trouve incomplet, c'est l'histoire elle-même, le reste m'importe peu.

— Plus que vous ne le supposez peut-être, señorita, reprit le sachem. Mais veuillez, je vous prie, préciser mieux votre question.

— Mon Dieu, señor, excusez-moi, je ne suis pas encore revenue complétement de la surprise que me causent les événements qui m'arrivent depuis quelques heures, et, malgré moi sans doute, je m'explique mal.

— Que voulez-vous dire, señorita, et à quels événements faites-vous donc allusion?

— A ceux qui se passent en ce moment même. Partie de chez moi pour aller demander une entrevue à un coureur des bois que je dois supposer camper en plein air et partager la vie de privations de ses confrères, je rencontre au contraire des personnes qui m'accablent de prévenances, et, sous l'apparence indienne, cachent tous les raffinements de la civilisation la plus avancée... Vous comprenez que ce contraste étrange avec ce qui m'entoure doit me surprendre, et presque m'effrayer, moi, jeune fille ignorante des choses du monde, et qui ai pris l'initiative d'une démarche que bien des personnes désapprouveraient s'ils la connaissaient.

—Vous allez trop loin, chère enfant, répondit doña Esperanza en l'embrassant tendrement; ce que vous avez rencontré ici n'a rien qui doive vous surprendre: mon mari est un des principaux chefs de la grande confédération des Papagos; lui et moi, dans d'autres temps, nous avons vécu de la vie des blancs. En nous retirant au désert, nous avons emporté avec nous nos habitudes civilisées, voilà tout le mystère. Quant à la démarche tentée par vous, elle n'a rien qui ne soit au contraire très-honorable pour vous.

— Je vous remercie de ces bonnes paroles et de

l'interprétation qu'il vous plaît de donner à une démarche conçue peut-être un peu trop étourdiment, et plus étourdiment encore exécutée.

— Ne la regrettez pas, señorita, dit l'Œil-de-Feu ; peut-être cette démarche de votre part a-t-elle avancé les affaires de votre père, plus que vous ne le supposez.

— Quant à l'histoire d'Ova, reprit en souriant avec bonté doña Esperanza, voici comment elle se termina. La pauvre femme mourut quelques jours après la découverte de celui qu'elle avait dû épouser, et auquel pendant si longtemps elle avait gardé un si tendre souvenir ; à sa dernière heure, elle exprima le désir d'être réunie morte à celui dont, vivante, elle avait été séparée. Cette dernière volonté fut accomplie : les deux fiancés reposent côte à côte dans la mine, qui fût immédiatement rebouchée, et que nul n'a songé à ouvrir jusqu'à l'époque où nous sommes arrivés.

— Je vous remercie, señora, d'avoir complété votre récit. Seulement, dit Marianna avec un soupir, cette mine doit être, à mon avis, bien pauvre, pour que les Espagnols lorsqu'ils se sont emparés de ce pays, n'aient jamais essayé de l'exploiter.

— Nullement, chère enfant ; elle est au contraire excessivement riche. Mais toujours, tant le secret d'Ova a été bien gardé, les Espagnols en ont ignoré l'existence.

Les deux dames étaient demeurées seules, le sachem et son fils avaient quitté la tente.

— C'est étrange, murmura la jeune fille, répondant plutôt à sa propre pensée qu'aux paroles de doña Esperanza.

L'insistance que mettait cette dame à revenir sur cette légende l'étonnait et l'intéressait malgré elle ; un pressentiment secret l'avertissait que ce récit frivole avait un but caché, dont l'importance lui échappait encore, et qu'elle brûlait de découvrir. Doña Esperanza suivait attentivement sur son visage les divers sentiments qui l'agitaient intérieurement, et qui se réflétaient sur sa physionomie expressive comme sur un miroir.

Elle reprit :

— Voici pourquoi cette mine ne fut jamais découverte, lorsque les Espagnols s'emparèrent de la ville où elle se trouvait. Déjà depuis longtemps on l'avait bouchée. Les anciens habitants furent tués ou chassés par les conquérants ; ceux qui échappèrent se gardèrent bien de révéler cet important secret à leurs oppresseurs. Ceux-ci détruisirent la ville, et sur ses mines, construisirent une immense hacienda

— Mais comment tous ces faits, pardonnez-moi, madame, de vous interroger ainsi, sont-ils venus à votre connaissance ?

— Par une raison bien simple, ma chère enfant ; Ova était mon arrière grand-mère ; la connaissance de cette mine est donc pour moi un secret de famille. Seule peut-être aujourd'hui au monde, je connais sa position exacte.

— Oui, je vous comprends, reprit la jeune fille devenue rêveuse.

— Seulement, vous cherchez à deviner, n'est-ce pas, chère enfant, reprit la vieille dame en l'interrompant avec bonté, pourquoi, au lieu de vous laisser parler des affaires importantes qui vous amènent parmi nous, mon fils vous a excitée à me demander ce récit? et pourquoi, sans pitié pour votre douleur filiale, j'ai consenti à vous le faire, et pourquoi maintenant qu'il est terminé, j'insiste pour vous en faire connaître les plus minutieux détails?

La jeune fille cacha sa tête dans le sein de la vieille dame et fondit en larmes.

— Oui, dit-elle, vous m'avez comprise, madame, pardonnez-moi.

— Vous pardonner quoi, chère enfant : d'aimer votre père? Non, non, vous avez raison, au contraire. Mais vous n'êtes pas une organisation vulgaire; bien que nous nous connaissions depuis quelques heures à peine, vous avez assez apprécié mon caractère pour reconnaître tout l'intérêt que je vous porte, n'est ce pas?

— Oh! oui, je vous crois, madame; j'ai besoin de vous croire.

— Allons, consolez-vous, chère enfant, ne pleurez pas ainsi, ou sinon je serai contrainte de faire comme vous, et j'ai encore quelques mots à ajouter à cet interminable récit,

La jeune fille sourit à travers ses larmes :

— Oh! vous êtes bonne, madame, répondit-elle.

— Non; je vous aime, chère enfant, voilà tout, et cela, ajouta-t-elle avec un soupir, depuis bien longtemps déjà.

Doña Marianna la regarda avec étonnement.

— Oui, cela vous surprend, reprit-elle, je le comprends... Mais assez, quant à présent, sur ce sujet, ma chère belle, et revenons à ce que je voulais vous dire.

— Oh! je vous écoute, madame.

— Je vais maintenant vous apprendre en quel

lieu s'élevait la ville d'Ova, et quel était son nom : cette ville se nommait Cibola.

— Cibola! s'écria la jeune fille.

— Oui, Cibola, chère enfant, sur l'emplacement de laquelle fut bâtie plus tard par votre ancêtre, le marquis de Moguer, l'hacienda del Toro! Me comprenez-vous maintenant, chère enfant?

Sans répondre, doña Marianna se jeta dans les bras de doña Esperanza, qui la pressa avec tendresse sur sa poitrine.

XXXII

OU KIDD REPARAIT

Kidd avait quitté, la rage dans le cœur, l'atepelt des Papagos, et roulait dans sa tête les plus terribles projets de vengeance; non pas qu'il restât au bandit, au fond de son âme gangrenée par le crime, quelque corde sensible qu'un sentiment noble pût faire vibrer. Non; que lui importait d'avoir été flétri devant tous, et chassé comme le dernier des misérables, cela était pour lui de minime importance; l'humiliation glissait sur lui sans l'atteindre, ce qui le mettait en fureur, c'était, grâce à l'initiative prise par la Main-Ferme, de voir se tarir tout à coup pour lui la fortune que le capitaine don Marcos de Niza avait un instant fait luire à ses yeux cupides, et qu'il espérait, à force de dénonciations et de trahisons, voir s'enfouir dans ses vastes poches, sous la forme d'onces d'or.

Maintenant, il n'y fallait plus songer ; les quelques renseignements qu'il pourrait encore donner, par hasard, n'auraient jamais assez d'importance pour être payés au prix que l'avaient été les premiers.

Il y avait dans cette alternative, pour un homme comme le bandit, de quoi se désespérer, et il l'était, en effet.

Mais à qui s'en prendre ?

A toutes ses qualités, l'aventurier joignait celle assez étrange, dans un homme de cette trempe, de n'être brave qu'à la façon des coyotes, qui n'attaquent qu'en troupes et lorsqu'ils sont certains d'être les plus forts, c'est-à-dire qu'il était foncièrement lâche lorsqu'il s'agissait de combattre un ennemi face à face, bien qu'il n'hésitât pas à le tuer derrière un buisson.

L'aventurier ne se faisait pas illusion sur cette particularité de son caractère, et la pensée seule de chercher querelle à la Main-Ferme lui causait une terreur instinctive qui se traduisait au dehors par un tremblement général.

Il s'en allait donc, ainsi triste et désespéré, sur la route du Real de Minas, ne sachant pas encore bien s'il entrerait dans le pueblo, ou s'il pousserait plus avant, et irait chercher fortune ailleurs, lorsque son attention fut attirée sur la gauche du chemin qu'il suivait par une ondulation insolite et continue dans les hautes herbes.

Le premier mouvement du bandit fut de s'arrêter, de mettre pied à terre et de se dissimuler prudemment, lui et son cheval, derrière un aloès qui leur offrait un abri tutélaire.

C'est extraordinaire combien, en général, les gens de sac et de corde, qui ne comptent pour rien la vie d'autrui, possèdent à un degré supérieur l'instinct de la conservation, et les ruses qu'ils emploient pour échapper à un danger souvent imaginaire.

Lorsque le bandit se crut du moins provisoirement en sûreté, il commença à surveiller avec le plus grand soin les ondulations des herbes, ondulations qui se rapprochaient incessamment de lui.

Un quart d'heure à peu près se passa ainsi, puis les herbes s'ouvrirent, et le bandit aperçut, venant à sa rencontre, trois cavaliers montés sur des mules et entièrement vêtus de noir. Avec ce flair particulier que possèdent à un si haut point les coquins pour éventer les agents de la police, Kidd ne s'y trompa pas ; il reconnut immédiatement ces trois personnages pour appartenir à la noble corporation des corchetes. Un quatrième, tout de noir habillé aussi, mais sur les traits hargneux duquel se reflétait une expression d'astuce et de méchanceté bestiale, lui parut être le chef des premiers, c'est-à-dire un alguazil mayor, ce que, en France nous nommons un huissier, race d'oiseaux de proie rapaces, sans cœur comme sans entrailles. Un Indien manso, vêtu d'un caleçon déchiré, nu-tête, nu-bras et nu-jambes, courait à pied devant les chevaux et servait évidemment de guide aux autres.

— Holà ! José, cria à l'Indien le plus important de ces hommes, en employant la locution générale dont on se sert pour parler à ces pauvres diables ; Holà ! José, fais bien attention à ne pas nous égarer, drôle, si tu ne veux avoir les reins cassés ; nous devons arriver ce soir même au Real de minas de Quitovac, où nous appellent d'importantes affaires.

— Vous y arriveriez avant deux heures, seigneurie, répondit l'Indien avec un rire narquois, si, au lieu de marcher au pas, vous vous décidiez à mettre l'éperon au flanc de votre mule, sinon nous n'y serons pas avant le soleil couché.

— Valga me Dios ! s'écria avec colère le premier interlocuteur, que pensera el señor sénateur don Ruffino Contreras, mon honorable client, lui qui depuis plusieurs jours déjà doit attendre mon arrivée avec la plus grande impatience !

— Bah ! bah ! seigneurie, vous arriverez toujours assez à temps pour tourmenter les honnêtes gens, soyez tranquille.

— Qu'osez-vous dire, drôle, s'écria l'huissier, en levant le chicote qu'il tenait à la main.

L'Indien para avec un bâton le coup qui sans cela serait tombé sur ses reins, et répondit sèchement, en saisissant la mule par la bride, ce qui la fit se cabrer, au grand désespoir de son cavalier, qui faisait de grands efforts pour rester ferme en selle.

— Prenez garde, señor ! bien que vous m'appeliez José et ne me traitiez ni plus ni moins qu'une brute, nous ne sommes pas dans une de vos villes civilisées, nous nous trouvons dans la prairie ; ici, j'ai le pied sur mes bruyères natales, et je ne souffrirai pas que vous vous permettiez de m'adresser une seule insulte. Traitez-moi de butor ou d'idiot, cela m'est parfaitement égal, surtout venant de vous, que je méprise si complétement ; mais faites bien attention, qu'au moindre geste menaçant de votre part, je vous donne immédiatement de mon couteau dans le cœur.

Et en parlant ainsi, l'Indien fit miroiter aux yeux effrayés de l'homme de loi un long couteau dont la lame bleuâtre lançait de sinistres éclairs.

— Vous êtes fou, José ! complétement fou, reprit l'autre en affectant une tranquillité fort loin de son cœur, en cet instant ; jamais je n'ai eu l'intention de vous insulter, et jamais je ne le ferai. Ainsi, lâchez donc la bride de ma mule, je vous prie, et continuons paisiblement notre route.

— Bon ça, fit l'Indien avec son éternel ricanement, voilà comment il faut parler pour que nous demeurions bons amis pour le temps qui nous reste à passer ensemble.

Et après avoir abandonné la bride de la mule, il recommença à trotter en avant, de ce pas gymnastique dont les Indiens seuls ont le secret, et qui leur permet de suivre sans se fatiguer, pendant des journées entières, le trot d'un cheval.

Cette conversation entre les deux interlocuteurs avait eu lieu assez près de l'endroit où Kidd était caché pour qu'il n'en perdît pas un mot. Soudain, il tressaillit ; une pensée traversa sans doute sa cervelle, car après avoir laissé les cavaliers s'éloigner, pas cependant à une assez grande distance pour qu'il ne pût les rejoindre, il remonta à cheval, sortit du fourré et se mit à leur suite en grommelant entre ses dents :

— Quel diable de rapport ces oiseaux de nuit ont-ils donc avec don Ruffino Contreras ? Hum ! nous verrons bien...

Au tournant de la sente, il aperçut les cavaliers

à une petite distance devant lui. Ceux-ci, auxquels le bruit des sabots de son cheval, frappant sur la terre durcie, avait déjà donné l'éveil, jetaient en arrière des regards fort peu rassurés, d'autant plus que le bandit, malgré l'aisance qu'il cherchait à affecter en ce moment, n'avait rien dans la tournure ni dans la physionomie qui prévînt beaucoup en sa faveur. Des limiers de police ne pouvaient se tromper sur son compte. Aussi ne s'y trompèrent-ils pas, et, au premier coup-d'œil, ils le reconnurent pour ce qu'il était réellement, c'est-à-dire pour un bandit. Mais, au Mexique, ainsi que dans beaucoup d'autres pays qui se prétendent à tort ou à raison plus civilisés, les huissiers et les bandits vivent pour les besoins de la cause en parfaite intelligence les uns avec les autres, et, à part l'isolement du lieu où il se trouvait, don Porfiado Burro (ainsi se nommait l'huissier susdit) ne voyait rien de très-désagréable dans la rencontre de l'aventurier.

Celui-ci continuait de s'avancer en se donnant des grâces, parlant à son cheval, lui chatouillant les flancs de l'éperon, galoppant le poing fièrement posé sur la hanche, et le chapeau crânement penché sur l'oreille droite.

— Santas tardes, caballeros, dit-il en rejoignant le groupe des hommes noirs et en retenant légèrement la bride de son cheval, afin de lui faire prendre le pas des gens avec lequel il se trouvait; par quel fortuné hasard vous rencontré-je si tard sur cette route déserte?

— Le fortuné hasard est pour nous, caballero, répondit poliment don Porfiado. La faute de cet Indien maudit qui nous fait errer un peu à l'aventure;

je crois même, quoiqu'il en dise, que nous sommes égarés, ou que nous ne tarderons pas à l'être.

— Hum! fit Kidd, cela se pourrait bien. Et sans être trop curieux, me permettrez-vous de m'informer de l'endroit où il vous plait de vous rendre; d'ailleurs, pour vous mettre à votre aise, je vous donnerai le premier l'exemple de la confiance, je vais au Real de Minas de Quitovac.

— Ah! dit l'huissier, cela se rencontre fort bien alors.

— Pourquoi donc?

— Parce que c'est là que je me propose d'aller d'abord. Sommes-nous bien éloignés encore de ce pueblo?

— Quelques lieues à peine; nous arriverons avant deux heures, et si vous me permettez de remplacer votre guide, je me ferai un véritable plaisir de vous enseigner la route qui n'est pas, je dois l'avouer, des plus faciles.

— Votre proposition me charme, caballero, et je l'accepte de grand cœur.

— Voilà qui est entendu; si vous ne connaissez pas le pueblo, je vous enseignerai un excellent logement, où vous serez on ne peut mieux.

— Je vous remercie, caballero! c'est la première fois que je vais au Real de Minas, je suis huissier à Hermosillo.

— Huissier! fit le bandit en se récriant; caraï! c'est un bel état!

— Pour vous servir, si j'en étais capable, répondit don Porfiado en se rengorgeant avec complaisance.

— Je ne dis pas non, fit Kidd en se donnant un

air d'importance, lorsque, comme moi, on fait de grandes affaires, la connaissance d'un caballero aussi distingué que vous paraissez l'être ne peut être que fort avantageuse.

— Vous me confusionnez, señor.

— Oh ! ne me remerciez pas, car ce que je vous dis est l'expression de ma pensée ; j'en parlais même il y a quelques jours à don Ruffino Contreras, qui, lui aussi, est fort riche et par conséquent a beaucoup de procès.

— Vous connaissez don Ruffino Contreras ? demanda l'huissier avec un commencement de respect.

— Lequel, l'illustre sénateur ?

— Oui, celui-là même.

— C'est un de mes amis les plus intimes ; le connaissez-vous donc aussi ?

— C'est moi qu'il a chargé de poursuivre en son nom certains débiteurs.

— Vive Dios ! la rencontre est bizarre ! s'écria l'aventurier avec un visage épanoui.

— Quel digne señor ! exclama l'huissier.

— Et honnête ! amplifia l'aventurier.

Les deux drôles s'étaient compris ; la connaissance était faite : entre coquins, on se devine à demi mot ; la confiance arrive tout naturellement.

La conversation continua dans les meilleurs termes. Kidd poussait adroitement son interlocuteur dans la voie des confidences ; et celui-ci, croyant avoir affaire à un affidé de don Rufino, se laissa aller à lui confier le secret des négociations dont il était chargé, et cela naturellement, sans pression visible, car l'huissier était convaincu qu'il parlait à un homme parfaitement au courant de toutes ces honteuses machinations, et qui, par conséquent les connaissait aussi bien que lui.

En résumé, voici ce qu'apprit l'aventurier :

Don Ruffio Contreras, poussé on ne sait par quel motif, avait fait acheter, en dessous mains, à bas prix, toutes les créances des personnes auxquelles le marquis de Moguer devait de l'argent ; une fois possesseur de ces créances, il avait immédiatement, sous le nom d'un tiers, commencé des poursuites contre le marquis, afin d'arriver à le déposséder des quelques biens qui lui restaient, entre autres de l'hacienda del Toro, à la possession de laquelle il semblait attacher une grande importance. Le désir qu'il témoignait d'épouser doña Marianna n'était qu'un leurre tendu à la bonne foi de don Hernando, afin d'endormir sa prudence et d'éloigner ses soupçons ; ce qu'il ambitionnait, c'était, à quelque prix que ce fût, de devenir propriétaire de l'hacienda. Mais voulant toujours aux yeux du marquis conserver le masque de l'amitié à l'aide duquel il l'avait trompé jusque-là, il avait chargé des poursuites un homme à lui, avec ordre de pousser les choses à toute extrémité, et de n'accepter de transaction d'aucune sorte. Don Porfiado Burro était l'huissier choisi pour instrumenter ; il était porteur des instructions les plus précises, des ordres les plus sévères, et résolu d'accomplir à la lettre ce qu'il nommait emphatiquement son devoir.

Au Mexique, malgré la vive sympathie que nous éprouvons pour ce malheureux pays, nous sommes contraints de le constater, la justice est la chose la plus dérisoire, la plus bouffonne, la plus horrible qui se puisse imaginer.

Les juges, pour la plupart d'une ignorance crasse et nullement rétribués, puisque leurs appointements ne leur sont jamais payés, se dédommagent de ce désagrément sur les justiciables, qu'ils rançonnent sans pitié comme sans pudeur ; et cela est poussé à un tel point, que dès qu'un procès est entamé, on sait qui gagnera et qui perdra : que le procès soit civil ou criminel, peu importe, la question d'argent résout tout.

Pour ne citer qu'un exemple : un homme commet un meurtre ; le fait est avéré, connu de tous ; l'assassinat a été commis en pleine rue, à la lueur du soleil, devant cent personnes.

Les parents de la victime se présentent devant le juez de lettras, c'est-à-dire le juge criminel ; celui-ci les laisse expliquer l'affaire dans tous ses détails, calme et impassible, sans donner de marques d'approbation ou d'improbation ; puis, lorsqu'ils ont terminé, il leur adresse cette simple question :

— Avez-vous des témoins ?

— Oui, répondent les parents.

— Ah ! fort bien, et ces témoins sont sans doute des hommes bien posés, ils ont une certaine valeur.

— Certes, chacun d'eux vaut mille piastres.

— Hum ! fait le juge, et combien sont-ils.

— Dix.

— Quel malheur ! reprend-il alors de son air le plus bonhomme, votre adversaire, qui, entre nous, me paraît un caballero fort distingué, a justement le même nombre de témoins que vous; seulement, les siens sont des personnes bien plus sérieuses, chacune d'elles vaut deux mille piastres.

L'affaire est réglée.

Si les parents de la victime ne sont pas assez riches pour surenchérir sur l'assassin, celui-ci, non-seulement est acquitté, mais encore il est renvoyé de la plainte comme innocent, et parfaitement libre de tuer au même prix, si cela lui plaît, un autre de ses ennemis le jour même.

Voilà de quelle façon les Mexicains entendent la justice. On comprend que don Ruffino Contreras, trois ou quatre fois millionaire, devait avoir beau jeu contre le marquis, auquel l'état de sa fortune ne permettait pas de mettre les juges de son côté.

L'aventurier avait écouté avec la plus sérieuse attention les révélations que l'huissier, entraîné par son sujet, s'était laissé aller à lui faire avec une certaine complaisance.

Kidd, accoutumé à pêcher en eau trouble, avait dans ces révélations trouvé l'occasion de donner un bon coup de filet; son plan fut fait aussitôt, et lorsqu'il arriva en vue du pueblo, tout était déjà arrangé dans sa tête.

Il était tard lorsque les voyageurs atteignirent les barrières du Real de Minas; le soleil était couché depuis longtemps déjà, et les sentinelles, bien qu'elles reconnussent l'aventurier pour être de leur parti, firent cependant de grandes difficultés pour l'introduire dans la place, ainsi que ses compagnons.

Ils demeurèrent près d'une heure à parlementer au dehors, et ce ne fut que sur l'ordre exprès du commandant qu'ils obtinrent l'autorisation d'entrer dans le pueblo, métamorphosé en place de guerre.

Kidd, continuant à servir de guide à ses compagnons, les conduisit immédiatement à un meson, où il les laissa libres de se livrer au repos, après les avoir chaudement recommandés à l'hôte.

Puis, mettant son cheval au corral et l'enveloppant avec soin dans son zarapé, le bandit, les ailes de son chapeau rabaissées sur les yeux, afin de ne pas être reconnu, glissa dans l'ombre jusque devant la maison de don Marcos de Niza, dans laquelle il entra.

Le capitaine, nous l'avons dit, était accessible à toute heure du jour et de nuit à ceux qui avaient des nouvelles à lui communiquer. En ce moment, il se trouvait dans le même cabinet où déjà une fois, il avait eu une conversation avec maître Kidd.

En apercevant l'aventurier, le capitaine leva les yeux et, sans quitter le siége qu'il occupait derrière sa table de travail :

— Ah ! c'est vous, maître Kidd ? lui dit-il ; votre absence a été longue ; mais, malgré cela, soyez le bienvenu, si vous m'apportez de bonnes nouvelles.

Le bandit sourit d'un air d'intelligence.

— Mes nouvelles sont excellentes, capitaine, répondit-il en appuyant avec intention sur les mots, surtout pour vous.

— Cuerpo de Cristo ! je l'espère bien ainsi ; ne suis-je pas commandant de la place ?

— Oui, mais ce n'est pas de politique que j'ai à vous entretenir en ce moment, seigneurie.

— Alors, allez au diable, misérable, dit le capitaine en haussant les épaules d'un air de mauvaise humeur; croyez-vous, par hasard, que je n'ai pas autre chose de plus important à faire que d'écouter les billevesées qu'il vous plaira d'inventer, et de venir me corner aux oreilles.

— Je n'invente rien, seigneurie; la fortune m'a fourni aujourd'hui même l'occasion de surprendre un secret qu'il vous importe beaucoup de connaître, voilà tout.

— Hum! et que chante-t-il ce secret? Voyons, parlez.

— Ce secret se rapporte à vos affaires, seigneurie.

— A mes affaires! reprit le capitaine en éclatant de rire; au diable! est-ce que j'ai des affaires, moi?

— Si ce secret ne se rapporte pas directement à vous, il intéresse au plus haut degré un de vos parents les plus proches.

— Ah! et quel est ce parent?

— Le marquis don Hernando de Moguer.

Le capitaine devint sérieux; ses sourcils se froncèrent avec une expression de menace qui fit trembler Kidd, malgré son effronterie à toute épreuve.

— Parle et sois bref, lui dit-il.

— Je ne demande pas mieux.

Le capitaine prit quelques onces dans le tiroir de la table et les jeta au bandit, qui les reçut à la volée et les engouffra, avec un sourire de satisfaction, dans sa vaste poche.

— Vous ne regretterez pas votre argent, seigneurie, dit-il.

— Je l'espère; va drôle, tu es payé, maintenant parle.

Alors Kidd, sans se faire prier davantage, rapporta, dans les plus grands détails, ce qui s'était passé entre lui et l'huissier sur la route.

Le capitaine l'écouta avec la plus sérieuse attention.

— C'est tout? lui dit-il lorsqu'il se tut.

— Oui, seigneurie.

— Bien; maintenant, retirez-vous; seulement, continuez à surveiller cet homme, et tenez-moi au courant de ce qu'il fera.

Et il le congédia du geste. L'aventurier salua et sortit.

Lorsqu'il fut seul, le capitaine réfléchit quelques instants; puis il écrivit une lettre, la cacheta et appela son assistente.

Celui-ci parut aussitôt.

— Isidro, lui dit le capitaine, il faut, coûte que coûte, que cette lettre soit dans six heures au plus tard entre les mains du marquis de Moguer, propriétaire de l'hacienda del Toro; vous m'entendez, coûte que coûte?

— Cela sera fait, capitaine.

— Tenez, voilà pour vous, et il lui donna deux onces d'or; prenez aussi cette passe signée de moi, pour sortir et rentrer. Partez tout de suite.

Sans répondre, le soldat se retira, après avoir caché la lettre dans son uniforme.

— Maintenant, murmura à part lui le capitaine, voyons-les venir.

XXXIII

COMPLICATIONS

Après avoir quitté le cabinet du capitaine, Kidd s'était arrêté devant l'antichambre, non pas qu'il eût de projet arrêté, mais par suite de cet instinct qui pousse les drôles de son espèce à ne quitter un endroit, quand la place est bonne, que lorsqu'ils y sont forcés.

Il avait entendu le capitaine appeler son « assistente. » Celui-ci, après quelques minutes d'absence, était rentré dans l'antichambre d'un air d'importance qui, tout de suite, avait donné fort à réfléchir à l'aventurier, et lui avait suggérer la pensée de savoir quel était l'entretien que le soldat avait eu avec son chef.

Isidro, l'assistente du capitaine, était un indien Opatas, d'une bravoure et d'une fidélité à toute épreuve. Malheureusement, s'il faisait bien son devoir dans une bataille, son esprit était assez borné, et comme tous les Indiens, il avait pour les liqueurs fortes une inclination qui maintes fois lui avait occasionné de graves désagréments.

Kidd était assez lié avec ce soldat ; il connaissait son faible pour les liqueurs. Son plan fut tracé en un instant :

— Puisque vous restez ici, lui dit-il, je vous quitte ; j'ai laissé, pour venir causer avec le capitaine, une bouteille de mezcal presque pleine à la locanda de maître Cospeto ; et, ma foi, j'éprouve le besoin d'aller la vider. Je ne vous invite pas à m'accompagner, car votre service vous retient ici ; sans cela, croyez bien que je serais heureux de la partager avec vous.

— Mon service ne me retient pas ici, répondit l'Indien ; au contraire, j'ai cette nuit même une longue course à faire.

— Une longue course ! exclama l'aventurier. Caraï ! c'est comme moi ; et, comme je ne connais pas contre le froid de la nuit de meilleur préservatif que le mezcal, voilà justement pourquoi je me préparais à vider ma bouteille avant de monter à cheval. Si le cœur vous en dit, elle est à votre service.

Nous constaterons que l'assistente hésita.

— Vous avez aussi une course à faire ? dit-il.

— Ma foi, oui, et je doute que la vôtre soit aussi longue que la mienne.

— Eh ! je vais assez loin. Quelle direction prenez-vous ?

— Moi, répondit nettement l'aventurier, le capitaine m'envoie à Arispe.

— Tiens, comme c'est singulier, nous suivons la même route.

— En effet, c'est bizarre ; eh bien ! est-ce convenu, buvez-vous avec moi le coup de l'étrier ?

— Toutes réflexions faites, je n'y vois aucun inconvénient.

— Dépêchons-nous alors, reprit le bandit, qui craignait que le capitaine le surprît causant avec son assistente, nous n'avons pas de temps à perdre.

Ils sortirent.

Pour des raisons à lui connues, l'aventurier quitta l'Indien à la porte de la maison, en lui recommandant d'amener son cheval au rancho de Cospeto, où il le rejoindrait dans quelques minutes, et d'où ils partiraient ensemble pour commencer leur voyage.

Kidd voulait simplement aller prévenir le mesonero chez lequel il avait logé l'huissier de ne laisser sous aucun prétexte, s'éloigner celui-ci, de le surveiller avec soin, et, à la première démarche suspecte qu'il lui verrait faire, d'aller prévenir le capitaine don Marcos de Niza, qui, pour des motifs de sûreté générale, voulait ne pas perdre de vue ces étrangers. Le mesonero promit de se conformer scrupuleusement à ces instructions, et, tranquille désormais de ce côté, l'aventurier sortit son cheval du corral, le sella et alla rejoindre l'Opatas au rancho du señor Cospeto, ainsi que cela avait été convenu entre eux.

En arrivant devant le rancho, par une rue, il vit avec satisfaction l'assistente déboucher par une autre ; il était à cheval et prêt à se mettre en route.

Les deux amis entrèrent dans le bouge où déjà une fois nous avons conduit le lecteur.

L'aventurier tint loyalement la parole qu'il avait donnée à Isidro, car non-seulement il fit venir une bota de mezcal, mais il la doubla d'une bouteille d'excellent refino de Cataluña.

Toute la prudence de l'Indien sombra devant une telle générosité, d'autant plus qu'il n'avait aucun motif de se méfier du bandit, avec lequel il avait déjà fait plusieurs parties, et qu'il considérait comme un excellent compagnon.

Kidd, afin de ne pas éveiller les soupçons de son

compagnon, se garda bien de lui adresser aucune question. Il se borna à lui verser rasades sur rasades; les deux bouteilles y passèrent; l'Indien en avait bu la majeure partie, l'aventurier désirant garder son sang-froid.

Lorsque les bouteilles furent vides, Kidd se leva, paya la consommation, et prit une autre bouteille de refino :

— Celle-ci est pour la route, dit-il.

— Excellente idée, répondit l'assistente, dont les yeux brillaient comme des escarboucles, et qui commençait à ne plus avoir une idée bien nette de la situation.

Ils sortirent du rancho et reprirent leurs chevaux.

Kidd était assez inquiet de la façon dont il parviendrait à quitter le pueblo, n'ayant de passe d'aucune sorte, car s'il était difficile d'entrer dans le Real de Minas, il n'était pas moins difficile d'en sortir.

Heureusement pour l'aventurier, Isidro, lui, avait des passes parfaitement en règle, et en les montrant aux barrières, où il était bien connu de tous les soldats qui y montaient la garde, il dit en désignant Kidd : — Ce caballero est avec moi.

Les soldats, qui savaient qu'Isidro était l'homme de confiance du capitaine, ne soulevèrent pas la plus petite difficulté, et laissèrent, en les saluant et en leur souhaitant bon voyage, passer les deux cavaliers.

Lorsque l'aventurier se vit dans la campagne, il poussa un soupir de satisfaction en lançant à son trop confiant compagnon un regard sardonique.

— Maintenant, dit-il, il s'agit de prendre le plus court chemin afin d'arriver plus vite.

— Y a-t-il donc deux chemins? demanda Isidro.

— Il y en a dix, répondit Kidd avec aplomb; mais le plus sûr est celui qui coupe presqu'en droite ligne, et passe tout près de l'hacienda del Toro.

— Prenons celui-là, alors.

— Pourquoi celui-là plutôt qu'un autre?

— Parce que c'est à l'hacienda même que je me rends.

— Ah! fit l'aventurier avec satisfaction, alors buvons un coup et en route; et, débouchant la bouteille, il lui donna une accolade; puis il la passa à son compagnon, qui l'imita avec une expression évidente de plaisir.

— Vous dites donc, reprit Kidd, en faisant claquer sa langue, que vous allez à l'hacienda del Toro.

— Ma foi, oui.

— Bonne maison, hospitalière surtout.

— Vous la connaissez?

— Caraï! je le crois bien; le mayordomo est mon intime ami. Quelles bonnes parties nous avons faites avec ce cher señor Paredes!

— Puisque c'est votre chemin, pourquoi n'entreriez-vous pas avec moi, étant sûr d'être bien reçu.

— Je ne dis pas non. Vous allez probablement demander au marquis quelques hommes de la part du capitaine, on a besoin de soldats au pueblo?

— Je ne crois pas que ce soit cela. Don Hernando a autorisé déjà le capitaine à enrôler ses mineurs, et les peones qui lui restent lui sont nécessaires pour défendre l'hacienda en cas d'attaque.

— C'est juste; d'ailleurs, ceci n'est pas mon affaire, caraï! chacun ses secrets.

— Oh! je ne pense pas qu'il y ait grand secret là-dessous; le capitaine est proche parent du marquis; souvent ils s'écrivent, et la lettre dont je suis chargé ne se rapporte sans doute qu'à des affaires de famille et à des intérêts privés.

— C'est probable, d'autant plus que le marquis est en ce moment, dit-on, en assez mauvaises affaires.

— On le dit; mais on dit aussi que ses affaires sont sur le point de s'arranger.

— Caraï! je le souhaite de tout cœur, c'est pitié de voir malheureuse une des plus anciennes familles du pays : à la santé du marquis! voulez-vous?

— Avec plaisir.

La bouteille fut une seconde fois accolée par les deux compagnons.

On a beau être un Indien Opatas, c'est-à-dire un homme taillé en hercule, avec une poitrine bombée comme une écaille de tortue de mer, on n'avale pas impunément une aussi prodigieuse quantité d'alcool que celle absorbée par Isidro, sans s'en ressentir, et éprouver des symptômes d'ivresse.

L'assistente, tout robuste qu'il était, commençait à vaciller sur son cheval; ses yeux se fermaient et sa langue s'embarrassait. Mais, excité par la liqueur, plus il éprouvait de difficulté à articuler, plus il voulait parler. L'aventurier suivait, avec intérêt, les progrès de cette ivresse de son compagnon, tout en se gardant bien de lui laisser entrevoir qu'il s'aperçût de l'état dans lequel il se trouvait.

— Oui, oui, reprit l'Indien, les affaires du marquis

pourraient bien s'arranger plutôt qu'on ne le suppose, compagnon.

— Avec son nom, il ne doit pas lui être difficile de se procurer de l'argent.

— Bah! ce n'est pas de cela qu'il s'agit, on sait ce qu'on sait...

— Parfaitement, señor Isidro, et comme ce que vous savez est peut être un secret, je n'insisterai pas pour le connaître.

— Ai-je dit que ce fût un secret? se récria l'Indien.

— Non, mais je le suppose.

— Vous avez tort de le supposer; d'ailleurs, vous êtes mon ami, n'est-ce pas?

— Je le crois, répondit modestement l'aventurier.

— Eh bien! si vous êtes mon ami, je n'ai rien à vous cacher.

— C'est juste; cependant, si vous croyez devoir vous taire.

— Me taire! pourquoi me tairai-je? auriez-vous la prétention de m'imposer silence?

— Moi? Dieu m'en garde! et la preuve, à votre santé!

— L'Indien se mit à rire.

— Voilà ce que j'appelle un argument sans réplique, dit-il en collant la bouteille à ses lèvres, et renversant la tête en arrière comme s'il voulait contempler les étoiles.

Il demeura dans cette position jusqu'à ce que tout ce qui restait de liquide fût passé dans son gosier.

— Hum! fit-il avec un accent de regret, c'était bon.

— Comment! c'était bon, s'écria Kidd avec un feint étonnement; est-ce qu'il n'en reste plus?

— Je ne crois pas, répondit l'Indien avec une

gravité d'ivrogne; c'est dommage que ces bouteilles soient si petites; et il la jeta sur la route.

— Ne m'en parlez pas, ces rancheros sont des voleurs.

— Oui, fit l'assistente avec un hoquet... des voleurs... mais bientôt, nous boirons tant que nous voudrons.

— Eh! eh! ce ne sera pas désagréable; mais, où cela donc?

— Où? à l'hacienda del Toro.

— Oui, on ne refuse jamais un coup de mezcal à un honnête homme dans cette maison.

— Bah! un coup de mezcal, vous plaisantez, compère; si vous disiez des outres entières, vous diriez vrai. Est-ce que vous croyez que le marquis y regardera de si près au mariage de sa fille?

— Comment! au mariage de sa fille?

— Tiens! d'où sortez-vous donc, que vous l'ignorez? on ne parle que de cela dans le pays.

— Ma foi! en voilà pour moi, la première nouvelle.

— Eh bien! tant mieux! je vous l'apprends; vous le savez, maintenant : doña Marianna, une belle fille, caraï! épouse un sénateur, rien que cela!

L'aventurier dressa subitement les oreilles.

— Un sénateur, reprit-il.

— Cela vous étonne; pourquoi cette jeune fille n'épouserait-elle pas un sénateur? Je vous trouve encore un singulier camarade, vous, de douter de ma parole.

— Je ne doute pas de votre parole.

— Si, vous en doutez, vilaine brute que vous êtes...

L'ivresse de l'Opatas était à son comble; surexcité encore par le galop du cheval et la contradiction adroitement ménagée de l'aventurier, Isidro sentait la colère lui monter à la tête. L'ivresse des Indiens est terrible; il deviennent fous furieux; leur cerveau en feu enfante les plus étranges hallucinations et, sous l'influence des liqueurs fortes, ils sont capables des plus grands crimes.

L'aventurier connaissait toutes ces particularités, dont il comptait bien profiter; d'ailleurs il avait tiré de l'Indien tout ce qu'il voulait en apprendre : il l'avait pressé comme un citron dont on exprime le jus et il n'aspirait plus qu'à jeter l'écorce.

Nous n'avons pas besoin de dire que, à cette heure de nuit surtout, la route que suivaient les deux voyageurs était entièrement déserte, et que Kidd, pour ce qu'il se proposait de faire, n'avait pas à redouter de regards indiscrets.

Ils côtoyaient en ce moment le bord d'une petite rivière, affluent du rio Bravo del Norte, dont les rives boisées les cachaient suffisamment.

L'aventurier fit faire un écart à son cheval, et, saisissant son machette :

— Brute vous-même, ivrogne d'Opatas! s'écria-t-il, et il porta au pauvre diable un coup si à l'improviste, que celui-ci tomba comme une masse.

Mais il se releva en chancelant, et bien qu'étourdi par cette attaque subite et grièvement blessé, il dégaina son sabre et se précipita sur le bandit avec un hurlement de fureur.

Celui-ci était sur ses gardes; il surveillait attentivement les mouvements de son ennemi : il fit bondir son cheval en avant.

L'Indien, renversé par le poitrail de l'animal, roula sur le sol, où il demeura sans bouger.

Était-il mort?

Kidd le supposa.

Mais le bandit était un homme fort prudent; les Indiens sont madrés : cette mort pouvait être feinte.

Kidd attendit paisiblement, à quelques pas de sa victime : rien ne le pressait.

Un quart d'heure s'écoula; l'Indien n'avait pas fait un mouvement.

Rassuré par cette complète immobilité, le bandit se décida à mettre pied à terre et à s'approcher.

Tout à coup l'Opatas se releva : par un bond de tigre, il s'élança sur l'aventurier, l'enlaça dans ses bras, et les deux hommes tombèrent sur le sol en poussant des cris de bête fauve, et en cherchant réciproquement à s'arracher la vie.

Ce fut une lutte courte, mais horrible : l'Opatas, malgré ses blessures, puisait dans la rage qui l'animait et la surexcitation causée par l'ivresse, une force factice, que décuplait encore l'ardent désir de se venger du lâche guet-apent dont il était victime.

Malheureusement les efforts qu'il était contraint de faire élargissaient ses blessures, son sang coulait à flots : avec son sang, il sentait sa vie s'en aller. Il fit un suprême effort pour étrangler de ses doigts crispés le misérable aventurier; mais celui-ci, par un mouvement brusque et adroitement calculé, parvint à se débarrasser de l'étreinte de fer de l'Indien; il se releva vivement, et à l'instant où celui-ci, à peine revenu de la surprise que lui avait causé cette feinte adroite, se redressait pour recommencer la lutte, Kidd ramassa son machete et fendit la tête du pauvre diable.

— Meurs, chien maudit! s'écria-t-il.

L'Indien demeura debout un instant, chancelant à droite et à gauche; il fit un pas en avant, les bras étendus, puis il tomba comme une masse, la face contre terre, en poussant un râle d'agonie.

Cette fois, il était bien mort.

— Hum! murmura Kidd, en plongeant à plusieurs reprises son machete dans la terre pour en enlever le sang, ça a été dur; ces démons d'Indiens, il les faut tuer deux fois avant d'être certain qu'ils n'en reviendront pas. Que faire maintenant?

Il réfléchit quelques minutes, puis s'approcha du cadavre, le retourna, et ouvrit son uniforme, afin de prendre la lettre dont il était porteur. Il n'eut pas de peine à la trouver; de la poche de l'Indien il la fit passer dans la sienne, puis il déshabilla sa victime, au cas où il aurait besoin de se servir de son uniforme.

Mais deux choses l'embarrassaient : le cheval du soldat d'abord, puis son corps. Le cheval, il ne fallait pas songer à s'en emparer; dès que son maître avait été blessé, l'animal s'était sauvé au grand galop dans le bois, où il avait disparu au milieu des fourrés : se mettre à sa recherche par une nuit sombre, c'eût été folie; l'aventurier ne l'essaya même pas.

Cependant, la fuite du cheval l'inquiétait. Ceux qui le rencontreraient le reconduiraient au pueblo, et là des soupçons surgiraient, soupçons qui ne tarderaient pas à se fixer sur lui, bien qu'il eût la presque certitude que les soldats qui l'avaient vu sortir avec l'assistente ne l'avaient pas reconnu; mais son absence du pueblo semblerait suspecte au capitaine. Don Marcos connaissait Kidd; il n'hésiterait pas à l'accuser.

Le cas était embarrassant.

Heureusement pour lui, l'aventurier était homme de ressources.

Tout autre que lui aurait attaché une pierre au cou du cadavre, et l'aurait jeté dans la rivière; le bandit s'en garda bien. Ce moyen expéditif, tout en supprimant la victime, n'aurait fait qu'accroître les soupçons; puis, qui sait? l'eau n'est pas une bonne gardienne; un jour ou l'autre le corps serait remonté peut-être à la surface; et alors la forme même des blessures aurait révélé la main qui les avait faites...

Kidd trouva un moyen beaucoup plus simple et plus sûr, à son avis du moins. Avec un horrible sang-froid, il scalpa le cadavre, dont il jeta la chevelure dans la rivière, après l'avoir enroulée après une grosse pierre; cette première profanation exécutée, il ouvrit en croix la poitrine de sa victime, lui arracha le cœur qu'il jeta aussi dans la rivière, puis, tressant plusieurs lianes flexibles, il en forma un lien qu'il attacha au pied du cadavre, et le pendit ensuite à la maîtresse branche d'un arbre.

— Là, fit-il avec satisfaction, lorsque cet horrible travail fut terminé; voilà qui va bien, caraï! Je consens à parier la part que j'espère en paradis avec le premier venu, que les plus fins y seront pris: les Indiens sont justement en campagne, je veux être damné, si tout le monde n'est pas convaincu que cet ivrogne a été scalpé par les Apaches.

En effet, toute cette affreuse mutilation, que le

misérable avait fait subir à sa victime, est usitée par les Indios bravos sur leurs ennemis.

Si effroyable que fût son action, Kidd, dans l'impossibilité où il se trouvait de supprimer le cadavre, avait donc employé le meilleur moyen pour égarer les soupçons.

Avant de quitter le théâtre du meurtre, le bandit lava avec soin les vêtements du soldat, fit disparaître toutes les taches de sang qui marbraient ses propres vêtements; puis, lorsqu'il se fût assuré par un regard investigateur que rien désormais ne pouvait dénoncer le crime dont il s'était rendu coupable, il siffla son cheval, et sauta en selle après avoir attaché en croupe l'uniforme du soldat roulé avec soin; il tordit une cigarette, l'alluma, et se remit en route avec la satisfaction d'un homme qui vient de réussir dans une affaire fort importante, et qui lui a causé de grandes inquiétudes.

C'était un peu au hasard que, dans le principe, Kidd avait dit à l'assistente qu'il se rendait à Arispe; mais la découverte de la lettre et les confidences du soldat avaient changé ce hasard en certitude. Le bandit, dans toutes les divagations d'ivrogne du pauvre Isidro, avait saisi un fil et flairé une affaire; il avait compris de quelle importance serait pour don Ruffino d'être mis au courant de ce qui se passait au pueblo et à l'hacienda del Toro pour la réussite de ses projets. En conséquence, l'aventurier se résolut à se rendre le plus vite possible à Arispe, se promettant de faire payer cher au sénateur les nouvelles qu'il lui apportait, tout en se réservant *in petto*, avec cette logique aventurière qu'il possédait si bien, de trahir don Ruffino à la première occasion, si son propre intérêt exigeait de lui ce pénible sacrifice.

Tout cela bien arrangé dans sa tête, et bien convenu avec lui-même, le bandit partit à toute bride dans la direction d'Arispe, où il arriva au lever du soleil.

XXXIV

DEUX BEAUX TYPES DE SCÉLÉRATS

Kidd était connu; il obtint facilement l'autorisation d'entrer dans la ville; seulement, lorsqu'il eut passé les barrières, il réfléchit qu'il était de trop bonne heure pour se présenter chez le sénateur, qui, sans doute, dormirait encore et ne le recevrait pas; au lieu de se diriger vers sa maison, il alla droit à un rancho à lui connu, espèce de bouge suspect, rendez-vous ordinaire des drôles de son espèce, et où il était certain d'obtenir moyennant finance une hospitalité convenable. En effet, le ranchero, qui en l'apercevant avait commencé par ébaucher une grimace de mauvais augure, l'accueillit avec le plus charmant sourire, lorsquil eût fait briller à ses yeux quelques piastres et quelques pièces d'or.

L'aventurier entra dans le rancho, laissa son cheval dans le corral, et s'occupa immédiatement à remettre un peu d'ordre dans sa toilette, ordinairement assez négligée, mais que sa lutte avec l'assistente et son voyage précipité avaient encore plus dérangée ; puis il attendit en buvant et en fumant l'heure de se présenter chez don Ruffino.

Le ranchero qui connaissait son homme et savait ses habitudes par cœur, tourna vainement autour de lui pour essayer de le sonder et d'apprendre les causes de son apparition à Arispe, où pour certaines raisons, la police ne le voyait pas d'un bon œil, ce qui rendait ses voyages de moins en moins fréquents dans cette ville ; car là, comme ailleurs, la police est fort taquine à l'endroit d'une certaine classe de citoyens ; mais ce fut vainement que le ranchero employa ses ruses les plus fines, ses insinuations les plus délicates ; Kidd ne répondit à toutes ses questions intéressées que par des demi-mots sans importance, des sourires narquois et des clignements d'yeux ; mais en somme, il demeura parfaitement impénétrable, manque de confiance dont le ranchero fut vivement blessé, et dont il résolut *in petto* de garder rancune au bandit.

Lorsque l'horloge du cabildo sonna neuf heures, Kidd pensa que le moment était venu de sortir ; il se leva, jeta majestueusement une piastre sur la table pour payer sa dépense, s'enveloppa dans son zarapé et quitta la maison.

— Qui donc a-t-il assassiné pour être si riche ? murmura le ranchero, en le suivant sournoisement des yeux.

Réflexion qui prouvait que le digne ranchero connaissait bien son honorable pratique.

Kidd, se sentait espionné, aussi se garda-t-il de prendre immédiatement le chemin de la maison du sénateur ; au contraire, affectant la nonchalante démarche d'un flâneur, il s'éloigna, en se dandinant, dans une direction diamétralement opposée.

L'aventurier tourna ainsi, pendant une demi-heure à peu près, dans la ville, tout en ayant soin de ne pas se montrer dans les lieux les plus fréquentés, afin de ne pas trop attirer sur lui l'attention; puis, insensiblement, il se rapprocha de la demeure du sénateur et pénétra d'un mouvement brusque sous le saguan, après s'être assuré, par un regard circulaire, que personne ne l'avait vu entrer.

— Holà! l'homme! lui cria tout à coup une voix qui le fit tressaillir et s'arrêter subitement; où diable allez-vous comme cela, et qui demandez-vous ici?

L'aventurier leva les yeux et vit un individu d'un certain âge, qu'à ses vêtements il était facile de reconnaître pour un domestique, qui, placé sur le seuil du vestibule, lui barrait résolûment le passage.

— Qui je demande? reprit le bandit pour se donner le temps de trouver sa réponse.

— Oui, qui demandez-vous, c'est clair, cela, je suppose.

— Caraï! oui c'est clair, qui demanderai-je, sinon Son Excellence le sénateur don Ruffino Contreras?

— Très-bien, reprit l'autre en goguenardant, et vous supposez que Son Excellence vous recevra ainsi de but en blanc?

— Pourquoi donc pas, s'il vous plaît, señor?

— Parce que vous n'avez pas une mine à entrer dans un salon.

— Vous trouvez? fit le bandit en se redressant.

— Je le crois bien, cela saute aux yeux; vous

avez bien plutôt la mine d'un lepero que d'un caballero.

— Vous n'êtes pas poli, mon cher; ce que vous dites peut être vrai, mais la remarque est déplacée; des habits rapiécés cachent souvent de forts honorables caballeros, et si j'ai été mal traité de la fortune, ce n'est pas une raison pour que vous me le jetiez aussi vivement à la face.

— Bon, bon, trève de beaux discours et retirez-vous.

— Je ne bougerai pas d'ici avant que d'avoir vu le sénateur.

Le domestique lui lança un regard de travers, que l'autre supporta avec un aplomb imperturbable.

— Vous croyez, dit-il?

— J'en suis convaincu, répondit Kidd.

— Pour la dernière fois, je vous somme de vous retirer, reprit le valet avec menace.

— Prenez garde à ce que vous allez faire, compagnon; j'ai à causer avec le señor sénateur, il m'attend.

— Il vous attend, vous?

— Moi! répondit majestueusement le drôle.

Le domestique haussa les épaules avec dédain, cependant il réfléchit, et d'un ton plus conciliant que celui qu'il avait adopté jusqu'alors:

— Votre nom? demanda-t-il.

— Vous n'avez pas besoin de le savoir; annoncez seulement à votre maître que j'arrive de l'hacienda del Toro.

— Vous arrivez de l'hacienda del Toro?

— Pourquoi pas?

— Mais cela étant, pourquoi ne me l'avez-vous pas dit tout de suite?

— Parce que vous ne me l'avez pas demandé, probablement. Allez donc m'annoncer à votre maître; vous n'avez déjà que trop tardé.

Le domestique s'éloigna sans répondre; Kidd profita de son départ pour pénétrer dans le vestibule et s'y installer. Pour mille raisons, le voisinage de la rue lui déplaisait, et il n'était pas fâché de ne plus être exposé aux regards curieux des passants.

L'absence du domestique fut de courte durée; bientôt il reparut, ses manières étaient complétement changées.

— Caballero, dit-il en s'inclinant, si vous voulez me faire l'honneur de me suivre, Son Excellence vous attend.

— Trop insolent tout à l'heure, trop bas maintenant, dit l'aventurier en l'écrasant d'un regard de mépris, conduisez-moi.

Et il suivit, en riant sournoisement dans sa barbe, le valet, rouge de honte et de colère d'avoir été si rudement mené.

Les maisons mexicaines, excepté dans les grands centres de population, n'ont ordinairement qu'un entresol, ou tout au plus un premier étage; elles sont en général bâties fort légèrement, à cause des tremblements de terre extrêmement fréquents dans les pays intertropicaux qui, en quelques secondes, bouleversent les villes et les ruinent de fond en comble.

Il résulte de ce mode de construction, que presque tous les appartements sont de plain-pied, et qu'on a d'escaliers n'ni à descendre ni à monter, ce qui, à notre avis, ne laisse pas que d'être fort agréable.

L'aventurier remarqua avec un certain plaisir que son conducteur lui faisait traverser plusieurs chambres et salons avant que d'arriver à la pièce où se tenait le sénateur; enfin, le valet tourna le bouton d'une porte, l'ouvrit, et s'effaça afin de livrer passage au bandit.

Celui-ci entra carrément comme un homme sûr de son fait et certain d'une bonne réception.

— Ah! s'écria le sénateur en tressaillant imperceptiblement à sa vue; c'est vous...

— C'est moi, répondit-il en saluant avec grâce.

— Retirez-vous, dit don Ruffino au valet; je n'y suis pour personne, et surtout ne venez que si j'appelle.

Le valet s'inclina, sortit et referma la porte derrière lui.

Comme d'un commun accord, les deux hommes demeurèrent silencieux, l'oreille tendue, jusqu'à ce que les pas du valet se fussent perdus dans le lointain.

Puis, sans dire un mot, Kidd alla ouvrir la porte à deux battants.

— Pourquoi faites-vous cela? lui demanda don Ruffino.

— Parce que nous avons à causer d'affaires sérieuses; que les *petates* (espèces de paillassons) étendus sur le parquet de vos salons étouffent le bruit des pas, et que votre domestique a une excellente figure d'espion.

Le sénateur ne fit pas d'observation; sans doute,

il reconnaissait la justesse de l'argument de son singulier interlocuteur.

— C'est donc vous, bandit? dit-il enfin.

— J'ai cru m'apercevoir que vous ne m'attendiez pas, hein?

— Je l'avoue; j'ajouterai même que je ne désirais pas le moins du monde votre visite.

— Hum, vous êtes bien oublieux pour vos amis, don Ruffino; cela me peine pour vous, répondit l'aventurier d'un air contrit.

— Qu'est-ce à dire? drôle; est-ce à moi que vous osez parler ainsi.

Kidd haussa les épaules, attira à lui une butacca, et se laissa tomber dedans avec un soupir de satisfaction.

— Je vous ferai observer, dit-il avec le plus imperturbable sang-froid, que vous avez oubliez de m'offrir un siége.

Puis, croisant une jambe sur l'autre, il se mit à confectionner une cigarette, occupation à laquelle il parut apporter la plus sérieuse attention.

Le sénateur fronça le sourcil en examinant attentivement l'aventurier; pour que le bandit osât prendre ce ton avec lui, il fallait qu'il eût entre les mains des armes bien puissantes ou qu'il fut porteur de nouvelles de la plus haute importance. Dans l'un ou l'autre cas, c'était un homme à ménager.

Don Ruffino adoucit immédiatement l'expression de son visage, et, présentant au bandit un mechero en or délicieusement ciselé :

— Allumez votre cigarette mon cher Kidd, lui dit-il avec un charmant sourire.

L'aventurier prit le mechero, et, l'examinant avec admiration :

— Ah ! s'écria-t-il d'un ton de regret parfaitement joué, j'ai constamment rêvé la possession d'un tel bijou ; malheureusement, la fortune s'y est toujours opposée.

— S'il vous plaît tant, répondit dont Ruffino en dissimulant une grimace, je serais heureux de vous l'offrir.

— Voilà de la galanterie, fit l'aventurier. Croyez, señor, que ce présent venant de vous me sera toujours cher. Et, après avoir allumé sa cigarette, il mit sans cérémonie le mechero dans sa poche.

— Votre visite avait un but, sans doute ? reprit au bout d'un instant le sénateur.

— Mes visites ont toujours un but, señor, répondit l'autre, en s'enveloppant d'un nuage de fumée bleuâtre qui lui sortait à la fois par le nez et par la bouche ; d'abord celui de vous voir.

— Je vous remercie de cette attention ; mais je ne la crois pas assez sérieuse pour vous engager à venir me relancer jusqu'ici.

— Relancer est dur pour moi, señor, fit le bandit avec tristesse. Mais changeant subitement de ton et prenant l'accent dur et bref qui lui était ordinaire : Tenez, don Ruffino, dit-il, jouons cartes sur table, et ne nous enfonçons pas davantage dans des compliments à perte de vue, auxquels nous ne croyons ni l'un ni l'autre, et qui nous feraient patauger indéfiniment.

— Je ne demande pas mieux ; parlez donc et que la peste vous étouffe !

— Merci, j'aime mieux cela ; Je vous reconnais

au moins. Je vais vous donner l'exemple de la franchise. Je viens, non pas vous proposer une affaire, mais vous vendre des renseignements et une lettre fort importante pour vous, que je me suis procurée n'importe par quels moyens, à votre intention.

— Bon; voyons si je puis accepter le marché.

— Avant tout, laissez-moi vous dire deux mots afin de bien établir notre position réciproque en face l'un de l'autre. Notre situation a fort changé depuis quelques jours, je ne vous crains plus, et vous au contraire vous me craignez!...

— Je vous crains, moi?

— Oui, señor, ou vous me redoutez, si vous aimez mieux, comme on redoute l'homme qui a votre secret, et que l'on ne peut pas, ainsi que vous l'avez fait à notre dernière entrevue, menacer de le tuer.

— Oh! oh! et pourquoi donc, s'il vous plait? fit le sénateur.

— Parce que nous sommes seuls, que vous êtes sans armes, que je suis plus fort que vous, et qu'au moindre cri, au moindre geste, je vous brûle la cervelle comme à un fauve. M'avez-vous compris maintenant, cher seigneur? ajouta-t-il en retirant deux pistolets de dessous son zarapé; comment trouvez-vous ces joujous?

— Assez bons, il me semble répondit froidement le sénateur, et que dites-vous de ceux-ci, ajouta-t-il en démasquant une paire de magnifiques pistolets, cachés sous les papiers éparpillés, sur la table devant laquelle il était assis.

— Détestables, répondit-il.

— Parce que?

— Parce que vous n'oseriez pas vous en servir.

Le sénateur sourit avec ironie.

— A votre aise; mon maître; riez : je préfère vous voir prendre ainsi la chose; mais je vous répète que vous êtes entre mes mains, cette fois, au lieu que moi je ne suis pas dans les vôtres. Certains papiers ont été par moi remis au capitaine don Marcos de Niza, qui, s'ils étaient ouverts par lui, pourraient je le crains, gravement vous compromettre; il y en a un, entre autres, dont voici à peu près la teneur : « Je soussigné déclare que mon va« let Lupino Contrarias, m'a lâchement assassiné et « abandonné dans un affreux désert, après m'avoir « dépouillé de tout ce que je possédais, consistant « en la charge de deux mules de poudre d'or et en « deux mille trois cents onces en or monnayé et « ayant cours. Sur le point de paraître devant Dieu, « et n'espérant pas survivre à mes blessures, je « dénonce ce misérable, etc., etc. » Signé... Voulez-vous que je vous dise le nom du signataire? Mais qu'avez-vous donc cher seigneur? Vous sentez-vous indisposé? Vous êtes pâle comme un cadavre.

En effet, en écoutant le récit que le bandit lui faisait avec une espèce de complaisance, le sénateur avait été pris d'un saisissement tel, d'une épouvante si grande, qu'il avait été un instant sur le point de s'évanouir.

— C'est extraordinaire, continua avec affectation le bandit, comme dans ce monde on ne peut se fier à rien : voilà cet estimable Lupino, qui avait arrangé le plus adroitement du monde le plus charmant guet-apens qui se puisse imaginer; pour plus de sûreté, il avait attendu d'être de l'autre côté de la frontière indienne, dans un endroit où, en dix ans, il ne passe pas une âme; il décharge ses deux pistolets à bout portant dans le dos de son maître, et s'en va, en emmenant, bien entendu, cette fortune si loyalement gagnée. Eh bien! la fatalité veut que ce maître, qu'il avait toutes espèces de raisons de croire mort, ne le soit pas tout à fait, qu'il ait le temps de prendre ses tablettes et d'écrire au crayon, il est vrai, une dénonciation parfaitement en règle; puis, toujours cette diable de fatalité, qui, lorsqu'elle s'en mêle, n'en fait jamais d'autres, amène en ces lieux un chasseur qui ramasse les tablettes. Ce serait à donner envie de se faire honnête homme, le diable m'emporte! si l'on n'avait pas des idées bien arrêtées là-dessus.

Mais pendant cette longue tirade, le sénateur avait eu le temps de se remettre de cette dure secousse et de reprendre son sang-froid. Par un effort suprême de volonté, il avait rendu le calme à son visage et forcé sa bouche à grimacer un sourire :

— Caraï! dit-il avec un rire qui ressemblait à un grincement de dents : voilà une histoire merveilleuse et parfaitement arrangée. Permettez-moi, cher señor, de vous féliciter sur votre génie inventif; c'est charmant, sur ma parole. Qui diable voulez-vous qui ajoute foi à un tel conte?

— Vous tout le premier, señor; car mieux que personne vous connaissez la vérité de cette histoire.

— Allons donc! vous êtes fou sur ma parole.

— Pas autant que vous le supposez, car les preuves sont entre mes mains.

— Je ne dis pas non; mais en admettant la réalité des faits que vous avancez, ces faits se sont passés il y a fort longtemps; ce Lupino Contraria a disparu; il est mort peut-être; quant à son maître, les armes étaient trop bien chargées pour qu'il échappât. Qui s'intéresse à un homme mort, dans notre pays surtout?

— Comment savez-vous si bien que les armes avaient été chargés avec autant de soin?

— Je le suppose.

— Voilà justement où est le mal en toutes affaires, les suppositions. Entre nous, croyez-vous qu'il soit très-difficile, dans Lupino Contrarias, de retrouver Ruffino Contreras? Non, n'est-ce pas?

Malgré lui, le sénateur se sentit rougir.

— Señor, dit-il, une telle insinuation...

— N'a rien qui doive vous choquer, interrompit placidement Kidd; c'est une supposition, pas autre chose; maintenant, en continuant à supposer, admettez un instant que ce maître, que son valet est persuadé avoir tué, soit, au contraire, on ne peut plus vivant, et...

— Oh! pour cela, c'est impossible.

— Ne m'interrompez donc pas, señor, et vienne, dis-je, poser la main sur l'épaule de son valet comme je la pose sur la vôtre, en disant: — Voilà mon assassin! que répondriez-vous à cela?

— Moi! moi! s'écria le sénateur avec égarement, ce que je répondrais?

— Vous ne répondriez rien, continua le bandit, en prenant et passant tranquillement à sa ceinture les pistolets que, dans son trouble, le sénateur avait lâché; vaincu par l'évidence, écrasé par la présence même de votre victime, vous seriez irrésistiblement condamné.

Il y eut une seconde de silence terrible entre ces deux hommes qui se regardaient comme s'ils voulaient se précipiter l'un sur l'autre. Enfin, par sa violence même, l'émotion du sénateur se calma ; il passa sa main sur son front, inondé d'une sueur froide, et se relevant de toute sa hauteur :

— Après ? dit-il d'une voix incisive, que voulez-vous de moi ?

— J'attends, avant de vous poser mes conditions, que vous me fassiez connaître votre résolution.

Don Ruffino Contreras demeura pendant quelques minutes plongé dans de profondes réflexions. Kidd le surveillait attentivement, prêt à faire usage de ses armes, s'il voyait le sénateur essayer quelque mouvement suspect, mais celui-ci n'y songeait même pas : abasourdi par l'écrasante révélation de l'aventurier, il promenait autour de lui des regards égarés, cherchant vainement dans son esprit de quelle façon il sortirait de l'impasse horrible dans laquelle il se trouvait tout à coup engagé.

Enfin, il redressa la tête, se leva et regardant bien en face le bandit :

— Eh bien ! oui, lui dit-il résolûment ; tout ce que vous m'avez rapporté est vrai. J'ai lâchement assassiné, pour lui voler sa fortune, l'homme qui m'avait tendu une main secourable dans ma misère et me traitait plutôt en ami qu'en serviteur. Mais cette fortune, si mal acquise qu'elle soit, je la possède ; par son moyen j'ai conquis une position dans le monde. Je suis parvenu, à force de fourberies et de mensonges, à imposer à tous ; j'ai un rang, j'ai un nom, la mort seule pourra me faire renoncer à cette position, si rudement conquise. Maintenant que je vous ai parlé franchement, que j'ai joué avec vous cartes sur table, à votre tour d'être franc avec moi; dites-moi quelles sont les conditions que vous prétendez m'imposer; si ces conditions sont équitables, je les accepterai; sinon, quelles qu'en doivent être pour moi les conséquences, je les refuserai. Prenez-y garde, je ne suis pas homme à consentir à demeurer à la merci d'un coquin de votre sorte; plutôt que d'accepter une situation aussi horrible, je me dénoncerais moi-même en vous entraînant dans ma chute. Réfléchissez bien avant que de me répondre, compagnon; car ma proposition est sérieuse. Une fois le marché conclu entre nous, tout sera dit. Je vous donne dix minutes pour me répondre.

Cette proposition claire et catégorique émut le bandit plus qu'il ne voulut le laisser voir; il comprit qu'il avait affaire à une de ces natures indomptables qui, une fois leur parti pris, ne reviennent jamais; l'aventurier n'avait rien à gagner à perdre don Ruffino, au contraire; d'ailleurs, cela n'était jamais entré dans son plan, il avait espéré l'effrayer, il y avait réussi : maintenant, il ne s'agissait plus entre ces deux hommes, si bien faits pour se comprendre, puisqu'ils étaient convenus franchement de leurs faits, que d'attaquer la question d'argent, et de la traiter le plus adroitement possible. Kidd se prépara donc à commencer l'assaut.

XXXV

UNE TRANSACTION AMIABLE

Don Ruffino, le dos appuyé sur la table, la tête dans la main droite, jouait nonchalamment avec un couteau d'ivoire, attendant patiemment que son interlocuteur se décidât à parler.

Cette indifférence affectée donnait fort à penser à l'aventurier. Les gens de l'espèce de Kidd se méfient instinctivement de tout ce qui ne leur paraît pas naturel; celui-ci se sentait gêné malgré lui par ce sang-froid qu'il ne savait à quoi attribuer et qu'il croyait cacher un piége.

Enfin, il rompit brusquement le silence :

— Avant tout, don Rufino, dit-il, je dois vous faire connaître les motifs de ma visite.

— Je n'y tiens pas absolument, répondit avec insouciance le sénateur. Cependant, si vous pensez que cela soit utile, faites, ne vous gênez pas, je vous écoute.

— Je crois que lorsque vous m'aurez entendu, vous changerez d'avis, señor, et vous reconnaîtrez l'importance du service que je prétends vous rendre.

— Mon Dieu, c'est possible, je ne dis pas non, cher señor Kidd, répondit ironiquement le sénateur; mais vous conviendrez que vous vous mêlez si bien de mes affaires, qu'il m'est devenu fort difficile, au milieu de toutes les combinaisons que votre esprit se plaît à imaginer, de distinguer complétement si vos intentions sont bonnes ou mauvaises.

— Vous allez en juger.

— Je ne demande pas mieux, parlez donc, je vous prie.

— Je vous annoncerai alors qu'un certain huissier nommé don Porfiado Burro est arrivé au pueblo de Quitovac.

— Fort bien, répondit le sénateur en regardant fixement le bandit.

— Or, je ne sais comment cela s'est fait; mais, à peine le señor don Porfiado entrait-il au pueblo, que, par une fatalité étrange, le capitaine de Niza était instruit de son arrivée.

— Voyez-vous cela! s'écria avec ironie le sénateur; toujours la fatalité dont vous avez déjà eu l'occasion de me parler, c'est jouer de malheur, en vérité.

Si grande que fut la dose d'effronterie dont la nature l'avait doué, l'aventurier se troubla malgré lui.

Don Rufino reprit en ricanant.

— Et toujours par suite de cette implacable fatalité, le capitaine était instruit non-seulement de l'arrivée de ce digne don Porfiado, mais des raisons qui l'amenaient.

— Comment le savez-vous? s'écria Kidd avec un feint étonnement.

— Oh! mon Dieu, je le devine, voilà tout, répondit le sénateur en haussant imperceptiblement les épaules. Mais continuez, je vous prie; ce que vous me contez là commence à m'intéresser extraordinairement.

Le bandit reprit avec un aplomb imperturbable.

— Le capitaine est, vous le savez, parent du marquis de Moguer.

— En effet, très-proche parent, même.

— Aussi, n'hésita-t-il pas, et expédia-t-il immédiatement à l'hacienda del Toro un exprès porteur d'une lettre dans laquelle il donnait probablement sur l'huissier et la mission dont il s'est chargé les détails les plus circonstanciés.

A cette révélation, don Rufino quitta subitement le masque d'indifférence dont il avait couvert son visage, et frappant du poing avec une sourde colère sur la table.

— Ah ! cette lettre, s'écria-t-il, cette lettre, je l'achèterais au poids de l'or.

— Eh bien, moi, señor, répondit en souriant le bandit, comme je tiens à vous prouver la loyauté de mes intentions, je vous la donne pour rien.

Il tira la lettre de sa poche et la présenta au sénateur, celui-ci sauta dessus comme un tigre sur sa proie et l'arracha des mains du bandit.

— Doucement, doucement, reprit Kidd, veuillez remarquer, je vous prie, que le cachet est intact, et que la lettre n'ayant pas été ouverte, j'ignore naturellement ce qu'elle contient.

— En effet, murmura le sénateur en la tournant et la retournant dans ses mains, je vous remercie de votre discrétion, señor.

— Vous êtes mille fois bon, répondit Kidd en s'inclinant.

— Mais, reprit le sénateur, comment cette lettre adressée à don Hernando de Moguer est-elle tombée entre vos mains ?

— Oh ! tout naturellement, señor, fit l'autre d'un

ton léger; figurez-vous que l'homme choisi par le capitaine pour porter son message, se trouva justement être un ami à moi. Comme j'avais l'intention de vous venir visiter à Arispe, et que cela me faisait peine de voir ce pauvre garçon s'exposer à parcourir seul, de nuit, une route aussi mal famée que l'est celle-ci, je lui proposai de l'accompagner, il accepta. Mais je ne sais comment cela tourna, en route, nous nous prîmes de querelle. Bref, sans mauvaise intention de ma part, je vous jure, dans la chaleur de la discussion, je lui donnai sur la tête un coup de machete si bien appliqué, que force lui fut d'en mourir. Cela me chagrina beaucoup, mais il n'y avait pas de remède, et comme je craignais que la lettre s'égarât et tombât en de mauvaises mains je la lui enlevai : voilà toute l'histoire.

— En effet, elle est des plus simples, répondit en souriant don Rufino, et il rompit le cachet.

Kidd alla discrètement se rasseoir sur la butacca pour laisser au sénateur la liberté de lire cette missive, qui du reste semblait vivement l'intéresser.

Après avoir lu la lettre à deux reprises différentes, avec la plus grande attention, don Rufino laissa tomber sa tête sur sa poitrine et demeura quelques instants silencieux.

— Eh bien ! demanda enfin l'aventurier, les nouvelles que vous donne cette lettre seraient-elles mauvaises, qu'elle vous absorbe si complétement?

— Elles sont de la plus haute importance pour moi, señor ; seulement, je me demande dans quel but vous vous en êtes emparé.

— Dans le but de vous être agréable, il me semble.

— Ceci est fort bien à un certain point de vue ; mais, de vous à moi, vous en aviez évidemment un autre.

Le bandit se mit à rire.

— Ne vous ai-je pas dit que je voulais vous proposer une affaire ?

— C'est vrai, mais j'attends que vous vous expliquiez catégoriquement.

— C'est bien difficile, señor,

— Soit, j'admets cela ; eh bien ! je vais vous mettre à votre aise, moi.

— Je ne demande pas mieux.

— Ce marché, que vous n'osez pas me proposer, je vais vous l'offrir.

— Allons, je vois que vous commencez à me comprendre, et que nous arriverons à faire quelque chose ensemble.

— N'est-ce pas ?

— C'est ma conviction.

— Vous n'êtes pas riche, dit nettement le sénateur, attaquant franchement la question.

— Je suis contraint d'avouer que je ne roule pas positivement sur l'or, répondit-il en jetant un regard ironique sur son costume plus que délabré.

— Eh bien, si vous le voulez, je vous ferai riche d'un seul coup.

— Qu'appelez-vous riche, señor ? dit le bandit avec défiance.

— J'entends vous rendre possesseur d'une somme qui non-seulement vous mettra pour toujours à l'abri du besoin, mais vous permettra encore de vous passer toutes vos fantaisies en vivant honnêtement.

— L'honnêteté est une vertu seulement à la portée de ceux qui peuvent dépenser sans compter, reprit sentencieusement l'aventurier.

— Soit, je vous rendrai honnête, pour parler votre langage.

— Alors ce sera très-cher, reprit effrontément Kidd, car j'ai des goûts très singuliers.

— Je le crois ; mais peu importe. J'ai dans la haute Californie une hacienda que, dès aujourd'hui, je vous prie d'accepter, en vous remettant entre les mains les titres de propriété.

— Hum ! fit Kidd en avançant la lèvre supérieure avec dédain, et cette hacienda est belle ?

— Immense, couverte de ganado et de manadas de chevaux sauvages ; elle est située non loin de la mer.

— C'est quelque chose, je ne dis pas ; mais ce n'est pas encore la richesse.

— Attendez.

— J'attends.

— J'ajouterai à cette hacienda une somme ronde de cent mille piastres en or.

Le bandit eut un éblouissement.

— Hein ? s'écria-t-il en se levant comme poussé par un ressort, et devenant pâle de joie, cent mille piastres, avez-vous dit ?

— Je vous répète cent mille piastres, reprit le sénateur, intérieurement satisfait de l'effet qu'il avait produit, pensez-vous qu'avec une somme comme celle-là, il vous soit possible d'être honnête ?

— Vive Cristo ! je le crois bien, s'écria-t-il avec jubilation.

— Il ne tiendra qu'à vous que cela soit avant huit jours,

— Oui, je comprends, il y a une condition. Caraï! il faudra qu'elle soit bien dure pour que je la repousse.

— Cette condition, la voici : écoutez-moi bien, et surtout comprenez-moi bien.

— Caraï! si j'écoute : une hacienda et cent mille piastres ; je serais fou de refuser une telle aubaine.

— Il faut n'entraver en rien mes projets, me laisser épouser doña Marianna, et me remettre le jour de mon mariage les tablettes prises par vous sur l'homme si malheureusement assassiné par son domestique.

— Fort bien dit. Est-ce tout?

— Pas encore.

— Enfin! Continuez.

— J'exige qu'en me remettant les tablettes, vous me donniez la preuve irrécusable que leur propriétaire est bien mort cette fois.

— Caraï! ce sera difficile.

— Cela ne me regarde pas, c'est votre affaire.

— C'est vrai, et combien me donnerez-vous de temps pour cela?

— Huit jours.

— Huit jours, cuerpo de Cristo! ce n'est pas trop; cet individu n'est pas facile à surprendre.

— Oui; mais lui une fois mort, vous serez riche.

— Je le sais bien! c'est une considération. C'est égal, caraï! ce sera dur; j'y risquerai ma peau.

— C'est à prendre ou à laisser.

— Je prends, vive Cristo! je prends. Jamais,

dans toute ma vie, je ne retrouverai une occasion semblable de devenir honnête.

— Ainsi, c'est bien convenu entre nous?

— Tout ce qu'il y a de plus convenu; soyez tranquille.

— Fort bien. Mais maintenant, comme vous pouvez changer d'avis plus tard et avoir un jour l'intention de me trahir...

— Oh! señor, une telle pensée, moi!

— On ne sait pas ce qui peut arriver. Vous me signerez à l'instant un papier sur lequel ces conditions seront écrites tout au long.

— Caraï! c'est fort compromettant ce que vous me demandez là.

— Pour nous deux, oui; mais non pour vous seul, puisque mes propositions y seront aussi relatées.

— Mais alors, puisque ce papier doit vous compromettre aussi bien que moi, pourquoi l'écrire?

— Par la raison toute simple, que si un jour ou l'autre vous avez la pensée de me trahir, vous ne pourrez me perdre sans vous perdre vous-même, ce qui, je le pense, vous rendra prudent et vous obligera à réfléchir chaque fois qu'une mauvaise pensée vous traversera la cervelle.

— Vous vous méfiez de moi, señor?

— Et vous, avez-vous donc grande confiance en moi?

— Ceci est différent, señor; je ne suis, moi, qu'un pauvre diable.

— Bref, pour nous résumer: ou vous accepterez ces conditions telles que je vous les pose, ou toute transaction est et demeure impossible entre nous.

— Cependant, puisque vous me parlez ainsi,

señor, si j'usais du papier que j'ai entre les mains?

— Vous n'oseriez pas.

— Je n'oserai pas! s'écria-t-il. Et pourquoi donc?

— J'ignore pour quel motif, mais je suis convaincu que si vous aviez pu vous servir de ce papier, vous l'auriez déjà fait. Je vous connais trop bien pour en douter, señor Kidd; ce serait faire tort à votre intelligence, dont je me plais, au contraire, à constater toute la finesse, que d'en douter. Aussi, croyez moi, señor, n'essayez pas davantage de m'effrayer avec ce papier, et de me le mettre sur la gorge comme si c'était un pistolet chargé, car vous ne réussiriez pas. Acceptez, au contraire, les magnifiques propositions que je vous fais, c'est le plus simple.

— Allons, soit, puisque vous l'exigez, répondit-il, je dois en passer par là; mais c'est égal, vous conviendrez avec moi que c'est dur.

— Nullement; voilà justement où est votre erreur. Je prends tout simplement une garantie contre vous-même, voilà tout.

L'aventurier n'était pas convaincu; cependant, l'appât des cent mille piastres lui fit prendre son parti, et, avec un soupir de regret, il renonça à insister davantage.

Don Ruffino écrivit immédiatement les conditions intervenues entre les deux associés, conditions sanglantes, formidable épée de Damoclès que le sénateur voulut tenir constamment suspendue sur la tête de son complice, et qui, produites en justice, les perdraient inévitablement tous les deux.

Pendant que le sénateur écrivait, le bandit, tout

en suivant attentivement, par dessus son épaule la rédaction, afin de bien s'assurer qu'il ne le trompait pas, cherchait déja dans sa tête, les moyens d'éluder ce formidable compromis, et une fois l'argent touché, de perdre celui qui le lui imposait. Nous n'oserions pas assurer que de son côté don Ruffino n'avait pas la même pensée.

Lorsqu'enfin le sénateur eût terminé cet étrange acte de société qui rendait les deux hommes solidaires, et les rivait plus solidement l'un à l'autre que s'ils l'eussent été avec une chaîne, il relut à haute voix ce qu'il venait d'écrire.

— Maintenant, lui dit-il, après lecture faite, avez-vous quelque observation à me soumettre?

— Au diable les observations! s'écria le bandit d'un ton bourru; n'importe cè que je pourrai dire, vous ne changeriez rien; il vaut donc mieux que cela reste ainsi.

— C'est aussi mon avis; signez donc, et pour adoucir ce que cette obligation a de pénible pour vous, je vais vous compter cent onces.

— A la bonne heure! Ainsi, vous parlez d'or, répondit-il en souriant; et, prenant la plume des mains de don Ruffino, qui déjà avait signé, il apposa résolûment son nom au bas de cet acte, qui pouvait lui coûter la vie. Mais la promesse de cent onces lui avait fait tout oublier; d'ailleurs Kidd, constatons-le en passant, était fataliste, et il comptait beaucoup sur le hasard pour le débarrasser avant peu de son complice.

Lorsque Kidd eut signé avec le plus grand sang-froid, le sénateur jeta de la poudre d'or sur le papier, le plia en quatre et le serra sur sa poitrine.

— Maintenant, dit-il en puisant dans un coffre duquel il retira une poignée d'or, voilà la somme promise.

Et il empila les onces sur la table. Kidd les engouffra dans ses poches avec un soupir de satisfaction.

— Vous savez que je suis à vos ordres et prêt à vous obéir, fit-il, et pour commencer je vous rends vos pistolets dont je n'ai plus besoin.

— Merci ; avez-vous quelque chose qui vous retienne à Arispe ?

— Moi, pas la moindre.

— Ainsi, vous ne feriez aucune difficulté de quitter la ville ?

— Au contraire, j'ai l'intention d'en sortir le plus tôt possible.

— Cela se rencontre à merveille, je vais vous donner un mot pour le señor don Porfiado, auquel je vous prie de le remettre aussitôt votre retour au pueblo.

— C'est donc au pueblo que vous m'envoyez ?

— Auriez-vous quelque répugnance à y retourner ?

— Pas la moindre ; seulement, je n'y resterai pas à cause de l'affaire de cette nuit.

— Ah ! oui, c'est juste, la mort du soldat ; prenez garde !

— Oh ! je ne demeurerai au pueblo que juste le temps de m'acquitter de la commission dont vous me chargez, puis j'en sortirai immédiatement.

— Je crois que ce sera plus prudent pour vous. Mais non, tenez, toute réflexion faite, je pense qu'il vaut mieux que vous n'entriez pas au Réal de

Minas; j'enverrai ma lettre par une autre personne.

— Je préfère cela; vous n'avez pas d'autre ordre à me donner?

— Aucun; ainsi vous pouvez faire ce que bon vous semble; souvenez-vous seulement que je vous attends dans huit jours, et agissez en conséquence.

— Je n'aurai garde d'y manquer, Caral!

— Alors, je ne vous retiens plus. Adieu.

— Au revoir, señor.

Le sénateur frappa sur un timbre. Le domestique parut presque aussitôt. Don Ruffino et Kidd échangèrent un regard à la dérobée; il était évident que le criado, curieux comme tous les domestiques, avait écouté aux portes et essayé de savoir pour quelle raison son maître demeurait aussi longtemps enfermé avec un homme de la tournure de l'aventurier; mais grâce à la précaution prise par Kidd d'ouvrir entièrement la porte du cabinet, le pauvre diable en avait été pour sa courte honte, le bruit des voix, contenues à dessein, n'était même pas parvenu jusqu'à lui.

— Reconduisez ce caballero, dit le sénateur.

Les deux hommes se saluèrent une dernière fois, comme s'ils eussent été les meilleurs amis du monde, et ils se séparèrent enfin.

— Misérable! s'écria don Ruffino lorsqu'il fut seul, si jamais je puis te faire payer tout ce que tu m'as imposé de souffrances aujourd'hui, je ne t'épargnerai pas!

Et il brisa avec colère une magnifique potiche, qui pour son malheur, se trouva sous sa main.

De son côté, tout en suivant le domestique à travers les appartements, l'aventurier faisait intérieurement des réflexions qui n'étaient pas non plus couleur de rose.

— Diable ! diable ! se disait-il, l'affaire a été chaude ; je crois que j'aurai raison de me méfier de mon ami ; le cher senor est loin d'être tendre, et s'il trouve l'occasion de me jouer un vilain tour, il se gardera bien de la laisser échapper. J'ai eu tort de signer ce maudit papier ; bah ! après tout, qu'ai-je à craindre ? Il a trop d'intérêt à me ménager pour oser me tendre un piége ; c'est égal, soyons prudent, cela ne peut me nuire.

En terminant cet aparté, il se trouva sous le saguan, où le domestique prit congé de lui par un respectueux salut. L'aventurier rabaissa les larges ailes de son chapeau de vigogne sur ses yeux, s'enveloppa avec soin dans son zarapé et partit.

Il usa pour retourner au rancho de toutes les précautions qu'il avait précédemment employées pour se rendre chez le sénateur ; il ne se souciait pas d'être reconnu et appréhendé au corps par les alguazils, car nous savons, que pour certains motifs, les rues de la ville n'étaient nullement saines pour lui.

Sur le seuil de l'hôtellerie, Kidd aperçut le ranchero qui, les bras derrière le dos et les jambes écartées, surveillait attentivement les abords de sa maison.

— Eh ! fit le ranchero en le saluant, déjà de retour...

— Comme vous voyez, compadre, donnez-moi à déjeuner vivement, car j'ai fort à faire.

— Est-ce que vous nous quittez déjà ?

— Je ne sais pas ; allons, dépêchez-vous, je vous prie.

Le ranchero, forcé de s'exécuter, le servit sans lui adresser de nouvelles questions, l'aventurier mangea de bon appétit, paya grassement son hôte, afin de tempérer par un bon procédé sa mauvaise humeur, et, après avoir sellé son cheval, il s'éloigna sans dire s'il reviendrait ou non.

Un quart d'heure plus tard, il galoppait dans la campagne, et respirait avec un plaisir infini la brise qui lui arrivait fraiche et embaumée du désert.

XXXVI

L'HACIENDA DEL TORO

Nous franchirons maintenant un espace de quinze jours, et nous retournerons à l'hacienda del Toro ; mais, avant de reprendre notre histoire, nous résumerons, en quelques mots, les événements qui, pendant ces quinze jours, s'étaient accomplis, afin de bien faire comprendre au lecteur par quel concours étrange de circonstances, le hasard plaça tous nos personnages face à face, et amena entre eux un choc d'où jaillit un dénoûment imprévu.

Doña Marianna, séduite par doña Esperanza, et peut-être attirée à son insu par les secrètes aspirations de son cœur, avait consenti à demeurer deux jours avec elle, ces deux jours avaient été entrecoupés par de charmantes causeries, dans lesquelles la jeune fille avait fini par laisser échapper, sans le savoir le secret qu'elle croyait enfoui au plus profond de son cœur.

Doña Esperânza avait souri avec bonheur à cette naïve révélation d'un amour qu'elle soupçonnait déjà, et que tout la portait à encourager.

La Main-Ferme s'était de son côté laissé aller à la magique fascination opérée sur lui par la jeune fille ; se sentant aimé, sa contrainte et sa froideur s'étaient fondus pour faire place à une franche admiration. Emporté par les sentiments qui l'agitaient, il avait laissé voir tout ce qu'il y avait de réellement grand et de réellement bon dans son caractère, un peu sauvage peut-être, mais de cette sauvagerie loyale et puissante qui plait aux femmes, en leur imposant le secret désir de vaincre ces natures rebelles, et de les dominer par leurs charmantes agaceries.

Les femmes, en général, à cause de leur faiblesse même, ont toujours aimé à dompter les hommes énergiques et réputés indomptables, car la femme veut être protégée, et rougit lorsqu'il lui faut, au contraire, défendre celui dont elle porte ou dont elle aspire à porter le nom. Le mépris tue l'amour. Une femme n'aimera jamais qu'un homme dont ell aura le droit d'être fière, et auquel elle pourra dire : — Epargne des ennemis trop faibles pour toi et indignes de ta colère.

Pendant deux jours, les jeunes gens ne prononcèrent pas une fois le mot amour, et pourtant ils s'expliquèrent clairement, et ne conservèrent plus un doute sur leur attachement mutuel.

Cependant, il fallut songer à retourner à l'hacienda.

Il fut convenu que doña Marianna instruirait son père de ce qu'elle avait appris de doña Esperanza ; qu'elle ne refuserait pas positivement la main de don Ruffino, et qu'elle attendrait paisiblement les évènements.

— Prenez garde, dit la jeune fille en tendant la main au chasseur, je n'ai d'espoir qu'en vous ; si vous échouiez dans vos projets, je demeurerais seule, sans défense, et je n'aurais plus qu'à mourir, car je ne survivrais pas à la perte de toutes mes espérances.

— Comptez sur moi, doña Marianna, j'ai placé mon bonheur et ma vie comme enjeux dans la terrible partie que je me prépare à jouer ; je gagnerai, j'en suis convaincu.

— Je prierai Dieu pour vous et pour moi avec une ferveur si grande qu'il m'exaucera.

Voici sur quelles paroles les jeunes gens s'étaient séparés, paroles qui équivalaient à un engagement mutuel.

Doña Esperanza avait tendrement embrassé la jeune fille.

—Souvenez-vous de la légende, lui avait-elle dit.

Doña Marianna avait répondu par un sourire.

L' tigrero tenait les deux chevaux en bride. La Main-Ferme et une dizaine de chasseurs se préparaient à escorter de loin les voyageurs afin de les protéger si besoin était.

Ils partirent.

Le voyage fut silencieux. Doña Marianna était trop occupée à remettre de l'ordre dans ses idées, bouleversées par ce qui s'était passé pendant les deux jours qu'elle était demeurée parmi les chasseurs, pour songer à adresser la parole à son compagnon ; lui, de son côté, confondu par la façon dont il avait été traité au camp, cherchait à s'expliquer ce luxe et ce comfort que jamais il n'avait rencontré au désert, et qui le plongeait dans un étonnement dont il ne pouvait revenir.

Doña Marianna avait manifesté le désir d'atteindre le plus tôt possible le but de son voyage, aussi Mariano avait-il pris un chemin différent de celui qu'il avait précédemment suivi, et qui, coupant en ligne directe, conduisait au Toro sans passer par le rancho.

Vers trois heures de l'après-dîner, ils arrivèrent en vue du rocher et commencèrent à gravir le sentier ; alors ils aperçurent les chasseurs commandés par la Main-Ferme, rangés en bon ordre sur la lisière de la forêt.

Lorsque la jeune fille arriva à la première porte de l'hacienda, le bruit d'un coup de feu parvint jusqu'à elle, et une fumée blanche, planant au-dessus des cavaliers, lui fit deviner celui qui avait tiré ; doña Marianna agita son mouchoir en l'air ; un second coup de feu retentit comme pour lui faire comprendre que son signal avait été vu, puis les chasseurs tournèrent bride et disparurent sous le couvert.

Doña Marianna entra dans l'hacienda ; la première personne qu'elle rencontra fut Paredes.

— Valga me Dios ! Niña, s'écria le digne mayordome, d'où venez-vous ? le señor marquis est dans une inquiétude extrême à votre sujet.

— Mon père ne sait-il donc pas que je suis allée voir ma nourrice ?

— Votre frère le lui a dit, Niña, mais comme votre absence se prolongeait outre mesure, le señor marquis a craint qu'il ne vous fut arrivé quelque chose.

— Vous voyez qu'il n'en est rien, mon bon Paredes ; ainsi tranquillisez-vous, et allez, je vous prie, rassurer mon père, auquel je serais heureuse de présenter mes respects.

— Don Hernando sera bien charmé de votre retour, Niña, il est en ce moment occupé avec le señor don Ruiz à visiter les murailles du côté de la Huerta, afin de s'assurer qu'elles sont en bon état ; car nous redoutons de plus en plus une attaque des Indiens.

— Alors, ne dérangez pas mon père, je vais me reposer dans le salon Bleu, car je suis rendue de fatigue ; lorsque mon père aura terminé son inspection, vous lui annoncerez mon retour. Il est inutile de l'importuner maintenant.

— L'importuner ! s'écria l'honnête mayordomo, vous m'excuserez, señorita, de ne pas être de votre avis à ce sujet, vive Dios ! le marquis ne me pardonnerait pas de ne point lui avoir immédiatement annoncé votre retour.

— Faites donc, comme il vous plaira, mon brave Paredes.

Le mayordomo, qui n'attendait probablement que cette autorisation pour s'éloigner, partit en courant.

— Mon cher Mariano, dit alors la jeune fille en s'adressant à son frère de lait, il est inutile de raconter ce que nous avons fait pendant notre voyage. Pour tout le monde, je n'ai pas quitté le rancho de ma bonne nourrice ; vous m'entendez, je compte sur votre discrétion ; je me réserve, lorsqu'il en sera temps, d'instruire mon père de ce qui s'est passé.

— Il suffit, Niña, vous savez que vos désirs sont pour moi des ordres, je ne dirai pas un mot ; d'ailleurs, ce ne sont pas mes affaires.

— Bien, Mariano ; maintenant, recevez mes remerciments sincères pour les services que vous m'avez rendus.

— Vous savez que je vous suis dévoué, Niña. Je n'ai fait qu'accomplir un devoir ; il n'est donc pas besoin de me remercier pour cela.

La jeune fille lui tendit la main en souriant, et entra dans les appartements.

Le tigrero, resté seul, prit les deux chevaux par la bride et les conduisit au corral, à travers la foule des rancheros, qui, par l'ordre du marquis, s'étaient refugiés à l'hacienda et avaient dressé leur jacales dans toutes les cours.

Doña Marianna n'était pas fâchée de demeurer seule quelques instants, afin d'avoir le temps de préparer la conversation qu'elle voulait avoir avec son père et son frère, conversation importante, et dont elle ne se dissimulait nullement les difficultés.

L'hacienda était fort grande ; aussi, malgré toute sa diligence, ce ne fut qu'après une demi-heure de recherches infructueuses que le mayordomo parvint à rejoindre son maître.

Don Hernando apprit avec un vif sentiment de joie le retour de sa fille, et il abandonna immédiatement l'inspection à laquelle il se livrait pour accourir vers elle.

Au fur et à mesure que le malheur pesait plus lourdement sur sa tête, le marquis sentait se réveiller en lui son amour pour ses enfants, il éprouvait le besoin de s'appuyer sur eux et de resserrer davantage les liens de la famille.

Lorsqu'il entra, suivi de don Ruiz, dans le salon où doña Marianna l'attendait, il lui ouvrit ses bras et l'embrassa avec tendresse.

— Ingrate enfant, lui dit-il, quelle inquiétude mortelle vous m'avez causée! Pourquoi, dans ces temps de troubles, demeurer si longtemps absente?

— Pardonnez-moi, mon bon père, répondit la jeune fille en lui rendant ses caresses, je n'ai couru aucun danger.

— Dieu soit loué! Mais pourquoi être ainsi demeurée trois jours loin de nous?

La jeune fille rougit.

— Mon père, répondit-elle, en accablant son père de ces douces cajoleries dont les jeunes filles possèdent si bien le secret, pendant tout le temps de mon absence, je n'ai songé qu'à vous.

— Hélas! murmura le marquis avec un soupir étouffé, pauvre enfant, je connais ton cœur; malheureusement, ma position est tellement désespérée, que rien ne peut me sauver.

— Peut-être, mon père, fit-elle en hochant la tête.

— N'essaye pas de me leurrer d'un espoir irréalisable, et qui rendrait plus tard bien plus cruelle notre affreuse situation.

— Je ne veux pas vous leurrer d'un fol espoir, mon père, répondit-elle sérieusement, je vous apporte une certitude.

— Une certitude, enfant; voilà de bien graves paroles dans la bouche d'une jeune fille. Où supposes-tu donc qu'il soit possible de trouver les moyens de conjurer la mauvaise fortune?

— Pas bien loin, mon père, ici même, si vous le voulez.

Don Hernando ne répondit pas, et laissa tomber sa tête sur sa poitrine avec découragement.

— Écoutez Marianna, mon père, dit alors don Ruiz; c'est le bon ange de notre foyer. Je crois en elle, moi; je sais qu'elle ne voudrait pas se faire un jeu de votre douleur.

— Merci, Ruiz. Oh! vous avez raison, je mourrais plutôt que de songer à augmenter le chagrin de mon père.

— Eh! je le sais, mon enfant, répondit le marquis avec une impatience douloureuse; mais vous êtes jeune, sans expérience, et prenez sans doute pour des certitudes les désirs de votre cœur.

— Pourquoi ne pas écouter d'abord ce que ma sœur a à vous dire, mon père? fit don Ruiz. Si elle se trompe, si ce qu'elle veut vous apprendre ne produit pas sur vous l'effet qu'elle attend, du moins vous aura-t-elle donné une preuve irrécusable du vif intérêt qu'elle prend à vos affaires, et pour cela seul nous lui devrons, vous et moi, des remercîments.

— À quoi bon, mes enfants?

— Mon Dieu, mon père, rien ne doit être négligé dans notre affreuse situation. Qui sait? Ce sont bien souvent les plus faibles qui apportent les plus grands secours. Dieu n'a-t-il pas dit : « Laissez venir à moi les petits enfants? » Écoutez d'abord ma sœur; après, vous jugerez si ses paroles méritent d'être prises en considération.

— Puisque vous l'exigez, don Ruiz, j'écouterai.

— Je n'exige pas, mon père, je prie. Allons, parlez, petite sœur, parlez sans crainte, nous vous écoutons, moi surtout, avec un vif intérêt.

Doña Marianna sourit doucement, jeta les bras au cou de son père, et, appuyant par un geste charmant sa tête sur son épaule :

— Que je vous aime, mon bon père! dit-elle, que je voudrais vous voir heureux! Je n'ai rien à vous raconter, vous ne me croiriez pas; ce que j'aurais à vous dire est tellement étrange, tellement invraisemblable, que vous n'oseriez pas y ajouter foi...

— Tu vois bien, enfant, que j'avais raison.

— Attendez encore un instant, mon père, reprit-elle; si je n'ai rien à vous apprendre, j'ai une grâce à vous demander.

— Une grâce? vous, ma fille?

— Oui, mon père, une grâce. Mais ce que je désire est si singulier de la part d'une jeune fille, que je ne sais réellement comment formuler, non pas ma pensée, car elle est claire dans mon esprit, mais ma demande.

— Oh! oh! petite fille, dit en souriant le marquis, intéressé et ému malgré lui, quelle est donc cette chose qui exige de si grandes préparations? Cela doit être bien terrible, pour que vous hésitiez tant à me le révéler,

— Non, mon père, ce n'est pas terrible; mais, je vous le répète, cela vous paraîtra fou.

— Oh! mon enfant, reprit-il en haussant les

épaules d'un air de résignation; j'ai vu tant de choses folles depuis quelque temps, que je n'attacherai pas d'importance à une de plus : ainsi, vous pouvez vous expliquer catégoriquement, sans redouter d'être blâmée par moi.

— Écoutez, mon père, la grâce que je vous demande, la voici, et, d'abord, donnez-moi votre parole d'honneur de me l'accorder.

— Caramba ! fit-il en plaisantant, vous prenez vos précautions, señorita, et si je refusais?

— Si vous refusiez, mon père, tout serait dit, répondit-elle avec tristesse.

— Allons, enfant, rassurez-vous; cette parole que vous exigez si péremptoirement, je vous la donne; êtes-vous satisfaite, à présent?

— Oh ! mon père, que vous êtes bon ! C'est bien vrai, n'est-ce pas? Vous me donnez votre parole d'honneur de m'accorder ce que je vous demanderai?

— Oui, petite obstinée, oui, cent fois oui, je vous donne ma parole d'honneur de vous accorder ce que vous me demanderez.

La jeune fille sauta de joie en frappant ses mains mignonnes l'une contre l'autre, et elle embrassa son père avec effusion.

— Cette petite fille est folle, sur mon âme, dit en souriant le marquis.

— Oui, mon père, folle de bonheur; car j'espère bientôt vous prouver que votre fortune n'a jamais, au contraire, été plus florissante.

— Allons, la voilà maintenant qui extravague.

— Non, mon père, dit don Ruiz, qui, les yeux fixés sur sa sœur, l'écoutait avec un intérêt soutenu, et qui suivait attentivement l'expression mobile de sa physionomie, sur laquelle venaient se refléter les divers sentiments qui l'agitaient ; je crois, au contraire, que Marianna combine en ce moment, dans sa pensée, quelque plan bizarre pour l'exécution duquel elle a besoin d'une pleine et entière liberté.

— Vous avez deviné, Ruiz. Oui, j'ai un grand projet dans la tête ; mais, pour qu'il réussisse, il faut que je sois complétement libre de mes actions, maîtresse d'agir à ma guise, sans contrôle ni observations, et cela depuis huit heures du soir jusqu'à minuit. M'accordez-vous ce pouvoir, mon père ?

— J'ai juré, Marianna, répondit en souriant don Hernando ; un gentilhomme n'a que sa parole ; ainsi que vous le désirez, de huit heures du soir à minuit, vous serez la seule maîtresse de l'hacienda ; personne, pas même moi, n'aura le droit de vous adresser une observation sur vos faits et gestes. Faut-il, ajouta-t-il en plaisantant, vous faire officiellement reconnaître par nos gens ?

— Cela est inutile, mon père, deux seulement doivent être prévenus.

— Et qui sont ces deux privilégiés, s'il vous plaît ?

— Mon frère de lait, Mariano le tigrero, et José Paraedes, le mayordomo.

— Allons ! je vois que vous savez placer votre confiance : ces deux hommes nous sont entièrement dévoués, cela me donne confiance pour l'avenir. Continuez, ma fille, que faut-il faire encore ?

— Il faut, mon père, que ces hommes se munissent de pics, de pioches, de bêches et de lanternes.

— Hum ! il s'agit, je le vois, de creuser la terre.

— Peut-être, fit-elle en souriant.

— Les histoires de trésors enterrés son bien usées maintenant dans ce pays, ma fille, dit-il en secouant la tête avec doute ; tous ceux qui ont été enfouis, si jamais on en a enfoui, ont été depuis longtemps déterrés.

— Je ne vous explique rien, mon père ; vous ignorez mon projet, donc vous ne pouvez raisonner sciemment sur une chose que vous ne savez pas ; de plus, vous ne devez m'adresser aucune observation, mais m'obéir le premier, dit-elle avec un délicieux sourire. Ce n'est donc pas à vous à donner l'exemple de la rébellion à mes nouveaux sujets.

— Ceci est on ne peut plus juste, chère enfant. Je suis dans mon tort, je vous fais amende honorable. Veuillez continuer à nous donner vos instructions.

— Je n'ai plus qu'un mot à ajouter, mon père : vous et Ruiz devez aussi vous munir d'outils ; car je compte vous faire travailler tous les quatre.

— Oh ! oh ! voilà qui est dur, par exemple : pour moi, qui suis jeune, passe encore, s'écria don Ruiz en riant ; mais mon père... Voyons, petite sœur, laissez-vous fléchir, n'exigez pas de notre père un tel labeur.

— Peut-être serai-je obligée de m'y mettre aussi, répondit doña Marianna. Croyez-moi, don Ruiz, ne traitez pas aussi légèrement cette affaire, elle est beaucoup plus sérieuse que vous ne le supposez, et ses suites seront d'une importance incalculable pour mon père et pour l'honneur de notre nom. A mon tour, je vous ferai un serment, puisque vous vous obstinez à douter de ma parole.

—Non pas moi, ma sœur.

— Si, Ruiz, vous doutez, bien que, pour me plaire, vous ne vouliez pas en convenir. Eh bien, je jure à mon père et à vous, sur ce que j'aime le plus au monde, c'est-à-dire sur vous deux, que je sais parfaitement ce que je fais, et que je suis certaine de réussir.

Un tel enthousiasme rayonnait dans les yeux brillants de la jeune fille, il y avait une telle expression de sincérité dans ses paroles, que les deux hommes courbèrent enfin la tête et s'avouèrent vaincus; sa conviction était entrée dans leur esprit : elle les avait persuadés.

— Ce que vous désirez sera fait, ma fille, répondit don Hernando, et, quoi qu'il arrive, je vous serai reconnaissant des efforts que vous aurez tentés.

Don Ruiz, sur l'ordre de son père, prévint le mayordomo et le tigrero, qui déjà se préparait à retourner à son rancho. Mais dès que le jeune homme sut que sa présence devenait nécessaire à l'hacienda, il demeura, sans se permettre la moindre observation, heureux d'avoir une occasion de prouver à ses maîtres combien il leur était dévoué.

Alors il arriva ce qui arrive toujours en pareille circonstance : tandis que doña Marianna attendait calme et tranquille, pour agir, l'heure qu'elle avait elle-même fixée, le marquis et son fils étaient au contraire en proie à une fièvre de curiosité qui ne leur permettait pas de demeurer un instant en place, et leur faisait trouver le temps d'une longueur interminable.

Enfin huit heures sonnèrent.

— Il est temps ! dit doña Marianna.

XXXVII

LA HUERT

Tous les peuples méridionaux aiment l'ombre, les fleurs et les oiseaux.

La chaleur du climat les obligeant, pour ainsi dire, à vivre en plein air, ils ont arrangé leurs jardins avec un confortable de dispositions inconnu chez nous.

Les Italiens et les Espagnols, dont les maisons ne sont, pendant la plus grande partie de l'année, habitables que pendant quelques heures chaque jour, se sont efforcés de faire de leurs jardins de véritables oasis où ils pussent respirer l'air frais du soir, sans être incommodés par ces milliers de moustiques et de maringouins, inconnus dans les climats tempérés, mais qui, dans les hautes latitudes tropicales, sont un véritable fléau. On les voit, à l'heure de midi, tourbillonner par myriades innombrables dans chaque rayon de soleil. Les Hispano-Américains, surtout, ont élevé l'art des jardins à la hauteur d'une science, toujours occupés qu'ils sont à résoudre ce problème, presque insoluble pour eux, de se procurer de la fraîcheur pendant les heures les plus chaudes de la journée, c'est-à-dire de midi à trois heures, moment où la terre, échauffée depuis le matin par les rayons incandescents d'un soleil torride, renvoie des effluves mortelles et décompose tellement l'air, qu'il cesse d'être respirable.

L'espagnol, cette langue si riche en expressions

de toutes sortes, a deux mots pour rendre celui de jardin.

Le mot *jardin*, par lequel on entend le parterre proprement dit, le jardin où se cultivent les fleurs, qui, là-bas, poussent en pleine terre, et qui ne viennent chez nous que dans des serres où elles demeurent constamment rachitiques et étiolées; puis le mot *huerta*, qui signifie le jardin proprement dit, le potager d'abord, le verger, et puis les hautes futaies, les longues allées de grands arbres, les cascades, les rivières et les lacs; enfin, tout ce qui constitue chez nous ce que l'on est convenu fort improprement, à notre avis, de nommer un parc.

L'hacienda del Toro possédait une huerta que les marquis de Moguer s'étaient tour à tour étudiés à embellir; cette huerta, qui, en Europe, aurait semblé fort grande, tant chez nous la vie a été réduite à des conditions de confortable honteux et étriqué, passait pour petite dans le pays; elle n'avait en tout que douze hectares, c'est-à-dire douze mille mètres carrés de superficie environ; il est vrai que cette petitesse relative était rachetée par une disposition admirable des lieux et une entente de l'ombre qui, dans la Sonora, avait donné une immense réputation à la huerta del Toro.

A huit heures précises, on sonna, comme d'habitude à l'hacienda, le couvre-feu. Au son de la cloche de la chapelle, tous les peones et tous les vaqueros rentrèrent dans leurs jacales pour se livrer au sommeil. Paredes plaça les sentinelles de nuit sur les murailles, ainsi qu'il faisait chaque soir depuis qu'on redoutait une attaque des Indiens, précaution d'autant plus importante en ce moment, que les nuits étaient sans lune, et que c'est justement cette époque du mois que choisissent les peaux-rouges pour commencer leurs invasions.

Lorsque le mayordomo se fut assuré que les sentinelles étaient bien à leur poste, il fit, accompagné des mayorales et des caporales, une tournée générale dans toute l'hacienda pour faire éteindre les lumières, puis il se rendit, accompagné du tigrero, dans le salon bleu, où se trouvaient réunis don Hernando, son fils et doña Marianna.

— Tout est en ordre, mi amô, dit-il; chacun est retiré dans son jacal, les portes de l'hacienda sont fermées et les sentinelles placées sur les murailles.

— Vous êtes-vous assuré, Paredes, que personne n'est resté à se promener dans les corales ni dans la huerta?

— Personne; la ronde a été faite avec la plus grande sévérité.

— Bien; maintenant, ma fille, c'est à vous à commander, nous sommes prêts à vous obéir.

Doña Marianna s'inclina en souriant devant son père.

— Paredes, dit-elle, avez-vous préparé les outils dont mon frère vous avait ordonné de vous munir?

— Niña, répondit-il, j'ai placé six pioches, six pics et six bêches dans un fourré de lentisques, à l'entrée du grand parterre.

— Pourquoi cette masse d'outils, grand Dieu? dit-elle en riant.

— Parce que, señorita, quelques-uns peuvent se briser, que l'ouvrage que nous avons à faire doit être exécuté promptement, et que, sans cette précaution, nous risquerions d'éprouver des retards.

— Vous avez raison. Señores, suivez-moi.

— Et les lanternes ? observa don Ruiz.

— Emportons-les, mais nous ne les allumerons que lorsque nous serons arrivés à l'endroit où je vous conduis. Bien que la nuit soit noire, cependant, avec votre connaissance des lieux, nous parviendrons à nous diriger assez facilement dans les ténèbres. Nos lumières pourraient être aperçues, donner des soupçons, et ce sont justement ces soupçons qu'il nous faut éviter.

— Parfaitement raisonné, ma fille.

Doña Marianna se leva, les quatre hommes la suivirent silencieusement.

Ils traversèrent les appartements sans passer par les patios, encombrés de dormeurs, et entrèrent dans la huerta par une grande porte à double battant qui, par un perron, conduisait dans le jardin.

En quittant le salon, doña Marianna avait eu la précaution de souffler les lumières, de sorte que l'hacienda était plongée dans une complète obscurité et paraissait endormie.

La nuit était fort noire ; le ciel, où ne brillait aucune étoile, semblait un immense linceul ; la brise sifflait sourdement à travers les arbres, dont les branches frissonnaient avec de sinistres murmures.

On entendait au loin dans la campagne les glapissements des coyotes, et parfois le cri lugubre de la chouette s'élevait dans la nuit et rompait le funèbre silence qui pesait sur la nature.

Cette nuit était bien choisie pour une mystérieuse expédition du genre de celle que doña Marianna allait tenter.

Après un instant, non pas d'hésitation, car la

jeune fille, bien que le cœur lui battît avec force, était ferme et résolue, mais de recueillement, doña Marianna descendit rapidement les marches du perron et s'engagea dans le jardin, suivie pas à pas par ses compagnons, qui, eux aussi, éprouvaient à leur insu une émotion intérieure dont ils ne se rendaient pas compte.

A peine eurent-ils fait quelques pas, qu'ils s'arrêtèrent. Ils avaient atteint le fourré de lentisques au milieu duquel Paredes avait caché les outils.

Le mayordomo et le tigrero se chargèrent des pics, des bêches et des pioches ; le marquis et son fils portaient les lanternes.

Malgré l'obscurité, rendue plus complète encore par l'ombre épaisse projetée par les hautes ramures des arbres centenaires de la huerta, la jeune fille avançait rapidement, faisant à peine craquer le sable sous ses pieds mignons, et se dirigeant à travers les méandres sans nombre des allées avec autant de liberté que si elle les eût parcourus en plein jour, à la clarté éblouissante des rayons du soleil.

Le marquis et son fils sentaient leur curiosité s'accroître d'instant en instant ; ils voyaient la jeune fille si gaie et si sûre d'elle-même, que malgré eux ils se prenaient à espérer, sans cependant qu'il leur fût possible de s'expliquer quel était cet espoir qui les mordait au cœur.

Paredes et Mariano étaient, eux aussi, fort intrigués du but de cette expédition, dont ils prenaient leur part; mais leurs pensées n'allaient pas plus loin ; ils supposaient qu'ils avaient quelque travail secret à accomplir, voilà tout.

Cependant la jeune fille marchait toujours, s'arrêtant parfois en murmurant quelques paroles à voix basse, comme si elle eût cherché à se souvenir d'instructions qu'elle avait reçues précédemment, mais n'hésitant jamais, et ne prenant pas une allée pour une autre, en un mot, ne revenant point sur ses pas dès qu'elle s'était engagée dans une direction. La nuit, surtout lorsqu'elle est noire, imprime au paysage un cachet tout particulier, qui change complétement l'aspect des lieux les plus connus; elle donne aux moindres objets une apparence formidable, tout se fond en une seule masse sans teintes graduées, où rien ne se détache; l'endroit le plus gai à la clarté du soleil devient sinistre et lugubre, lorsqu'il est enveloppé par les ténèbres.

La huerta, si belle et si riante de jour, prenait à cette heure de nuit les sombres et grandioses proportions d'une forêt : la chute d'une feuille, le bris accidentel d'une branche, le murmure sourd d'une eau invisible, ces choses si peu importantes en elles-mêmes, faisaient malgré eux tressaillir ces hommes, doués cependant d'une grande énergie, et qu'un danger réel n'aurait certes pas fait pâlir.

Mais les ténèbres possèdent cette influence fatale sur l'organisation humaine, d'amoindrir ses facultés, et de la rendre petite et mesquine : tel homme qui, au milieu d'une bataille, électrisé par le bruit du canon, enivré par l'odeur de la poudre et excité par la vue de ses compagnons, accomplira des prodiges de valeur, tremblera comme un enfant lorsqu'il se verra seul, dans l'ombre de la nuit, en présence d'un objet inconnu qui lui fera redouter un danger, qui souvent n'existera que dans son imagination malade.

Aussi, malgré eux, nos personnages subissaient-ils cette influence redoutable des ténèbres et éprouvaient-ils un certain malaise qu'ils cherchaient vainement à combattre, et dont ils ne parvenaient pas, malgré leurs efforts, à triompher complétement.

Ils marchaient silencieux et mornes, pressés les uns contre les autres, jetant autour d'eux des regards presque effrayés, et désirant au fond du cœur atteindre le plus tôt possible le but de cette longue promenade.

Enfin doña Marianna s'arrêta.

— Allumez les lanternes, dit-elle.

Cette parole était la seule prononcée depuis qu'on avait quitté le salon.

Les lanternes furent allumées en un instant.

Doña Marianna en prit une et en donna une seconde à son frère.

— Éclairez-moi, Ruiz, lui dit-elle.

Celui-ci obéit.

L'endroit où ils se trouvaient était situé à peu près à la moitié de la heurta.

C'était une espèce de pelouse sur laquelle ne poussait qu'une herbe rare et rabougrie.

Au centre s'élevait une espèce de tumulus formé de plusieurs quartiers de roc entassés les uns sur les autres, sans ordre apparent, et que les propriétaires de l'hacienda avaient toujours respecté à cause de sa singularité barbare.

Une vieille tradition voulait qu'un des anciens rois de Cibola, sur les ruines de laquelle était bâtie l'hacienda, eût été enterré en ce lieu, que l'on nommait, à cause de cette tradition, vraie ou fausse, le *tombeau du Cacique.*

Le premier marquis de Moguer, homme fort pieux comme tous les conquérants espagnols de l'Amérique, avait pour ainsi dire autorisé cette croyance, en faisant bénir ce tumulus par un prêtre, sous le prétexte, fort plausible à cette époque, que le tombeau d'un païen attirait les démons, qui s'éloigneraient pour toujours dès qu'il aurait été sanctifié.

Du reste, à part le nom qu'il portait, cet endroit n'avait jamais joui d'une mauvaise réputation, et aucune légende suspecte ne s'y rattachait.

Il était éloigné des bâtiments de l'hacienda, entouré de toutes parts de fourrés épais et presque impénétrables; on n'y venait que fort rarement se promener d'autant plus que s'élevant au centre d'un terrain découvert, il n'offrait aucun abri contre la chaleur; aussi ce lieu était-il presque ignoré, et connu seulement des commensaux intimes de l'hacienda, c'est-à-dire des membres de la famille de Moguer et de leurs plus vieux serviteurs.

— Ah! ah! dit le marquis, c'était donc au tombeau du Cacique que vous nous conduisiez, ma fille?

— Oui, mon père, nous pouvons maintenant, sans risquer d'être aperçus commencer notre expédition.

— Je crains bien, ma fille, que vos prévisions ne vous aient trompée.

— Vous m'avez juré, mon père, de ne pas me faire d'observations.

— C'est vrai, ma fille, aussi je me tais.

— B in, mon père, dit-elle en souriant; croyez bien que vous serez récompensé de cette docilité exemplaire.

Et la jeune fille continua ses investigations. Elle regarda attentivement chaque pierre, semblant étudier avec soin leur position, en la comparant avec un point de l'horizon.

— Dans quelle direction se trouve donc le grand fourré d'aloës centenaires? demanda-t-elle enfin.

— Voilà ce que je ne saurais dire, par exemple, s'écria don Ruiz.

— Moi, si vous le permettez, je vous le dirai, répondit Paredes.

— Oui, oui, fit-elle vivement.

— Le mayordomo s'orienta un instant, puis, se plaçant dans une certaine direction :

— Le massif d'aloës de Cibola, comme nous le nommons, est juste en face de moi, dit-il.

— Vous en êtes certain, Paredes?

— Oui, Niña, j'en suis certain.

La jeune fille alla immédiatement se placer à côté du mayordomo, et, se penchant sur les pierres, elle les examina avec un soin et une attention extrêmes. Enfin elle se redressa avec un tressaillement de joie.

— Mon père, dit-elle avec émotion, c'est à vous que revient l'honneur de donner le premier coup de pic.

— Soit, mon enfant ; où faut-il frapper?

— Là! dit-elle en indiquant du doigt un point assez large entre deux pierres.

Don Hernando y enfonça l'outil qu'il tenait à la main, et pesant avec force dessus, il détacha une pierre, qui roula sur l'herbe.

— Bien, reprit la jeune fille ; maintenant, arrêtez vous, mon père, laissez travailler les jeunes gens :

plus tard, s'il le faut, vous vous joindrez à eux. Allons, Ruiz, allons tocayo, allons Paredes, à l'œuvre ! mes amis ! agrandissez ce trou, faites-le assez large pour que bientôt il nous livre passage.

Les trois hommes se mirent à l'œuvre avec ardeur, excités par cette recommandation de doña Marianna ; et bientôt les pierres, sautant de leur alvéole de terre, commencèrent à joncher en grand nombre le sol autour d'eux.

Des trois hommes, aucun ne se doutait de la tâche qu'il accomplissait, et pourtant tel est l'attrait que cause l'inconnu en toutes choses, qu'ils enfonçaient leurs piques avec un entrain inouï.

Seul, Ruiz, peut-être, pressentait derrière ce travail une découverte importante ; mais de quel genre était cette découverte ? voilà ce qu'il n'aurait su dire.

Cependant l'ouvrage avançait ; le trou s'agrandissait de minute en minute : les pierres, jetées en apparence les unes sur les autres dans le principe, n'avaient pas été liées entre elles par le ciment ; une fois la première enlevée, les autres venaient avec une facilité extrême. Parfois les travailleurs s'arrêtaient pour reprendre haleine, mais cette interruption était de courte durée, tant ils avaient hâte d'obtenir la solution de ce problème.

Tout à coup ils s'arrêtèrent découragés ; un quartier de roche énorme arrêtait leurs efforts : ce quartier de roche, de deux mètres carrés environ, se trouvait juste sous les pierres enlevées précédemment ; et comme on n'apercevait pas de solution de continuité, tout portait à supposer, au premier aspect, que les proportions de cette roche étaient bien plus grandes encore, et qu'une partie seule en était découverte.

— Pourquoi vous arrêtez-vous donc? mon frère, demanda doña Marianna.

— Parce que nous avons atteint le roc, ma sœur et que nous briserions nos pics sans aller au delà.

— Comment! atteint le roc? c'est impossible!

Le marquis s'était penché sur l'excavation.

— Ce serait folie d'essayer d'aller au delà, dit-il; il est évident que nous sommes au rocher.

Doña Marianna fit un geste de mauvaise humeur.

— Mais puisque je vous dis que c'est impossible, reprit-elle.

— Voyez vous-même, ma sœur.

La jeune fille prit une lanterne et regarda; puis, sans répondre à son frère, elle se tourna vers Paredes et le tigrero.

— Vous, dit-elle, auxquels je puis commander sans crainte d'être contredite, obéissez-moi, vieux serviteurs de ma famille, déchaussez le plus vite possible toutes les pierres qui entourent ce soi-disant rocher, quand ce sera fait, je convaincrai, je l'espère, les plus incrédules.

Les deux hommes reprirent leur travail; don Ruiz, piqué de l'observation de sa sœur, les imita.

Le marquis, les bras croisés, la tête penchée sur la poitrine, vaincu par tant d'obstination, se reprenait à espérer.

Bientôt les pierres furent enlevées et le quartier de roche apparut seul.

— Eh bien! demanda doña Marianna.

— C'est fait, répondit don Ruiz.

La jeune fille se tourna vers le marquis:

— Mon père, lui dit-elle, vous avez donné le premier coup de pic, à vous encore à donner le dernier; aidez ces trois hommes à jeter en bas ce bloc de pierre.

Sans répondre, le marquis saisit un pic et alla se placer auprès des travailleurs.

Les quatre hommes enfoncèrent leurs outils un peu au-dessus du rocher, dans la terre friable qui y adhérait; puis, par un effort commun, et à petits coups, ils commencèrent à soulever peu à peu la pierre jusqu'à ce que, perdant tout à coup l'équilibre, elle culbuta et roula sur le sol, en débouchant une excavation profonde.

A cette vue, tous poussèrent un cri de surprise.

— Brûlez un peu de bois, afin de purifier l'air, dit la jeune fille.

On obéit avec cette fiévreuse activité qui, dans les grandes circonstances, s'empare des natures en apparence les plus lentes.

— Maintenant, venez, mon père, dit la jeune fille en saisissant une lanterne et en pénétrant résolûment dans l'excavation.

Le marquis entra; à sa suite vinrent les autres.

Après avoir fait une centaine de pas dans une espèce de galerie qui s'enfonçait de plus en plus en terre, ils aperçurent, couché sur une estrade grossière, le corps d'un homme parfaitement conservé, et qui ressemblait plutôt à une personne endormie qu'à un cadavre. Près de ce corps, les ossements décharnés d'une autre personne étaient épars sur le sol.

— Voyez, dit la jeune fille.

— Oui, répondit le marquis, c'est le corps enterré sous le tumulus.

— Vous vous trompez, mon père, ce corps est celui d'un mineur, et ce tumulus supposé n'est autre chose qu'une mine d'or fort riche, demeurée depuis des siècles sous la sauvegarde de ce cadavre insensible, et dont il plaît enfin à Dieu de vous révéler la connaissance, pour vous faire recouvrer cette fortune que vous êtes sur le point de perdre... Regardez autour de vous, ajouta-t-elle en levant sa lanterne.

Le marquis poussa un cri de joie et d'admiration ; le doute n'était plus possible : partout on apercevait des filons d'or énormes, faciles à extraire, presque sans travail.

Le marquis eut un éblouissement : plus faible dans la joie que dans la douleur, il tomba sans connaissance sur le sol de cette mine, dont le produit allait lui rendre tout ce qu'il avait perdu.

XXXVIII

L'ASSAUT DE QUITOVAC

Pendant que ces événements se passaient à l'hacienda del Toro, d'autres, beaucoup plus importants encore, s'accomplissaient au Real de Minas.

A peine Kidd l'aventurier avait-il eu quitté le sénateur don Ruffino Contreras, à la suite de l'intéressant entretien que nous avons rapporté, que le sénateur avait fait ses préparatifs de départ, et s'était immédiatement mis en route pour le Real de Minas, en ayant toutefois le soin de se faire accompagner par une escorte respectable, qui le mit à l'abri des insultes des maraudeurs.

Le lendemain, vers huit heures du matin, le sénateur était entré dans le pueblo; son premier soin avait été de se présenter chez le commandant de la place, don Marcos de Niza.

Le capitaine, non-seulement le reçut froidement, mais encore avec une certaine contrainte, qui n'échappa pas à l'œil clairvoyant du sénateur; mais il ne s'en émut nullement.

— Mon cher capitaine, lui dit-il après les premiers compliments, je suis heureux d'avoir été choisi par le gouvernement présidentiel pour être son délégué auprès des autorités militaires de l'État de Sonora pour deux raisons principales, à part l'honneur qui rejaillira sur moi pour avoir accompli cette mission de confiance...

Le capitaine s'inclina sans répondre.

— La première de ces raisons, continua le sénateur avec son éternel sourire, c'est qu'en votre personne j'aurai fait la connaissance d'un excellent caballero; la seconde, c'est que devant vous être adjoint dans le commandement, et désirant vous être agréable autant que cela me serait possible, j'ai demandé pour vous le grade de lieutenant-colonel, grade, soit dit entre nous, que depuis longtemps vous avez mérité, et que j'ai été assez heureux pour obtenir. Veuillez me permettre de vous en remettre moi-même le brevet.

Et, retirant un large pli de son portefeuille, il le plaça dans la main que lui tendait machinalement le capitaine.

Le sénateur avait compté avec raison sur ce coup

de théâtre habilement amené. Le capitaine, surpris, confondu de cette tardive justice qui lui était rendue, ne trouva pas un mot à répondre, mais dès ce moment, la cause de don Ruffino fut gagnée dans son esprit, et, à moins d'événements imprévus, le sénateur fut convaincu qu'il n'avait plus rien à redouter de cet homme, dont il avait su adroitement faire son obligé sans qu'il lui en coutât rien.

La vérité était que, quelques jours auparavant, la nomination du capitaine était arrivée de Mexico au gouverneur d'Arispe ; le sénateur l'avait appris par hasard, et il avait offert au gouverneur de la remettre au capitaine. Le gouverneur n'avait aucune raison pour le refuser ; il avait donc confié la nomination au sénateur, qui en avait tiré le parti que nous avons vu.

— Maintenant, reprit-il en coupant court aux remercîments que le nouveau colonel se croyait obligé de lui faire, permettez-moi de changer de conversation, mon cher colonel, et de vous parler de choses qui m'intéressent particulièrement.

— Je vous écoute, caballero, répondit don Marcos, et si je puis vous être utile...

— Oh ! pour un renseignement seulement, interrompit le sénateur ; voilà l'affaire en deux mots : je suis, vous le savez peut-être, fort lié avec un de vos parents, le marquis de Moguer, il est même en ce moment question d'une alliance entre nous.

Don Marcos s'inclina profondément.

— Or, continua le sénateur, le marquis, vous ne l'ignorez pas sans doute, a été très-éprouvé dans ces derniers temps ; bref, soit dit entre nous, il est presque ruiné. Plusieurs fois, j'ai été assez heureux pour lui rendre d'assez importants services ; mais, vous le savez, lorsque le malheur est sur une famille, les meilleures intentions n'aboutissent souvent qu'à retarder une chute inévitable. Voulant à toutes forces tirer de la mauvaise position dans laquelle il se trouve, un homme avec lequel, d'ici à quelques jours, je serai lié peut-être, non-seulement par l'amitié que je professe pour lui, mais encore par les liens plus étroits de la parenté, j'ai acheté toutes ses créances ; en un mot, je suis devenu son seul créancier : c'est vous dire que le marquis ne doit plus rien. L'homme que j'avais chargé de cette difficile négociation doit arriver incessamment ici, où je lui avais donné rendez-vous.

— Il est arrivé depuis plusieurs jours déjà, répondit le colonel.

— En vérité, s'écria don Ruffino en jouant l'étonnement ; il parait alors qu'il s'est plus pressé que je ne l'aurais supposé. Mille fois tant mieux, car je réclamerai de vous un service.

— Un service ! continua don Marcos avec une instinctive défiance.

— Oui, continua paisiblement le sénateur ; mon Dieu ! je ne sais comment vous expliquer cela, il est si difficile, quelque amitié qu'on ait d'ailleurs pour lui, d'aller dire à un homme dont on doit épouser la fille : — Vous deviez des sommes énormes, j'ai racheté les titres, les voilà, brûlez-les, vous ne devez plus rien ; — on a tellement l'air, en agissant ainsi, de vouloir poser des conditions, en un mot de faire un marché, que cela me répugne malgré moi ; et si un ami commun ne consent à me venir en aide dans cette circonstance, je vous avoue que j'ignore comment je sortirai de cette impasse.

— Comment ! s'écria le colonel avec admiration, vous feriez cela ?

— Je n'ai jamais eu d'autre pensée, répondit simplement le sénateur.

— Oh ! cette action est grande et généreuse, caballero.

— Mais non, elle est toute naturelle, au contraire, don Hernando est mon ami intime, je vais épouser sa fille, mon devoir était tout tracé. Mon Dieu ! j'ai fait ce que tout autre aurait accompli à ma place.

— Non, non, répondit don Marcos en hochant la tête d'un air de conviction ; non, señor, personne n'aurait agi comme vous, j'en ai la certitude. Hélas ! les cœurs comme le vôtre sont rares.

— Tant pis, tant pis, j'en suis désolé pour l'humanité, reprit don Ruffino en levant béatement les yeux au ciel.

— Quel service attendez-vous de moi, señor ?

— Une chose bien simple : je vous donnerai dans quelques instants ces malheureux titres, que vous aurez l'obligeance de remettre vous-même au marquis. Vous pourrez mieux que moi lui faire comprendre la pureté de mes intentions dans cette affaire ; et surtout, assurez-le, je vous prie, que je ne prétends nullement me targuer de cela pour le contraindre, de quelque façon que ce soit, à me donner sa fille.

Le sénateur sortit, laissant le colonel complétement sous le charme. Il se rendit en toute hâte au meson, où don Porfiado était logé. Il lui reprit les titres, le paya grassement, et ne le quitta que lorsqu'il eut vu lui et ses recors hors du pueblo ; puis il revint à pas lents à la maison du colonel, en se frottant les mains et en murmurant avec un sourire ironique :

— Je crois que bientôt je ne craindrai plus les dénonciations de ce digne señor Kidd. Mais à propos de lui, où peut-il être ? Son absence de Quitovac n'est pas naturelle, il faudra que je m'en débarrasse à notre prochaine rencontre.

La conversation du sénateur avec son agent pour la reprise des titres avait demandé un certain temps. Lorsque don Ruffino entra dans la maison de don Marcos, il le trouva occupé à se faire reconnaître dans son nouveau grade par ses officiers ; le colonel saisit avec empressement cette occasion pour leur présenter le sénateur, et leur annoncer que don Ruffino était délégué par le gouvernement pour surveiller les opérations de la guerre, et qu'en conséquence ils lui devaient obéissance comme à lui-même.

Les officiers s'inclinèrent respectueusement devant le sénateur, prirent congé et se retirèrent.

Les deux hommes demeurèrent de nouveau seuls. Mais, cette fois, la glace était complétement rompue entre eux, et ils étaient les meilleurs amis du monde.

— Eh bien ! demanda le colonel.

— C'est fait, répondit le sénateur en présentant les titres.

— Caramba ! vous n'avez pas perdu de temps.

— Les meilleures affaires se font vite : tenez, prenez toutes ces paperasses, et arrangez-vous-en comme vous l'entendrez. Ouf ! je suis assez heureux d'en être débarrassé.

En disant cela, don Ruffino jeta les papiers sur la table avec une expression de joie parfaitement jouée.

— Permettez, permettez, caballero, dit en riant le colonel, je prendrai, puisque vous l'exigez, ces paperasses, ainsi que vous les nommez, mais je vous en donnerai un reçu.

— Non pas, s'écria le sénateur, vous gâteriez tout!

— Mais cependant...

— Pas un mot! interrompit-il vivement, je ne veux plus avoir entre les mains l'ombre d'un titre contre don Hernando.

Le colonel allait insister encore peut-être, lorsqu'un grand bruit se fit entendre dans l'antichambre, et un homme se précipita tout effaré dans le cabinet, en criant à pleine voix :

— Les Indiens! les Indiens!

Le colonel et le sénateur se levèrent. Cet homme était Kidd. Ses habits étaient déchirés et en désordre, ses mains et son visage couverts de sang et de poussière, tout prouvait, en apparence, qu'il venait d'échapper à une chaude poursuite.

Une rumeur étrange, qui croissait d'instants en instants et prenait des proportions formidables, venait du dehors corroborer ses paroles.

— Kidd? s'écria le colonel.

— Oui, reprit-il, mais ne perdez pas de temps, capitaine, voilà les païens! ils sont sur mes pas, j'ai à peine une demi-heure d'avance sur eux.

Sans en entendre davantage, le colonel se précipita au dehors.

— D'où viens-tu? demanda don Ruffino au bandit, dès qu'il se trouva seul avec lui.

Celui-ci fit un geste de désappointement en reconnaissant le sénateur que, dans le premier moment il n'avait pas aperçu.

Ce geste n'échappa pas à don Ruffino.

— Que vous importe ! répondit l'aventurier d'un ton bourru.

— Je veux le savoir.

Kidd fit une grimace narquoise.

— Chacun a ses affaires, dit-il.

— Quelque trahison encore que tu as préparée, sans doute ?

— C'est possible, reprit-il avec un rire sardonique.

— Contre moi, peut-être.

— Qui sait ?

— Parleras-tu ?

— A quoi bon parler, puisque vous avez deviné ?

— Ainsi, tu essaies déjà de te jouer de moi ?

— Je veux prendre mes précautions, voilà tout.

— Misérable ! s'écria le sénateur avec un geste de menace.

— Bah ! fit il en haussant les épaules, je ne vous crains pas. Vous n'oseriez me tuer.

— Parce que ?

— Parce que cela ferait du bruit, d'abord, et que je ne vous crois pas assez ami du capitaine pour vous permettre une telle plaisanterie dans sa propre maison.

— C'est ce qui te trompe, scélérat ; et tu vas en avoir la preuve.

— Hein ! s'écria l'aventurier en se reculant avec inquiétude du côté de la porte.

Mais, par un geste aussi rapide que la pensée, don Ruffino saisit un des pistolets de don Marcos, l'arma, et avant que Kidd pût effectuer la fuite qu'il méditait, le coup partit, et il roula sur le sol, la poitrine traversée.

— Meurs, brigand ! s'écria le sénateur en rejetant l'arme dont il s'était servi.

— Oui, murmura le bandit, mais non pas sans vengeance ; bien joué, mon maître, bientôt votre tour viendra.

Et, se roidissant dans une dernière convulsion, l'aventurier expira, conservant même après sa mort, sur ses traits contractés par l'agonie, une expression de défi railleur qui fit, malgré lui, trembler intérieurement le sénateur.

— Que se passe-t-il donc ici ? s'écria le colonel en entrant tout à coup.

— Rien de bien important, répondit don Ruffino avec indifférence, c'est moi qui, emporté par la colère, ai fait justice de ce misérable.

— Vive Dios ! vous avez eu raison, señor ; je regrette seulement que vous m'ayez prévenu, car j'ai entre les mains les preuves de sa trahison. Holà ! enlevez d'ici cette charogne, et jetez-là dehors, cria-t-il à quelques soldats qui l'avaient accompagné, et étaient demeurés dans l'antichambre.

Les soldats obéirent, et le corps de l'aventurier fut jeté sans cérémonie dans la rue.

— Les Indiens arrivent-ils donc réellement ?

— On aperçoit déjà la poussière soulevée par les pieds de leurs chevaux. Nous n'avons pas un instant à perdre pour nous mettre en défense ; je compte sur vous, n'est-ce pas ?

— Rayo de Dios ! je le crois bien.

— Venez donc alors, car le temps presse.

Ils sortirent.

Kidd avait effectivement préparé, avec son machiavélisme habituel, une nouvelle trahison dont, malheureusement pour lui, il devait être la première victime.

Tout était en rumeur dans le pueblo ; les rues étaient encombrées de soldats se rendant à leur poste, de femmes, d'enfants et de vieillards fuyant avec épouvante, de rancheros qui arrivaient à toute bride se réfugier dans la ville et augmentaient encore la terreur générale par l'effroi peint sur leurs visages ; des bestiaux couraient affolés à travers les rues, abandonnés par leurs conducteurs contraints de se rendre aux retranchements, et au loin, dans la campagne, on commençait déjà, à travers un épais nuage de poussière, à apercevoir les masses indiennes qui s'approchaient avec une rapidité vertigineuse.

— Ils sont beaucoup, murmura le sénateur à l'oreille du colonel.

— Ils sont trop, répondit celui-ci, mais chut ! faisons bonne contenance.

Il y eut vingt minutes d'anxiété inexprimable, pendant lesquelles les défenseurs du pueblo purent examiner leurs ennemis et se rendre compte du danger terrible qui les menaçait.

Cette fois, ce n'était plus une de ces invasions partielles comme les Indiens ont coutume d'en faire sur la frontière ; c'était, pour nous servir de l'expression d'un témoin oculaire, un véritable débordement de barbares.

Ils arrivaient à toute bride, couchés de côté sur leurs chevaux, en poussant leur horrible cri de guerre et en brandissant d'un air de défi leurs lances, leurs arcs et les fusils dont un grand nombre d'entre eux étaient armés.

Ils vinrent ainsi tourbillonner au pied des retranchements; et se redressant tout à coup sur leurs chevaux, ils firent pleuvoir une grêle de balles et de flèches sur les Mexicains.

Ceux-ci répondirent bravement à cette première attaque, et plusieurs chevaux qui s'échappèrent sans cavalier prouvèrent que les coups avaient porté.

Malheureusement le soleil était sur le point de se coucher.

Évidemment les peaux rouges avaient calculé leur course de façon à arriver juste à ce moment-là, et afin de pouvoir continuer l'attaque pendant les ténèbres.

Le colonel, prévoyant que peut-être il lui faudrait avoir recours à la fuite, avait réuni un corps d'une cinquantaine de cavaliers résolus, auxquels il avait donné l'ordre de ne pas quitter la plaza Mayor, et d'être prêts à toute éventualité.

Cependant, après leur première charge, les peaux rouges s'étaient retirés hors de portée de fusil, et ils n'avaient pas renouvelé leur attaque.

Seulement quelques cavaliers, mieux montés que les autres s'étaient éparpillés dans la plaine pour relever les blessés, recueillir les morts et ramener les chevaux échappés. Le colonel avait défendu de tirer sur ces enfants perdus, non pas par humanité, mais afin d'économiser les munitions, dont il ne possédait qu'une fort petite quantité.

La nuit vint, et bientôt une obscurité profonde couvrit la terre.

Les peaux rouges n'avaient allumé aucuns feux.

Cette circonstance inquiéta le colonel. Cependant plusieurs heures s'écoulèrent sans que rien lui fît soupçonner la possibilité d'une attaque.

Un silence de plomb régnait sur le pueblo et sur la campagne environnante; les Indiens semblaient s'être évanouis tout à coup comme par enchantement.

Les Mexicains cherchaient vainement à distinguer quelque forme suspecte dans les ténèbres; ils ne voyaient, ils n'entendaient rien.

Cette attente d'un danger que chacun pressentait imminent, terrible, avait quelque chose d'affreux pour les assiégés.

Soudain une lueur immense éclaira la plaine d'une réverbération étrange; les silhouettes noires des Indiens surgirent comme des apparitions diaboliques galoppant dans tous les sens : un cri horrible, discordant et saccadé retentit aux oreilles des Mexicains; et des nuées de flèches enflammées tombèrent sur eux de tous les côtés à la fois, tandis que les têtes hideuses des peaux rouges apparaissaient à la crête même des retranchements.

Alors, à la lueur fantastique d'une forêt tout entière allumée par les Indiens pour leur servir de phare, commença une mêlée terrible, un combat corps à corps, acharné, une lutte sans nom, entre les blancs et les peaux rouges.

Chaque Indien qu'on renversait était, aussitôt, remplacé par un autre; malgré le courage féroce des blancs et leur résolution de mourir sans reculer d'un pas, il arriva un moment où cette effroyable marée de peaux rouges, qui montait toujours, déborda de toutes parts sur les rétranchements, envahit les Mexicains et les engloutit, pour ainsi dire, sous le nombre,

Le pueblo était pris : toute résistance devenait non-seulement impossible, mais insensée. Plusieurs maisons brûlaient déjà, et, dans quelques instants, le Real de Minas entier ne serait plus qu'une immense fournaise.

Le sénateur et le colonel avaient bravement combattu tant qu'ils avaient conservé une lueur d'espoir et que la lutte leur avait semblé possible. A ce moment, ils songèrent à sauver les quelques malheureux qui existaient encore, et qui avaient échappé par miracle à cet épouvantable massacre : ralliant autour d'eux tous les hommes qu'ils rencontrèrent sur leur chemin, ils s'élancèrent vers la plaza Mayor, où, malgré la bataille, l'escadron choisi par don Marcos était demeuré immobile, et, sautant sur leurs chevaux, ils donnèrent l'ordre du départ.

Alors cette petite troupe s'élança comme un ouragan, brisant et renversant tous les obstacles qui se dressaient sur son passage, et, après avoir perdu le tiers de ses cavaliers, elle parvint à sortir du pueblo, à traverser les lignes ennemies, et à prendre, sans être poursuivie de trop près, la route de l'hacienda del Toro.

XXXIX

LE DOIGT DE DIEU

L'évanouissement du marquis fut de courte durée, grâce aux soins que son fils et sa fille se hâtèrent de lui prodiguer. A peine eut-il repris connaissance, qu'attirant doucement doña Marianna :

— Chère enfant, murmura-t-il en la pressant tendrement sur sa poitrine, c'est toi qui nous sauves !

La jeune fille, toute heureuse de cette parole, s'échappa en rougissant de l'étreinte paternelle.

— Ainsi, dit-elle avec un charmant mouvement de la tête et des épaules, vous reconnaissez maintenant, n'est-ce pas, mon père, que je vous ai bien réellement tenu parole.

— Oh ! ma fille, répondit-il avec émotion en jetant autour de lui un regard radieux, il y a là vingt fortunes comme celle que j'ai perdue.

La jeune fille frappa des mains avec joie.

— Ah ! que je suis heureuse ! Je savais bien qu'elle ne me tromperait pas.

Cette parole, échappée à doña Marianna dans l'expansion de son cœur, frappa don Hernando.

— De qui parlez-vous donc, ma fille, et quelle est cette personne qui vous inspire tant de confiance ?

— Celle qui m'a révélé ce trésor, mon père, répondit-elle.

Le marquis n'insista pas.

— Mariano, dit-il au tigrero, vous passerez la nuit ici : ne laissez approcher personne de cette excavation, il serait imprudent de livrer ces immenses trésors aux regards des étrangers, avant d'avoir eu le temps de prendre certaines précautions indispensables pour leur sûreté.

— Soyez sans crainte, mi amò, répondit le brave garçon, nul, moi vivant, n'approchera de la mine.

— D'ailleurs, reprit don Hernando, votre garde cessera au lever du soleil.

— Tout le temps qu'il vous plaira, mi amò.

Et le tigrero, ramassant les outils et les lanternes, s'installa dans l'excavation même, à quelques pas du cadavre toujours étendu sur l'estrade.

Les quatre personnages retournèrent à petits pas à l'hacienda, en s'entretenant entre eux de cette merveilleuse découverte qui, au moment où tout semblait désespéré, sauvait miraculeusement la famille.

En effet, les filons étaient si riches, que, presque sans travail, il était possible d'en détacher assez, en un seul jour, pour couvrir presque toutes les dettes contractées par le marquis.

Ils rentrèrent dans le salon bleu. Bien que la nuit fût fort avancée, aucun de nos personnages n'éprouvait la moindre envie de dormir; au contraire, ils avaient besoin de causer entre eux et de parler encore de la mine.

— Enfin, dit le marquis, vous n'avez pas deviné qu'une aussi riche mine d'or se trouvât en ce lieu; vous-même en êtes convenue tout à l'heure.

— En effet, mon père, quelqu'un a bien voulu me donner les renseignements à l'aide desquels je l'ai retrouvée.

— Mais quelle peut être cette personne, qui connaît mieux que moi une propriété depuis plus de trois cents ans entre les mains de ma famille, et sans qu'un seul de ses membres eût jamais eu le moindre soupçon que ce trésor y fût renfermé ?

— C'est que probablement le secret a été gardé, mon père.

— Sans doute, mais par qui ?

— Par qui, si ce n'est par les anciens maîtres du sol ?

— Allons donc ! vous plaisantez, ma fille ; il y a longtemps que ces pauvres Indiens ont disparu de la surface de la terre.

— Je ne suis pas de cet avis, mon père, observa don Ruiz.

— D'autant plus, appuya Paredes, que je sais pertinemment que la tribu à laquelle vous faites allusion existe encore ; c'est une des plus puissantes de la grande confédération des Papagos.

— Et vous savez, mon père, avec quelle religieuse exactitude les Indiens conservent les secrets confiés à leur conscience.

— C'est vrai ; mais alors, il faut qu'il y en ait un qui ait parlé ?

— Ou une, dit finement doña Marianna.

— Une, soit, reprit le marquis, voici déjà un renseignement précieux ; je sais que c'est à une femme que vous devez la connaissance de cette mine. Continuez, mon enfant.

— Malheureusement, mon père, il m'est défendu de dire un mot de plus.

— Hum ! défendu...

— Oui, mon père ; du reste, rassurez-vous, cette

mine vous appartient bien réellement; elle est votre propriété légitime; son ou sa propriétaire en a fait librement abandon en votre faveur.

Don Hernando fronça le sourcil d'un air mécontent.

— Une aumône, murmura-t-il.

— Non, mais un cadeau qu'il vous est permis d'accepter, mon père, je vous le jure; d'ailleurs, la personne à laquelle vous le devez s'est réservé de se faire elle-même connaître à vous, et elle m'a promis que ce serait bientôt.

Le lendemain, sur l'ordre du marquis, le mayordomo choisit dix rancheros et peones de confiance parmi tous ceux qui s'étaient réfugiés à l'hacienda, et les travaux commencèrent aussitôt.

La mine avait été abandonnée dans l'état où elle se trouvait au moment où, après tant d'années, le corps du mineur avait été retrouvé; aussi, les déblais seuls formèrent-ils une masse d'or considérable, et au bout de quatre ou cinq jours, la somme recueillie suffit, non-seulement pour payer toutes les dettes du marquis, mais encore pour laisser à sa disposition une somme triple de celle qu'il devait.

A part l'inquiétude, bien légitime, causée par l'appréhension de l'attaque des Indiens, la joie était revenue dans l'hacienda; le marquis avait repris un visage riant; il semblait rajeuni, tant le bonheur a le privilége de changer les hommes.

La première pensée qui vint au marquis fut de se liquider envers ses créanciers et de régulariser sa position.

— Ma fille, dit-il un soir à doña Marianna, au moment où elle se préparait à se retirer dans son appartement pour la nuit, vous ne m'avez pas répondu encore au sujet de la recherche que don Ruffino Contreras fait de votre main, cependant les huit jours sont depuis longtemps écoulés. Demain Paredes doit quitter l'hacienda afin d'aller remettre en mains propres certaines lettres importantes pour le règlement de mes affaires, je désire profiter de cette occasion : quelle réponse dois-je faire à don Ruffino?

La jeune fille rougit; mais, surmontant enfin le trouble qui l'agitait :

— Mon père, répondit-elle avec un léger tremblement dans la voix, je suis sans doute fort honorée de la recherche de ce caballero; mais ne trouvez-vous pas comme moi, que le moment est mal choisi pour une demande en mariage, menacés comme nous le sommes à chaque instant de dangers terribles?

— Soit, ma fille, je ne veux pas contrarier vos inclinations. Je répondrai dans ce sens au sénateur; mainenant, s'il vient en personne réclamer une réponse, que ferons-nous?

— Alors il sera temps d'y songer, mon père, répondit-elle en souriant.

— Allons, allons, c'est juste, dit-il finement; j'ai tort de tant insister sur ce sujet; bonsoir, mon enfant, dormez bien; quant à moi, peut-être passerai-je la nuit entière avec votre frère à écrire dans mon cabinet.

La jeune fille se retira.

— Señor marquez, dit Paredes en ouvrant tout à coup la porte, excusez-moi de vous déranger aussi tard; mais Mariano le tigrero vient d'arriver avec toute sa famille à l'hacienda; il est porteur de nouvelles si étranges et si terribles, que peut-être préférerez-vous les entendre de sa bouche que de la mienne.

— Que dit-il donc ? demanda don Ruiz qui, en ce moment, entrait par une autre porte.

— Il dit que les Peaux-Rouges sont levés, qu'ils ont surpris le minéral de Quitovac, incendié le pueblo, et massacré tous les habitants.

— Oh ! c'est affreux, s'écria le marquis.

— Notre pauvre cousin ! ajouta le jeune homme.

— C'est vrai, c'est notre malheureux parent qui commandait le pueblo. Quel horrible désastre ! Faites entrer le tigrero, Paredes ; allez tout de suite le chercher.

Mariano fut introduit. Il raconta dans les plus grands détails, bien qu'avec une certaine exagération, les faits rapportés dans notre précédent chapitre, récit qui plongea ses auditeurs dans une stupeur profonde.

Parmi tous les faits incompréhensibles qui surgissent chaque jour, il en est un qui jamais ne sera expliqué, c'est la rapidité avec laquelle se répandent les mauvaises nouvelles jusqu'à des distances considérables.

Ainsi, la prise d'assaut du Real de minas de Quitovac n'était malheureusement que trop véritable, tous les détails donnés par Mariano étaient réels quant au fond, mais comment le tigrero avait-il pu être instruit d'un fait accompli depuis trois heures à peine, à plus de dix lieues de l'hacienda ? lui-même n'aurait su le dire ; cependant il l'avait appris, on le lui avait dit, qui ? Il ne le savait pas.

Cette nouvelle terrible donna fort à réfléchir au

marquis. On ne pouvait plus songer maintenant que les routes étaient probablement infestées de maraudeurs et interceptées par les Indiens, à envoyer le mayordomo à Hermosillo; ce voyage devenait littéralement impossible; il fallait s'occuper sans retard d'organiser la défense de l'hacienda pour repousser vigoureusement l'attaque qui, probablement, ne se ferait pas attendre.

Malgré l'heure avancée, tout fut en un instant en mouvement au Toro; les murailles garnies de défenseurs et les postes de secours distribués dans toutes les parties de l'hacienda.

La nuit entière s'écoula dans ces préparatifs.

Deux heures après le lever du soleil, au moment où le marquis, fatigué d'une longue veille, se préparait à prendre un peu de repos, les sentinelles signalèrent l'approche d'une troupe assez nombreuse de cavaliers qui s'avançaient précipitamment vers l'hacienda.

Le marquis monte sur la muraille, prit une longue vue et regarda.

Après quelques minutes d'examen, il reconnut que ces cavaliers étaient des Mexicains, bien qu'il ne put encore, à cause de la distance, distinguer si c'étaient des soldats ou des rancheros.

Cependant, il fit tout préparer pour les recevoir convenablement, s'ils témoignaient le désir de s'arrêter à l'hacienda, ce que semblait indiquer la direction qu'ils suivaient.

Un assez long laps de temps s'écoula avant que ces cavaliers, qui s'étaient engagés dans le sentier, arrivassent aux portes de l'hacienda.

Alors tous les doutes furent levés; c'étaient des

soldats ; en tête de la troupe, à quelques pas en avant, se trouvaient le sénateur don Ruffino Contreras et le colonel don Marcos de Niza.

Mais chefs et soldats étaient dans un tel désordre, si noirs de poudre, tellement souillés de poussière et de sang, qu'il fut bientôt évident qu'ils sortaient d'un récent combat, dont ils n'étaient échappés qu'en fugitifs.

Hommes et chevaux ne se tenaient plus que par artifice, épuisés non-seulement par l'extrême fatigue qu'ils avaient éprouvée, mais encore par la lutte gigantesque soutenue par eux avant que, accablés par le nombre ils eussent songé à fuir.

Il était inutile de leur adresser des questions auxquelles ils n'auraient pu répondre. Le marquis leur fit donner des secours, et ordonna qu'on leur laissât prendre le repos nécessaire.

Don Marcos de Niza et le sénateur don Ruffino Contreras eurent à peine la force de dire quelques mots pour expliquer la façon presque brutale dont ils se présentaient ; et succombant à la fatigue et au besoin de sommeil, ils tombèrent dans une insensibilité complète dont on n'essaya pas même de les tirer. Chacun d'eux fut porté dans une chambre.

Le marquis se retira alors dans ses appartements, en chargeant son fils de veiller à sa place à la sûreté de l'hacienda, qui, selon toute probabilité, ne tarderait pas à être envahie par les peaux-rouges.

Vers trois heures du soir, une nouvelle troupe de cavaliers fut signalée dans la plaine.

Cette troupe, assez nombreuse se composait entièrement de chasseurs et de coureurs des bois.

Don Ruiz la reconnut, et ordonna de la laisser approcher.

L'arrivée de ces chasseurs dont le nombre s'élevait à peu près à une centaine d'hommes, était une bonne fortune pour l'hacienda, dont ils augmenteraient d'autant les défenseurs.

Pourtant, lorsque don Ruiz les vit s'engager dans le sentier, il remarqua dans leurs mouvements une telle régularité et une si grande liberté d'action, qu'un doute traversa son esprit comme un éclair, et une pensée de trahison surgit à son cerveau.

Il s'élança vers la première porte de l'hacienda pour intimer à Paredes l'ordre de ne pas ouvrir les portes.

Mais le mayordomo l'arrêta au premier mot :

— Vous n'avez donc pas regardé, niño, lui dit-il que vous m'ordonnez de telles choses ?

— Au contraire, c'est parce que j'ai regardé, répondit-il.

— Vous aurez mal vu, alors, reprit le mayordomo ; sans cela, vous auriez reconnu que le cavalier qui vient le premier est un de vos amis les plus dévoués.

— De qui voulez-vous parler ?

— De qui, sinon de la Main-Ferme ?

— La Main-Ferme arrive avec ces cavaliers ?

— C'est lui qui tient la tête de la colonne, niño.

— Oh ! alors, laissez-les entrer.

— Eh ! je le savais bien, moi.

Les chasseurs n'eurent même pas besoin de parlementer ; ils trouvèrent les portes de l'hacienda ouvertes, et entrèrent tout droit sans s'arrêter.

Don Ruiz reconnut effectivement la Main-Ferme

qui, de son côté, s'avança vers lui en lui tendant la main.

— Un service, don Ruiz, lui dit-il.

— Parlez, répondit le jeune homme.

— Deux mots de conversation en présence de votre sœur... Mais, attendez un instant, une autre personne doit m'accompagner. Provisoirement pour des raisons que bientôt vous apprécierez, cette personne désire conserver l'incognito le plus inviolable. Y consentez-vous ?

Don Ruiz hésita.

— Que redoutez-vous ? reprit le chasseur, n'auriez-vous pas foi en moi ? me croyez-vous homme à abuser de votre courtoisie ?

— Non, je ne le veux même pas supposer : je vous engage ma parole.

— Et moi la mienne don Ruiz.

— Agissez donc à votre guise.

Le chasseur fit un signe ; un cavalier mit pied à terre et s'approcha. Un long manteau le couvrait tout entier ; les larges ailes de son chapeau étaient rabattues sur ses yeux. Il salua silencieusement le jeune homme.

Bien que fort intrigué, par ce mystère, don Ruiz ne fit aucune observation, et, après avoir recommandé au mayordomo de prendre soin des nouveaux venus, il introduisit ses hôtes dans un salon où se trouvait doña Marianna occupée à broder au tambour.

La jeune fille, en entendant ouvrir la porte, leva machinalement les yeux.

— Oh ! s'écria-t-elle avec joie, la Main-Ferme !

— Moi-même, señorita, répondit le jeune homme

en la saluant respectueusement, moi, qui viens réclamer votre promesse.

— Je la tiendrai, quoi qu'il arrive.

— Merci, señorita.

— Ruiz, dit-elle à son frère avec une animation concentrée dans la voix, jusqu'à nouvel ordre, mon père doit ignorer la présence de ces caballeros ici.

— Ce que vous me demandez est bien difficile, ma sœur; songez à l'immense responsabilité que j'assume en agissant ainsi.

— Je le sais, Ruiz; mais il le faut, mon bon frère. Il s'agit de mon bonheur, reprit-elle en joignant les mains avec prière. Que craignez-vous? Ne connaissez-vous pas ce chasseur?

— Lui, oui, je le connais, je lui ai même de grandes obligations, mais son compagnon?

— Je vous réponds de lui, Ruiz.

— Vous savez donc qui il est?

— Qu'importe ce que je sais, mon frère? Je vous en prie, accordez-moi ce que je vous demande.

— Vous l'exigez, ma sœur?

— Je vous répète que je vous en prie.

— Soit; pour vous, je garderai le silence.

— Oh! merci, merci, mon frère.

En ce moment, on entendit un bruit de pas dans la chambre attenante.

— Que faire? murmura la jeune fille.

La Main-Ferme posa un doigt sur ses lèvres, et, entraînant son compagnon, qui, grâce à l'épais manteau dont il était recouvert, ressemblait plutôt à un fantôme qu'à un homme, il disparut derrière une portière. Au même instant, une porte s'ouvrit, et deux personnes entrèrent.

Ces deux personnes étaient don Marcos de Niza et le sénateur don Ruffino Contreras.

A peine avaient-ils échangé les premiers compliments avec don Ruiz et doña Marianna, que le marquis survint.

— Enfin, s'écria-t-il joyeusement, vous voilà donc debout, vive Dios! vous étiez dans un bien déplorable état à votre arrivée; je suis heureux de vous voir remis.

— Mille fois merci, mon cousin, de votre hospitalité, nous en avions grandement besoin.

— Ne parlons plus de cela; je suis d'autant plus satisfait du hasard qui nous rassemble, don Ruffin que je me proposais de vous écrire incessamm ...

— Cher seigneur... dit le sénateur s'inclinant.

— N'attendiez-vous pas une ...ise de moi?

— En effet, mais je n'os... ...pérer...

Le marquis lui coup... ...arole.

— Allons d'abord ... plus pressé, reprit-il en souriant. Don Ruffi..., vous vous êtes conduit envers moi comme un véritable ami, permettez-moi de le constater. Par un miracle, car je ne puis attribuer qu'à un miracle le bonheur qui m'arrive, je suis en mesure de liquider mes affaires et de m'acquitter envers vous, bien que, soyez-en convaincu, je n'oublierai jamais les services que vous m'avez rendus et les obligations que j'ai contractées envers vous.

Le sénateur, surpris à l'improviste, se sentit pâlir, et jeta un regard à la dérobée sur le colonel

— Obligations beaucoup plus grandes que vous ne le supposez, s'écria celui ci avec chaleur.

— Que voulez-vous dire, mon cousin ? demanda le marquis avec étonnement.

— Je veux dire que don Ruffino, ignorant le revirement heureux de votre fortune, et désirant vous sauver de l'affreuse position dans laquelle vous vous trouviez, s'était rendu acquéreur de toutes vos créances, et que dès qu'il s'est trouvé avoir ces titres entre les mains, il s'est hâté de me les remettre, en me suppliant de les anéantir. Tenez, ajouta-t-il en retirant une liasse de papiers de sa poitrine, les voici, mon cousin.

Les divers acteurs de cette scène singulière étaient sous le coup d'une impression étrange. Don Ruiz et sa sœur échangèrent un regard désolé, car ils comprirent que le marquis ne pouvait plus désormais refuser son consentement au mariage de la jeune fille.

— Oh ! s'écria le marquis, je ne puis accepter un tel acte de générosité.

— De la part d'un étranger, sans doute, répondit don Ruffino d'un ton insinuant, mais je m'étais flatté de ne pas l'être pour vous, cher seigneur.

Il y eut un silence.

— Ce qui se passe en ce moment est si étrange, je me trouve pris tellement à l'improviste, continua le marquis ; mes pensées se confondent tellement dans ma tête, que je vous prie, don Ruffino, d'ajourner à demain la suite de cette conversation. D'ici là, j'aurai eu le temps de reprendre mon sang-froid, et alors, croyez-le, je vous répondrai comme je dois le faire.

— Cher seigneur, je comprends la délicatesse de vos paroles, j'attendrai le temps qu'il vous plaira, répondit le sénateur en s'inclinant et en jetant un regard passionné sur doña Marianna, pâle et tremblante.

— Oui, reprit le colonel, à demain les affaires sérieuses; la secousse que nous avons éprouvée a été trop rude pour que nous soyons bien en état, en ce moment, de discuter.

— Que vous est-il donc arrivé? Les païens ne se sont pas emparés du Real de Minas de Quitovac, ou du moins je l'espère.

— Si, mon cousin, le pueblo a été pris par les peaux-rouges, brûlé et pillé par eux; c'est à grand'peine que nous sommes parvenus à nous échapper; c'est à travers des dangers inouïs et après des fatigues sans nombre, que nous avons été assez heureux pour atteindre l'hacienda.

— Voilà de désastreuses nouvelles, mon cousin, on me l'avait dit, mais je n'avais pas voulu y croire.

— Ce n'est malheureusement que trop vrai

— Enfin, grâce à Dieu, mon cousin, vous voici en sûreté. Quant à vous, don Ruffino, je suis heureux que vous ayez échappé à cet horrible massacre; vous n'êtes pas soldat, vous.

— Non, il est assassin, dit tout à coup une voix sépulcrale, et une main se posa lourdement sur l'épaule du sénateur.

Les assistants se retournèrent avec effroi. Le compagnon de la main-Ferme avait laissé tomber le chapeau et le manteau qui le déguisaient, et se tenait sombre et menaçant derrière le sénateur.

— Oh! s'écria celui-ci en se reculant avec épouvante, Rodolfo! don Rodolfo!

— Mon frère, est-ce donc vous que je revois

après tant d'années! dit avec joie le marquis en faisant un mouvement vers l'inconnu.

— L'Œil-de-Feu! murmura la jeune fille.

Le sachem repoussa d'un geste de souverain mépris le sénateur éperdu, et s'avançant au milieu du groupe :

— Oui, c'est moi, mon frère; moi qui, après vingt ans, rentre dans la maison de mes pères; moi le proscrit, le déshérité, pour sauver le dernier représentant de ma famille.

— Oh! mon frère! mon frère! s'écria le marquis avec douleur.

— Remettez-vous, Hernando; je n'ai conservé contre vous ni haine ni rancune : toujours, au contraire, je vous ai aimé, et, bien que je fusse éloigné de vous, cependant jamais je ne vous ai perdu de vue. Venez dans mes bras, mon frère, oublions le passé pour ne plus songer qu'à la joie d'être réunis.

Le marquis se jeta en pleurant dans les bras de son frère, don Ruiz et doña Marianna l'imitèrent, et pendant quelques minutes, ce fut un échange non interrompu de caresses entre les membres de cette famille si longtemps séparés.

— C'est grâce à moi que vous avez touché les sommes que Paredes devait recevoir à Hermosillo, reprit don Rodolfo; c'est à moi encore qu'est due la découverte de la mine qui vous sauve. Mais je ne suis pas seulement venu ici pour embrasser vous et les vôtres, mon frère; je suis venu faire justice d'un misérable! Cet homme, ajouta-t-il en désignant du doigt le sénateur, tremblant de rage et de terreur, cet homme était mon valet; il a tenté, pour me voler, de m'assassiner lâchement, en traître,

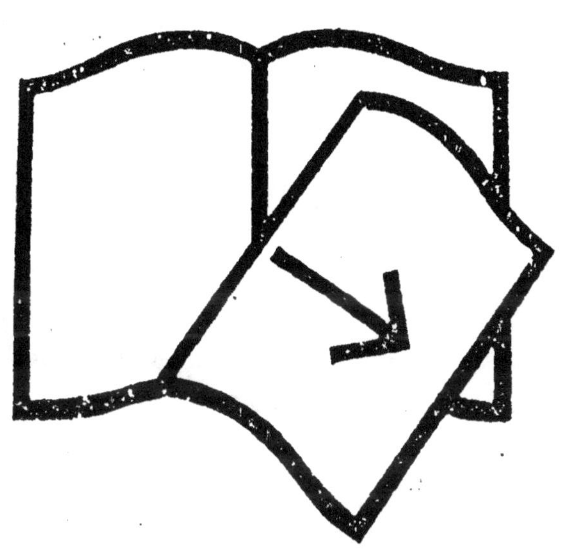

Documents manquants (pages, cahiers...)

NF Z 43-120-13

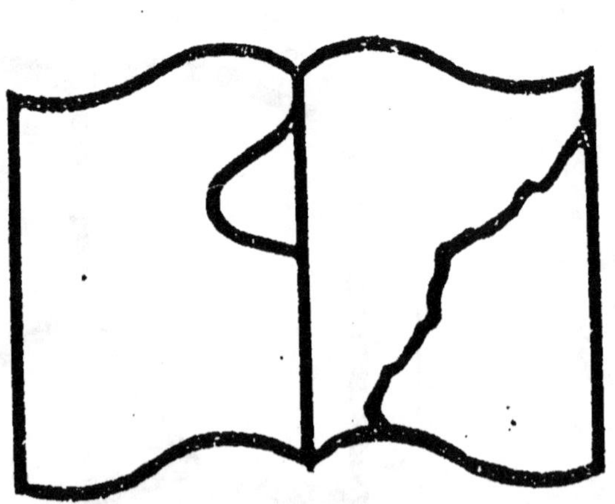

Texte détérioré
Marge(s) coupée(s)

OUVRAGES DE GUSTAVE AIMARD

COLLECTION A 3 FR. 50 C. LE VOLUME

ROMANS AMÉRICAINS

PREMIÈRE SÉRIE.

1. Les Trappeurs de l'Arkansas. 1 vol.
2. Les Rôdeurs des frontières. 1 vol.
3. Les Francs-Tireurs. 1 vol.
4. Le Cœur-Loyal. 1 vol.

DEUXIÈME SÉRIE.

1. Le Grand Chef des Aucas. 2 vol.
2. Le Chercheur de pistes. 1 vol.
3. Les Pirates des prairies. 1 vol.
4. La Loi de Lynch. 1 vol.
5. La Grande Flibuste. 1 vol.
6. La Fièvre d'or. 1 vol.
7. Curumilla. 1 vol.
8. Valentin Guillois. 1 vol.

TROISIÈME SÉRIE.

1. Les Outlaws du Missouri. 1 vol.
2. Balle-Franche. 1 vol.
3. L'Éclaireur. 1 vol.

QUATRIÈME SÉRIE.

1. Les Chasseurs d'abeilles. 1 vol.
2. Le Cœur de pierre. 1 vol.

CINQUIÈME SÉRIE.

1. Le Guaranis.
2. Le Montenero.
3. Zéno Cabral.

SIXIÈME SÉRIE.

1. Les Aventuriers.
2. Les Bohêmes de la mer.
3. La Castille d'or.
4. Ourson Tête-de-Fer.

SEPTIÈME SÉRIE.

1. Les Gambucinos.
2. Sacramenta.

HUITIÈME SÉRIE.

1. La Mas-horca.
2. Rosas.

La Main-Ferme.
L'Eau qui court.
Les Nuits mexicaines.
Les Vaudoux.

Les numéros indiquent l'ordre dans lequel chaque série doit être lue.

LES INVISIBLES DE PARIS

Les Compagnons de la lune.
Passe-Partout.
Le comte de Warrens.
La Cigale.
Hermosa.

PARIS. — E. DE SOYE, IMPRIMEUR, PLACE DU PANTHÉON, 5.

www.ingramcontent.com/pod-product-compliance
Lightning Source LLC
LaVergne TN
LVHW011256110826
845149LV00001B/157

* 9 7 8 2 0 1 2 1 5 1 2 4 6 *